태화 프로그램 매뉴얼
가족기능강화사업중심

태화 프로그램 매뉴얼

가족기능강화사업중심

태화기독교사회복지관

사회복지 전문출판 나눔의집

발 간 사

　사회복지 임상 분야에서 대상자에게 제공되는 프로그램의 내용과 질은 그들의 욕구 내지 문제해결의 중요한 매개체이며, 프로그램의 평가는 욕구충족도 및 문제해결 정도를 파악하는 의미에서 또한 매우 중요하다. 즉 사회복지서비스의 효과성과 효율성 및 서비스의 전문성에 대한 사회적 요구는 사회복지사들에게 대상자의 문제나 욕구를 충분히 반영한 적절한 프로그램을 개발하고 평가해야 한다는 필요성을 절감하게 하고 있다. 뿐만 아니라 각종 사회복지 프로그램에 대한 프로젝트 공모가 일반화되어 있고 언제나 재정적으로 사업비가 부족한 사회복지기관들은 좋은 프로그램을 개발하고 기획하는 것이 중요한 과제가 되고 있다.

　프로그램 매뉴얼은 임상 분야 사회복지사들에게 보다 용이하게 프로그램을 계획할 수 있는 선험적 자료이며, 또한 지속적으로 프로그램의 발전과 개발을 도모할 수 있는 전문적 자료가 될 수 있다. 많은 사회복지기관들이 프로그램 매뉴얼에 관심을 가지고 제작하거나 동료 사회복지사들과 공유하고 있는 현상은 매우 고무적인 현상이다.

　태화는 1999년 청소년집단프로그램을 중심으로 매뉴얼 모음집을 제작한 데 이어 2000년에 개정증보판을 제작한 바가 있다. 그 후에도 프로그램 매뉴얼에 대한 요구가 끊이지 않고 있어, 그동안 지속적으로 개발해 온 프로그램들의 매뉴얼을 모아서『태화 프로그램 매뉴얼』을 발간하게 되었다. 사회복지관의 3대 사업이 '가족기능강화' '지역사회보호' '지역사회운동' 으로 구성되어 있기 때문에 세 영역으로 매뉴얼 모음집을 구성하기로 하고, 먼저 '가족기능강화' 영역의 프로그램을 중심으로 한 매뉴얼 모음집을 발간한다. 곧 이어서 '지역사회보호' 와 '지역사회운동' 영역의 프로그램을 중심으로 한『태화 프로그램 매뉴얼』을 발간할 계획이다.

　이 책이 발간되기까지 집필진들을 격려하시며 수퍼비전을 해주시고 「프로그램의 개발과 평가」라는 이론적 부분을 직접 집필해주신 숭실대학교의 정무성 교수님께 진심으로 감사 드리며, 많은 업무 이외에 부가된 집필작업에 정성을 다한 집필진들의 노고에 큰 박수를 보낸다. 실제로 프로그램 진행과정에 참여해 주신 자원봉사자 및 실습생들께도 고마움을 표하며, 동료 사회복지사들에게 편리한 자료가 될 수 있도록 편집과 발간에 수고한 김영일 팀장에게도 고마운 마음을 전한다.

2003. 11.

태화기독교사회복지관

과장 김 현 숙

사회복지관의 장래 프로그램 전문화에 달려있다

　현대 복지국가에서 국민의 복지를 담보하는 일차적 책임은 국가에 있다. 그러나 정부의 복지시책만으로는 현대사회의 복잡한 사회구조와 새로운 환경 속에서 파생되는 모든 문제를 해결할 수 없는 것이 우리의 현실이다. 특히 소외계층의 상대적 박탈감과 같은 정서적 문제와 그들의 가족관계 문제는 이미 심각한 수준에 이르렀는데 이는 전문성과 유연성이 뛰어난 민간 사회복지체계를 통해 서비스를 전달하는 것이 더 효과적일 수 있다. 실제로 공공복지가 발달한 나라에서도 많은 사회복지 활동은 전문 인력이 포진되어 있는 사회복지관과 같은 민간사회복지기관에 의해 이루어진다.

　특히 민간사회복지의 효과성은 대인서비스의 중심을 이루는 사회복지서비스 분야에서 매우 높이 평가되고 있는데, 최근에는 지역사회를 매개로 하는 접근들이 강조되고 있다. 이러한 경향에 따라 최근 다양하고 많은 민간조직들에 의한 서비스가 모색되고 있으나, 복잡하고 다양한 욕구에 대응하는 지역사회 중심의 통합적 접근은 기본적으로 사회복지관과 같은 전문 인력과 시설 및 예산을 갖춘 조직체계가 중심이 될 때 가능한 것이다. 따라서 오늘날 지역사회복지는 지역사회에의 조직적이고 체계적인 개입을 통해 주민들의 삶의 질을 향상시키기 위한 사회복지적 지식과 기술을 활용하는 전문 실천방법이라고 정의된다.

　과거 우리나라 사회복지사업은 주로 요보호대상자(고아, 무의탁노인, 장애인 등)를 대상으로 하는 수용시설 중심의 사업들이었다. 그러나 80년대 들어 도시 빈곤지역을 중심으로 사회복지관과 같은 이용시설 중심의 사회복지사업이 활성화되었다. 정부는 지역주민의 복지증진을 효과적으로 달성하기 위하여 80년대부터 취약지구를 중심으로 사회복지관을 설립하기 시작하여 현재 360여 개의 사회복지관이 전국적으로 산재되어 있다. 사회복지관은 지역사회 내에 공공복지전달체계가 없는 상황에서 지역주민을 위한 복지서비스 제공을 포괄적으로 담당하는 시설로서의 역할을 담당해 온 것이다. 지금까지 지역주민들을 대상으로 다양한 복지서비스를 제공하고 각종 지역사회문제를 예방·치료하는 종합복지센터의 기능을 수행하여 왔다고 할 수 있다.

　지방화시대가 본격화되면서 지역주민의 복지증진을 위한 최일선의 이용시설로서의 사회복지관의 기능과 역할은 점차 중요해지고 있다.

　실제로 「사회복지관 설치·운영규정」 제3조는 사회복지관의 목표를 '사회복지서비스 욕구를 가지고 있는 모든 지역사회 주민을 대상으로 보호서비스의 제공, 자립능력 배양을 위한 교육훈련의 기회 제공 등 그들이 필요로 하는 복지서비스를 제공하고, 가정기능 강화 및 주민상호 간 연대감 조성을 통한 각종 지역사회 문제를 예방·치료하는 매체로서 주민 복지증진을 위한 종합복지센터의 역할을 수행하여야 한다'고 규정하고 있다.

그러나 그동안 사회복지관은 적절한 지원이 이루어지지 못해 정체성의 혼란과 재정적 위기를 경험하고 있다. 지방자치제도의 발달과 더불어 지역주민들의 질적 욕구 증대에 따라 전문적 복지서비스를 일정 부분 제공하고 있지만, 아직까지도 지역사회 내 빈곤문제 해결 차원에 머물고 있는 실정이다.

한편 단종 복지관의 확대설치, 시민단체와 종교기관의 복지활동 참여 강화, 동사무소의 주민자치센터로 기능전환 등에 따라 프로그램의 중첩과 중복서비스를 조정해야 할 필요성이 대두되고 있어 이에 따른 사회복지관의 기능과 역할을 시급히 검토하여 사회복지관의 정체성을 재정립해야 할 필요성이 제기되고 있으며, 사회복지관의 양적 성장에도 불구하고 적절한 서비스를 제공하고 있는지에 대한 실증적 검토의 필요성도 제기되고 있다(한국사회복지관협회, 2001). 특히 재정과 인력 구조의 한계로 인해 지역주민의 다양한 복지 욕구에 대해 전문적이고 자율적이며 탄력적인 대응을 못하는 경우도 많다.

현재 사회복지관들이 당면하고 있는 위상적·재정적·인력적 문제 등을 해결하기 위한 지자체의 적극적인 지원책이 마련되어 지역사회 내에서 사회복지서비스 전달체계를 효과적으로 구축해야 한다. 즉 사회복지관을 전문서비스 기관의 위상을 갖추도록 지원하고 그 기본적인 역할로서 가족기능강화, 지역사회보호, 지역사회조직 등 세 가지 사업을 수행하도록 하며 지역특성에 따라 교육·문화센터로서의 역할과 자활지원센터로서의 역할을 추가적으로 수행하도록 정립할 필요가 있다.

나아가서 사회복지관은 지역주민의 복지욕구가 보편화 및 다양화되고 사회복지관이 위치한 지역환경의 변화로 인해 서비스 대상자가 일반 중산층까지 확대되면서 사회복지관의 역할에 대한 재정립이 필요해지고 있다. 지금까지 수행해온 저소득층의 기본적인 생활보장 기능을 뛰어넘어 지역주민 전체의 다양한 복지욕구를 해결하는 전문적인 역할을 수행해 나가는 방향을 모색해야 하는 것이다. 지역특성 및 주민욕구에 따라 다양한 복지서비스를 제공하며, 가족문제의 예방 및 치료를 위한 전문적인 서비스 제공을 확대하고, 지역주민의 조직화 기능을 강화하는 등 전문복지기관으로서 위상을 갖추어 나가야 한다.

이러한 맥락에서 본 프로그램 개발서는 사회복지관 프로그램 전문화를 위한 훌륭한 교본이 될 것이다. 본서를 준비하는 과정에서 태화기독교사회복지관의 직원들은 1921년에 설립된 우리나라 최초의 사회복지관이라는 자부심과 함께, 사회복지환경 변화에 따른 전문적 서비스를 선도적으로 창출·보급할 역사적 사명감과 책임감이 매우 높음을 확인할 수 있었다. 이런 사명감이 어려운 여건 속에서 본서의 출간을 가능케 한 원동력이 되었다고 할 수 있다.

　프로그램 기술과정에서 프로그램 기획의 원칙에 충실하려고 노력했기 때문에 사회복지 프로포
절 작성에 훌륭한 지침이 될 것으로 여겨진다. 또한 프로그램 진행과정과 평가에 대한 정보가 상
세하게 포함되어 있기 때문에 프로그램 진행의 참고서로도 손색이 없을 것이다. 이번 책은 사회
복지관 프로그램 전문화를 위해 가장 핵심적인 가족기능강화 영역에 초점을 두고 있지만 앞으로
지역사회보호, 지역사회조직의 영역에서도 전문적인 프로그램을 지속적으로 개발해 나갈 것이
다. 김현숙 관장님을 비롯한 직원들의 정성과 노고에 감사하며, 앞으로 계속될 태화기독교사회복
지관의 프로그램 개발에 많은 기대와 희망을 가져본다.

2003. 11
숭실대 사회사업학과 교수
정무성

차 례

1장

프로그램 개발에 대한 이해

정무성

1. 프로그램 개발의 필요성

서구 복지국가에서는 7, 80년대 복지국가 위기기를 거치면서 거의 대부분의 조직에서 소위 책임성(accountability)의 문제가 제기되었다. 그 내용은 대개 비효율성, 경쟁력 약화, 도덕적 해이, 공금 횡령 등에 관한 것들이었다. 이로 인해 조직의 비효과성, 서비스의 질적 저하, 팀웍의 해체, 근시안적 기획, 낭비, 노동 불균형 등이 초래된 것으로 지적되었다.

오늘날 책임성은 모든 비영리조직에 있어 핵심적인 가치이며 기준이라고 할 수 있다. 이러한 맥락에서 사회복지부문에서는 기관과 시설에 대해 전면적인 평가가 이루어지고 있다. 또한 공동모금회와 같은 민간기금에서도 지원금에 대한 성과의 제시를 엄격하게 요구하는 추세로 전환되고 있다. 이에 따라 사회복지기관과 시설에서는 책임성에 관한 관심이 증가하고 있다. 이러한 추세는 앞으로 사회복지기관 전문직원들의 행태에 상당한 영향을 미칠 것으로 예상된다. 항상 과중한 업무에 시달려 온 사회복지기관의 스탭들은 또 하나의 성가신 과업이 생긴 것으로 생각할 수도 있다. 그러나 사회복지기관의 책임성이 검증되면 자연적으로 사회복지조직에 대한 사회적 신뢰가 높아질 것이고, 그 조직에 소속되어 있는 전문가들에 대한 인식도 좋아져 사회적인 후원이나 지지가 향상될 것이다. 따라서 이제 서비스에 대한 성과 제시는 사회복지 업무의 일상적인 과업으로 인식하고 보다 적극적인 자세로 임할 필요가 있다.

지금까지 전문 사회복지사들은 서비스의 효과성을 객관적으로 제시하는 데 별로 성공적이지 못하였다는 지적을 받고 있다. 이는 과중한 업무로 인해 당장의 주어진 과업을 실행하는 것만으로도 바쁘기 때문에 체계적으로 성과를 제시할 여유가 없었기 때문일 수 있다. 그러나 부분적으로는 사회복지사들의 프로그램에 대한 분석적 사고의 결여에서 기인한다고 할 수 있다. 어느 전문직이고 개입 과정에 대한 인과관계를 추론하지 못하면 전문성을 인정받을 수 없다. 즉 사회복지사들이 전문성을 인정받기 위해서는 사회복지적 개입을 통해 대상자나 지역사회에 긍정적인 변화가 일어났다는 것을 객관적으로 증명해 보일 수 있어야 한다.

이를 위한 사회복지조직 내부적인 대책으로 프로그램의 기획(planning) 과정이 강조되어야 한다. 치밀한 기획은 불확실성의 감소, 합리적 기술제공, 외부의 정당성 확보, 광범위한 참여 촉진 등을 확보할 수 있다. 사회문제가 복잡해짐에 따라 문제를 해결하고자 하는 사회복지기관들은 문제의 다양한 원인들을 가정하고 철저한 개입전략을 수립할 필요가 있다. 이러한 기획과정은 서비스에 관한 전달체계 계획을 공개하고, 서비스의 목표와 수단이 공표됨으로써 사회적 인정과 합의를 도출하는 데 많은 사람들을 참여시킬 수 있다.

물론 사회복지조직의 특성상 조직에서 일어나는 모든 일들이 계량적으로 측정될 수 있는지가 항상 문제 된다. 이때한 평기도 인간관계의 모든 측면을 측정할 수는 없기 때문이다. 그러나 과거

보다는 훨씬 많은 것을 측정하고 계량화할 수 있는 도구들이 개발되고 있다. 따라서 평가가 적절하게 설계되고 이행되면 서비스의 질을 향상시키고 효율성을 높일 수 있는 자료로 매우 유용하게 활용될 수 있다.

성과에 대한 정확한 이해는 관련 정보의 질과 적절성, 양에 달려있는데 정보가 불충분하고 모호할 때 그만큼 성과에 대한 정확한 측정은 어려운 것이다. 따라서 사회복지조직들은 적절한 양질의 정보를 최대한 확보하려는 노력이 있어야 한다. 또한 책임성에 대한 평가가 제대로 이루어지기 위해서는 측정도구가 적절해야 한다. 측정도구가 갖추어야 할 기준은 타당성, 신뢰성, 용이성, 시의성, 포괄성, 간결성 등의 기준을 충족하여야 하며, 동시에 자료수집의 비용이나 통제가능성의 문제도 고려되어야 한다. 이러한 것들을 잘 활용하기 위해서는 관련 인력들이 프로그램 개발과 평가 및 사회조사에 대한 지식과 기술을 갖추고 있어야 한다.

이러한 맥락에서 사회복지조직에서의 프로그램 담당자들이 고려해야 할 과제를 다음과 같이 제시할 수 있다.

① 소비자주권(consumer sovereignty)의 인식: 대상자 중심의 서비스
② 창의적이고 전문적인 프로그램 개발
③ 자활, 자립, 재활 등 근로연계 프로그램 강화
④ 지역사회에의 PR과 민간재원 개발: 사회통합에의 기여 고려
⑤ 서비스전달의 책임성 향상: 평가를 통한 객관적 증거 제시
⑥ 스탭들의 소진(burnout)문제에 대한 적절한 대처: 의사소통 및 직원개발

2. 프로그램 기획

1) 프로그램의 정의

프로그램이란 '특정 목표를 성취하기 위한 활동들의 집합'이라고 정의할 수 있다. 특히 사회복지 프로그램은 사람들에게 원조를 제공하는 활동들로 구성된다. 사회복지기관이나 시설들은 프로그램을 통하여 사회의 구성원들에게 서비스를 제공함으로써 사회의 욕구를 충족시키게 된다. 동시에 프로그램기획은 담당자들에게는 성취감과 만족감을 주는 수단이 되기도 한다.

사회복지조직의 실무자들이 서비스를 제공하는 과정은 의사가 환자에게 의술을 통해 치료하는 과정과 같다. 의사가 우리들의 신체에서 질병을 발견하고 진료를 통해 건강을 되찾아 주듯이, 사회복지인력들은 사회에서 문제를 발견하여 해결함으로써 사람들의 삶의 질을 향상시킨다. 그럼

에도 불구하고 다른 휴먼서비스 분야에 비해 사회복지인력들의 전문성이 인정받지 못하는 것은 프로그램의 인과관계에 대한 명확한 제시가 부족하기 때문이다. 따라서 프로그램 기획을 통해 대상자에 대한 변화가 사회복지적 개입에 의해 발생했음을 제시하는 근거가 되도록 하여야 한다.

2) 기획의 개념

기획(planning)	· 계획을 세워 가는 활동과 과정을 말하며 초점을 두는 계속적인 행동으로서의 의미가 강하다. 따라서 기획은 미래지향적, 계속적인 과정, 의사결정과 연결, 목표지향적, 목표를 위한 수단적인 특징을 갖는다.
계획(plan)	· 어떤 구체적인 사업에 대한 연속적인 의사결정이라는 의미가 있으나 기획에서 도출된 결론, 이미 결정된 행동노선을 가리키는 경우가 많다.

잘 기획된 프로그램은 다음의 효과를 가져다 준다:

① 불확실성 감소 : 급변하는 환경과 불확실한 미래상황으로 사회복지 조직의 목표가 혼돈되거나 조직성원과 클라이언트가 권력지향적인 행정책임자에게 희생당할 가능성이 있는데, 기획을 통해 이를 통제시킬 수 있다.

② 합리성 증진 : 기획은 문제해결과 의사결정을 위해 경험적으로 증명되어 보다 타당하게 적용될 수 있는 수단을 제공함으로써 합리성을 높여준다.

③ 효율성 증진 : 최소의 비용과 노력으로 서비스 목표를 달성하기 위해서는 사전에 치밀한 기획이 필요하다.

④ 효과성 증진 : 클라이언트의 문제나 욕구를 해결하는 데 소기의 효과를 얻기 위해서는 사전에 계획이 반드시 수립되어야 한다.

⑤ 책임성 증진 : 사회복지 조직은 사회의 인가를 받아 국고와 개인의 기부금을 사용하므로 서비스를 효과적이고 효율적으로 제공할 책임을 지고 있는데, 기획을 통해 그 책임성을 객관적으로 증명해 보일 수 있다.

⑥ 사기 진작 : 기획과정에의 참여를 통해 목표를 달성했을 때 성취감과 동시에 타인으로부터의 인정을 얻게 된다.

3) 기획의 과정

(1) 구체적 목표의 설정

구체적 목표는 '주어진 기간 내에 계량화 될 수 있는 의도된 결과'로서 ① 그 프로그램에 적합한 것이이야 하고 ② 비라는 결과가 명시되어야 하며 ③ 바라는 결과가 계량화 될 수 있어야 하고

④ 결과를 얻기까지의 시간이 명시되도록 서술되어야 한다.

구체적 목표의 설정은 반드시 목적(purpose)→목표(goal)→세부 목표(objectives)의 순으로 설정되는 것은 아니고 경우에 따라서는 사회 문제 또는 지역사회 문제의 해결을 위하여 어떤 사업(일반적 목표)이 설정되고 이에 따라 구체적인 목표가 설정되는 경우도 있다.

(2) 관련정보 수집 및 가용자원의 검토

기획의 대상과 구체적 목표에 대한 다양한 정보를 수집하고 그러한 프로그램을 실시하는 데 필요한 인적, 물적, 사회적 자원 등을 검토하는 단계이다. 연구문헌 검토, 면접, 관찰, 설문지 사용 등의 방법으로 정보를 수집한다.

(3) 목표달성을 위한 대안적 방법 모색

집단토의, 개별적 대화, 수집된 정보로부터 다양한 대안적 방법을 찾는 단계이다. 참여자들의 창의성 발휘가 중요하다.

(4) 대안의 실시조건 및 기대효과 비교

전 단계에서 도출된 대안들이 실시되는 경우 각 대안이 가지는 여러 가지 조건은 어떠한지, 기대효과는 어느 정도가 될 것인지를 검토하고 장점과 단점을 찾아내어 비교 분석하여야 한다. 이때 공통적이고 객관적인 검토 및 평가기준이 있어야 한다.

(5) 최종대안의 선택

각 대안의 실시조건 및 기대효과를 비교하여 적절한 비중으로 점수를 주어 우선순위를 정한 후에 가장 점수가 높은 것을 최종 대안으로 선택한다.

(6) 구체적 실행계획 수립

시간과 활동이 연관된 구체적인 계획을 수립한다. 실행계획에 사용할 수 있도록 개발된 여러 가지 프로그램 기획기법을 사용할 수 있다.

3. 프로그램 구성요소

체계(system) 접근에 따르면 프로그램은 투입(inputs), 전환(throughputs), 산출(outputs), 결과

(outcomes)로 구성된다. 이를 나무에 비유하면 투입은 뿌리, 전환은 줄기, 산출은 열매, 성과는 열매의 질에 해당된다고 할 수 있다. 나무는 뿌리를 통해 땅으로부터 물을 흡수하고, 줄기를 통해 성장에 필요한 영양분으로 전환하여 결실을 맺는다. 프로그램도 투입, 전환과정을 통해 산출과 변화를 일구어 낸다. 나무의 각 부분이 상호 유기적으로 연계되어 있듯이 프로그램도 각 부분이 유기적으로 연계되어 있다.

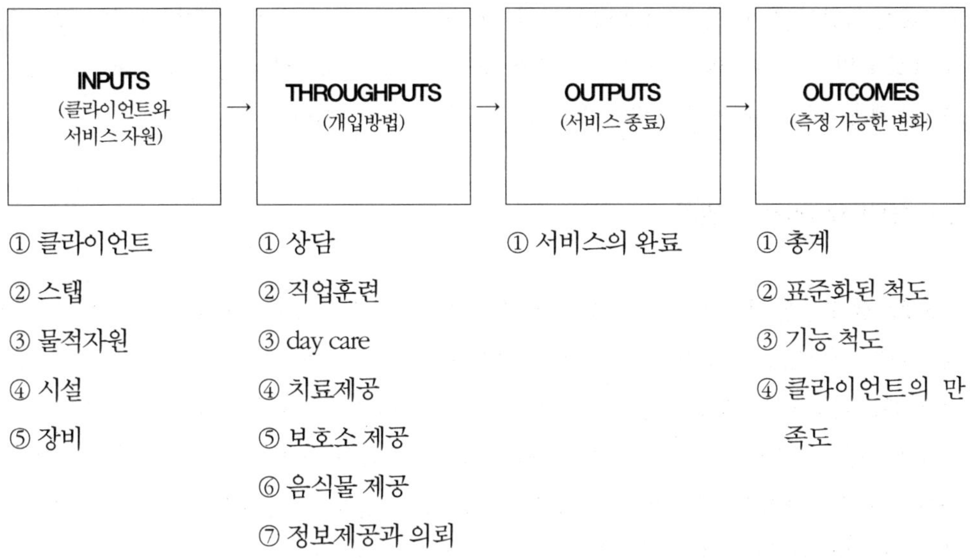

① 클라이언트	① 상담	① 서비스의 완료	① 총계
② 스텝	② 직업훈련		② 표준화된 척도
③ 물적자원	③ day care		③ 기능 척도
④ 시설	④ 치료제공		④ 클라이언트의 만족도
⑤ 장비	⑤ 보호소 제공		
	⑥ 음식물 제공		
	⑦ 정보제공과 의뢰		

1) 투입(inputs) : 자원

프로그램에 투입된 혹은 프로그램이 소비한 자원을 말한다. 예를 들면 돈, 직원 및 직원의 근무시간, 자원봉사자 및 활동시간, 시설, 장비, 그 밖의 공급물을 포함한다. 투입에는 또한 법, 규제, 기금을 받기 위한 요구조건 등과 같은 프로그램에 대한 제약도 포함한다.

2) 전환(throughputs) : 활동(activities)

프로그램이 사명을 완수하기 위해 투입물들을 가지고 한 일을 말한다. 활동에는 프로그램의 서비스 방법론을 구성하는 전략, 기법, 치료유형 등이 포함된다.

3) 산출(outputs) : 서비스의 완료

프로그램 활동의 직접적인 생산물이며, 보통 완성된 업무량을 말한다. 예를 들면 교육한 강의 수, 실시한 상담 회기 수, 나누어 준 교육자료의 수, 서비스를 받은 클라이언트 수 등을 말한다. 산출은 그 자체로는 고유한 가치가 거의 없다. 클라이언트나 대상인구집단이 바라는 혜택을 제공했을 때 중요하게 간주된다.

충분한 자원이 주어졌을 때에야 비로소 관리자들은 산출수준을 통제할 수 있다. 부모교육교실을 예로 들면, 개설된 강의 수와 참석한부모의 수는 산출이다. 충분한 직원과 자원 공급이 있을 때 프로그램은 강의와 클라이언트의 산출을 배로 늘릴 수 있을 것이다.

4) 결과(outcomes) : 변화

프로그램 활동에 참여하는 동안, 혹은 그 이후 개인 혹은 인구집단에게 일어난 혜택이나 변화를 말한다. 결과는 프로그램의 산출물에 의해 영향을 받는다. 결과는 행동, 기술, 지식, 태도, 가치, 상황, 혹은 외부요인들과 관련이 있다. 다시 말해 프로그램이 개입한 후에 달라진 것을 말한다.

예를 들면 인근지역 청소 캠페인의 산출물은 개최된 회의 수와 청소를 하기 위해 나온 주민의 수이다. 결과는 대상인구집단이 얻은 혜택인데 안전을 위협하는 위험물질로부터의 노출이 감소했고, 해당지역에 대한 자부심이 증가했다 등이 그 예가 될 수 있다.

4. 프로그램 개발과정 : 경쟁력 있는 프로포절 작성법

최근 공동모금회, 기업복지재단, 민간기금, 정부 등에서 프로그램 공모를 통해 기금을 지원하는 사례가 늘어나면서 프로포절 작성에 대한 관심이 높아지고 있다. 프로포절이란 사회복지기관들이 수행하고자 하는 프로그램의 내용을 설명하는 사업제안서를 의미한다. 경쟁력을 높여 서비스의 질을 개선하고 기금 배분의 투명성을 확보하기 위해 대부분의 기금주들이 기본적으로 요구하는 서류이다.

사회복지기관의 입장에서 프로포절 제출의 일차적인 목적은 사업수행에 필요한 재원을 확보하는 것이다. 따라서 호소력 있게 작성된 프로포절은 기관의 프로그램 활성화를 위한 재원마련에 커다란 도움을 준다. 실제로 미국의 경우 민간 사회복지시설 총예산의 30%가량이 제출한 프로포절의 승인을 통해 얻어지고 있다. 우리나라의 경우도 프로그램 공모 방식이 확대되면서 많은 사회복지시설이나 기관들이 프로포절을 통해 재원을 확보하는 비율이 높아지고 있다.

기금주가 프로프절을 심사할 때 고려사항으로는 문제의 심각성, 프로그램의 참신성과 효과성, 프로그램 운영의 비용효율성, 기관의 능력과 직원들의 전문성 등이 있다. 또한 프로포절에는 기본적으로 사회복지의 가치가 반영되어 있어야 하며 실현가능성, 기관의 준비성, 기록의 신뢰성 등을 제시할 수 있어야 한다. 일반적으로 프로포절은 표지, 문제분석, 대상자 선정, 목표설정, 활동 내용, 예산, 평가계획 등으로 구성된다. 이러한 내용들을 어떻게 제시하는가에 따라 프로포절 심사에 상당한 영향을 미치기 때문에 대부분의 시설에서는 직원들에게 프로포절 작성 요령에 대한 지식과 기술을 갖출 것을 요구한다.

다음 각 단계에서 제시한 예는 공동모금회의 프로포절을 기초로 설명한다.

1) 표지

프로포절의 표지는 대개 정해진 양식이 제공되는데, 크게 기관에 관한 부분과 프로그램에 관한 부분으로 구성되어 있다. 기관에 관한 부분은 법인의 특성, 연혁, 조직표 등으로 구성된다. 이는 이미 정해져 있는 내용이기 때문에 프로포절 작성자들이 소홀히 하기 쉬운 부분인데, 경쟁력 있는 프로포절은 남들이 소홀히 하는 부분에서도 차별화 된 무엇인가를 제시할 수 있어야 한다. 여기서는 특히 연혁에 주목해야 한다. 연혁을 작성할 때 신청하는 프로그램과 관련된 실적을 강조해서 제시할 필요가 있다.

표지의 프로그램에 관한 사항은 프로포절 전체의 내용을 함축적으로 담고 있는 매우 중요한 부분이다. 이 부분을 통해 프로포절의 핵심적인 메시지를 전달 할 수 있어야 한다. 특히, 사업명의 중요성은 아무리 강조해도 지나치지 않는다. 사업명에는 프로그램의 대상, 목적, 방법이 제시되어야 한다. 대상에는 그동안 사회복지 서비스의 사각지대에 있었던 사람들이 포함될 필요가 있고, 목적을 통해서는 서비스의 필요성이 강조되어야 하며, 방법에는 프로그램의 적절성과 전문성이 제시되어야 한다. 실제로 많은 심사위원들이 사업명을 통해 전체 프로포절에 대한 감을 잡는 만큼, 작성자들은 사업명을 어떻게 제시할 것인가를 심사숙고해야 한다. 또한 표지에는 대개 프로포절에 대한 전체 요약 부분이 들어가 있다. 여기서는 문제의 심각성, 프로그램의 필요성 및 기대효과에 대한 내용이 함축적으로 제시되어야 한다.

2) 문제분석

사회복지 프로그램은 사회문제로부터 출발한다. 문제가 심각할수록 프로그램의 지원 당위성이 높아지는 것이다. 따라서 프로포절 작성자들은 사회현상을 사회문제로 파악할 수 있는 통찰력을 지녀야 한다. 현상을 문제로 제시하기 위해서는 기준이 있어야 한다. 문제분석에서는 인간의 이상적인 삶의 질에 기준하여 대상자들의 문제가 얼마나 심각한지를 객관적인 자료와 함께 제시하여야 한다. 또한 대상자들이 다른 지역 혹은 다른 집단에 비해 상대적으로 얼마나 박탈되어 있는지를 제시할 수 있다면, 제출하는 프로포절의 지원 필요성은 더욱 높아지게 된다.

문제의 원인과 실태가 제대로 파악되어야만 다음 단계인 프로그램의 목표와 대상이 구체화 될 수 있다. 문제분석과 함께 제시할 수 있는 것은 프로그램의 효과성과 관련된 내용이다. 이 프로포절이 지원되었을 때 대상자와 지역사회에 어떠한 변화가 일어날 것이고, 그것의 사회적 비용효과는 얼마나 될 것인지를 제시하는 것이 바람직하다.

〈공동모금회〉

· 지역사회 문제 및 욕구에 대한 구체적 기술을 중심으로, 지역사회의 변화 욕구에 대한 내용을 입증할 만한 통계자료나 경험적 근거자료를 제시하여 1쪽 이내로 체계적으로 적으면 됩니다.

3) 대상자 선정

프로그램 실시의 근거가 될 수 있는 문제가 규명되면, 문제의 규모를 정확하게 보여주기 위해 대상자를 선정하여야 한다. 프로그램의 대상은 일반대상(general population)으로부터 위기대상(at-risk population), 표적대상(target population), 클라이언트의 순으로 좁혀가야 한다. 일반대상은 대상집단이 속한 모집단으로 시설이 서비스를 제공하는 행정 관할구역 내의 일반 사람들을 포함한다. 반면에 위기대상은 일반집단 중에서 문제에 노출되었거나 문제를 겪은 경험이 있는 사람들로 구성된다. 다음으로 표적대상은 프로그램 제공을 통해 문제해결의 대상으로 삼는 인구집단을 의미한다. 즉, 시설에서 반드시 서비스를 주어야만 하는 대상이다. 위기집단으로부터 표적집단을 추출할 때는 기준을 정하여 문제의 심각성이 높은 집단을 선정하되, 기관이 접근할 수 있는 지리적 경계 내에 있는 사람들로 한정하여야 한다. 마지막으로 클라이언트는 제출하는 프로포절에서 제공될 프로그램에 직접 참여하게 되는 사람들을 의미한다. 사회복지 프로그램에의 참여는 가능한 한 클라이언트의 자발성이 강조되어야 한다. 생활시설과 같이 표적집단 전체를 대상으로 프로그램을 진행하는 경우는 표적집단과 클라이언트 집단이 동일할 수도 있다. 클라이언트는 위기 집단의 20% 이상을 선정하는 것이 바람직하다.

예) 사업명 : 따돌림 당하는 장애학생을 위한 사회통합 증진 프로그램

대상구분	대상자 산출근거	인원수(%)
일반대상	경기도 내 중학교 특수학급에 재학 중인 학생	177학급 1,110명
위기대상	특수학급에 재학 중인 학생 중 따돌림을 경험한 학생	330명 (일반집단의 30%)
표적대상	따돌림을 경험한 학생 중 내성적인 성격이 강한 학생	110명 (위기집단의 30%)
클라이언트 수	표적집단 중 프로그램에 참여하기로 동의한 학생	20명

출처 : 2003년 교육부 통계 및 경기도 교육청 자료

<공동모금회>

· 일반대상은 서비스를 제공할 대상이 속해 있는 커다란 인구집단 또는 지역의 일반인구집단을 말합니다. 예로 서울시 ○○구 치매노인들을 대상으로 서비스를 제공하고자 할 경우 ○○구의 노인인구를 기록하면 됩니다(자치단체의 통계연보 참조).

· 위기대상은 일반대상 중에서 어떤 문제나 욕구를 가지고 있거나 잠재되어 있다고 추정(파악)되는 인구집단을 의미합니다.

· 표적대상은 위기대상 중 문제, 욕구가 표출되거나 노출되어 있는 집단으로 예산이 확보된다면 반드시 문제를 해결해 주어야 할 대상입니다.

· 클라이언트 수는 이번 신청사업을 통하여 서비스나 직 · 간접적인 혜택을 제공받게 되는 인원수이며, 최소한 표적대상의 20%는 되는 것이 바람직합니다. 생활시설의 경우 표적대상과 클라이언트 수가 동일하게 산출될 수도 있습니다.

· 단위수는 명을 기준으로 하지만, 세대나 기타 집단적 성격인 경우에는 단위로 취급합니다. 즉, 10명이면 10명으로, 10세대이면 10세대라고 기록하면 됩니다.

4) 목표 설정

프로그램의 대상이 명료화되었으면, 다음 단계는 목표를 설정하는 과제가 남아있다. 이 부분은 주로 목적, 목표, 세부목표로 구성된다. 목적(purpose)이란 프로그램을 통해 궁극적으로 달성하고자하는 포괄적이고 추상적인 지향점이다. 목표(goal)는 목적을 보다 구체화하여 방향성을 제시하는 것이지만 여전히 추상적인 용어로 표현된다. 프로포절에서 가장 중요한 것은 세부목표(objectives)이다. 세부목표는 프로그램을 통해 달성하고자 하는 구체적인 목표로 프로그램의 성공여부는 결국 세부 목표의 달성여부와 관련이 있다. 따라서 세부목표는 실현가능하도록 구체적

이고 현실적인 언어로 표현되어야 하며, 또한 프로그램 시행 후 목표달성 여부를 평가할 수 있도록 측정가능한 언어로 표현되어야 한다.

〈공동모금회〉

· 사업목적은 5줄 이내의 분량으로 추구하고자 하는 사업의 철학과 방향을 정리하면 됩니다.

· 사업목표는 사업목적을 달성하기 위하여 구체적으로 실현되어야 할 방법과 내용, 달성될 계량화 목표수치 등을 포함하며, 사업의 효과성 평가기준이 됩니다. 따라서 세부목표를 설정하는 데 있어서 가급적 수량화시킬 수 있는 것이거나, 아주 구체적으로 작성하는 것이 필요합니다. 만약 구체적으로 작성할 수 없을 경우 어떤 식으로 목표달성 정도를 평가할 것인지를 염두에 두어야 합니다.

예를 들면, 청소년 자치동아리를 활성화시키는 프로그램일 경우 몇 개의 청소년 자치동아리를 활성화시킬 것이고, 몇 번의 활동 모임을 가질 것인지를 구체적으로 명시하는 것이 유리합니다.

기능보강 · 관리운영용 신청사업의 경우 사업의 필요성, 내용, 기대효과를 간단하게 기록하는 1쪽의 사업계획서에 기입하시면 됩니다.

예)

> 아래 사례는 ○○종합사회복지관의 계획서를 참고로 재구성한 것입니다. 이와 같이 세부목표는 최대한 측정가능한 형태로 구성하는 것이 좋습니다.

(1) 사업명 : 위기결손가정자녀 FOSTER HOME결연사업

(2) 사업목적

　　○○지역에 거주하고 있는 결손가정 중 대리양육자가 없어 자녀를 방임, 유기할 상황에 있는 가정의 자녀를 대상으로 일정기간 동안 이들을 보호, 양육해 줄 FOSTER HOME과의 결연을 지원함으로써 아동의 건강한 성장 · 발달을 도모하고 제2의 가족해체위기에 처한 가정을 정상적인 가정으로 복귀됨을 돕고자 한다.

(3) 사업 목표

　　① 결손가정자녀의 유기, 방임을 사전에 예방하고 아동의 건강한 성장 · 발달을 도모한다.

　　세부목표 ㉠ Foster Home과의 결연, 정기적인 개별상담 및 친부모와의 만남을 통해 친부모와의 애착관계, 신뢰감을 지속시킴으로 유기 및 방임 수준을 50% 낮춘다.

      ⓛ 아동의 올바른 성장 · 발달을 위해 필요한 최소한의 양육비와 교육비를 파악하여, 신체적 · 교육적 성장을 도모한다(목표인원 양육비 및 교육비는 30명×12회, 교육비는 15명×2회).

② 결손가정 세대주의 자립의지를 향상시켜 제2의 가족해체 방지 및 가족기능을 강화한다.

    세부목표 ㉠ 상담 및 부모역할교육 등을 통하여 가족기능을 강화시킨다(목표인원 상담서비스 제공 30명×5회, 부모역할교육 50명×3회).

            ⓛ 재취업이 가능한 세대주를 파악하여 취업정보 및 취업훈련을 제공한다(목표인원 취업정보제공 30가구×10회, 취업훈련제공 10가구×1회).

③ 위탁아동과 Foster Home 가족간의 관계를 강화시킨다.

    세부목표 ㉠ 상담을 통해 결연 전 아동의 Foster Home에 대한 심리적 불안감을 해소시킨다.

            ⓛ 위탁아동과 Foster Home과의 라포 형성을 위한 프로그램을 진행하여 심리적 불안감을 해소하고, 가족관계를 강화시킨다(상담 30명×5회, 만남의 장 마련을 위한 캠프 및 야외프로그램 각 2회씩 실시).

5) 활동내용

    프로그램의 활동내용은 프로그램의 구조, 담당인력, 일정표 등으로 구성된다. 프로그램의 구조는 설정된 목표를 달성하기 위한 프로그램의 수행방법을 설명한 것이다. 따라서 세부목표를 중심으로 프로그램의 내용과 수행을 위한 방법 및 매개물, 스탭과 클라이언트의 역할을 구체적으로 명시하면 된다. 프로그램의 담당인력은 슈퍼바이저 · 스탭 · 자원봉사자들을 모두 포함시키되 실명으로 기재하는 것이 원칙이다. 특히 담당인력의 경력이나 학력은 프로그램의 수행능력을 평가하는 매우 중요한 기준이기 때문에 구체적으로 명시할 필요가 있다. 일정표는 프로그램의 내용과 수행방법을 진행일정에 따라 재구성한 것으로 프로그램의 기간 · 간격 · 소요시간 등을 포함한다.

〈공동모금회 〉

(1) 이론적 배경(프로그램 A만 작성함)

① 문제분석과 프로그램과의 연계성을 이론적으로 설명하여 2쪽 이내로 작성하면 됩니다.

(2) 경험적 근거(프로그램 A만 작성함)

① 유사한 사업을 직접 수행한 경험, 유사한 사업을 수행하고 있는 기관 · 방법 · 효과 등에 대해

0.5쪽 이내로 작성하면 됩니다.

(3) 세부사업내용(프로그램 A 및 B에만 작성)

① 프로그램 A

· 사업시행구조 : 프로그램의 기간, 간격, 소요시간, 장소 등 프로그램의 형태와 구조를 파악할 수 있도록 정확히 기재하면 됩니다.

· 프로그램의 매개체(수행방법) : 제시될 프로그램에 활용되는 매개체(역할놀이, 강의, 시청각 기재 등)로 어떤 것들이 적합할 수 있는지 서술하면 됩니다.

· 담당자의 역할 및 과업 : 프로그램을 위해 담당자가 해야 하는 역할과 과업이 어떤 것들이 있는지 서술하면 됩니다.

· 클라이언트의 역할 및 과업 : 프로그램에 참여하는 클라이언트가 변화를 위해 스스로 어떤 노력을 기울여야 하는지, 그리고 변화를 위한 구체적인 과업은 무엇인지 서술하면 됩니다.

② 프로그램 B

· 세부사업내용에는 세부사업명, 일정, 진행내용 등을 필요에 따라 포함시키십시오.

· 세부사업내용은 기관에서 사업내용을 아주 구체적이고 표현하기 좋은 형태로 구성하여 주십시오. 세부사업내용은 심사결과에 주요한 영향을 미치게 됩니다.

· 세부사업내용에는 세부사업명, 일정, 진행내용 등을 필요에 따라 포함시키십시오.

예)

사업 명	일정	목표	진행담당	사업진행내용
오리엔테이션 나는 누구인가?	1일	· 집단구성원 간의 긴장된 분위기를 해소한다. · 집단 앞에서 자기표현할 수 있는 기회를 가진다.	강은미	· 기관소개 기관이 어떠한 일을 하는 곳이며, 현재 어떤 일을 하고 있는지 기관 홍보지와 자료집을 토대로 설명한다. · 프로그램 소개 앞으로 진행되는 프로그램에 대한 간략한 소개와 프로그램의 중요성, 규칙 등을 정한다. · 자기소개 게임실시 구성원이 순서대로 돌아가면서 자기자신의 이름과 애칭을 적게하고 발표하게 한다. · 느낌나누기 자기소개를 하면서 상대방에게 느꼈던 인상들을 순서대로 설명하게 한다. · 간식 사전에 간식을 준비해 놓고 프로그램이 끝나면 같이 나누어 먹는다.

(4) 사업 진행 일정

① 사업기간 : 2004년 월 ~ 200 년   월(개월)

② 사업일정 차트(Gantt Chart)

· 사업 진행 일정은 아래 표를 참조하여 반드시 1쪽 이내로 작성합니다.

· 사업기간은 사업이 시작되는 기간부터 마무리되는 기간까지를 의미하며 총 진행된 개월수를 기입합니다.

· 3년이상 연속사업의 경우도 사업추진예정 기간을 명시해 주시기 바랍니다.

· 사업내용란에 월별로 추진될 프로그램명 또는 일정내용을 간략하게 기술하고, 해당되는 달에 추진계획을 기입해 주십시오.

· 프로그램 A용 사업의 경우 2, 3차년도의 사업내용이 1차년도와 매우 상이한 경우 그 내용을 제시하셔도 가능합니다.

예)

기간 사업내용	1월	2월	3월	4월	5월	6월	7월	8월	9월	10월	11월	12월
편의시설 아카데미기획												
편의시설아카데 미참가자 접수												
편의시설 아카데 미 상반기 개최												

(5) 신청사업의 담당인력 구성

· 담당인력 구성은 실제로 해당사업을 담당하는 인력을 실명으로 기록합니다.

· 할당시간은 해당 인력이 실제로 해당 사업을 실행하기 위하여 투입되는 시간을 기록합니다. 반드시 사실에 입각하여 기록하여야 하며, 사업수행시 근거자료가 남아 있어야 합니다(일지, 회의록 등).

· 만약 투입인력의 일주일당 할당시간 계산이 불가능할 경우 사업수행을 위하여 투입되는 총 시간을 기록하고, 반드시 총시간이라고 명기해 주어야 합니다(담당인력의 할당시간은 신청예산 작성시 인건비에 반영되어야 합니다).

· 담당인력의 전문자격증은 프로그램을 진행할 경우 전담인력의 자격증 현황이며 시설보수, 운영지원 등의 경우 작성하지 않아도 됩니다.

예)

이름	담당부서 / 직위	경력(년)	담당 역할	할당시간 (단위 : 일주일)	자격증 (신청사업관련)
홍길동	관장	○○대학교 사회복지학과 졸업 ○○복지관장 경력 10년	프로그램 전체지도, 감독	주 2시간	사회복지사 1급
강감찬	부장	○○희망원 생활지도원 3년 6개월 ○○복지관 부장 경력 7년 5개월 ○○대학교 사회복지대학원 재학 중	프로그램 전체지도, 감독	주 4시간	사회복지사 1급
허준	물리치료사	○○보건소 경력 6년 ○○복지관 경력 3년	종합검진, 물리치료	주 6시간	물리치료사
대장금 외 5명	자원 봉사자	○○대학교 경영학과 학생	사회복지사 보조	주 2시간	

6) 예산수립

프로그램을 운영하는 데 드는 비용은 예산으로 표현된다. 예산계획은 신청 프로그램의 총예산을 인건비, 관리비, 기자재 및 집기 구입비, 수용비, 사업비 등의 항목으로 나누어 각 항목의 산출근거를 구체적으로 제시한 것이다. 원칙적으로 프로그램 예산은 직접경비와 간접경비를 구분해서 제시해야 하는데 직접경비는 신청 프로그램을 위해서만 직접 현금으로 새롭게 지출되는 경비를 의미하며, 간접경비는 기관의 기존시설이나 인원 중 신청프로그램에 활용될 부분의 비용을 의미한다. 기존인력 및 시설을 활용하는 경우는 이들이 신청 프로그램에 할당되는 비율을 근거로 간접경비를 계산한다. 대부분의 기금들은 직접경비만을 지원하는 것을 원칙으로 하고 있으나 공동모금회의 경우는 신청금액의 20%까지 인건비를 신청할 수 있도록 하고 있어, 간접경비 중 인건비의 일부를 지원 받는 것이 가능하다. 나머지 간접경비는 자부담으로 처리하면 된다. 그러나 자부담을 높이 책정할 경우 프로그램의 총경비가 늘어나 효율성 평가에서 불이익을 받을 수 있음을 유의해야 한다.

<공동모금회 >

(1) 1차년도 예산

항목		산출근거		예산조달계획	
		직접비	간접비	신청금액	자부담
인건비	관장		3000만원×0.02×1년=60만원		
	프로그램담당자		1500만원×0.3×1년=450만원	100만원	
	강사비	2만원×50시간=100만원		100만원	
	소계	100만원	510만원	200만원	
사업비	현수막제작	1개×10만원×3개=30만원		30만원	
	숙박비	1만원×3일×30명=90만원		90만원	
	캠코더 대여비	3만원×4일×2대=24만원			24만원
	소계	144만원		120만원	24만원
관리비	냉난방비		1일×5만원×10일=50만원		
	차량유지비		1달×15만원×2개월=30만원		
	소계		80만원		
기 타					
	소계				
총 계		244만원	590만원	320만원	24만원

· 신청사업 총예산을 인건비, 사업비, 관리비, 기타의 항목으로 나누어 각 항목의 산출근거를
아주 구체적으로 기록합니다.

· 인건비 중 직접비에는 신청사업과 관련한 신규직원(계약직 등)과 강사 등의 비용을 포함하
며, 간접비는 신청사업과 관련해서 사업수행기관의 정규직원 및 자문위원 등의 비용을 포함
합니다. 단, 필요시에는 간접비 중 정규직원 등의 급여도 신청금액으로 포함할 수 있습니다.

· 사업비는 실제 프로그램의 운영을 위하여 소요되는 여비, 인쇄비, 소모품비, 식비, 장비구입,
교육훈련비 등을 말합니다.

· 관리비는 사업비를 제외하고 실제 프로그램의 진행을 지원하기 위하여 소요되는 비용을 말
합니다. 예를 들면 전화비, 보험료, 청소용역비, 냉난방비, 차량유지비 등이 포함됩니다.

· 산출근거에 간접비인지, 직접비인지 반드시 기록합니다.

· 직접사업비의 자부담은 해당기관 · 시설만 작성하시면 됩니다. 음영처리한 부분의 자부담은
기입하지 마십시오.

〈직접비〉는 신규장비, 물품 등 신청사업을 위해 직접 현금으로 새롭게 지출되는 경비로 해당 프로그램에만 투입되는 경비를 말합니다.

〈간접비〉는 신청사업에 기관(시설)의 기존 장비/물품을 활용하여 투입되는 비용을 말합니다. 즉, 기관 내 다른 사업과 공유되는 전화세, 컴퓨터사용비, 기존인력의 인건비 등이 포함됩니다. 기존의 물품을 활용하는 경우에는 감가상각비로 계산하여 주시기 바랍니다.

기관의 기존인력 및 시설을 활용하는 경우는 이들이 신청 프로그램에 할당되는 비율을 근거로 간접경비를 계산하고, 자원봉사자나 물품기증의 경우는 시장가격을 근거로 간접경비를 계산해야 합니다.

신청사업의 담당인력은 무급자원봉사자를 제외하고는 예산에 반영되어야 합니다. 즉 직원의 경우는 연봉 대비 할당시간을 계산하여 포함시키고, 유급자원봉사자나 시간강사의 경우는 시간당 혹은 일당으로 계산하는 것을 원칙으로 합니다.

---

① 총사업액   _______________ 원

② 신청금액   _______________ 원

③ 자부담   _______________ 원(총 사업액의   %)

④ 신청금액 중 인건비   _______________ 원(총 신청금액의   %)

- 원 단위를 기준으로 해서 총사업액과 공동모금회 신청금액, 그리고 기관의 자부담 예산액을 기입합니다. 자부담이 없는 경우 기입하지 않으셔도 됩니다.
- 신청금액 중 인건비는 신청금액 비용 중에서 상근자 및 사업수행에 필요한 인력의 총 인건비를 기입합니다.

(2) 2, 3차년도 예산(프로그램 A에만 작성함)

2년차 예산	
인건비	
	소계
직접 사업비	
	소계
관리비	
	소계
기타	소계
총 계	

3년차 예산	
인건비	
	소계
직접 사업비	
	소계
관리비	
	소계
기타	소계
총 계	

─ 1차 년도 200 년   월   일 ~ 200 년   월   일 _______________원
─ 2차 년도 200 년   월   일 ~ 200 년   월   일 _______________원
─ 3차 년도 200 년   월   일 ~ 200 년   월   일 _______________원

① 프로그램 A용에만 작성하며 각 차년도의 예산을 기입하면 됩니다.

② 물론 1차 년도와 2, 3차 년도의 예산은 자세하게 기입하지 않아도 됩니다.

(3) 기능보강용

① 총 사업액 _______________ 원

② 신청금액 _______________ 원

③ 자부담 _______________ 원(총 신청금액의   %)

④ 예산

항목	산출근거			비 고
	계	신청금액	자부담	

견적서 첨부 / 근거자료 제출

(4) 기관운영용

① 총신청금액 _______________ 원

② 예산

항목	신청금액 산출근거	비 고

· 기능보강 및 관리운영사업 모두 관련된 견적서와 예산에 관련된 근거자료를 제출합니다.

· 기능보강은 자부담을 기입하시고, 관리운영사업은 자부담을 기입하지 않으셔도 됩니다.

7) 평가계획

프로그램 평가는 크게 과정평가와 총괄평가로 나누어 볼 수 있다. 과정평가계획은 프로그램 일정표에 설정된 진행과업의 시기별 공정표를 작성하는 것으로 대신할 수 있고, 총괄평가계획에는

평가지표·측정도구·평가방법 등이 구체적으로 제시되어야 한다. 전문적인 프로그램에 대한 지원을 하는 기금일수록 보다 구체적인 평가계획안을 요구한다.

평가의 기준과 평가요소

기준	정의	평가요소의 예
노력성(efforts)	프로그램 활동의 양	프로그램의 투입요소와 이의 전환과정 · 단위활동의 수 · 이용자의 수 · 전문지식과 기술의 소유, 활용정도(전문인력의 수) · 프로그램 예산 및 자원 · 프로그램 기간 및 하위 활동들의 단위기간 등 · 프로그램 활동에 대한 전문인력 투입시간
효율성 (efficiency)	산출대비 비용 정도	서비스 단위 산출 당 소요 비용 · 프로그램 노력(위의 요소들)에 대한 비용 · 프로그램 결과에 대한 비용 등
효과성 (effectiveness)	프로그램 목표의 달성정도	목표 달성과 프로그램 노력과의 인과관계 · 이용자의 인지적·감정적 변화 · 이용자의 행동상의 변화 · 이용자집단(clientele)의 사회적 변화 등
영향 (impact)	사회문제나 이용자 욕구 변화에 미친 영향	프로그램 노력과 사회적 지표변화 간의 관계 · 위기집단과 표적집단 내에서의 변화 정도 · 사회지표 상의 변화에 대한 실증적 기대 정도 등
품질 (quality)	프로그램의 전문성	프로그램 제공자의 전문성 · 서비스 인력의 전문자격 소유여부와 정도 · 프로그램에서 활용하고 있는 전문지식과 기술의 발전상태 등
과정(process)	프로그램 결과의 경로	프로그램 운영상의 매개체 · 세부목표(수단적 목표)들의 달성정도와 연계성 · 세부목표와 프로그램 결과 사이의 영향 정도의 차이 등
형평성(equity)	프로그램 배분의 공평성	프로그램의 접근성 · 대상 집단에게 동일한 접근기회가 주어지는지의 여부와 그 정도 · 프로그램 활동이 지역 내에 균등하게 배분되는 정도 등

출처 : 한동우(2000), "사회복지프로그램 평가의 방향과 실천", p.88.

(1) 프로그램 과정평가

과정평가는 프로그램의 원활한 진행을 위해 진행과업의 달성여부를 평가하는 것으로 이 항목은 프로그램 일정표에서 설정된 진행과업(예 : 클라이언트 참여확보, 홍보 등)의 시기별 공정표를 작성하여야 한다. 수행시기는 각 진행과업별로 분기별, 월별 등 어느 구분이나 가능하며 또한 진행 과업의 달성여부를 평가할 수 있는 평가방법을 제시하여야 한다(월별 업무일지 등). 여기서 제시한 진행과업의 수행시기별 목표달성정도를 평가하여 중간보고서에 기재하여야 하며, 목표가 미달성 되었을 경우 그 사유와 이에 대한 대처방안을 상술하여야 한다.

(2)프로그램의 총괄평가

① 평가지표 : 프로그램의 효과가 있다는 것은 결국 설정된 목표가 프로그램의 실시로 달성되었다는 것을 의미한다. 따라서 프로그램 시행의 효과를 평가하기 위해서는 목표달성 정도를 정확히 반영할 수 있는 지표가 선정되어야 한다.

② 측정도구 : 지표상의 변화를 측정하기 위해서는 구조화된 측정도구가 사용되어야 한다. 그 측정도구가 의도한 바대로 지표상의 변화를 제대로 측정할 수 있는지 여부를 알기 위해서는 측정도구의 타당도와 신뢰도가 검증되어야 한다.

③ 평가방법 : 프로그램 실시의 성과를 제대로 평가하기 위해서는 각 연구에 적합한 조사설계 방법을 사용해야 한다.

예) 평가계획

성과평가	자존감향상	올바른 직업관 형성	약물남용예방	건전한 여가활동	지각·결근 일수의 감소	서비스의 질적 향상	안전사고 발생률 감소
평가지표	·자아인식도 ·자기주장 능력	·직업 필요성의 인식도 ·장래인생계획	·약물남용에 대한 이해 ·약물남용청소년의 발견과 전문기관의뢰	취미활동의 종류	지각·결근 일수	이용자 만족도	안전사고 발생률
측정도구	자존감척도	직업인식에 관한 설문지	·약물남용 인지에 대한 설문지 ·의뢰기록지	여가활동 내용에 대한 설문지	근무일지	만족도 설문지	전년도 안전사고 통계자료
평가방법	사전사후설문의 자존감척도를 통해 평가	사전사후설문의 직업인식항목을 통해 평가	약물사용고위험검사와 약물남용인지도에 관한 사전사후설문을 통해 평가	사전사후설문의 여가활동항목을 통해 평가	교육전·교육후의 근무일지를 통해 평가	교육이수 3개월 후 사용자에게 설문하여 평가	전년도 안전사고율과 교육년도의 안전사고율 비교평가

(3) 결과에 대한 평가

종류	예	결과평가의 4가지 형태
상태(condition)	노숙자 → 쉼터	수적인 계수(numeric counts)
지위(status)	실직자 → 취업	
행위(behavior)	비행청소년 → 학교출석	
기능(functioning)	일상생활 기능수준의 향상	기능수행척도(level of functioning scales)
태도(attitude)	가치의 변화	표준화된 측정(standardized measures)
감정(feeling)	소속감	
인지(perception)	자존감, 만족도	표준화된 측정(standardized measures) 클라이언트 만족도(client satisfaction)

<공동모금회 >

· 사업 목적 달성정도를 평가할 방법(평가기준 평가도구) 및 기대효과를 먼저 서술합니다. 특히 사회 · 심리프로그램은 반드시 평가척도를 첨부해야 합니다.
· 사업종료 후에 사업효과를 평가할 수 있는 기준(척도)을 제시해주시기 바랍니다. 프로그램의 성패를 판단하기 위해서 프로그램의 어느 측면을 평가의 초점 내지는 대상으로 삼아야 할 것인가에 대한 기준을 말합니다.
· 평가의 기준은 대체로 ▲목표대비 달성수준 ▲기대하는 변화의 정도 ▲변화 또는 성과를 나타내는 점수 ▲의도한 서비스 효과가 표현되는 맥락이나 상황의 수준 ▲원하는 가치가 산출되는 정도나 범위 ▲이용자의 만족도를 나타내는 특정 지표 ▲특정행동 또는 태도의 변화 등으로 표현할 수 있습니다.
· 평가의 틀로서는 척도를 통한 평가와 설문지를 통한 평가가 있을 수 있습니다. 척도를 통한 평가로는 이용자 수, 클라이언트가 참여한 시간, 표준화된 척도 등이 있으며, 설문지를 통한 평가로는 클라이언트 만족도 조사가 있을 수 있습니다.
· 또한 기관 스스로 시행한 자체 평가나 실무자 평가 및 지역사회 내 평가 등을 기재하시면 됩니다.

8) 기타

결론적으로 프로포절은 경쟁이다. 따라서 프로포절을 통해 귀 기관에서 제안하는 프로그램이 문제해결을 위한 최선의 대안임을 증명할 수 있어야 한다. 이를 위해 프로그램 참여예정 혹은 지역사회 주민들의 추천서를 첨부하는 것도 도움이 될 수 있다.

프로포절 심사시 일반적 고려사항
① 프로그램 운영의 비용·효과성
② 지역사회 다른 조직에의 기여도
③ 지역사회 다양성 반영
④ 문제의 예방적 효과
⑤ 기록의 신빙성
⑥ 프로그램의 참신성과 혁신성
⑦ 다른 재단으로부터의 지원금 수혜
⑧ 재단과의 과거관계에서의 신뢰도
⑨ 기관(법인)의 객관적인 평판 · 전문성, 성향 등

⑩ 직원들의 자질, 전문성

5. 프로그램 점검표(check list)

1) 프로그램 운영 시 주요점검 · 확인 사항

(1) 운영절차 : 원래의 계획대로 활동이 잘 이루어지고 있는지 여부

(2) 자원 및 서비스전달 : 계획된 양 · 질의 자원이 계획된 시간에 투입되었는지 여부

(3) 이용자 : 의도했던 대상집단을 상대로 실시되었는지? 아니면 대상집단이 바뀌었는지? 그리고 이용자가 계획대로 확보되었는지 여부

(4) 프로그램 진행에 대한 이용자 만족도 : 이용자의 욕구와 프로그램의 연관성 및 프로그램 참여로 인한 목표의 달성정도를 알아본다.

(5) 프로그램운영에 변화가 필요할 경우 담당자 · 관리자는 융통성 있게 대처해야 하며, 변화를 할 경우에는 다음과 같은 과정을 따른다.

① 문제에 대한 인식, 문제가 발생하는 상황을 분석

② 프로그램이 의도하는 방향으로 수행될 수 있도록 목표설정

③ 상황분석과 목표설정이 끝나면 변화노력이 조직체 내에서 받아들여질 것인가의 여부를 측정

④ 전략선택

2) 프로그램의 체계적 운영을 위한 체크리스트

① 인테이크 때에 이용자의 문제 혹은 욕구의 범주를 규정하기 위한 점검표가 있는가?

② 문제의 심각성 정도를 계량화하는 방법을 가지고 있는가?

③ 이용자의 인구적 특성, 문제의 심각성, 서비스 받은 경력에 관한 정보를 수집하고 있는가?

④ 제공하는 서비스과업을 항목화하고 이용자에게 제공하는 과업과 시간의 양을 기록하고 있는가?

⑤ 각 서비스 유형별(예 : 개별지도, 집단지도, 교육)로 수용할 수 있는 방법들을 구체화하고 있는가?

⑥ 프로그램을 끝까지 마친 사람과 중도 탈락한 사람을 분리해서 분석하고 있는가?

⑦ 사전 · 사후 척도를 사용하여 이용자에게 미친 결과를 계량화하고 있는가?

⑧ 치료의 장기적 효과를 나타내는 자료를 수집하기 위하여 이용자를 follow-up하고 있는가?

⑨ 서비스의 양을 측정하기 위해 사용되는 서비스 단위가 공식적으로 규정되어 있는가?

⑩ 서비스의 질을 보장하기 위한 원칙에 관한 서면화 된 기준이 있는가?

6. 사회복지관 사업영역과 가족기능강화 프로그램

사회복지관 사업영역에 대한 논의는 크게 한국사회복지관협회(2001)와 서울시정개발연구원(2002)에서 이루어졌다. 서울시에서는 사회복지관의 기관성격을 설정하기 위해 기본적으로 3대 사업영역을 설정하였다. 즉, 가족기능강화 영역(전문치료기관), 지역사회보호(지역사회보호기관), 지역사회운동(지역사회운동기관)으로 구분하였다. 그러나 정보문화시대를 맞아 전통적으로 사회복지관이 담당해온 교육문화사업 영역도 포함시켜야 한다는 견해가 높아 서울시가 가정기능강화사업 영역에 포함시켜온 사회교육 사업 등을 시정연과 복지관협회에서는 교육문화사업이라는 별도 영역으로 구분하기 시작하였다. 한편 한국사회복지관협회에서는 자활사업도 중요한 영역으로 인식하고 별도 분류하였다. 이를 기본으로 2003년 사회복지관의 평가모형도 개발되었다.

본 태화 프로그램 매뉴얼에서는 사회복지관 사업 중 가장 전문성이 요구되고, 사회복지관의 정체성과 관련하여 가장 핵심적인 프로그램이라고 할 수 있는 가족기능강화 사업에 초점을 맞추었다. 특히 태화기독교종합사회복지관처럼 중산층 지역에 위치하고 인력의 전문성이 뛰어난 사회복지관의 경우 이러한 가족을 중심으로 한 전문치료 프로그램의 필요성이 매우 높을 것으로 여겨진다.

1) 시정개발연구원(2002)의 사업영역 분류

(1) 가족기능강화 영역

이 영역은 가족관계 및 가족기능을 유지 · 강화시키는 것을 주목적으로 한다. 복지관의 기관성격상 주로 전문치료기관 성격에 해당되는 사업영역으로 가족관계증진, 가족기능보완, 가족문제 해결 및 치료, 부양가족 지원 등이 해당된다.

(2) 지역사회보호사업(재가복지사업)

지역사회보호(재가복지사업)란 저소득층을 대상으로 이용료를 받지 않고 제공하는 서비스와 물품제공 등의 지원사업을 말하며, 재가복지 대상자에 대한 사례관리를 포함한다. 사례관리는 대상자에 대한 인테이크, 사정, 보호계획, 개입과정 등의 전반적인 사례관리내용을 말하며 대상자 파일이 양과 질의 측면에서 충분한지를 평가하는 것이다. 복지관을 이용하는 또는 서비스를 제공받는 주민들에 대한 기본적인 신상기록과 그들이 지닌 문제와 욕구 그리고 서비스 제공에 대한 내용을 포함하고 있어야 한다. 각 사업분야별로 고르게 대상자 파일을 갖추고 있어야 하며 최근의 상황이 기록되어 있어서 계속 관리되고 있음을 확인할 수 있어야 한다. 양과 질의 측면에서 충분하다는 것은 업무담당자 이외의 사람이 보더라도 대상자의 상황을 충분히 이해할 수 있음을 의미한다.

〈표 1〉 가정기능강화 영역 단위사업 구분 및 프로그램 예시

단위사업	사업성격	프로그램 예시
가족관계 증진 사업	가족원 간의 의사소통을 원활히 하고 기대되는 역할을 수행함으로써 이상적인 가족관계를 유지함과 동시에 가족의 능력을 개발·강화하는 사업	·교육 및 훈련 프로그램 : 가족교육, 부모교육, 가족역할훈련, 대인관계훈련, 의사소통 향상 교육 등 ·상담 및 검사 : 부부상담, 부모상담, 가족상담 등 (법률·의료상담, 심리검사 등 포함)
가족기능 보완 사업	사회구조 변화로 부족한 가족기능, 특히 부모역할을 보완하기 위하여 주로 아동·청소년 대상으로 실시되는 서비스	·아동 대상 프로그램 : 방과후 아동보호 및 보육 ·청소년 대상 프로그램 : 공부방 및 도서관 운영(학습 및 독서지도 등 프로그램 포함), 사회성 향상, 감성교육, 심성발달 프로그램, 진로탐색 및 지도, 학교사회사업
가정문제 예방 및 치료 사업	가족단위 또는 가족원 개인의 문제발생 예방을 목적으로 하는 사업 및 문제가 발생한 가족원에 대한 진단·치료·사회복귀 지원서비스	·신체장애 관련 프로그램 : 특수아동 조기교육, 음악·놀이·미술 등 특수치료, 중도장애인 집단프로그램, 장애인 사회적응 프로그램 등 ·정신장애 관련 프로그램 : 정신보건서비스, 알콜 및 약물치료, 정신장애인 서비스 등 ·청소년 프로그램 : 청소년 범죄예방 사업, 학교부적응학생 지도, 징계청소년 프로그램 등 ·기타 : 아동학대·성폭력·가정폭력 관련 사업
부양가족 지원사업	요보호 가족원을 돌보는 가족원의 부양부담을 줄여주고 관련 정보를 공유하는 등 부양가족 대상 지원서비스	·치매노인 가족지원, 장애인 가정지원, 만성질환자 부양가족 모임, 장애아동 부모상담, 기타 부양가족 지원사업

〈표 2〉 지역사회보호 영역 단위사업 구분 및 프로그램 예시

단위사업	사업성격	프로그램 예시
급식 서비스	지역사회에 거주하는 요보호 노인이나 결식아동 등을 위한 식사제공 서비스	식사배달, 밑반찬 배달, 경로식당, 무료급식
보건의료 서비스	노인, 장애인, 저소득층 등 재가복지사업 대상자들을 위한 보건·의료관련 서비스	의료서비스(통원 및 방문진료), 간병서비스, 물리치료, 재활치료
경제적 지원	경제적으로 어려운 지역사회 주민들을 대상으로 생활에 필요한 현금 및 물품 등을 지원하는 물질적인 지원 사업	의료비·교육비·생활비 등 지원, 후원품 제공, 생활용품 지원 등
일상생활 지원	독립적인 생활능력이 떨어지는 요보호 대상자들이 시설이 아닌 지역사회에 거주하기 위해서 필요한 기초적인 일상생활 지원서비스	청소·세탁·장보기·취사 등 가사서비스, 가정봉사원, 이동목욕, 이미용, 심부름, 차량지원, 주거환경개선 등
정서 서비스	지역사회에 거주하는 독거노인이나 소년소녀가장 등 부양가족이 없는 요보호 대상자들을 위한 비물질적인 지원 서비스	말벗, 안부전화 등 노인정서지원, 의형제·의부모 관계맺기
일시보호 서비스	독립적인 생활이 불가능한 노인이나 장애인 또는 일시적인 보호가 필요한 실직자·노숙자 등을 위한 보호서비스	대리가정을 통한 아동보호, 노인 주간·단기보호, 치매노인센터, 장애인 주간·단기보호, 실직자 쉼터, 희망의 집, 그룹홈

(3) 지역사회운동 영역

개방체계로서 사회복지관이 지역사회 주민의 복지증진을 위하여 유사기관과 관련을 맺어 지역사회를 개발, 계획, 평가, 조직화하는 데 어느 정도 효과적이고 효율적으로 프로그램을 수행하는가를 평가해 본다.

지역사회 주민조직활동이란 복지관이 주도적으로 참여하여 지역사회의 문제와 욕구를 해결하기 위하여 지역주민으로 구성된 모임이나 조직을 만들어 특정한 활동을 수행하며 노력하는 사업을 말한다. 특정 프로그램을 위해 자문위원회를 구성한 경우도 포함된다.

즉 주민조직화 및 교육 등을 통해 주민들의 노력과 역량을 결집하고, 주민참여를 통해 지역문제 해결과 주민공동체 의식을 형성하도록 유도 · 지원하는 사업을 말한다.

지역사회 조직활동은 크게 지역자원개발, 주민조직화 및 교육, 복지네트워크 구축 사업 등을 기본으로 하고 저소득층을 위한 자활지원사업과 주민복지증진을 위한 복지사업을 포함한다.

<표 3> 지역사회운동 영역 단위사업 구분 및 프로그램 예시

단위사업	사업성격	프로그램 예시
지역자원 개발	지역사회의 인적 · 물적 자원을 개발하는 사업	· 인적 자원 개발 및 관리 : 자원봉사자 개발 및 교육, 청소년 자원봉사 지도 등 · 물적 자원 개발 및 관리 : 후원자 개발 및 관리, 푸드뱅크 개발 및 관리
주민교육 및 정보제공	시민의식을 높이기 위한 각종 교육 및 관련정보 제공 서비스	· 주민의식교육 : 주민 지도자교육, 사회복지교육 등 의식교육 · 시민교양교육 : 법률강좌, 환경교육, 성교육, 보건교육, 소비자교육 등 · 정보제공 : 일상생활 및 복지관련 정보제공
주민조직화	주민조직화 및 주민참여 사업 및 지역복지 중심기관으로서의 역할을 수행하기 위한 사업	· 주민조직체 형성과 운영에 관한 사업 : 주민조직, 성인동아리 등 · 지역주민이 주체가 되어 지역문제를 해결하기 위한 사업 : 녹색가게, 소비자 이동고발, 쓰레기 재활용운동 등 · 지역복지 중심기관 역할 : 지역복지협의회 활동, 지역복지 대변자로서의 활동
주민복지 증진사업	지역단위 행사 또는 주민편의시설 운영을 통해 주민복지를 증진하고 공동체 의식을 높이는 사업	· 지역행사 : 경로잔치, 절기행사, 마을잔치 등 지역주민행사 · 편의시설 운영 : 경로당 운영 또는 지원, 주민사랑방 운영
지역소득 증대사업	지역 내 저소득 주민들의 소득증대 및 자활지원을 위한 직접서비스 활동	· 정보제공 및 알선 서비스 : 취업 · 부업안내센터, 창업정보센터, 창업지도, 고령자취업은행 등 · 자활공동사업 : 노인부업실, 장애인자립작업장, 자활공동체 육성 등 자활지원사업

(4) 교육문화사업

아동, 청소년, 성인, 어르신을 대상으로 실시하는 프로그램과 지역주민을 위한 문화복지 사업을 포함한다. 서울시가 원래 제시한 사회복지관의 사업을 3대 영역으로 분류했을 때 사회교육 프로그램은 아동, 청소년, 노인 등을 대상으로 하기 때문에 모두 가정기능강화 영역으로 분류했는데 이는 본연의 가정기능강화 취지를 흐리는 결과를 초래하였다. 따라서 아동 및 청소년 대상 기능교실과 학습교실을 하나의 사업군으로 묶었으며, 성인대상 기능교실은 저소득층의 직업훈련적인 프로그램과 일반주민의 단순기능교실의 구분이 모호하여 함께 포함하였다. 마지막으로 취미여가 프로그램 및 기타 지역주민의 삶의 질 향상을 위한 문화복지 사업군을 분류하였다.

<표 4> 교육문화사업 영역 단위사업 구분 및 프로그램 예시

단위사업	사업성격	프로그램 예시
아동 · 청소년 사회교육	아동 및 청소년을 대상으로 하는 기능교실 및 학습지도	· 기능교실 : 컴퓨터, 피아노, 미술, 태권도, 서예 등 예 · 체능 교육 · 학습지도 : 영어, 수학, 과학 등 학습능력 향상을 위한 사회교육(공부방 운영에 수반되는 프로그램이 아니라, 학습지도를 목적으로 별도로 운영되는 학습지도교실)
성인기능교실	기능습득을 목적으로 하는 성인 사회교육 (저소득층을 위한 직업훈련 및 일반주민을 위한 단순기능교육을 모두 포함)	· 조리사, 이미용, 양재, 포장, 제과제빵, 도배사, 에어로빅강사 등 기능교육 및 자격증 취득을 위한 교육
문화복지사업	여가 · 오락 프로그램, 문화 소외집단을 위한 문화프로그램, 기타 각종 지역문화행사	· 여가 프로그램 : 체조교실, 생활체육, 단전호흡, 노래교실, 댄스교실, 노인대학 등 · 소외집단 대상 프로그램 : 청소년 캠프, 청소년 동아리, 장애인 문화체험 등 · 주민 문화행사 : 영화상영, 댄스 페스티벌, 음악회 등

2) 한국사회복지관협회(2001)의 사업영역 분류

한국사회복지관협회에서는 자활사업의 중요성을 강조하여 복지관의 사업을 5대 영역으로 구분하고 <표 5>에서 보는 바와 같이 보다 세부적인 사업영역을 제시하고 있다.

<표 5> 사회복지관 사업분야 및 내용

사업분야	단위사업명	사 업 내 용
1. 가족 기능 강화 사업	1) 가족 문제 상담 및 가족치료	○가족에 대한 지역사회 내 일차적 상담서비스 기관으로서 가족원의 심리·사회적, 신체적, 정신적 건강과 가족기능을 건강하게 유지시키고 예방하기 위한 전문상담 및 교육 ·가족문제상담 서비스(가정, 아동, 청소년, 노인, 장애인, 법률문제, 가정생활 문제, 부부관계 등) ·아동, 청소년 일탈행동 예방상담 및 집단지도 ·가족교육, 가족치료 ·가족원 건강관리 능력향상 서비스 ·가정폭력 및 성폭력상담 ·보건의료 서비스(건강상담, 치료서비스제공, 지역의료기관의뢰)
	2) 요보호가족원보호 및 양육지원 등 가족보호	○요보호 가족원의 보호와 양육으로 인한 가족내의 어려움을 완화하고 요보호 가족원이 가족 내에서 돌보아질 수 있도록 지원하기 위한 서비스 제공 ·방과후 아동보호 및 보육서비스 ·탁아, 탁노 등 주간보호서비스 ·무료급식 및 도시락, 밑반찬 배달 서비스 ·물리치료실
	3) 가족 관계 증진 및 가족원 사회화 교육 등 가족개발	○가족원 간 유대강화와 성장발달을 통해 가족주기과정상의 발달과업을 성공적으로 이루어 나갈 수 있도록 지원하기 위한 상담과 교육서비스제공의 기능 ·가정관리 및 유지, 자녀양육에 대한 부모교육 ·아동·청소년 공부방 및 독서지도, 도서관 운영 ·가족관계증진 프로그램(부모교육, 부모집단상담 등) ·시민교육·사회복지교육·성교육 등 사회교육, 대인관계훈련프로그램 ·노인대학 등 노인여가 및 사회교육 ·청소년 자원봉사교육
	4) 경제적 결핍지원 및 자립지원	○가정유지발전의 기본적 요건인 경제적 자립이 유지되도록 돕기위한 직·간접 경제적 서비스제공 ·저소득 가정 의료비, 교육비, 일시적 생활비 지원 또는 융자서비스 ·후원 결연 및 현금품 제공지원서비스 ·프로그램비 감면 서비스 ·고령자취업은행 및 노인부업실, 장애인 자립작업장 ·취업·부업안내센터
	5) 위기가족지원 및 해체예방사업	○지역사회 내의 일차적 가족보호기관으로서 위기에 직면한 가족에 대해 응급지원서비스를 제공하고, 가족 내 문제로 인해 해체되었거나 해체 위험에 직면한 가족에 대한 전문적 사회사업 서비스제공 ·위기가정상담 및 응급구호 서비스 ·해체가정 단기보호 및 쉼터제공 서비스 ·아동학대 및 가정폭력, 비행청소년 가족상담 및 가족치료서비스 ·실직자 쉼터제공 서비스 ·치매노인 가족지원 서비스 ·알콜중독자 및 가족지원 서비스 ·지역사회 내 정신장애인 서비스(개별·집단상담, 사회화훈련프로그램) ·문제가정대상(아동학대, 가정폭력, 비행청소년) 부모교육, 부모역할훈련 ·특수아동 조기교육서비스 ·불우노인 결연서비스 ·장애인 가정지원서비스

사업분야	단위사업명	사 업 내 용
2. 가족 기능 강화 사업	6) 일탈가족원 복귀 및 사후지원	○일탈가족원이 가족과 지역사회 내에 재적응하고 재통합 되게 하기 위한 전문 사회사업 서비스제공 · 학교사회사업 서비스(학교와의 연대) · 귀가조치 일탈 청소년 follow-up 상담 및 가족통합지원서비스(청소년 쉼터와의 연계) · 가정폭력 피해여성 귀가지원 및 재발방지 서비스(여성쉼터와의 연대) · 퇴원한 만성정신질환자 사회재적응 훈련서비스(병원과의 연대)
	7) 가족지원을 위한 타전문직 의뢰 및 협력사업	○특수문제를 가진 가족원 및 가족에 대한 지역사회 내 타전문기관과의 협력과 의뢰를 통해 서비스를 연계, 통합지원 · 특수욕구 사정 및 인테이크 상담 서비스 · 특수욕구 대상자 관련기관 의뢰, 이송서비스 · 관련기관 정보제공 서비스 · 지역사회 내 타 전문기관과의 팀웍형성과 팀 서비스
3. 지역 사회 보호 사업	1) 가사서비스	○가사수행의 어려움이 있는 대상자에게 청소, 세탁, 장보기, 취사 등 가사와 관련한 제반 서비스를 지원함.
	2) 정서서비스	○정서적 안정과 사회적 관계 형성을 위해 말벗, 문안전화, 상담, 여가 등 정서적 서비스를 지원함.
	3) 결연서비스	○생활비, 용돈, 학비 지원 등 재정적 지원 ○생활용품, 학용품 등 물품 지원 ○의형제, 의부모 관계 맺어주기
	4) 간병서비스	○장기질환자 또는 긴급환자에게 병간호, 체력단련, 산책, 병원동행, 약품구입 등 질병과 관련된 일상생활 지원
	5) 의료서비스	○통원 또는 방문진료를 통해 질병치료, 관리, 예방 ○의료기관 연계 및 질병정보제공
	6) 차량이동 및 선의봉사서비스	○거동불편 대상자에게 이동시 차량을 지원하고 목욕, 이·미용, 심부름 등 일상생활을 지원함.
	7) 급식서비스	○구조적, 기능적 결식 대상자들에게 급식소를 운영하거나 식사배달, 밑반찬 배달을 통하여 식사를 제공함.
	8) 위탁보호 서비스	○일시적으로 가정의 보호가 필요한 아동·청소년을 보호할 수 있는 대리가정을 발굴하여 일시적으로 보호함.
	9) 주간보호 서비스	○낮동안 보호가 필요한 아동, 노인, 장애인들을 보호하고 그에 따른 제반 서비스를 제공하는 주간보호서비스(노인·장애인 주간보호소, 치매노인센터, 방과후 공부방 등)
	10) 단기보호 서비스	○일정기간 보호가 필요한 노인, 장애인, 아동·청소년을 일정기간 동안 보호하고 그에 따른 제반 서비스를 제공하는 시설보호서비스(희망의집, 노인의집, 그룹홈, 아동·청소년 쉼터 등)
	11) 자원개발 사업	○요보호대상자 욕구에 맞는 서비스를 제공하기 위해 인적·물적 자원을 개발함.

사업분야	단위사업명	사업내용
4. 지역 사회 조직 사업	1) 지역자원개발 (자원봉사자 및 후원자 개발 관리 등)	○복지사업에 필요한 지역사회 내의 자원을 개발하기 위한 사업으로서 자원봉사자 및 후원자 개발, 푸드뱅크, 복지카드 사업 등을 통하여 취약계층에게 필요한 자원을 공급함.
	2) 주민자치조직 및 협의체 구성	○지역주민이 스스로 조직한 조직체를 통해서 지역사회 문제를 논의하고 지역사회 자원을 동원하거나 타 기관과 협력하여 효과적으로 문제해결을 도모 할 수 있는 지역복지협의회, 주민자경단, 주민추진체 등의 주민조직체 형성과 운영에 관한 사업을 추진함.
	3) 주민의식 교육	○지역사회 주민들에게 상호간의 협동의식과 건전한 시민정신을 함양할 수 있도록 시민대학, 주민 지도자 교육 등 각종 주민 의식 교육과 관련된 활동을 실시함.
	4) 지역사회 조사	○지역특성과 주민의 복지욕구에 적합한 프로그램을 개발, 운영하기 위하여 주민의 생활실태와 사회복지에 관한 욕구를 파악하기 위한 조사를 실시함.
	5) 주민문화 행사	○지역주민들의 화합과 친목도모를 위하여 각종 문화행사(경로위안잔치, 주민노래자랑, 마을잔치 등)를 실시하여 지역주민의 연대감 형성에 기여함.
	6) 주민편의시설 제공	○지역주민의 상호간 협동의식 고취와 다양한 문화행사를 위하여 관혼상제, 회의, 교육, 여가선용 등을 위한 각종시설을 무료 또는 실비로 대여하여 줌.
	7) 주민 민원방 운영	○불리한 처우를 받거나 상대적으로 혜택이 주어지지 않은 사회(취약)계층을 위하여 이들의 어려움을 대변하고 함께 문제개선을 도모함.
	8) 주민의 복지 정보방 운영	○지역주민에게 필요한 각종 신속한 복지정보를 제공함으로써 복지접근성을 향상시켜 주민의 삶의 질을 향상시킴.
5. 사회 교육 · 문화 사업	1) 아동·청소년 기능교육 사업	○아동·청소년들의 정서함양과 잠재력 개발을 위해 컴퓨터, 피아노, 미술, 태권도, 서예 등 예·체능 교육을 실시함.
	2) 학습지도사업	○아동·청소년들에게 전과목, 영어, 수학, 과학 등 학습동기 강화와 학습능력 향상을 위해 학습관련 교육을 실시함.
	3) 성인기능교육 사업	○주민들을 대상으로 요리, 이·미용, 옷수선, 포장, 제과제빵 등 직업 또는 부업관련 기능교육을 통해 경제활동을 지원함.
	4) 취미·여가 지도	○메이크업, 꽃꽂이, 에어로빅, 노래교실 등의 성인취미교육과 아동·청소년 또래집단 동아리, 노인 취미교실, 경로당 순회 여가지도사업 등 지역주민들의 건전한 여가선용과 자아실현의 기회를 제공한다.
	5) 부모교육	○자녀들이 올바로 성장할 수 있도록 부모자녀 대화법, 자녀 성교육, 부모역할훈련 등의 자녀성장과 관련된 제반 교육을 실시함.
	6) 주민사회교육	○컴퓨터·한글·영어·일어교육 등 사회교육프로그램과 자원봉사 교육, 환경교육, 법률 교양강좌 등 주민교육을 통해 지역주민들의 공동체 의식과 삶의 질이 향상되도록 함.
	7) 보건교육	○성인병 예방교육, 치매예방교육, 질병관리 교육, 지역사회 환경교육 등 질병예방과 건강한 지역사회를 조성함.
	8) 교육 및 문화행사	○지역사회 문화환경 조성과 삶의 질 향상을 도모하기 위해 청소년 까페 운영, 영화상영, 캠프, 절기 기념행사, 연극, 댄스 페스티벌, 음악회 등 각종 문화사업을 실시함.

사업분야	단위사업명	사 업 내 용
6. 자활 사업	1) 직업기능훈련	○저소득층의 자립능력배양과 가계소득에 기여할 수 있는 기능훈련을 실시하여 창업 또는 취업을 하도록 지원함. · 봉제, 이 · 미용, 조리, 컴퓨터훈련, 공예품제작, 영업교육, 창업교실, 건축관련 세부기술, 서비스교육
	2) 취업알선	○직업훈련 이수자, 기타 취업희망자들 대상으로 건전한 일터에 관한 정보제공 및 알선을 하여줌. · 가사관리인 알선, 산모관리인 알선, 간병인알선, 경비직알선, 조리원알선, 기타 일용직 · 노동직 알선, 경리 등 사무직 알선
	3) 직업능력개발	○근로의욕, 동기가 낮은 층의 취업욕구 증대와 재취업을 위한 심리 사회적인 지원프로그램 실시. · 지역봉사자를 위한 전문지도, 재활프로그램, 근로의욕고취프로그램
	4) 자활공동체 육성	○비슷한 경험과 능력을 소지한 저소득층이 공동창업방식을 통해 서비스 또는 제품의 생산으로 자립할 수 있도록 지원함. · 업그레이드 자활근로 실시, 자활공동체 창업

3) 2003년 사회복지관 평가지표의 특성과 프로그램 평가

(1) 2003 서울시 사회복지관 평가지표의 특성

2003년 사회복지관 평가지표의 개발을 위해 학자 및 실무자의 논의와 전국적인 시범평가를 거쳐 마련된 2003년 사회복지관 평가지표는 기존의 평가지표와 비교하여 다음과 같은 특성을 갖는다(정무성, 2003).

첫째, 2003년 사회복지관 평가지표(안)는 사회복지사업의 전문성과 효과성을 측정하는 데 맞추어져 있다. 이는 사회복지관 평가영역 중 프로그램에 대한 배점 비중을 높이고 프로그램 기획에서부터 실시, 결과에 이르는 프로그램 관리의 체계적인 전 과정을 평가에 포함하고 있다. 효과적인 사업진행을 위한 욕구조사와 사업결과보고서 발행, 만족도 조사 등 전문성과 효과성을 볼 수 있는 다양한 내용을 포함하고 있다.

둘째, 2003년 사회복지관 평가지표(안)는 사업 실적에 관한 정량적인 평가에 비해 사업의 질적 수준과 프로그램 수행과정을 중시하는 정성적인 평가를 강조하였다. 문헌 기록에 의한 수량적 평가인 정량평가의 비중은 낮추고 프로그램 진행과정의 질적인 면을 평가하는 정성평가의 점수 비중을 높였다. 기존의 평가들이 정량적인 수준에 치우쳐 실제 복지관의 수행능력을 왜곡하거나 실적 부풀리기 등의 병폐에 대한 지적이 많았기 때문에, 질적 측면을 충분히 고려하는 평가가 되도록 했다. 또한 사회복지관 규모에 따라 실적의 편차가 큰 점을 고려하여 이용자의 수 등의 실적은 직원 수에 대한 비율로 측정하도록 하였다.

셋째, 사회복지인력의 전문성 강화에 초점을 두었다. 관장의 학력이나 경력뿐만 아니라 선임 중간관리자, 일반 중간관리자 등의 학력이나 경력을 평가지표에 포함시키도록 하였다. 직원의 연수 및 연구 기회제공에 관한 기준도 강화하였다. 나아가서 사회복지관 인력에 대한 처우와 관련된 포상제도의 구체적 기술 및 실행여부에 대한 지표도 포함하였다. 또한 사회복지관 인력의 다양성을 확보하기 위해 특정 학교출신, 종교의 지나친 집중과 관련된 지표도 점수 비중은 낮지만 (각 0.5점) 상징적으로 포함하였다.

넷째, 사회복지관의 정체성과 관련하여 지역사회조직 및 지역사회관계를 강조하였다. 사회복지관이 지역사회의 중심역할을 하도록 유도하기 위해 지역사회와의 관계를 중요한 영역으로 보고 점수비중을 2000년 지표에 비해 높였다.

다섯째, 평가의 유연성을 높이기 위해 프로그램 영역별로 3개의 프로그램을 선택해서 평가받도록 하였다. 또한 지역이나 대상자의 특성에 따라 창의적이고 차별적인 프로그램을 장려하기 위해 이를 반영한 우수 프로그램은 특화 프로그램 영역을 설정하여 많은 점수를 부여하여 평가하도록 하였다.

여섯째, 조직과 관련하여 법인의 특성보다는 실제 운영에 초점을 두어 점수화 하였다. 즉 법인의 유형을 점수화하기보다는 정관, 운영규정, 자문위원회의 운영 등을 평가에서 반영할 수 있도록 하였다. 또한 법인의 성격보다는 정관의 내용이 지역사회복지사업과 관련성이 있는지 여부를 검토하도록 하였다.

일곱째, 자체평가의 정확성을 유도하고, 준비성이 훌륭한 복지관에 대한 배려를 위해 종합평가 점수에 반영할 수 있도록 하였다. 또한 사회복지관의 운영이 기관장의 마인드에 크게 좌우되는 점을 고려하여 기관장과의 인터뷰를 통해 사회복지마인드 등도 종합점수에 반영 할 수 있도록 하였다.

(2) 프로그램 평가의 특성

사회복지관 평가 영역에서 프로그램 평가는 프로그램이 효율적이고 효과적으로 수행되고 있는가를 점검하고 지역특성을 반영하는 창의적이고 질적인 서비스 제공의 정도를 평가하는 데 그 목적이 있다. 프로그램 전체 이용실적은 각 영역 전체에 대한 이용인원에 대한 평가로 복지관 유형별(가, 나, 사형)로 정량평가를 실시하였다. 또한 각 프로그램들은 가족복지사업, 지역사회보호(재가복지사업), 지역사회조직활동사업, 교육문화사업으로 나누어 각 기관에서 3가지 프로그램

(서비스)을 제시한 것을 중심으로 평가한다. 특화사업은 기관에서 중점적으로 육성하는 프로그램 중 3개를 선택하여 사업을 평가한다.

각 프로그램(서비스)에 대한 평가를 프로그램 기획의 전문성 평가, 수행과정의 체계성 평가, 프로그램의 질적수준(성과)의 결과로 질적평가를 각 2점씩 배점하고 프로그램의 지역 특수성의 반영 여부는 1점을 배점한다.

저소득층은 국민기초생활보장법의 수급자(조건부 수급자 포함) 및 차상위계층 그리고 사회복지사업법의 수혜대상자인 저소득자로서 행정기관이 발행할 수 있는 서류를 갖추어야 하며, 각 기관이 인정하는 자도 포함된다.

〈표 6〉 프로그램 이용실적 평가지표

중지표	소지표	평가지표	평 가 내 용		평가자료
이용 실적	전체 프로 그램 이용 실적	D1-1)전체 프로그램의 연인원은?	우 수	전체 평균의 ±1α(표준편차) 이하	- 정규직원대비 연인원으로 상대평가 - 프로그램 전체 실적 보고서
			보 통	전체 평균의 ±2α(표준편차) 이하	
			미 흡	이하전체 평균의 ±3α(표준편차) 이상	

· 해설 : 프로그램 이용실적은 가족복지사업, 지역사회보호(재가복지사업), 지역사회조직활동, 교육문화사업, 특화사업, 기타 사업 등을 나누어 복지관에서 실시하고 있는 모든 프로그램을 기입한다. 연인원 · 실인원 · 무료감면인원을 나누어 기입하고, 각 사업분야의 프로그램 총괄예산을 기입한다.

중지표	소지표	평가지표	평 가 내 용		평가자료
이용 실적	전체 프로 그램 이용 실적	D1-2)전체 프로그램의 실인원은?	우 수	전체 평균의 ±1α(표준편차) 이하	- 프로그램 전체 실적 보고서 - 실인원 : 출석부 및 사례 관리파일이 있는 인원 - 정규직원대비 실인원으로 상대평가
			보 통	전체 평균의 ±2α(표준편차) 이하	
			미 흡	전체 평균의 ±3α(표준편차) 이상	

· 해설 : 프로그램 이용실적은 가족복지사업, 지역사회보호(재가복지사업), 지역사회조직활동, 교육문화사업, 특화사업, 기타 사업 등을 나누어 복지관에서 실시하고 있는 모든 프로그램을 기입한다. 연인원 · 실인원 · 무료감면인원을 나누어 기입하고, 각 사업분야의 프로그램 총괄예산을 기입한다.

중지표	소지표	평가지표	평 가 내 용		평가자료
이용 실적	전체 프로 그램 이용 실적	D1-3)전체프로그램의 실인 원 중 무료감면 인원은?	탁 월	실인원 중 무료감면인원이 70% 이 상이다.	- 실인원 중 무료감면인원 현황관련 파일 참조
			우 수	실인원 중 무료감면인원이 60% 이 상이다.	
			보 통	실인원 중 무료감면인원이 50% 이 상이다.	
			미 흡	실인원 중 무료감면인원이 50% 이 하이다.	

· 해설 : 프로그램 이용실적은 가족복지사업, 지역사회보호(재가복지사업), 지역사회조직활동, 교육문화사업, 특화사업, 기타
사업 등을 나누어 복지관에서 실시하고 있는 모든 프로그램을 기입한다. 연인원 · 실인원 · 무료감면인원을 나누어 기입하
고, 각 사업분야의 프로그램 총괄예산을 기입한다.

중지표	소지표	평가지표	평 가 내 용	평가자료
가족 복지 사업	프로 그램 3개	D2-1)프로그램 계획의 전문성이 매우 높다.	(낮음) 1　　2　　3　　4(높음) 프로그램1. |———|———|———| 프로그램2. |———|———|———|	-사업계획서, 단위사업 실행계획서 - 기준 : 문제분석의 적절성, 목표 　설정의 구체성, 적용대상의 타당 　성, 프로그램의 시급성

· 해설 : 2003년 사업계획서에 서술되어 있는 단위사업과 세부사업의 목표들이 얼마나 합리적으로 설정되어 있고 달성가능한
목표의 형태로 구비되어 있는가를 말한다. 달성 가능한 형태란 어느 수준까지 분명히 제시된 목표를 말한다. 또한 프로그램
의 목표뿐만 아니라 전반적인 기획력에 대한 평가로 프로그램의 목표, 내용, 수행방법, 추진일정, 평가방법등에 대하여 상세
하게 제시되어 있는가를 말한다.

〈표 7〉 사업영역별 평가지표 : 가족기능강화사업

중지표	소지표	평가지표	평 가 내 용	평가자료
가족 기능 강화 사업	프로 그램 3개	D2-2)프로그램 수행 과정에 관한 기록, 전 문인력, 자원동원 등 수행과정이 우수하다.	(낮음) 1　　2　　3　　4(높음) 프로그램1. |———|———|———| 프로그램2. |———|———|———|	- 프로그램 운영일지, 과정기록지 　등 수행과정 관련자료 - 기준 : 수행기록의 구체성, 인력 　의 전문성, 자원동원의 충분성, 　프로그램 홍보의 충분성

· 해설 : 프로그램의 수행과정이란 프로그램이 시작되어 진행되는 전과정을 말한다. 프로그램 계획서와 수행과정이 매우 구
체적이고 체계적이어서 불가피하게 동료직원이 프로그램을 대신 맡게 되더라도 정상적인 진행이 가능한지의 여부, 수행과
정에 관한 기록, 전문인력, 자원동원 및 개발활용정도 등을 판정한다.

중지표	소지표	평가지표	평 가 내 용	평가자료
가족 기능 강화 사업	프로 그램 3개	D2-3)프로그램 결과에 대한 평가의 체계성과 피드백이 우수하다.	(낮음) 1　　2　　3　　4(높음) 프로그램1. |———|———|———| 프로그램2. |———|———|———|	- 피드백 근거자료 제시, 만족도 　조사결과 등 평가서 - 기준 : 평가의 적절성, 이용자의 　참여도, 목표달성정도, 평가결과 　의 피드백

· 해설 : 가족기능강화 전체 프로그램과 각 단위사업을 근거로 1년동안의 단위사업 실행계획서 및 사업결과보고서를 보고 지
역의 특성을 반영하여 사업을 진행하였는지를 평가한다.

중지표	소지표	평가지표	평 가 내 용	평가자료
가족 기능 강화 사업	프로 그램 3개	D2-4)가족복지사업이 지역특성을 잘 반영했다	(낮음) 1　　2　　3　　4(높음) 프로그램1. ｜――｜――｜――｜ 프로그램2. ｜――｜――｜――｜	- 단위사업 실행계획서, 사업결과 보고서 - 기준 : 주민특성 반영, 지역 사회 문제 반영

· 해설 : 가족기능강화 전체 프로그램과 각 단위사업을 근거로 1년 동안의 단위사업 실행계획서 및 사업결과보고서를 보고 지역의 특성을 반영하여 사업을 진행하였는지를 평가한다.

2장

빈곤가족아동의 자기주장 훈련프로그램

- 자신감 OK! 멋진 나 만들기 -

곽정미

프로그램 개요

> 본 프로그램은 서울시 강남구 수서동 영구임대 아파트 1, 6단지 내에 거주하고 있는 빈곤가족 아동 중 본 기관 빈곤가족지원서비스 방과후 프로그램인 '우리들세상'에 참여하는 아동을 대상으로 실시한 것이다.
>
> 소극적이고 수줍음이 많아 친구들과 어울리지 못하거나 언행이 거칠고 하루에도 몇 번씩 잦은 다툼을 만들어 친구들이 피하는 아동, 특히 언어를 매개로 상대에게 심리적·사회적인 해를 끼치는 말싸움·폭발적 성향·거친 말과 행동 등의 공격성이 나타나는 아동들을 중심으로 자기 의사표현이 부족한 아동에게는 자신감을 갖게 하고, 비합리적인 신념을 인식하게 하며, 상대방의 권리를 침해하거나 상대방을 불쾌하게 하지 않게 자신의 권리·욕구·의견·생각·느낌 등 자신이 나타내고자 하는 바를 솔직하게 상대방에게 직접 전달할 수 있도록 돕기 위한 자기주장훈련 프로그램이다.
>
> 주장훈련 프로그램은 1979년 Rakos & Schroeder가 개발했으며, 이 프로그램을 변창진과 김성회(1980)가 우리나라 중·고등학생들에게 실시할 수 있도록 변형하였다. 본 프로그램에서는 변창진과 김성회의 주장훈련 프로그램을 사용하여 수서지역 영구임대아파트에 거주하고 있는 17명의 빈곤가족아동을 대상으로 총 8회 주장훈련을 실시하였다. 이 프로그램은 자기주장에 대한 이해 및 소극적·공격적 행동에 대한 구분, 상황에 대한 역할극을 실시하여 자기주장을 향상시키기 위한 내용으로 구성되었다.

I. 문제분석

본 프로그램의 대상지역인 수서지구는 일원 1동과 2동, 수서동에 4개의 영구 임대 아파트 단지가 형성되어 영세민 및 철거민·저소득층이 밀집되어 있는데 1991년 영구임대아파트 단지의 형성 이후 각종 사회문제가 심각하게 대두되었다. 1995년 태화사회복지연구소에서 실시한 '수서지구 태화기독교사회복지관 사업을 위한 지역사회 프로그램 욕구조사' 결과에 의하면 강남구 수서·일원지역의 심각한 현안문제 중의 하나로 청소년 문제가 나타났으며 특히 각종 약물의 오·남용, 학교 폭력, 절도, 성 문제 등 그 문제가 심각한 양상을 띠고 있는 것으로 나타났다.

또 지난 1999년 12월 '부스러기사랑나눔회'에서 전국의 가장 가난한 도시, 농어촌, 공단지역에 있는 33개 지역아동센터의 1,013명 아동을 중심으로 실시한 문제행동에 관한 설문조사에서도 47.1%가 해체(결손)가정에서 지내고 있으며 이런 아동들은 심리·정서 불안, 학습 부진, 폭력, 공격적인 행동, 거짓말, 욕설, 집단따돌림, 도벽, 가출, 영양부족, 나쁜 생활습관 등을 갖고 있는 것으로 나타났다.

수서지구 빈곤가족 아동의 경우 대부분 저소득 결손가정(한부모 가정, 조부모 가정, 형제 가정 등)이나 정신장애인 부모 등 부모가 경제적인 능력이 없고 생활능력이 부족한 경우가 대부분이어서 자녀들이 부모로부터 적절한 보호와 지도를 받기 어려운 상황에서 양육되고, 저소득층 밀집지역인 영구임대아파트에 거주하기 때문에 비행화된 또래 친구들을 주위에서 많이 볼 수 있어 다양한 문제행동을 경험할 가능성에 노출되어 있다. 또한 빈곤가족 아동의 경우 일반 아동에 비해 가정·학교·사회환경에서 긍정적 자아개념을 형성하기에 상대적으로 열악한 위치에 놓여 있고, 어려운 가정환경에서 자신의 욕구를 적절히 해결하지 못하기 때문에 불만과 반항이 많고 도덕적 규율 준수 정도가 낮게 나타나고 있다. 또 부모들은 생계유지에 급급하다보니 자녀들에게 관심을 갖고 많은 시간을 함께 하기 어려울 뿐 아니라 부모의 낮은 사회경제적 지위로부터 오는 무능력과 무기력은 부모의 가치관과 양육 방법을 결정짓게 하여 자녀의 지적·정서적·성격형성과 자아개념 발달에 영향을 준다고 할 수 있다.

'태화임상사회사업연구 9호'에서도 나타나는 것처럼, 빈곤가정 아동의 경우 그들이 처한 여러 환경적인 면에 있어 청소년 문제에 쉽게 노출될 수 있는 복합적인 면과 요인을 가지고 있는 것으로 나타났다(김은영, 2002). 엘더(Elder, 1984; 김용길·안정선, 1999에서 재인용)의 연구 결과에 따르면 심한 경제적 박탈을 경험한 청소년들은 화를 내는 빈도와 호전적인 성향, 부정적·공격적인 행동 경향이 연령에 따라 증가된다고 하였다. 또 빈곤은 다양한 연령의 청소년들에게 많은 사회·정서적 문제를 유발시키는데 이 문제에 우울증, 또래관계 어려움, 낮은 자존감, 신뢰감, 행동문제, 높은 수준의 전반적인 사회부적응, 심리적 장애 등이 포함된다. 학교현장에서도 학업 성적의 결과만을 가지고 우열을 판가름하거나 지적인 측면만을 강조한 나머지 정서적인 측면을 등한시하고 있기 때문에 많은 학생들이 억압된 감정을 적절히 표현할 기회를 제공받지 못하고 있는 실정이다. 학생들 스스로도 자신의 주장을 표현하고 싶은 욕구가 있으면서도 긴장, 불안, 공포, 수치심 등과 같은 감정 때문에 제대로 자신의 의견을 표현하지 못하는 경우가 많다.

수서동 영구임대아파트에 거주하고 있는 빈곤가족 아동을 대상으로 한 방과후프로그램인 '우리들세상'의 경우 소극적이고 수줍음이 많아 친구들과 어울리지 못하거나 언행이 거칠고 하루에도 몇 번씩 잦은 다툼을 만들어 친구들이 피하는 아동들이 있는데, 특히 이 아동들에게는 언어를 매개로 상대에게 심리적·사회적인 해를 끼치는 말싸움, 폭발적 성향, 거친 말과 행동 등의 공격성이 나타나고 있다. 그러므로 본 프로그램은 초등학교 6학년 아동에게 주장훈련을 실시하여 아동의 신체적·언어적 공격성을 줄이는 데 효과가 있었으며 아동의 주장성을 향상시키는 데 효과적이었다는 연구 결과(이현경, 1991)를 바탕으로 '우리들세상' 아동을 대상으로 한 자기주장훈련을 실시하여 자기 의사표현이 부족한 아동에게는 자신감을 갖게 하고, 비합리적인 신념을 인식하게 하며, 상대방의 권리를 침해하거나 상대방을 불쾌하게 하지 않게 자신의 권리·욕구·의견·생각·느낌 등 자신이 나타내고자 하는 바를 솔직하게 상대방에게 전달 할 수 있도록 훈련시키는 데 목적이 있다.

Ⅱ. 이론적 배경

1. 빈곤가족의 개념 및 환경

1) 빈곤가족의 개념

빈곤은 개인의 생물학적 생존을 유지하는 데 필요한 최소한의 물질적 자원이 결핍된 상태이며 나아가 문화적 생활에 의한 욕구가 결여되어 있는 상태를 의미한다. 만약 이러한 기본적인 생리적 욕구가 충족되지 못하였을 때에는 생존자체를 위협받게 되고 적절하게 성장하고 발달하기가 어렵다. 또한 빈곤은 물질적 자원의 부족만을 의미한다기보다는 교육의 기회, 의료의 기회, 지위 이동의 기회 등 여러 가지 사회적 가치 분배에 있어서 불평등을 포함하는 동시에 개인의 성취동기, 열망수준, 자아실현 등 심리적 차원에 있어서의 박탈과 문화적 가치로부터의 소외 등을 의미하기도 한다. 따라서 빈곤은 일정수준 이하의 소득에 의해 생리적 충족을 위한 기본적 욕구 및 문화적 생활을 영위하기가 어려운 상태로 볼 수 있다(이경희 외, 1994).

이러한 빈곤의 개념에 입각하여 볼 때 빈곤가족이란 삶을 영위하는 데 있어서 기본적으로 필요하다고 인정되는 자원이나 경제적인 능력을 갖추지 못한 상태에서 심리적 · 정신적으로 손상되어 있으며 긴장상태, 억압상태, 박탈된 상태에 처해 있는 가족 전체 또는 가구원을 뜻한다고 볼 수 있다.

2) 빈곤가족의 가정환경

가정은 1차적이고 기본적인 사회 단위이고 개인이 처음으로 모든 경험을 습득하는 곳이며, 가족관계는 한 개인이 최초로 맺는 인간관계이다. 다시 말하면 개인은 출생하면서부터 가족과 관계를 맺게 되며 가족과의 생활을 통해 인간관계의 기초를 배우게 될 뿐만 아니라 사물에 대한 태도, 습관, 가치관, 성격의 핵심이 되는 자아개념 등의 발달에 영향을 받으면서 성장하므로 가정환경의 중요성을 인정하지 않을 수 없다. 그런데 가정환경으로서 빈곤가정은 부모의 낮은 사회경제적 지위와 낮은 교육수준, 열악한 주거환경과 저속한 문화적 배경 속에 놓이게 된다(임선형, 1981). 빈곤가정의 낮은 사회경제적 지위는 부모의 가치관과 양육방법을 결정짓게 할 뿐만 아니라 개인의 지적, 정서적 발달, 또는 성격 형성과 자아개념의 발달에 영향을 주는 기초적이며 배경적 환경으로 작용하고 있다.

실제로 McClelland(1962)는, 중류층의 가정은 지위상승을 위해서 노력하는 계층이기 때문에 성취지향적이며 모든 생활을 계획적으로 운영할 뿐 아니라, 자녀에 대한 기대도 성취면에 강조를 둔다. 그러나 하류층의 가정은 그들의 생계유지에 급급해 계층상승을 위한 기회를 거의 포기하고 성취의욕이 저하되고 있으며 따라서 자녀는 방임상태에 있고 자녀를 대하는 태도에 있어서도 수용적이지 않고 매질과 같은 체벌을 자주 가하는 편이라고 하였다. 이러한 사실은 자녀들의 교육 특히 성격형성과 자아개념의 발달에 있어 부모의 계층구조가 얼마나 큰 영향을 미치고 있는가를 실증해 주는 것으로 나타난다.

3) 빈곤가정의 자녀 양육 및 교육 환경

빈곤 가족의 문제 중 경제적 어려움 다음으로 나타나는 문제는 자녀 양육 및 교육 문제를 들 수 있다. 자녀 양육의 경우 현실적으로 볼 때 빈곤 가족의 아동은 불충분한 소득으로 인하여 충분한 보호를 보장받기 어렵다. 대부분 빈곤가족의 부모들은 생계 유지를 위해 맞벌이를 하거나 불안정한 직업과 장시간 노동으로 인해 아동을 방치해 두는 시간이 길고 부모의 심신장애나 질병, 적절한 양육기술의 부족, 문화적 박탈 및 저학력 등으로 인하여 아동을 위한 충분한 교육이 부족한 상태이다. 또한 유해환경이나 비행에 노출될 가능성이 높은 불량한 주거환경 등으로 악영향을 받을 개연성이 상대적으로 높다고 할 수 있다. 따라서 빈민지역의 아동들은 일반가구의 아동들에 비해 생활환경, 교육환경이 상대적으로 열악한 상태에 놓여 있으며 아동기부터 교육기회에서 제한되어 있다. 더욱이 부모가 긴박한 가정경제활동에 전념할 경우 심리적으로 자녀에게 충분한 양육을 하지 못한다는 죄책감 때문에 자녀 교육에 있어 감정에 치우쳐 일관성 없이 행동할 수 있다. 이와 같이 미비한 양육 및 교육적 여건은 아동으로 하여금 사회적 상승이동의 기회를 더욱 제한시켜 빈곤의 악순환을 유발시키며 생활에의 불만, 낮은 자아 정체감 등으로 아동들이 가출을 하거나 비행을 저지르기 쉽다.

학교 환경에 있어서도 빈곤청소년은 가정에서의 언어적 · 인지적 · 문화적 배경이 열악하고 학업 성취에 긍정적인 부모의 격려나 바람직한 학습환경 등의 요인이 부족하기 때문에 학업성취에서 좌절하는 경우가 많다. 이와 같은 현실을 볼 때 빈곤 청소년은 가정, 학교 그리고 그들의 사회 환경이 될 수 있는 교우관계에서 긍정적 자아개념을 형성하기에 매우 불리한 위치에 있음을 알 수 있다.

2. 빈곤가족 아동의 특성

빈곤가족 아동은 빈곤이라는 환경적 요인으로 인하여 여러 가지 문제점을 안고 있다. 일반적으로 '생계에 필요한 소득의 결여'로 정의되는 빈곤은 개인 및 가족에 부정적인 영향을 미치며, 많은 빈곤 가족의 경제적 불안정이 가족 구성원의 심리적 불안정으로 연결되는 경우가 많다. 또 빈곤은 가정의 기능을 약화시켜 가족 성원 개개인의 문제를 야기시킬 뿐 아니라 가족 성원간의 상호작용 그리고 사회관계 및 사회적 역할 등과 관련된 대인관계와 적응행동에 문제를 발생시키는 경향이 있다(이은주, 1995). 빈곤가족 아동에게서 아동기의 문제행동이 많이 나타난다는 것은 여러 연구 결과에 의해 밝혀졌는데 장인협(1986)은 가족의 구조적 결함이나 경제적 궁핍 및 부모로서의 능력제한 등 가족적 요인이 문제 아동 발생에 많은 영향을 준다고 밝히고 있다. 아동의 문제행동은 초기에는 비교적 가벼운 것이어서 그에 따른 대처가 가능하지만 그대로 방치되는 경우 만성화되어 심해지고 비행이나 범죄로 발전된다는 것이 일반적인 견해이다. 또한 빈곤아동에게서 학업성적 부진, 싸움, 비행, 가출, 반항 등의 문제행동이 나타난다고 하였다. 이규동(1982)은 문제행동의 특성을 외적·내적인 적대감, 불복종, 신체적·언어적 공격성, 파괴적 행동 등이며 그 일반적 증상은 거짓말, 도벽, 성냄 등이라고 밝히고 있다.

따라서 본 연구에서는 현재 '우리들세상'의 구성원들에게 가장 시급한 문제로 표출되고 있는 말싸움, 폭력, 폭발적 성향, 거친 말과 행동 등의 공격성과 자신의 문제에 대해 표현하지 못하고 다른 친구의 공격적 행동에 대해 소극적으로 반응하는 소극적 행동을 감소시키기 위한 프로그램을 진행하고자 한다.

3. 주장행동과 주장훈련

1) 주장행동의 의미

주장훈련의 필요성을 역설하고 주장훈련을 최초로 개발한 사람은 Wolpe(1958)이다. 그러나 구체적인 프로그램을 만들어 최초로 실험연구를 한 사람은 Lazarus(1966)이다. Wolpe(1958)는 흥분반응 대신 주장반응이라는 표현을 사용할 것을 권장하였다. Lazarus(1971)는 주장행동은 사회적으로 받아들여질 수 있는 권리와 느낌이라고 정의하면서 정서적으로 자유로운 상태를 습관적으로 갖는 경향성을 강조하였다. 또한 그는 주장행동은 '아니오'라고 말할 능력, 좋아하는 것을 남에게 요청하거나 요구힐 수 있는 능력, 긍정적인 느낌은 물론 부정적인 느낌을 표현할 수 있는 능력 및 이상적인 대화를 시작하고 진행하며 요령 있게 종결할 수 있는 능력 등으로 구분할 수 있다고 하였다. Lange와 Jakubowski(1980)는 주장행동은 다른 사람의 권리를 침해하지 않는 직접적이고 적절한 방법으로 사고, 신념, 느낌을 표현하고 자신의 권리를 옹호하는 것이라고 하였다. Rakos와 Schroeder(1979)는 주장행동은 대인관계의 장면에서 다소의 모험이 있을 때 능동적인 느낌의 표현을 통하여 바라는 결과를 얻으려는 장면에 따라 특별히 학습된 기술이라고 하였다.

'주장' 이라는 용어는 개인이 자신의 권리나 느낌을 표현하되, 그 표현은 사회적으로 받아들여질 수 있는 것이어야 한다는 점이 강조되면서(Wolpe, 1958) 주장행동은 공격적 행동과 구분되었다. May(1972)는 주장행동을 힘의 건설적인 표현으로 정의하였고 Lowen(1970)은 주장행동은 자기주장에 대립되는 세력에 대항하는 개성선언으로서 '대립' 이라는 의미가 함축된 행동이라고 하였으며, 이것은 자신이 원하는 것을 획득하는 것과 자신이 원치 않는 것을 거절하는 두 가지 행동 유형을 지닐 수 있다고 제시하였다(이승열, 1999에서 재인용). 가장 보편적으로 인정되는 Alberti와 Emmons(1978)의 인권 개념이 포함된 주장행동에 대한 정의는 '자기의 이익대로 행동하고 부당한 불안을 느끼지 않으면서 자기를 내세우고 편안하게 자기의 솔직한 감정을 표현하며 타인의 권리를 방해함이 없이 자기의 권리를 행사하는 행동' 이다. 주장행동을 보다 잘 이해하기 위해서는 주장행동을 비주장적 행동인 소극적인 행동 및 공격적 행동과 구분할 필요가 있다. Lange와 Jakubowski(1980)에 의하면 소극적인 행동은 자신의 느낌, 생각, 신념을 솔직하게 나타내지 못함으로써 스스로 자신의 권리를 침해하며 결국은 다른 사람으로 하여금 자신의 권리를 침해하게 만들거나 쉽게 자신을 무시할 수 있게 하는 변명, 수줍음, 자기 위축(self-effacing)과 같은 태도로 자신의 생각과 느낌을 나타내는 행동이라고 하였다. 또한 공격적 행동은 정직하지 못한 경우가 있는가 하면 대개 부적절하고 다른 사람의 권리를 침해하면서 자신의 권리나 생각, 느낌, 그리고 신념을 나타내는 행동이라고 설명하였다. Galassi와 Galassi(1977)는 권리보다는 주장의 여부와 태도에 따라 주장행동, 소극적 행동, 공격적 행동을 구분하고 있다. 소극적 행동은 자신의 느낌 · 욕구 · 견해 · 더 좋아하는 것을 나타내지 못하거나 나타낸다고 하더라도 이를 간접적으로 은근히 나타내는 것을 말하며, 공격적 행동은 자신의 느낌이나 견해를 나타내지만 상대방에게 벌이나 위협을 주며 저돌적이고 명령적이고 적의적인 태도를 나타내는 것이라고 하였다.

이상에서 살펴본 주장행동의 정의를 종합해 보면 주장행동이란 의사소통 과정에서 상대방의 권리(인권)를 침해하거나 상대방을 불쾌하게 하지 않는 범위에서 자신의 권리를 옹호하여 자신의 생각, 의견, 느낌 등을 마음속에 있는 그대로 솔직하게 상대방에게 직접 나타내는 행동이라 하겠다.

2) 주장훈련

주장훈련이란 대인관계에서 상대방의 인권과 인격을 존중하면서 자신의 권리를 지키기 위해 상대방에게 자신의 생각, 의견, 느낌 등을 마음속에 있는 그대로 말할 수 있도록 하여 좀 더 능동적이고 생산적인 인간으로 성장하도록 돕기 위한 일종의 교육프로그램이다(변창진 · 김성회, 1980).

주장훈련의 필요와 가치는 3가지 측면에서 설명되고 있다.

첫째는 Wolpe(1958)와 같이 억제(inhibition)는 모든 고민 또는 번뇌의 원천이며, 자기 주장을 펴지 못하는 사람은 심한 정신적 · 성격적 문제를 가진 환자로 보고 주장훈련은 그와 같은 환자들의 정신치료 혹은 성격교정에 불가결하다고 보는 입장이다.

둘째는 Galassi, Galassi와 Lits(1974) 등과 같이 자기의 생각이나 주장을 자발적으로 솔직하게 나타내지 않고 억제하면 정신건강이 나빠지기 때문에 만족스럽고 행복한 생활을 하자면 모든 사람이 자기의 생각이나 주장을 마음속에 있는 그대로 솔직하게 표현 할 수 있도록 해야 한다는 정신위생 이론에 근거를 두고 있는 입장이다.

셋째는 Alberti와 Emmons(1978) 등과 같이 정신적으로 또는 성격적으로 원만한 사람이라 할지라도 인간의 존엄성을 지키고, 개인의 능력을 신장하여 능률적이고 행복한 삶을 영위하자면 자기주장적인 행동을 할 수 있도록 개인 각자가 자아성장 또는 자아개발을 위해 부단히 노력해야 한다는 자아실현의 이론에 기초하고 있는 입장이다.

이러한 필요와 가치에 따라 주장훈련은 대인관계에서 불안을 나타내는 사람들을 위한 치료적 접근 방법으로 활용되어 왔는데 주장훈련의 초기 연구는 주로 대학생과 성인을 대상으로 소극적 행동에 있어서의 변화를 평가하였으나 최근에 이르러서는 대학생뿐만 아니라 초등학생 및 중 · 고등학생들의 불안감소 및 소극적 행동과 공격적 행동의 변화에 대한 효과를 평가하고 있다.

주장훈련은 주장행동을 하지 못하는 사고적 이유, 정서적 이유, 행동적 이유 등 3가지 이유에 근거해서 실시되고 있는데 접근법으로는 행동적 접근과 사고적 접근법 및 이 양자를 병용한 절충법의 3가지가 있다. 행동적 접근법은 어떻게 하는지를 몰라서 주장행동을 못한다는 생각에 기초하고 있는데 여기서 이용되는 기술들로는 행동연습(behavior rehearsal), 역할연기(role playing), 본보기(modeling), 피드백(feedback), 과제물 부과 등이 있다. 마지막 절충적 방법은 행동주의적 기법과 사고적 기법을 병용하여 사용하는 것으로 가장 널리 이용되고 있다(천문수, 1995).

주장훈련은 원래 수동적이며 억제된 생활양식을 가진 사람들을 위한 도구로써 개발되어 대인관계에서 불안을 보이는 개인을 위한 치료적 접근법으로 추천되어 왔다. 그러나 근래에 와서는 피훈련사가 주장적 권리를 너 쉽게 받아들일 수 있고, 주장행동뿐 아니라 공격적 행동과 소극적 행동도 관찰 가능하며 다양한 사람과 주장반응을 연습할 수 있을 뿐아니라 창의적인 주장반응을 고안해 낼 수도 있으며 많은 사람들로부터 주장행동의 시도를 강화받을 수 있게 되었다. 이러한 이유로 Lange와 Jakubowski(1980)가 집단훈련이 더 효과적이라고 주장한 이래 대부분 집단을 대상으로 훈련을 실시하고 있다(천문수, 1995). 따라서 본 연구에서는 주장훈련이 빈곤가정아동의 소극적·공격적 행동을 감소시키기 위한 집단 프로그램으로써 효과성을 측정하였다.

Ⅲ. 프로그램 소개

1. 프로그램명

빈곤가족아동의 자기주장훈련 프로그램 — '자신감 OK! 멋진 나 만들기'

2. 목적

빈곤가족지원사업인 초등학교 4-6학년 방과후 프로그램 '우리들세상' [1] 아동을 대상으로 자기주장훈련을 통해 올바른 주장행동을 인식하여 자신과 타인을 이해하고, 상대방의 권리를 침해하거나 상대방을 불쾌하게 하지 않게 자신의 권리·욕구·의견·생각 그리고 느낌 등 자신이 나타내고자 하는 바를 솔직하게 상대방에게 전달할 수 있도록 자기주장능력을 향상시킨다.

3. 프로그램의 목표

목표	세부목표	평가방법
1)자신과 타인을 이해하고, 자기표현 기법을 향상시킨다.	① 자신의 생각에 대해 표현해 보는 기회를 매회 1번 이상 갖는다. ② 자기주장 평가표를 통해 자신의 주장행동과 비자기주장 행동의 요소를 구분한다. ③ 타인을 수용하고 지지, 격려하는 긍정적인 피드백을 매회 1번 이상 준다.	·'주장행동평가척도' 사전·사후검사 ·자기보고 ·과정기록
2)주장행동에 대한 올바른 인식 및 긍정적인 주장 행동을 알고 연습을 통하여 주장행동을 향상시킨다.	① 구성원 중 80% 이상이 주장행동연습문제를 통해 소극적·공격적·자기주장적 행동을 구별한다. ② 구성원의 80%가 비합리적인 사고로 인한 열등감과 불안을 극복하고 합리적으로 자기 주장행동을 할 수 있도록 한다. ③ 구성원의 80% 이상이 소극적·공격적인 행동을 감소시킨다. ④ 구성원의 80% 이상이 자기주장을 하는 데 자신감을 갖는다.	·자기주장 평가표 ·출석률 ·'주장행동평가척도' 사전·사후검사

---

1)태화기독교사회복지관의 '우리들세상' 은 강남구 수서·일원지역의 빈곤 및 가정환경으로 인해 방과후 많은 시간 동안 가족으로부터 적절한 보호를 받지 못하고 방치되어 있는 4-6학년 아동을 대상으로 학습지도, 집단지도, 경제적지원, 가사서비스를 제공하는 빈곤가족지원사업이다.

4. 대상

대상구분	산출근거	인원수
일반집단	강남구 수서동 지역 내 초등학생 4-6학년 아동	953명
위기집단	강남구 수서동 국민기초수급가정 4-6학년 아동	100명
표적집단	강남구 수서동 영구임대아파트 1,6단지 내 4-6학년 아동	71명
클라이언트의 수	빈곤가족지원사업 방과후 프로그램 '우리들세상' 4-6학년 아동 중 자기주장훈련 프로그램에 참여하기로 한 아동	17명

*일반 · 위기 · 표적집단 통계자료 : 수서동사무소(2003)

프로그램의 집단은 수서동 영구임대아파트 1, 6단지에 거주하고 있는 아동을 중심으로, 본 기관 빈곤가족지원사업 방과후 프로그램 4-6학년 '우리들세상' 에 참여하고 있는 아동 22명 중 자기주장훈련 프로그램에 참여하기로 계약한 17명의 아동으로 구성되었다.

5. 실시구조

기 간	4주	간 격	주 2회
소요시간	매회 1시간	횟 수	총 8회
지 도 자	주지도자 1명, 보조지도자 1명	장 소	집단활동실

인력구성	지도자의 자격	지도자의 역할 및 과업
주지도자	사회복지를 전공한 자로서 아동의 특성에 대한 이해 및 집단프로그램 경력 1년 이상인 자 지식 · 고학년 아동의 특성에 대한 이해 · 빈곤가족 아동의 특성에 대한 이해 · 집단지도에 대한 이해 · 자기주장훈련에 대한 이론 · 집단레코딩에 대한 이해 기술 · 집단활동 프로그램 지도 기술 · 비합리적 사고에 대해 저항을 최소화시키는 도전과 직면기술을 효과적으로 사용할 수 있는 능력	· 프로그램 계획서 및 세부계획서 작성 · 프로그램 역할 분담 및 조정 · 세부 준비물 준비 및 프로그램 진행 · 예산집행 · 과정기록서 작성 · 집단프로그램 진행 · 프로그램 평가회의 주관 · 차기프로그램 방향성 모색 · 전체 종합평가서 작성
보조 지도자	사회복지학과를 전공하는 3학년 이상의 학생으로 집단프로그램 보조실무자 지식 · 빈곤가족 아동의 특성에 대한 이해 · 집단레코딩에 대한 이해 · 집단지도에 대한 이해 기술 · 집단역동에 대한 파악 · 레코딩 기술	· 집단지도자 준비회의 참가 · 준비물 제작 및 구입 · 과정기록서 작성 : 프로그램 관찰 및 과정기록 · 집단프로그램 보조 : 비디오 촬영
프로그램 매개체	· 검사도구 활용 : 주장행동평가척도 사전 · 사후검사, 자기주장평가표 · 마음나누기 용지, 시범실습 및 역할연기 예문지 · 역할극 및 발표 · 교육 및 강의 · 보상물 : 달란트, 초콜릿, 풍선	

6. 프로그램 단계

회기	목표		프로그램단계	회기명	내용
	프로그램을 홍보하고 프로그램에 참여할 아동의 사전 정보를 수집한다.		사전준비단계	사전 홍보 및 계약서 작성	· 자기주장훈련 프로그램에 대해 소개한 후, 프로그램에 참여할 구성원에 한해 프로그램 참여 계약서를 작성한다.
1	1) - ①, ②	초기단계		나를 말한다면?	· 마음나누기판을 나누어 주고 현재 자신의 기분이 어떤지 그림과 단어로 표현한 뒤, 서로의 마음에 대해 나누는 시간을 갖는다. · 자기주장 훈련 프로그램에 대해 소개한 후 자기주장행동의 의미와 중요성에 대해 알려준다. · 주장행동평가 사전검사를 실시한다.
2	1) - ① 2) - ①			주장행동이란?	· 스피드 게임, 전달 게임을 통해 의사소통의 중요성을 경험하도록 한다. · 소극적 · 주장적 · 공격적 행동에 대한 의미를 설명한다. · 퀴즈를 통해 소극적 · 주장적 · 공격적 자기주장에 대한 구별을 연습한다. · 일주일 동안 자신의 행동이 소극적인지, 주장적인지, 공격적인지에 대해 생각해 보도록 과제를 부여한다.
3	1) - ①, ③ 2) - ②			주장행동은 언제하지?	· 지난주에 내준 과제를 1분 동안 발표해 보도록 한다. · 합리적인 사고와 비합리적인 사고에 대해 설명한다. 예를 통해 합리적 사고와 비합리적 사고를 구별하는 연습을 한다.
4	1) - ①, ③ 2) - ①	실행단계	중기단계	연습해 볼까? (시범실습 1)	· 구체적인 장면 1, 2, 3을 제시해 주고 집단을 나누어 자기주장에 대한 역할극을 실시한다. · 역할극을 통해 자기주장에 대한 피드백을 준다. · 역할극을 한 후 소감을 나눈다.
5	1) - ①, ③ 2) - ②, ③			이럴 땐 어떻게? (역할연기 1)	· 구체적인 장면 A, B, C를 제시해 주고 집단을 나누어 자기주장에 대한 역할극을 실시한다. · 역할극을 통해 자기주장에 대한 피드백을 준다. · 역할극을 한 후 주장훈련평가표를 작성한다.
6	1) - ①, ②, ③ 2) - ③, ④			이럴 땐 어떻게? (역할연기 2)	· 구체적인 장면 D, E, F를 제시해 주고 집단을 나누어 자기주장에 대한 역할극을 실시한다. · 역할극을 통해 자기주장에 대한 피드백을 준다. · 역할극을 한 후 주장훈련평가표를 작성한다.
7	1) - ①, ②, ③ 2) - ③, ④			나는 이렇게 주장한다	· 실제 생활 및 상황에 대한 역할극을 통해 자기주장 연습을 한다. · 역할극을 통해 자기주장에 대한 피드백을 준다. · 주장훈련평가표를 작성한다.
8	1) - ①, ③ 2) - ④		종결	칭찬합시다~!!	· 자기주장에 대한 전반적인 개념에 대해 점검한다. · 주장행동평가 사후검사를 실시한다. · 프로그램 진행 후 소감나누기 및 구성원에 대해 변화된 점을 칭찬해 준다.
9	자기주장을 지속적으로 할 수 있도록 개별적인 사례관리를 한다.		사후단계		· 자기주장 훈련 프로그램 이후 '우리들세상' 구성원들이 자기주장을 지속적으로 할 수 있도록 지지 · 격려를 통해 담당 교사가 사례관리를 한다.

7. 단계별 운영지침

1) 초기

① 자기주장시 솔직하게 자신의 감정을 표현하되, 상대방의 인격을 존중하며 표현하는 것이 자기주장임을 알려준다.

② 상대방의 말과 행동에 관심을 기울이고, 좋은 의도에서 도움말을 주도록 알려준다.

③ 집단에 대한 관찰자가 되지 않고 자신의 얘기를 내어놓는 적극적인 참여자가 되도록 격려한다.

④ 주장훈련 사후변화량에 대한 정확한 결과를 위해, 주장행동평가표 사전검사시 구성원이 자신의 자기주장 정도가 어느 정도인지 자기주장에 대한 의미를 명확히 설명한 후 사전검사를 실시한다.

⑤ 사회복지사는 프로그램 초기 단계에 구성원이 서로 친밀감을 형성할 수 있도록 돕는다.

2) 중기

① 마음나누기판을 통해 구성원의 자기 감정 상태를 표현하도록 하여 구성원 개개인의 자기주장 정도가 어느 정도인지 파악한다. 이때, 집단 내에서 알게 된 구성원의 비밀은 반드시 지키도록 주의를 준다.

② 구성원의 주장훈련평가 사전검사 결과에 따라 소극적 행동과 공격적 행동의 예문을 훈련을 위해 바꿀 수 있다.

③ 자신의 감정을 솔직하게 표현하거나 상대방의 제안을 거절할 시 미안한 마음을 갖지 않도록 훈련한다.

④ 회기 4회~7회 동안 구성원이 본인이 생각하는 자기주장 정도와 다른 구성원이 생각하는 주장 정도에 대한 피드백을 통해 본인의 주장행동에 대해 이해하는 것이 중요하다.

⑤ 사회복지사는 소극적인 주장행동을 하는 구성원에게 자기발표의 기회를 제공한다.

⑥ 사회복지사는 집단을 형성하고 이끌어 가는 적극적이고 지시적인 역할을 하며 집단 구성원의 바람직한 행동을 적절히 강화하고 지지와 이해, 수용 및 피드백을 구성원에게 제공한다.

⑦ 사회복지사는 매 회기마다 개별 성원의 자기주장 성향을 파악하여 구성원이 자기주장 행동을 할 수 있도록 개입한다.

3) 종결

① 프로그램 이후에도 실생활 속에서 자기주장을 계속적으로 훈련할 수 있도록 격려하며, 프로 그램 후에는 개별적으로 사후관리하도록 한다.

8. 프로그램 평가방법

1) 양적 조사방법- 설문지법

— 주장행동평가척도 사전 · 사후검사(변창진 · 김성회, 1980), 자기주장 평가표

* 출처 : 주장행동을 측정하기 위한 도구는 Rakos와 Schroeder(1979)의 자기표현 평정척도를 우리 문화적 배경에 맞게 변창진 · 김성회(1980)가 재구성한 자기표현 척도를 사용하였다. 변창진 · 김성회가 실시한 주장행동 평가척도의 신뢰도는 $\alpha=.795$의 범위를 갖는다. 이 척도 는 20 문항으로 구성되어 있는데 그 중 9 문항은 말한 내용(content) 자체에 어느 정도 자기표 현 요소가 포함되어 있는지 평가하는 문항이고, 7 문항은 음성(paralinguistic)에 어느 정도 자 기표현 요소가 나타나는지를 평가한 문항이며, 나머지 4 문항은 말할 때의 표정이나 손발의 움직임 등과 같은 비언어적(non-verbal) 자기표현 요소를 평정하는 문항이다.

2) 질적 조사방법

— 집단과정기록 : 세부 프로그램별 진행 및 관찰, 평가에 관해 기록

— 개별 관찰 및 참여율, 자기보고(Self-report)

9. 결산

항목	금액	비고
종결 다과비(빵, 음료수, 과일) 지류 및 소품 보상물(풍선, 달란트 등)	2만원 5천원 5천원	
합계	3만원	

10. 결과 및 제언

1) 효과성, 만족도, 목표달성

본 연구에서 구성원들이 주장훈련 실시 전·후 그 변화를 비교하여 주장훈련이 주장행동 향상에 어떠한 영향을 미쳤는지에 대해 SAS를 이용한 paired t-test를 분석하여 프로그램의 효과성을 평가한 결과는 다음과 같다.

〈표 2-1〉 주장행동 평가 사전·사후 변화량　　　　　　　　N=12

주장행동 평가	평균		평균차	표준편차	t값검증
	사전	사후			
	75.08	82.33	7.25	10.81	-2.71 *

* p 〈 .05

〈표 2-2〉 개인별 주장행동 사전·사후 변화량

점수	사례	사례 1	사례 2	사례 3	사례 4	사례 5	사례 6	사례 7	사례 8	사례 9	사례 10	사례 11	사례 12	총합계
평균	전	85	82	79	60	67	79	76	63	85	54	92	79	901
	후	83	76	89	72	90	74	90	73	89	68	90	94	988
평균차		-2	-6	10	12	23	-5	14	10	4	14	-2	15	87

〈그림 2-1〉 개인별 주장행동 사전·사후 평가 비교

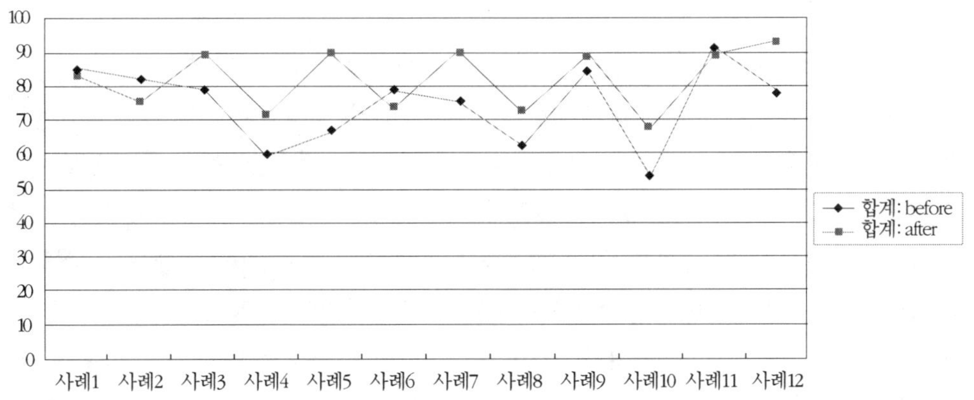

〈표 2-1〉을 보면 주장훈련실시 사전·사후 주장행동 평가 점수의 변화가 평균 75.08점에서 82.33점으로 높아짐으로써 P〈.05의 유의수준에서의 의미있는 향상효과를 나타내었다. 이는 주장훈련이 빈곤 아동의 주장행동 향상에 효과적이었음을 보여준다. 반면 전체 주장훈련실시 사전·사후 주장행동 평가에는 변화량을 보였으나 〈표 2-2〉에 나타난 개인별 주장행동평가 사전·사후 변화량을 보면 개별아동에 따라 주장행동의 결과가 다르게 나타난 것을 볼 수 있다. 이는 외향적 성격과 적극적 참여로 활발한 활동을 보인 아동들은 비교적 긍정적 변화를 가져왔으나 내향적 성격을 가진 아동으로 소극적인 활동을 보인 아동들은 비교적 큰 변화를 가져오지 못한 것으로 볼 수 있다. 또 주장행동 사전 검사 시 자기주장에 대한 개념 및 자신의 자기주장정도에 대한 파악이 명확치 않아 사전검사 시에는 주장행동을 잘 한다고 생각하였으나 프로그램 진행과정 중 자신의 자기주장정도가 소극적이거나 공격적임을 이해하게 되어 주장행동 사후검사결과가 더 낮게 나온 제한점도 있었다.

그럼에도 불구하고 프로그램 이후 소극적인 자기주장을 하던 아동들이 집단활동 외에 개별적으로 자신의 가정환경이나 문제, 고민 등에 대해 이야기하므로 아동과 사회복지사간의 지지망이 형성된 것은 큰 성과라 할 수 있으며 이를 통해 사후관리 및 개입이 용이하게 되었다고 할 수 있다.

목표달성 면에서 주장훈련의 효과성을 평가해 보면, "구성원 중 80% 이상이 소극적·공격적인 행동을 감소시킨다"는 목표를 평가해 볼 때 '소극적이었는데 자기주장을 하게 되었다'고 답한 아동이 9명(53%), '공격성이 감소되었다'라고 대답한 아동이 5명(29.3%), '별 변화가 없었다'라고 대답한 아동이 3명(17.7%)으로 구성원의 82.3%가 소극적·공격적 행동이 감소되었음을 알 수 있다. 또한 '구성원의 80% 이상이 자기주장을 하는 데 자신감을 갖는다'는 목표는 자기보고(Self-report)시 '자기의 감정을 다른 사람에게 솔직하게 이야기하는 것이 어려웠으나 주장훈련 이후 자기 주장을 하는 데 자신감을 얻었다'라고 대답한 아동이 9명(52.9%), '친구들에게 거친 말을 많이 사용하였으나 주장훈련 후 다른 친구의 입장을 배려하여 말하게 되었다'는 아동이 4명(23.8%), 적은 소리로 자신의 의견을 표현하였으나 지금은 큰소리로 말하게 된 아동이 2명(11.5%), 예전과 똑같다 2명(11.5%)으로 구성원의 88.2%가 자기주장을 하는 데 자심감을 얻은 것을 알 수 있다.

따라서 자기주장훈련을 통해 빈곤가족 아동들이 대인관계에서 상대방에게 자신의 생각이나 의견 또는 느낌 등을 마음속에 있는 그대로 나타내는 보다 생산적인 인간관계 방법과 기술을 익히게 되었고, 빈곤아동의 소극적 주장과 공격적 주장행동이 감소된 것을 통해 자기주장 훈련이 빈곤가족 아동의 주장행동 향상에 효과적이었다고 평가된다.

2) 제언

첫째, 초기 프로그램 참여 아동은 17명이었으나 한 명의 아동이 개인적인 사정(교통사고)으로 프로그램 4회 이후부터 프로그램에 참여하지 못하였고, 4명의 아동은 학교 수련회 일정으로 2회의 프로그램을 결석하게 되어 8회 프로그램에 모두 참여한 아동만을 대상으로 주장훈련 검사를 실시한 제한점이 있다.

둘째, 주장 훈련 사전·사후 검사시 그 변화량을 정확히 측정하기 위해서는 사전검사 전 대상자에게 주장행동에 대한 개념이해 및 자신의 주장정도를 명확히 파악해야 할 필요가 있다.

셋째, 주장행동 평가시 훈련 대상자가 자신의 훈련성과에 대해 평가하는 자기보고(Self-report) 평가방식은 자신의 행동에 대해서 어느 누구보다도 자기 자신이 가장 잘 알 수 있다는 점에 근거를 두지만 주관성이 개입될 수 있는 제한점이 있다.

넷째, 본 연구는 자기 주장 훈련에 대한 사전·사후 검사만으로 훈련의 효과를 측정하였으나 후속 연구에서는 추후 검사를 더 실시해 봄으로써 훈련이 종결된 후에도 훈련의 지속적인 효과를 검증해 볼 필요성이 있다.

다섯째, 주장훈련의 다양한 활용을 위해 빈곤아동의 상황에 맞는 역할 연기 장면 개발과 보다 쉽고 활동적인 내용 개발이 요구된다.

Ⅳ. 참고문헌

김미경(2002), "자기주장훈련이 또래수용도가 낮은 아동의 또래수용도와 학교생활 적응에 미치는 영향", 경남대 교육대학원 석사학위논문.

김용길 · 안정선(1999), "빈곤지역 청소년의 비행예방 및 문제해결을 위한 통합적 접근모델연구", 태화기독교사회복지관 빈곤지역청소년문제 접근 연구 세미나 자료집.

변창진 · 김성회 (1980), "주장행동의 요소", 경북대 학생지도연구.

______________ (1980), "주장훈련 프로그램", 경북대 학생지도연구.

이경희 외(1994), 『가족복지』, 서울 : 형설출판사.

이규동(1982), 『아동문제에 관한 연구보고서-문제아동의 지도와 대책』, 제9권, 서울 : 서울특별시립아동상담소.

이승열(1999), "자기주장훈련이 고교생의 우울수준과 자살관념 감소에 미치는 영향", 경남대 교육대학원 석사학위논문.

이은주(1995), "빈곤층 아동의 또래 역량", 숙명여대 대학원 석사학위논문.

이지은(1993), "주장훈련을 통한 빈곤청소년의 자아개념 향상 효과에 관한 연구", 이화여대 사회사업학과 석사학위논문.

이현경(1991), "주장훈련이 아동의 공격성 감소 및 주장성 향상에 미치는 효과", 계명대 교육대학원 석사학위논문.

임선형(1981), "도시빈민지역 아동의 교육문제에 관한 일연구", 이화여대 대학원 석사학위논문.

장인협(1986), 『아동복지론』, 서울 : 서울대학교 출판부.

천문수 (1995), "자기주장훈련이 국민학생의 불안감소에 미치는 효과", 건국대 교육대학원 석사학위논문.

태화기독교사회복지관(1995), "수서지구 태화기독교사회복지관 사업을 위한 지역사회 프로그램 욕구조사", 서울 : 태화기독교사회복지관.

________________(1998), 『태화임상사회사업연구』, 제5호, 서울 : 태화기독교사회복지관.

________________(2002), 『태화임상사회사업연구』, 제9호, 서울 : 태화기독교사회복지관.

Alberti & Emmons(1978), Your Perfect Right : *A Guide to assertive Behavior*, CA: San Luis Obispo Impact.

Galassi, Galassi & Litz(1974), "Assertion Trainging in Group Using Video Feedback", *Journal of Counseling Psychology*, Vol. 21, No. 5.

Galassi, M. D. & Galassi, J. P.(1977). *Assert yourself : How to be your own person*, MY : Human Science Press.

Lange, A. J. & Jakubowski, P. (1980), *Responsible assertive behavior: Cognitive Behavioral Procedures* for Trainers. *Illinois:* Research Press.

Lazarus, A. A.(1966). "Behavior rehearsal vs. non-directive therapy vs. advice in effecting behavior change". *Behavior & Therapy.*

___________(1971), *Behavior Therapy and Beyond,* New York : McGraw Hill.

R.R. McClelland (1962), *The Achieving Society,* Princeton, N.Y. : Van Nostrant.

Wolpe, J. (1958), *Psychotherapy by Reciprocal Inhibition,* Stanford Univ.

Ⅴ. 세부지도안

주장훈련 1회 세부지도안

회 기 명	나를 말한다면?	소요시간 및 인원	45분 / 17명
장 소	3층 우리들세상	준비물	마음나누기판, 집단활동 계약서, 주장행동평가척도
목 표	1) 자신과 타인을 이해하고 자기표현 기법을 향상시킨다. 　① 자신의 생각에 대해 표현해 보는 기회를 매회 1번 이상 갖는다. 　② 자기주장 평가표를 통해 자신의 주장행동과 비자기주장 행동의 요소를 구분한다.		
활동내용	자기주장행동에 대한 개념이해, 주장행동평가척도 사전검사		

1. 도입단계(5분)

① 마음나누기 판을 나눠주고 오늘 자신의 기분이 어떤지를 그림으로 표현하도록 한다.

② 마음나누기 판에 그린 자신의 기분에 대해 3~4명 정도 발표해 보도록 한다.

2. 전개단계(35분)

① 앞으로 총 8회 동안 주 2회씩 자기주장에 대한 집단활동을 하게 됨을 소개한다.

② 집단활동시 지켜야 될 집단규칙에 대해 나누고 집단규칙을 정하여 계약서에 작성 한 후 집단활동에 대해 계약한다(첨부자료 1).

③ 주장행동에 대한 개념을 간단히 설명해 준 뒤, 구성원들에게 주장행동평가척도를 나누어주고 사전검사를 실시한다(첨부자료 2, 첨부자료 3).

▶ 프로그램참여에 대한 계약서작성을 사전준비단계에 실행할 수도 있다.

▶ 이때, 자기 주장 훈련 사전·사후 검사시 그 변화량을 정확히 측정하기 위해서 구성원에게 자기주장행동에 대한 개념 및 자신의 자기주장정도를 명확히 파악할 수 있도록 한다.

3. 정리 및 종결단계(5분)

① 주장행동평가척도를 작성한 후 자기주장행동의 의미와 중요성에 대해 알려주고 집단활동을 마친다.

첨부자료 1

서약서

나는 2002년 9월 3일부터 10월 14일까지
총 8회 동안 화, 금요일 17 : 00~18 : 00에 진행되는
'자신감 ok! 멋진 나 만들기' 자기주장훈련 프로그램에
성실한 태도로 참여하고 친구들의 의견을 존중하며
결정된 규칙(아래)에 대해 잘 지킬 것을 약속합니다.

1.

2.

3.

년   월   일

이름   (인)

첨부자료 2

주장훈련 프로그램이란 무엇일까요?

여러분은 자신의 의견이나 생각 또는 불쾌감 등을 말하고 싶어도 이를 적절하게 표현하지 못한 경험이 있을 것입니다. 이렇게 자신이 말하고 싶은 것이 있어도 이를 잘 표현하지 못하는 행동 즉 소극적 행동을 하게 되면 주위 사람들로부터 참을성이 있다거나 얌전하다는 등의 칭찬을 받는 경우도 있습니다. 그러나 이러한 행동을 하는 자기 자신은 힘들고 불쾌한 경우가 많습니다. 그렇다고 상대방에게 피해를 주면서까지 자신이 말하고 싶은 것을 표현하는 행동 즉 공격적 행동을 하게 되면 자기 자신은 좋을지 몰라도 주위 사람들은 여러분을 싫어하게 될 것입니다. 이러한 소극적 행동과 공격적 행동의 문제점을 줄이고 좋은 점을 살린 행동이 '주장행동' 입니다.

주장행동은!!

상대방에게 피해를 주지 않으면서
자신이 표현하고 싶은 것을 나타내는 행동입니다.

1. 자기주장적인 사람이란?

· 자기의 생각을 분명하게 전달할 줄 안다.

· 자신의 의사와 의견을 표현하는 데 비록 망설임이 있다 하더라도 끝까지 해낸다.

· 자신에게 필요한 요청을 할 줄 알며, 타인의 부담스러운 요청에 대하여 거절할 줄 안다.

· 분노, 감사, 부담감 등의 다양한 감정표현을 적절하게 할 줄 안다.

· 자기주장의 사용시기 및 효과를 익혀 알고 스스로를 자제할 줄 안다.

· 자신의 단점을 받아들여 이를 다스려 나가는 용기를 가졌다.

· 자기주장의 기술을 가지고 있는 것에 자부심을 느끼고 자신감 있게 살아간다.

2. 주장훈련에 참여하면?

· 나의 느낌이나 감정을 솔직하게 잘 표현할 수 있어요.

· 내가 하고 싶은 말을 상대방에게 잘 전달할 수 있어요.

· 부모님과 친구들 그리고 타인과의 관계가 더 좋아질 수 있어요.

· 나의 행동이나 모습에 만족하게 되고 나 자신을 보다 사랑할 수 있어요.

▶ **첨부자료 3**

주장행동 평가척도

이 설문지는 여러분이 일상 생활에서 다른 사람과 대화하면서 어느 정도 솔직하게 자신의 생각이나 의견을 마음속에 있는 그대로 자연스럽게 표현하고 있는지를 알아보기 위하여 만들어진 것입니다. 다음의 20개 문항을 잘 읽고 각각의 문장에 대해 빠짐없이 답해 주시기 바랍니다. 답하는 요령은 평소 여러분이 다른 사람과 말이나 행동을 할 때, 10번 중에서 9번 이상이면 '항상 그렇다', 7~8번 정도이면 '자주 그렇다', 5~6번 정도이면 '가끔 그렇다', 3~4번 정도이면 '대체로 그렇지 않다', 1~2번 정도이면 '거의 그렇지 않다' 라고 쓰여진 칸에 ∨표를 하면 됩니다.

	내용	거의 그렇지 않다	대체로 그렇지 않다	가끔 그렇다	자주 그렇다	항상 그렇다
1	나는 말하고 싶은 것이 있어도 참는다.					
2	대화가 끝날 무렵이 돼서야 겨우 내 의견을 말한다.					
3	나는 내가 무슨 내용에 대해서 말하는지 잘 모를 경우가 있다.					
4	나는 지나치게 사과를 많이 한다.					
5	나의 말하는 태도는 예의바르지 않다.					
6	내 생각과는 다른 의견에는 이유를 내세워 변명한다.					
7	친한 사람에게는 내 입장을 고려하지 않는다.					
8	친한 사람에게는 내 행동을 설명하지 않는다.					
9	친한 사람에게는 내 생각을 끝까지 고집한다.					
10	상대방이 알아듣기 어려울 만큼 조그만 목소리로 말한다.					
11	분명하게 말하지 못한다.					
12	하고 싶은 말이 입안에서만 맴돈다.					
13	억양이 자연스럽지 못하고 어색하다.					
14	"에-", "음-" 등 할 말이 중간에 끊어진다.					
15	말하기 전에 망설인다.					
16	말하기 전이나 중간에 서두른다.					
17	말할 때 상대방의 얼굴을 똑바로 쳐다보지 못한다.					
18	웃거나 찡그리는 등 얼굴표정이 진지하지 못하다.					
19	손을 비비거나 발을 굴리는 등 손발 처리가 어색하다.					
20	몸이 어딘가 굳어 있다.					

◈ 출처

주장행동을 측정하기 위한 도구는 Rakos와 Schroeder(1979)의 자기표현 평정척도를 우리나라 문화적 배경에 맞게 변창진 · 김성회(1980)가 재구성한 자기표현 척도를 사용하였다. 변창진 · 김성회(1980)가 실시한 주장행동 평가척도의 신뢰도는 α=.795의 범위를 갖는다. 이 척도는 20 문항으로 구성되어 있는데 그 중 9 문항은 말한 내용(content) 자체에 어느 정도 자기표현 요소가 포함되어 있는지 평가하는 문항이고, 7 문항은 음성(paralinguistic)에 어느 정도 자기표현 요소가 나타나는지를 평가한 문항이며, 나머지 4 문항은 말할 때의 표정이나 손발의 움직임 등과 같은 비언어적(non-verbal) 자기표현 요소를 평정하는 문항이다.

◈ 해석방법

각각의 문항들은 5점척도로 평가되어지고 모든 점수를 합하여 총점을 구하게 된다. 원래 Rakos와 Schroeder(1979)의 자기표현 평정척도는 선택법을 이용하여 평정하게 되어 있으나 이 연구에서는 5점 척도를 적용시켜 항상 자기표현을 할 수 있으면 5점으로 하고 자기표현을 하는 빈도에 따라 4점, 3점, 2점, 1점을 주어 평가 기준으로 삼았다. 자기표현 평정척도에서 얻은 점수는 자기표현의 정도를 나타낸다. 따라서 자기표현 평정척도에서 얻은 점수가 높을수록 자기표현을 바람직하게 잘 할 수 있음을 의미하고 점수가 낮을수록 주장적이지 못함을 나타낸다.

주장훈련 2회 세부지도안

회 기 명	주장행동이란?	소요시간 및 인원	45분 / 17명
장 소	3층 우리들세상	준비물	소극적 · 주장적 · 공격적 주장행동에 대한 유인물
목 표	1) 자신과 타인을 이해하고, 자기표현 기법을 향상시킨다. 　① 자신의 생각에 대해 표현해 보는 기회를 매회 1번 이상 갖는다. 2) 주장행동에 대한 올바른 인식 및 긍정적인 주장행동을 알고 연습을 통하여 주장행동을 향상시킨다. 　① 구성원의 80% 이상이 주장행동연습문제를 통해 소극적 · 공격적 · 자기주장적 행동을 구별한다.		
활동내용	소극적 · 공격적 · 자기주장적 행동의 개념 이해		

1. 도입단계(5분)

① 구성원을 두 조로 나누어 의사전달 게임(스피드 게임)을 한다.

② 의사전달 게임 이후 게임시 어려웠던 점에 대해 3~4명 정도 발표해 보도록 한다.

2. 전개단계(35분)

① 의사소통의 중요성에 대해 나눈 후, 소극적 · 주장적 · 공격적 행동에 대한 의미를 예를 통해 설명한다.

② 소극적 · 주장적 · 공격적 행동에 대한 퀴즈를 통해 소극적 · 주장적 · 공격적 행동을 이해하도록 한다.

③ 주장적 행동에 대한 자기반성 유인물을 나누어주고 구성원 중 자원하는 자가 읽도록 한 후, 적혀 있는 행동과 자신의 행동을 비추어 보고 그러한 경우가 있는지 생각해 보도록 한다(첨부자료 4).

④ 자기주장적 행동을 하는지 생각한 것에 대해 자신에게 해당하는 경우가 있으면 발표한다.

3. 정리 및 종결단계(5분)

① 다시 한번 소극적 · 주장적 · 공격적 행동에 대해 2~3명 정도 발표하도록 하여 구성원이 주장행동의 의미를 이해했는지 확인해본다.

② 일주일 동안 자신의 경험에 비추어 소극적 · 주장적 · 공격적 행동을 한 일에 대해 1가지씩 생각해 오도록 과제를 부여한다.

첨부자료 4

주장적 행동의 이해

구별	의미	예
주장적 행동	상대방의 권리를 침해하거나 상대방을 불쾌하게 하지 않으면서 자신의 권리를 당당하게 내세우며 자기의 생각을 솔직하게 나타내는 행동	빌려간 돈을 갚지 않고 또 빌려달라고 하는 친구에게 "지금 돈은 있지만, 그 돈이 언제 필요하게 될지 모르기 때문에 미안하지만 이번에는 빌려 줄 수가 없어" 라고 자신의 생각이나 의견을 솔직하게 표현하는 행동
소극적 행동	자기의 생각을 솔직하게 말하고 싶어도 눈치나 체면 때문에 말하지 않고 얌전한 체, 겸손한 체, 예의 바른 체하며 마음에도 없는 말을 하는 행동	친구에게 빌려주기 싫다고 솔직하게 말하기가 어려워 돈이 있으면서도 "지금 돈이 없는데" 라고 거짓말을 하거나, "나도 지금 돈이 필요해서 너에게 빌려준 돈을 갚아달라고 말하려고 했는데" 라고 하는 행동
공격적 행동	자신의 권리만 내세우기 위해 다른 사람의 입장을 전혀 생각하지 않고, 심지어는 다른 사람을 괴롭히면서까지 자기 생각만 내세우는 행동	"너는 돈을 빌려갈 줄만 알고, 갚을 줄을 모르는 친구인데 어떻게 빌려주냐!" 또는 "야! 사람이 체면이 좀 있어라. 무슨 염치로 또 돈을 빌려 달라고 하니?" 라고 표현하는 행동

1. 주장적 행동에 대한 자기반성

 # 여러분의 행동을 잘 생각해 보고 이러한 경우는 없었는지 반성해 보세요.

1. 하기 싫은 일을 누가 부탁해 왔을 때, 대답하는 말이 입 속에서만 중얼거려 상대방이 알아 듣지 못할 때가 있다.

2. 나의 생각이나 의견을 말하고 싶어도 무엇을 어떻게 해야할지 몰라서 못한다.

3. 주장적 행동을 하고 싶어도 어떻게 하는 것이 좋을지 몰라 망설인다.

4. 내가 하고 싶은대로 하면 상대에게 화를 내야 할 것 같고 참으려니 속이 끓어오른다.

5. 내가 주장을 내세우고 싶을 때나 실제 나의 주장을 하고 있을 때에 마음이 편하지 못하다.

6. 다른 사람과 같이 행동하는 경우에 마음이 편하지 못하다.

7. 불안해지기 시작했을 때, 스스로 불안해하고 있다는 사실 때문에 더욱 더 불안해진다.

　▶ 내가 왜 이러지? 정말 큰일났구나...

8. 나에게 일어나는 불안을 잘 처리하지 못한다.

9. 다른 사람이 나보다 더 훌륭한 생각을 가지고 있으므로 다른 사람이 더 좋은 대우를 받아야 한다고 생각한다.

10. 원만한 사이가 좋은데 나의 의견을 내세우게 되면 그러한 관계가 무너지기 때문에 항상 양보한다.

11. 모든 사람에게 칭찬을 듣고 싶기 때문에 만약 내가 의견을 말하여 다른 사람을 화나게 할 경우에는 내가 나쁘다고 본다.

12. 실수는 곧 망하는 것이다.

13. 내 주장을 내세우는 것은 당연하지만 상대의 마음이 상할까 두렵다.

2. 주장적 행동을 하지 못하고 당황하는 경우의 행동

다음 행동이 여러분과 관계가 있는지 살펴보고 자신도 그렇다고 생각되면 어떻게
　하는 것이 좋을지 말해 봅시다.

1. 나지막한 음성으로 말한다.

2. 계속 침묵만 지킨다.

3. 말이 잘 이어지지 못하고 "에 —", "음 —" 등의 말이 많다.

4. 상대방에게 욕설을 하거나 변명을 한다.

5. 상대를 바로 쳐다보지 못한다.

6. 굳은 자세로 말한다.

7. 서로 많이 떨어져서 이야기한다.

8. 한참 생각한 후에 한 마디씩 한다.

9. 얼굴을 찡그리거나 입술을 깨무는 등 불안한 태도를 짓는다.

10. 눈물을 글썽이거나 울어 버린다.

11. 얼굴이 붉어진다.

12. 심장이 점점 빨리 뛴다.

13. 속이 답답해지고 메스꺼워진다.

14. 몸이 둔해진다.

15. 몸이 좀 떨린다.

16. 입안이 마르고 목소리가 탁해진다.

17. 식은땀이 흐른다.

18. 현기증이 나면서 안절부절하게 된다.

19. 가슴이 두근거리고 머리가 어질어질하며 무슨 말을 어떻게 하고 있는지 잘 모른다.

20. 일의 결과가 끔찍하고 무서우며 '이제는 끝이다' 라는 생각이 든다.

3. 소극적 · 주장적 · 공격적 행동의 구별

다음에는 우리가 일상생활에서 자주 겪게 되는 대인관계의 장면과 그 장면에 대한 반응이 모두 12개 있습니다. 왼편에 있는 각각의 장면에 대해 오른편에 있는 반응을 나타내 보였을 때 그 반응이 주장적이면 '주', 공격적이면 '공', 소극적이면 '소' 라고 답안에 답하면 됩니다.

	장면	반응	답안
1	학급회의 시간에 발표를 하고 있는데 한 급우가 말을 가로막는다.	"미안하지만 나의 말을 계속 다하고 싶다."	
2	내일이 시험인데 집 옆의 골목에서 동네 아이들이 시끄럽게 떠든다.	(밖에 나가 큰소리로) "야, 조용히 해. 떠들려거든 너의 집에 가서 떠들어."	
3	친구가 자기 집에 가자고 하는데 가기가 싫다.	(못 가겠다고 하면 친구가 싫어 할테니까) "그래, 알았어. 같이 가자."	
4	친구가 자전거를 빌려달라고 한다.	못들은 척 하고 지나가 버린다.	
5	친구 몇몇이 집에 모이기로 하였는데 한 친구가 오지 않았다. 그래서 좀 기다리다가 친구에게 전화를 걸었다.	"네가 온다고 해놓고 오지 않아서 섭섭한데. 무슨 일 있니?"	
6	승차권을 살려고 줄을 서 있는데 뒤에 있던 아주머니께서 바쁘다고 하면서 앞에 서겠다고 하신다.	"바쁘신 것 같습니다만, 저는 처음부터 여기서 기다렸습니다. 순서를 지켜주시면 좋겠습니다."	
7	옆에 앉은 짝이 습관적으로 주위를 지저분하게 한다.	"네가 지저분해서 우리 주위가 항상 지저분하잖아."	
8	급우 중 한 사람이 숙제를 좀 보여 달라고 한다.	"미쳤냐! 억지로 해 온 숙제를 보여주게!"	
9	버스 안에서 옆에 앉아 계시는 아저씨가 담배를 피워 기침이 난다.	"아저씨께서 담배를 피우시니 제가 기침이 나는군요. 피우시지 않으시면 좋겠습니다."	
10	일찍 집에 가고 싶은데 선생님께서 일을 도와 달라고 하신다.	"에-, 음-, 선생님 내일 도와 드리면 안 될까요?"	
11	동생이 내 공부를 방해해서 싸웠는데 엄마는 언니인 나만 나무라신다.	"엄마, 잘못했어요. 다음부터는 싸우지 않을께요."	
12	이웃집 형이 와서 같이 놀자고 한다.	"미안하지만, 저는 지금 놀고 싶지 않아요."	

4. 소극적 행동의 이유

소극적인 행동을 하게 되는 이유는 1) 행동적 이유 2) 정서적 이유 3) 사고적인 이유로 나눌 수 있습니다. 우리들 각자는 주어진 장면에서 무슨 이유로 어느 정도의 소극적 행동을 하게 되는지를 생각해 보는 기회를 가져 봅시다. 우리는 대하는 사람이나 장면에 따라 주장적 행동을 하기도 합니다. 여기서는 그러한 모든 경우를 종합해 여러분이 일상생활에서 다음과 같은 경우를 어느 정도 겪게 되는지를 괄호 안에 숫자를 적어 봅시다. 숫자를 적어 넣는 방법은 일상생활의 대인관계에서 10번 중 1~2번인 경우를 겪으면 (a), 3~4번이면 (b), 5~6번이면 (c), 7~8번이면 (d), 9~10이면 (e)라고 적어 넣으면 됩니다.

1) 행동적 이유

(1) 하기 싫은 일을 누가 부탁해 왔을 때 대답하는 말이 입 속에서만 중얼거려 상대방이 알아들을 수 없다.
....(   )

(2) 자신의 생각이나 의견을 말하고 싶어도 무엇을 어떻게 해야할지 몰라서 못한다. ....(   )

(3) 주장적 행동을 연습해 볼 기회가 있어 연습을 해보고 싶어도 어떻게 하는 것이 더 효과적인지 몰라서 주장적 행동을 연습해 보지 못한다. ....(   )

(4) 자신이 하고 싶은 대로 하면 상대에게 화를 내거나 공격을 할 것 같고 참으려고 하니 속이 끓어오른다.
....(   )

2) 정서적 이유

(1) 자신의 주장을 내세우고 싶을 때나 실제로 자기의 주장을 하고 있을 때에 마음이 편하지 못하다.
....(   )

(2) 다른 사람과 같이 행동하는 경우에 마음이 편하지 못하다. ....(   )

(3) 불안해지기 시작했을 때 자신이 불안해하고 있다는 사실에 대해 점점 더 불안해 진다
(예: 내가 왜 이러지, 정말 큰일났구나!). ....(   )

(4) 자신에게 일어나는 불안을 잘 처리하지 못한다. ....(   )

3) 사고적 이유

(1) 다른 사람이 자신보다 더 좋은 생각이나 의견을 가졌고, 더 훌륭하며, 더 좋은 대우를 받아야 한다고
생각한다. ··· (   )

(2) 원만한 인간관계가 가장 좋은 것인데 자신의 생각이나 의견을 내세우게 되면 원만한 인간관계가 깨
어지게 되기 때문에 그런 행동을 공격적 행동이라고 생각한다. ····················· (   )

(3) 모든 사람에 대해 좋은 평을 받고 싶기 때문에 만약 자신의 생각이나 의견을 말하여 다른 사람을 화
나게 할 경우에는 스스로 죄의식을 느끼거나 자신을 나쁜 사람으로 생각한다. ·········· (   )

(4) 실수는 곧 파멸이라고 생각한다. ·· (   )

(5) 자신의 주장을 내세우는 것이 당연하지만 상대의 마음이 상할까 두렵다. ············· (   )

(6) 상대방도 그 자신의 생각이나 의견을 가지고 있기 때문에 언제 자신의 주장을 내세우는 것이 적절하
겠는지를 모르겠다. ··· (   )

(7) 자신을 위해서가 아니고 상대방을 위해서 자신의 생각이나 의견을 참는다고 생각한다. ····(   )

총 점: _____________

나는 어떤 이유가 가장 크게 작용하여 소극적 행동을 하는지를 알아보고
앞으로 훈련을 할 때 그 분야에 특히 관심을 가지도록 합시다.

주장훈련 3회 세부지도안

회 기 명	주장행동은 언제하지?	소요시간 및 인원	45분 / 17명
장 소	3층 우리들세상	준비물	합리적 사고와 비합리적 사고에 대한 예문
목 표	1) 자신과 타인을 이해하고, 자기표현 기법을 향상시킨다. 　① 자신의 생각에 대해 표현해 보는 기회를 매회 1번 이상 갖는다. 　③ 타인을 수용하고 지지, 격려하는 긍정적인 피드백을 매회 1번 이상 준다. 2) 주장행동에 대한 올바른 인식 및 긍정적인 주장행동을 알고 연습을 통하여 주장행동을 향상시킨다. 　② 구성원의 80%가 비합리적인 사고로 인한 열등감과 불안을 극복하고 합리적으로 자기 주장행동을 할 수 있도록 한다.		
활동내용	합리적 사고와 비합리적 사고의 개념 및 구별, 자신의 주장행동에 대한 이해, 주장적 행동의 여부 결정 연습		

1. 도입단계(5분)

① 일주일 동안 소극적 · 주장적 · 공격적으로 행동한 일에 대한 지난 주 과제에 대해 3~4명 정도 발표해 본다.

2. 전개단계(35분)

① 자신의 단점에 대해 적어본다.

② 자기주장적 행동을 하기 위한 합리적 사고와 비합리적 사고에 대해 설명하고, RET의 원리를 초등학생에 맞게 수정하여 설명한 '배짱과 자신감을 가져 보자' (정일호, 1990 : 김미경, 2002 재인용)를 나눠주고 함께 읽어본다(첨부자료 5).

③ 자기주장적 행동을 하기 위한 합리적 사고와 비합리적 사고에 대해 설명한 후 실례 3가지를 통해 합리적인 사고와 비합리적인 사고를 구별하는 연습을 한다(첨부자료 6).

④ 자신의 단점을 적었던 종이를 다시 꺼내어 단점에 대해 다시 합리적으로 생각해 보고 1~2가지 정도 발표한다.

3. 정리 및 종결단계(5분)

① 느낌을 각자 발표하고 종합하여 결론을 맺는다.

▶ 누구든지 실패할 수 있으니 나 혼자만 부끄러워 할 필요가 없다.

▶ 사람은 완벽한 존재가 아니므로 꼭 무엇을 잘 해야 되는 것은 아니다.

▶ 내게 부족한 점이 있더라도 노력하는 자세가 중요하다.

▶ 배짱을 가지고 적극적으로 부딪쳐 보는 것도 좋은 자세이다.

② 친구들 중 평소 별로 친하지 않거나 좋아하지 않았던 친구 2명에게 먼저 말을 걸고 그 친구에 대해 3가지 이상 알아오는 과제를 내준다.

▶ 첨부자료 5

합리적 사고와 비합리적 사고의 구별

시험을 못 친 두 학생이 있습니다. ㉮라는 학생은 "나는 안 돼! 뭐 되는 게 없어. 이제 집에 어떻게 들어가지? 어머니가 뭐라고 하실까? 아이고! 골치야" 라고 반응합니다.

그런데 ㉯라는 학생은 "시험성적이 생각보다 안 좋은데 어머니에게 미안하게 되었군, 그러나 기회는 또 있잖아! 다음에는 시험을 잘 쳐서 어머니를 기쁘게 해 드려야지." 라고 반응합니다.

이때 ㉯처럼 생각하는 것은 이치에 맞으므로 합리적이고, ㉮처럼 생각하는 것은 이치에 맞지 않으므로 비합리적인 생각입니다.

1. 배짱과 자신감을 가져보자

1. 내가 하고자 하는 일을 생각만 하는 것은 어리석은 일이다. 하나라도 행동으로 표현하는 것이 효과적이다.
2. 새로운 일을 할 때 마음의 자세를 가다듬고 모든 것이 다 준비될 때까지 기다리는 것은 이미 그 적절한 시기를 놓치는 것이다.
3. 쓸데없이 허세를 부리거나 지나치게 겸손한 것도 자기 자신을 속이는 것이다.
4. 사람들이 나를 눈여겨보면서 저울질하고 있다는 생각은 내 자신의 쓸데없는 생각에 지나지 않는다.
5. 현재 내 능력으로 할 수 있는 일보다 약간 높게 목표를 세우는 것이 현명한 일이다. 다른 친구에 비해 능력이 많고 또한 있다고 해서 항상 성공하는 것은 아니다.
6. 자기의 실수에 대해서 지나치게 자신을 비난할 필요가 없다. 왜냐하면 사람은 완벽할 수가 없기 때문이다.

◈ 비합리적 사고
▷끝장적 사고 ▷해야만 한다의 사고 ▷인간 가치 부여적 사고

예) 1. 좋지 못한 결과는 나의 파멸을 가져온다.
　　2. 모든 일에 있어서 완전 무결하게 해야 된다.
　　3. 자기는 주위의 모든 사람으로부터 항상 사랑받고 칭찬과 인정을 받아야만 한다.

4. 자신의 능력이 모자라 아무 것도 할 수 없으며 따라서 남들이 누리는 인간으로서의 기본적인 권리도 가져서는 안 된다.

5. 원만한 인간 관계가 가장 중요하기 때문에 자신에게 불리한 상황이 되어도 끝까지 참는 것이 제일이며 이렇게 하는 것이 인간관계에 훨씬 좋다.

◈ **합리적 사고**

좋지 못한 결과라 할지라도 그것이 꼭 파멸을 가져오는 것은 아니다. 그 나름대로의 의미가 있으며 더 좋은 결과가 나올 수도 있는 발판이 될 수 있다.

▶ 첨부자료 6

연습 1 : 합리적 사고와 비합리적 사고의 구분

우리는 이치나 논리에 맞지 않는 생각 때문에 많은 고통을 받거나 자기 발전을 기하지 못하는 경우가 있습니다. 그래서 합리적으로 사고하는 것이 대단히 중요한데 어떻게 생각하는 것이 보다 합리적인지를 잘 몰라서 못하는 경우가 있습니다. 아래의 장면을 통해 연습해 보도록 하겠습니다. 장면은 모두 3개가 있습니다. 그 각각의 장면에 대해 생각한 내용들이 그 아래에 나와 있습니다. 그 생각들을 읽고 그것이 합리적이라고 생각되면 (   )안에 '+', 비합리적이라고 생각하면 '−'를 하면 됩니다.

1. 아버지께서 생일선물로 사다주신 꽃병을 잘못하여 깨뜨렸을 때 아래와 같이 생각을 했다.
   1) 내가 부주의했다. 부주의는 인간이기에 가지는 과오 중의 하나이나 깨지 않았다면 더욱 좋았을 것이다. ....(   )
   2) 나는 한 가지도 잘하는 일이 없다. 이래서야 어디에 쓸모가 있겠나! ....(   )
   3) 내가 어떻게 이렇게 부주의할 수 있겠나! 나는 결코 이러한 실수를 해서는 안 되는데 내가 무엇이 잘못된 것이 아닌가! ....(   )
   4) 아차차, 꽃병을 깨어버렸구나! 내가 참 좋아했는데 깨지 않았으면 더욱 좋았을 것을 .....(   )

2. 혼자서 장사를 하시는 이웃집 아주머니께서 내게 심부름을 시키신다. 전에도 몇 번 그런 일이 있었다. 오늘은 아주 피로하여 속으로는 대단히 못마땅하게 생각했으나 거절하지 못하고 다음과 같은 생각들을 했다.
   1) 아주머니께서 나를 나쁜 학생으로 생각하시지 않았으면 좋겠다. 그러나 항상 내가 모두 기쁘게 할 수는 없다. ....(   )
   2) 아주머니께 결코 나쁜 학생으로 보여서는 안 된다. ....(   )
   3) 이웃에서 하루 이틀 보는 것도 아닌데 내가 거절하면 서로 마음만 상할 것이니 내가 좀 하는 편이 낫다. ....(   )
   4) 나도 남의 청을 거절할 때도 있다. 비록 피하려고 노력은 해도 그런 일은 있기 마련이다. ..(   )
   5) 비록 아주머니께서 나를 끔찍이 생각하고 있을지라도 나는 거절할 권리가 있다. ......(   )
   6) 내가 거절하여 아주머니가 화를 내신다면 그것은 끔찍한 일이다. ....(   )
   7) 아주머니께 늘 피해만 끼치는데 내가 어떻게 거절할 권리가 있겠는가. ....(   )

8) 내가 거절하면 아주머니께서 일시적으로는 불쾌할지 모르나 먼 안목으로 보면 서로의 인간관계를 위해 도움이 될 수도 있다. · (   )

3. 저녁을 먹고 나서 어머니께서 심부름을 시키신다. 그런데 그 시간은 친구들과 어디에 가기로 약속을 해두었기에 어머님의 심부름을 거절하고 싶으나 다음과 같은 생각들을 했다.

1) 나는 절대로 부모님을 실망시키지 말아야 한다. · (   )

2) 내가 부모님께 실망을 드린다면 부모님은 대단히 괴로워하실 것이다. 나로서는 부모님이 괴로워하시는 것을 도저히 받아들일 수 없으며 그것은 무서운 일이다. · · · · · · · · · · · · · · · · · · (   )

3) 아무 나무랄 데 없는 자식이 되도록 꼭 옳은 일만 해야 한다. · · · · · · · · · · · · · · · · · · (   )

4) 궁극적으로 나중에 보면 나의 현재 결정이 신통치 못한 것일지 모르나 현재로서는 친구와의 약속을 지키는 것이 더 좋을 것으로 여겨진다. · (   )

5) 공부도 잘 못하는 나로서는 부모님 말씀을 거절할 처지가 되지 못한다. · · · · · · · · · · · · (   )

6) 부모님께서 나에게 무엇이든지 시키기만 하면 내가 할 것으로 기대하고 계신다. 그러니 화가 나더라도 참고 내가 좀 고통을 당하는 편이 낫다. · (   )

7) 가끔 부모님과 의견이 다를 수 있고 내가 잘못할 수도 있다. 그러나 그것이 나의 파멸을 가져오는 것은 아니다. 잘못되었다는 것이 틀림없으면 앞으로 더 잘 해보도록 노력하겠다. · · · · · · · · (   )

8) 만약 내가 본의 아니게 부모님을 실망시키게되면 그것이 곧 내가 나쁜 자식이라는 것을 의미하는 것은 아니며 단지 나도 인간이기에 실수를 할 수 있다는 증거로 완전한 사람보다 좀 못할 뿐이다. (   )

다 끝났으면 자신이 한 것과 다음에 있는 정답을 비교해 보세요

> - 장면 1 : 1) + 2) - 3) - 4) -
> - 장면 2 : 1) + 2) - 3) - 4) + 5) + 6) - 7) - 8) +
> - 장면 3 : 1) - 2) - 3) - 4) + 5) - 6) - 7) + 8) +

1. 자기주장적 행동의 여부 결정

■ 자기주장적 행동을 해야 될 경우

1. 특정 사람에 대한 분노, 불만, 애정이 머리에서 사라지지 않는다.
2. 특정 장면이 머리에서 사라지지 않는다.

3. 그 사람을 만나려고 하면 불안해지거나 분노가 생겨 만나기 싫다.

4. 그 사람과 대하면 어딘가 위축된다.

5. 수동적·공격적 행동을 취한다.

예) 집에 어머니가 편찮으셔서 부엌일을 하게 되었을 때 하기 싫다고는 못하고 고의로 그릇을 깨거나 밥을 태워 버린다.

6. 상대방에게 알아보고 싶은 것이 있을 때 솔직하게 물어보지 못하고 상징적으로나 간접적으로 힌트를 사용한다.

7. 자신의 행동을 정당화하기 위해 마음에도 없는 행동을 한다.

8. 자신을 형편없는 인간으로 생각한다.

9. 합리화를 통해 스스로의 인권을 포기한다.

예) 마음이 약한 그 친구를 위해서 내가 참는다.

10. 상대방에게 주먹질을 하거나 욕설을 한다.

11. 자신의 문제에 다른 사람이 관련된 것처럼 보이도록 긴 설명이나 변명을 늘어놓는다.

■ 자기주장적 행동을 삼가 해야 될 경우

1. 모험이 너무 크다고 생각될 때

2. 별로 보상 받을 것이 없을 때

3. 자기의 인권이 침해 당하지 않았음이 분명할 때

4. 아주 민감한 사람을 보호할 때

5. 상대방이 어려운 문제에 빠져있다고 생각될 때

■ 요청하는 방법

1. 원하는 것에 대해서 명확히 그리고 구체적으로 한다.

예) "— 해도 좋을 까요?" "— 하시겠습니까?"

"내가 — 하고 싶은데 우리 같이 — 해 볼 마음이 있는지요?"

2. 상대방이 거절할 때, 그 거절을 받아들일 준비를 한다.

3. 상대방의 대답을 그의 성실성으로 간주하고 존중해 준다.

4. 상대방의 대답에 대해 당신의 태도(감사, 실망, 수용)를 표현한다.

5. 상대방이 거절한다고 해서 당신을 전체로 거부하는 것은 아니다.

■ 거절하는 요령

1. 가부를 확실히 밝힌다. 만일 가부를 밝히기 어려울 때는 생각할 시간을 가진 후, 솔직하려고 노력한다.

    예) "그게 좀 불가능한데요. 안 된다고 말해야겠군요."

2. 대답은 간단히 하고 변명을 길게 늘어놓지 않는다(변명이 필요할 때는 짧게 한다).

3. '미안하다'는 말은 꼭 그렇게 느낄 때만 쓴다.

4. 상대가 당신 말을 받아들이지 않을 때는 당신 역시 대화를 끝마칠 권리가 있다.

5. 일단 가부를 밝혔어도, 당신 마음은 바꿀 수 있다.

6. 조용한 목소리와 몸짓으로 말한다.

7. 대안을 제시할 수도 있다. 예컨대 "다른 기회에 만나도록 할까요?"

연습2 : 자기주장적 행동의 여부결정

우리는 비록 자기주장적 행동을 할 줄 알아도 언제 자기주장적 행동을 해야 하는지를 몰라서 못하는 경우가 많습니다. 다음에서 자기주장적 행동을 해야 할 계기가 되는 것이 있으면 오른편 ( )안에 '+'를 하고 자기주장적 행동을 삼가야 할 경우에는 '—'를 하십시오.

1. 입학시험에 떨어져서 상심하고 있는 친구를 위로하기 위해 만나자고 하니 화를 내면서 다시는 전화를 하지 못하게 한다. ··· (   )

2. 어제 친구와 다툰 문제로 온종일 기분이 나빠서 공부가 안 된다. ················ (   )

3. 선생님께서 장난친 이유를 물었을 때 옆 짝이 장난을 걸어와서 부득이 장난을 치지 않을 수 없었다고 대답한다. ··· (   )

4. 자신이 친구에게 기분 나쁜 일이 있을 때 마치 다른 사람이 그 친구에 대해 기분 나빠하는 것처럼 이야기한다. ··· (   )

5. 옆짝에게 승차권을 한 장 빌려달라고 했는데 없다고 하기에 다른 친구에게 빌려놓고 보니 옆짝이 승차권을 가지고 있다. ··· (   )

6. 어머니께 용돈을 좀 올려달라고 하고 싶은데 어머니가 대단히 화가 나 계신다. ········· (   )

7. 옆짝이 자주 심부름을 시키기 때문에 0.5밀리 연필심을 사다 달라고 할 경우 고의로 0.9밀리 연필심을 사다준다. ··· (   )

8. 하교길에 버스에서 가방을 들어주었더니 고맙다고 한다. ········· (   )

9. 공부 잘하는 학생이나 힘센 학생을 대하게 되면 어닌가 위축되어 말을 못한다. ········· (   )

10. 아버지를 대할 때마다 불안하다. · (   )

11. 차별대우하는 선생님과는 대하고 싶지 않다. · · · · · · · · · · · · · · · · · (   )

12. 친구가 나쁜 행동을 하기에 못하도록 충고해준다. · · · · · · · · · · · · (   )

13. 친구가 자신의 흉을 본 것이 계속 머리에서 사라지지 않는다. · · · · (   )

14. 다른 반 학생이 체육복을 좀 빌려달라고 할 경우 욕설을 한다. · · · · (   )

15. 속으로 생각해 보니 별로 잘못한 것도 없는데 선배가 따지고 물으니 사과를 한다. · · · · · · (   )

다 끝났으면 자신이 한 것과 다음에 있는 정답을 비교해 보세요

1. - 2. + 3. + 4. + 5. - 6. - 7. - 8. -   9. + 10. + 11. + 12. - 13. + 14. + 15. +

주장훈련 4회 세부지도안

회 기 명	연습해 볼까?	소요시간 및 인원	45분 / 16명
장 소	3층 우리들세상	준비물	시범실습 장면 1, 2, 3
목 표	1) 자신과 타인을 이해하고, 자기 표현기법을 향상시킨다. 　① 자신의 생각에 대해 표현해 보는 기회를 매회 1번 이상 갖는다. 　③ 타인을 수용하고 지지, 격려하는 긍정적인 피드백을 매회 1번 이상 준다. 2) 주장행동에 대한 올바른 인식 및 긍정적인 주장 행동을 알고 연습을 통하여 주장행동을 향상시킨다. 　① 구성원 중 80% 이상이 주장행동 연습문제를 통해 소극적 · 공격적 · 자기 주장적 행동을 구별한다.		

1. 도입단계(5분)

① 자기주장적 행동과 비자기주장적 행동에 대한 예를 낸 후 맞추도록 한다.

2. 전개단계(35분)

① 구체적인 장면 1, 2, 3을 제시해 주고 주장행동 장면을 구성원 중 한 명과 함께(돌아가면서) 시범을 보인다(첨부자료 7).

② 각 장면에 대한 시범을 본 후 어느 것이 자기주장적이고 비자기주장적 행동인지 구별해 본다.

③ 연습한 장면에 대해 집단구성원과 훈련자의 피드백을 받는다.

3. 정리 및 종결단계(5분)

① 연습한 후 각자의 느낌을 발표해 본 후 마친다.

첨부자료 7

자기주장 : 시범실습

각각의 장면에 대해 두 사람이 보이는 반응 중에는 자기주장적인 것도 있고 소극적이거나 공격적인 반응도 있습니다. 여러분은 이러한 반응들을 듣는 중에 어떤 점이 자기주장이고 소극적인가를 관찰해서 구별해 봅시다.

✽ 장면 1

친구가 인형을 사러 가게에 갔습니다. 나는 인형을 살 만한 돈은 있었으나 인형을 사고 싶은 마음은 없습니다. 그런데 주인이 "이 인형 요즘 유행하는 건데 아주 예뻐요. 값도 싸게 해 줄 테니까 학생도 하나 사지?"

- 반응 1 : "인형은 예쁜데 돈이 없습니다."
- 반응 2 : (주인을 보고 똑똑한 음성으로) "사고 싶지 않습니다. 저는 사지 않겠어요."

✽ 장면 2

수학노트를 다 썼기 때문에 수업을 마치고 집에 가는 길에 문방구에 들려 노트를 한 권 샀다. 그런데 집에 와서 잘 보니 다섯 장이 못쓰게 되어 있었다. 그래서 문방구에 다시 갔을 때 아저씨가 물었다. "학생, 어떻게 왔지?"

- 반응 1 : (얼굴을 찡그리며 다급한 목소리로) "아저씨, 에-, 제가 이 노트를 산 뒤 바로 집에 가서 보니 다섯 장이 못쓰게 되어 있습니다. 아저씨께서는 제가 취급을 잘못하여 찢어졌다고 생각하실지 모르겠습니다만 저는 절대로 찢지 않았습니다. 아저씨 바꾸어 주실 수 없겠습니까?"
- 반응 2 : (진지한 음성과 침착한 자세로) "아저씨 집에 가서 보니 노트 다섯 장이 찢어져서 사용할 수 없게 되었습니다. 바꾸어 주시면 좋겠습니다."

✽ 장면 3

교실에서 열심히 공부를 하고 있는데 별로 친하지 않은 옆짝이 바로 뒤에 있는 자기 친구와 시끄럽게 이야기를 하고 있어 공부가 잘 되지 않는다.

- 반응 1 : (화를 내며) "야! 나도 떠들 때가 있지만 너희들은 정말 너무 떠든다. 떠들려면 밖에 나가서 떠들어."
- 반응 2 : (자연스럽게) "너희들 두 사람의 이야기에 신경이 쓰여 내가 공부가 잘 안된다. 너희들이 조용히 해주면 내가 공부하는 데 도움이 되는데.

주장훈련 5회 세부지도안

회 기 명	이럴 땐 어떻게?(1)	소요시간 및 인원	45분 / 16명
장 소	3층 우리들세상	준비물	장면 A · B · C, 자기주장평가표
목 표	1) 자신과 타인을 이해하고, 자기표현 기법을 향상시킨다. 　① 자신의 생각에 대해 표현해 보는 기회를 매회 1번 이상 갖는다. 　③ 타인을 수용하고 지지, 격려하는 긍정적인 피드백을 매회 1번 이상 준다. 2) 주장행동에 대한 올바른 인식 및 긍정적인 주장행동을 알고 연습을 통하여 주장행동을 향상시킨다. 　② 구성원의 80%가 비합리적인 사고로 인한 열등감과 불안을 극복하고 합리적으로 자기 주장행동을 할 수 있도록 한다. 　③ 구성원의 80% 이상 소극적 · 공격적인 행동을 감소시킨다.		
활동내용	주장행동 역할연기 연습		

1. 도입단계(5분)

① 일주일 동안 한 행동 중 자기주장적 행동과 비자기주장적 행동에 대해 2~3명 정도 발표해 보도록 한다.

2. 전개단계(40분)

① 구체적인 장면 A, B, C를 제시해 주고 4조로 나누어 선택한 장면에 대해 비자기주장적 행동과 자기주장적인 행동을 시연해 보도록 한다(첨부자료 8).

② 자기주장적 반응이 될 때까지 연습해 본다.

③ 연습한 장면에 대해 집단구성원과 훈련자의 피드백을 받는다.

3. 정리 및 종결단계(5분)

① 연습한 후 각자의 느낌을 발표해 본 후 마친다.

▶ 첨부자료 8

자기주장 : 역할연기 1

오늘 자기주장 행동을 연습해 보도록 하겠습니다. 다음에는 우리들이 흔히 경험하게 되는 일상 생활의 여러 가지 장면이 제시되어 있습니다. 이러한 각각의 장면에 여러분 자신이 처해있다고 가정하고 자기주장적 반응을 해 봅시다.

❋ 장면 A

등교시간이 얼마 남지 않아 조급한 마음으로 버스를 타기 위해 줄을 서 있는데 어떤 아저씨가 늦게 와서는 앞에 서려고 하면서 이렇게 말씀하셨다. "학생, 이 버스를 타지 못하면 직장에 지각을 하게 되는데 미안하지만 내가 먼저 타도록 해줘. 부탁해.."

❋ 장면 B

이웃집 아주머니가 지난번에 망치를 빌려가서는 자루를 부러뜨려서 가져왔는데 다시 망치를 빌려 달라고 한다. 그래서 이번에는 빌려주기 싫은데 아주머니가 이렇게 말씀하신다.
"너희 집에 망치 있지? 잠시 쓸데가 있으니 좀 빌려줘. 쓰고 나면 즉시 돌려 줄께"

❋ 장면 C

더 이상 수업을 계속 할 수 없을 정도로 머리가 아파서 조퇴를 하려고 교무실에 담임선생님을 찾아갔더니 선생님은 매우 바쁘게 사무에 열중하고 계셨고 또 무엇 때문인지 기분이 매우 상하신 것 같이 보여 조퇴하고 싶다는 말을 하기가 어려워 머뭇거리고 있는데 선생님이 보시고 물으셨다. "무슨일로 교무실에 왔니?"

주장훈련 6회 세부지도안

회 기 명	이럴 땐 어떻게?(2)	소요시간 및 인원	50분 / 12명
장 소	3층 우리들세상	준비물	장면 D · E · F, 자기주장평가표
목 표	1) 자신과 타인을 이해하고, 자기표현 기법을 향상시킨다. ① 자신의 생각에 대해 표현해 보는 기회를 매회 1번 이상 갖는다. ② 자기주장 평가표를 통해 자신의 주장행동과 비자기주장 행동의 요소를 구분한다. ③ 타인을 수용하고 지지, 격려하는 긍정적인 피드백을 매회 1번 이상 준다. 2) 주장행동에 대한 올바른 인식 및 긍정적인 주장행동을 알고 연습을 통하여 주장행동을 향상시킨다. ③ 구성원의 80% 이상 소극적 · 공격적인 행동을 감소시킨다. ④ 구성원의 80% 이상이 자기주장을 하는데 자신감을 갖는다.		
활동내용	주장행동 역할연기 연습		

1. 도입단계(5분)

① 간단한 이완훈련을 실시한다.

2. 전개단계(40분)

① 구체적인 장면 D, E, F를 제시해 주고 4조로 나누어 선택한 장면에 대해 비자기주장적 행동과 자기주장적인 행동을 시연해 보도록 한다(첨부자료 9).

② 자기주장적 반응이 될 때까지 연습해 본다.

③ 연습한 장면에 대해 집단구성원과 훈련자의 피드백을 받는다.

④ 연습한 후에 자기주장 평가표에 평가해 본다(첨부자료 10).

3. 정리 및 종결단계(5분)

① 연습한 후 각자의 느낌을 발표해 본 후 마친다.

➡ 첨부자료 9

자기주장 : 역할연기 2

오늘도 자기주장 행동을 연습해 보도록 하겠습니다. 다음에는 우리들이 흔히 경험하게 되는 일상생활의 여러 가지 장면이 제시되어 있습니다. 이러한 각각의 장면에 여러분 자신이 처해 있다고 가정하고 자기주장적 반응을 해 봅시다.

❋ 장면 A

학교에서 쉬는 시간에 친구들이 말뚝박기를 교실에서 하면서 뛰어 다니고 있었다.

그때, 담임 선생님이 교실에 들어오면서 "누가 교실에서 뛰라고 했어~!!"라며 교실에서 뛴 사람은 다 앞으로 나오라고 하였다. 나는 뛰지 않아 나가지 않았는데 담임 선생님은 나도 함께 말뚝박기를 하였다고 하면서 나오라고 한다. 이런 상황에서 어떻게 해야 하나?

❋ 장면 B

일요일에 편을 짜서 농구시합을 하기로 친구들과 약속을 해놓았다. 그래서 어제 토요일 오후에는 위치를 정해 연습을 했으며 한 명이라도 빠지게 되면 사람이 모자라서 시합을 할 수 없어 어떠한 일이 있더라도 가기로 마음먹고 있다. 그런데 뜻밖에도 일요일 아침에 어머니께서 다음과 같이 말씀하셨다.

"야, 오늘 할머니께서 큰집에 가신다는데 혼자 가기가 어렵구나. 누가 모셔다 드려야 하겠는데, 네가 좀 다녀와라."

❋ 장면 C

점심 시간에 급식을 받으려고 줄을 섰는데, 다른 친구가 앞의 친구에게 인사하는 척 하면서 앞으로 세치기를 하였다. 그런데 그 친구는 학교에서 힘이 좀 센 편에 속하는 친구이다. 이런 상황에 어떻게 해야 하나?

▶ 첨부자료 10

자기주장 평가표

* 해당되는 칸에 ○표를 하십시오.　　　　　　　　　　　이름:

	반응내용	평가		반응내용	평가
내용적 요소	말하지 않고 참음		내용적 요소	자기의 의사를 밝힘	
	대화 마지막에 자기의 의사를 이야기함			대화 앞부분에 자기의사를 이야기함	
	내용이 분명하지 않음			내용이 분명함	
	많은 사과를 함			최소한의 사과만 함	
	예의 바르지 못함			예의 바름	
	부득이한 이유를 내세워 변명함			자신의 의사임을 정직하게 말함 1. 상대방의 감정을 이해함 2. 정직하게 간단히 설명함 3. 타협안을 제시함	
음성적 요소	목소리가 약함		음성적 요소	큰소리로 이야기함	
	말이 단호하지 못함			단호하게 이야기함	
	말이 입안에서 중얼거림			또렷하게 이야기함	
	억양이 어색하고 끊어짐			억양이 자연스러움	
	중간에 말이 계속 끊어짐			중간에 말이 끊어짐이 없이 유창함	
체언적 요소	말하기 전에 주저함		체언적 요소	말하기 전에 서두르지 않음	
	말하기 전에 서두름			말하기 전에 주저하지 않음	
	상대를 바로 보지 못함			상대를 바로 봄	
	표정이 진지하지 못함			표정이 진지함	
	손발의 처리가 어색함			손발의 처리가 자연스러움	
	몸이 어딘가 굳어 있음			몸 전체가 편안함	

주장훈련 7회 세부지도안

회 기 명	나는 이렇게 주장한다	소요시간 및 인원	50분 / 12명
장 소	3층 우리들세상	준비물	자기주장평가표
목 표	1) 자신과 타인을 이해하고 자기표현기법을 향상시킨다. 　　① 자신의 생각에 대해 표현해 보는 기회를 매회 1번 이상 갖는다. 　　② 자기주장 평가표를 통해 자신의 주장행동과 비자기주장 행동의 요소를 구분한다. 　　③ 타인을 수용하고 지지, 격려하는 긍정적인 피드백을 매회 1번 이상 준다. 2) 주장행동에 대한 올바른 인식 및 긍정적인 주장행동을 알고 연습을 통하여 주장행동을 향상시킨다. 　　③ 구성원의 80% 이상 소극적 · 공격적인 행동을 감소시킨다. 　　④ 구성원의 80% 이상이 자기주장을 하는데 자신감을 갖는다.		
활동내용	주장행동 실전연습		

1. 도입단계(5분)

① 실제 생활에서 자기주장을 했던 경우와 비자기주장을 했던 경우에 대해 3~4명 정도 발표한다.

2. 전개단계(40분)

① 실제 생활에서 자기주장을 하고 싶은 대상 및 상황에 대해 둘씩 짝을 지어 만족한 자기주장이 될 때까지 역할 연기를 해본다(첨부자료 11).

② 연습한 장면에 대해 집단 구성원들과 훈련자의 피드백을 받는다.

③ 연습한 후 자기주장훈련 평가표에 평가해 본다(첨부자료 10).

3. 정리 및 종결단계(5분)

① 연습한 후 각자의 느낌에 대해 6회 평가결과와 비교하여 발표한 후 마친다.

➡ 첨부자료 11

자기주장 : 실전연습

여러분은 어떠한 장면에서 주장행동을 하기가 어려운가요? 실제 생활 속에서 주장행동을 하기 어려웠던 장면들을 적어보고 스스로 주장행동을 해 봅시다.

❋ 장면 A

• 반응

❋ 장면 B

• 반응

❋ 장면 C

• 반응

주장훈련 8회 세부지도안

회 기 명	칭찬합시다	소요시간 및 인원	45분 / 16명
장　　소	3층 우리들세상	준비물	주장행동 사후검사설문지, 캠코더
목　　표	1) 자신과 타인을 이해하고 자기표현기법을 향상시킨다. 　① 자신의 생각에 대해 표현해 보는 기회를 매회 1번 이상 갖는다. 　③ 타인을 수용하고 지지, 격려하는 긍정적인 피드백을 매회 1번 이상 준다. 2) 주장행동에 대한 올바른 인식 및 긍정적인 주장행동을 알고 연습을 통하여 주장행동을 향상시킨다. 　④ 구성원의 80% 이상이 자기주장을 하는데 자신감을 갖는다.		
활동내용	주장훈련프로그램에 대한 소감나누기, 주장행동평가척도 사후검사		

1. 도입단계(5분)

① 진행된 주장훈련 프로그램에 대한 전반적인 정리를 해 준다.

▶ 소극적 · 자기주장적 · 공격적 행동에 대한 의미, 합리적 · 비합리적인 사고 등

2. 전개단계(35분)

① 칭찬을 주고받는 요령에 대해 익힌다.

② 집단으로부터 나와 칭찬을 먼저 받고 싶은 사람이 가운데 의자에 앉는다.

③ 가운데 나와 앉은 사람에게 다른 구성원 모두가 한 사람씩 돌아가며 그 사람에게 느꼈던 점을 칭찬해 준다.

④ 다른 사람의 피드백을 듣고 난 후 마지막에 자신의 소감을 말한다.

⑤ 그동안 자기주장훈련을 통해 자신이 변화된 점이나 느낀 점을 비디오에 담는다.

⑥ 주장행동평가척도 사후검사를 한다(첨부자료 3).

3. 정리 및 종결단계(5분)

① 집단활동을 마친 이후에도 자기주장적으로 행동하도록 격려하며 박수를 치면서 마친다.

3장

학교부적응 학생 학교적응력 향상을 위한 임파워먼트 프로그램

- We are ZZang!! -

김용길

프로그램 개요

> 학교 내에서 발생하는 많은 위기문제 중 학생들의 학교부적응으로 생기는 문제들이 더욱 심각한 상황이다. 특히 담임교사와의 마찰, 학교 내 불량동아리, 낙인화 등으로 인해 학교 내에서는 더욱 문제가 심각해지고 더 이상 적응을 어렵게 만들기도 한다.
>
> 따라서 본 프로그램은 학교에서 선도처분을 받거나 학교 부적응적 요인을 나타내는 학생들을 대상으로 개별상담(학생·부모·교사), 교사와 학생과의 서로에 대한 인식개선, 미래설계, 자아존중감 향상, 문제성향 감소 등을 통해 즐거운 학교생활을 경험하고 학교생활에 잘 적응할 수 있도록 도움을 주는 것을 목표로 실시된 프로그램이다. 본 프로그램은 지역 내 중학교에서 학교부적응 학생 8명을 대상으로 주 1회, 방과후에 총 9회 실시되었다.

Ⅰ. 문제분석

1998년 3월 교육부의 자료에 의한 학생비행현황을 살펴보면 음주·흡연이 35%, 가출이 29.8%, 폭행상해가 11.7%로 가장 높게 나타났으며 중학교의 경우 가출이 33.3%, 고등학생의 경우 음주·흡연이 35%로 가장 심각한 비행으로 나타났다. 실제 학교현장에서 이루어지고 있는 학생징계를 1995년 전국 478개교의 학생부장으로부터 얻은 결과를 토대로 살펴보면 다음과 같다(조석훈, 1996). 학생징계규정에는 학생의 복합적 지위에 대응하는 세 가지 종류의 규범이 혼재되어 있다. 즉 시민으로서 지위, 연령상 미성년자로서 지위, 나아가 학생으로서 지위에 대응하는 시민규범, 미성년자 규범, 학생 규범을 모두 포함하고 있다. 시민규범은 다시 도덕규범과 형벌규범으로, 학생규범은 학교규범과 수업규범으로 세분할 수 있다. 도덕규범에는 '공중 도덕 위반', '예의가 바르지 못함' 등이, 형벌규범에는 '불온문서 은닉·탐독', '타인 구타·폭행' 등이 있다. 그리고 미성년자 규범에는 '음주·흡연', '유흥업소 출입' 등이 포함된다. 학교 규범에는 '성행 불량', '금지된 과외 수업 수강' 등이, 수업규범에는 '시험부정', '수업 또는 타인의 학습 방해' 등이 포함된다.

학교에서 중점 지도하는 행위는 구타·폭행(28.5%), 음주·흡연(26.9%), 무단결석(17.0%), 도박·금품갈취(15.0%), 무단가출(14.1%), 불건전한 이성교제(12.6%), 형사입건(10.8%), 불법집회·서클 참여(10.4%) 등의 순이었고 실제로 징계 처분 사유로서 많이 발견된 행위는 음주·흡연(40.4%), 무단결석(31.3%), 구타·폭행(25.8%), 무단가출(25.5%)의 순이었다.

이와 같이 중·고교에서의 음주·흡연이 일반 학생으로 확산되고 있고, 잠재적 징계 대상자는 10%를 넘는다는 추정이 나오고 있다. 바로 이러한 환경변화를 고려하고, 교육기회의 질적 확충이라는 정책에 맞추어 그 동안 시·도 교육청은 '징계규정'이라는 전통적인 명칭을 '선도규정'으로 바꾸고 처벌보다는 '선도' 위주로 징계를 운영할 것을 각 학교에 권고하였다. 나아가 정부는 1997년부터 교육법시행령 개정을 통해 9월부터 징계의 **종류로서** '정학'이나 '퇴학'을 없애는 대신 학교 내외 봉사, 특별교육, 선도처분(1998년 제정된 초 · 중등교육법시행령에서는 다시 퇴학처분이라는 명칭으로 회귀)이라는 개념을 도입함으로써 학생의 권리를 보호하는 방향으로 나가고 있다(조석훈, 1998).

학생의 비행과 학교부적응의 양상이 대두되면서 학교의 징계규정이 변경되고, 이러한 과정에서 학교 내에서 비행 · 장기결석 등의 문제를 지닌 학생에 대한 자체적인 프로그램 마련 및 학생 개인과 가족에 대한 개입이 요구되게 되었다. 그러나 현실적인 학교 내의 인력 및 시설, 프로그램 측면을 볼 때 문제학생들에게 효과적으로 개입하기에는 어려운 점이 많은 것이 사실이다. 또한 1996년 조석훈이 조사한 자료에 의하면 학교 내 특별지도 프로그램이 준비되어 있다고 응답한 학교는 50.9%였지만 매우 잘 준비되어 있다는 학교는 4.8%에 불과하였고, 그저 그렇다는 학교와 준비되어 있지 않거나 전혀 준비되어 있지 않다는 학교는 44.3%로 나타나 적극적인 선도를 위한 프로그램의 준비 수준은 낮다.

이러한 문제점을 보완하기 위해 1997년 9월부터 각 학교에서는 지역사회 내의 사회복지관, 복지시설 등에 학생들을 의뢰하고 있고 대부분의 기관과 시설들은 단순 봉사활동으로 프로그램을 시행하고 있는 실정이다. 학교 내 부적응과 다양한 비행행동으로 징계를 받은 학생들에게는 통합적인 접근으로 개인적인 심리 · 정서적 개입 및 가족 · 학교에 대한 체계적인 접근까지 필요한 실정이다.

Ⅱ. 이론적 배경

1. 학교부적응의 정의

부적응은 개인과 환경과의 관계에서 부적절하고 부조화를 이루는 상태로서, 개인의 욕구 · 감정 · 사상 등이 사회의 규범에 용납되지 못하는 것이라 정의할 수 있다. 교육대사전(1992)에서는 부적응이란 '개인이 사회생활을 해 나가는 데 있어서 다른 사람들과의 관계에 있어서나 그 사회의 질서규범에 조화를 이루지 못하여서 사회에 대하여 장해가 될 뿐 아니라 그 개인 자신의 발전에도 바람직하지 못한 개인의 상태'라고 하였다.

최순남(1994)은 부적응을 개인과 환경과의 관계에서 개인의 욕구, 감정, 사상 등이 사회의 규범에 용납되지 않거나 인간관계와 사회적응에 있어서의 부조화와 불균형 상태라고 하였다. Liberman(1958)은 '부적응 행동이란 한 개인이 자신의 욕구를 만족시키지 못하고, 알맞은 문제해결을 하지 못하는 것'이라고 정의하면서 그 기준을 네 가지로 요약했는데 심리적 불안, 인지적 비능률성, 신체적 기능장애, 사회적 규범으로부터의 일탈행위가 그것이다. 또 Bower(1970)는 부적응을 환경과의 부적절한 관계로 인하여 갈등을 일으켜 주위사람들과 원만하게 행복한 대인관계를 이루어 나갈 수 없는 것이라고 정의하였다.

전통적인 사회학 이론에 따르면 부적응은 일탈로서 사회의 규범에서 벗어나는 개인문제로 여기며, 낙인이론과 심리사회이론·사회체계이론의 관점에서 보면 부적응의 요인을 개인에게 있음을 배제하지는 않으나 이것은 독립변수이기보다 종속변수로 최소한 관련된 체계들 간의 상호작용에 의한 산물이라고 보고 있다. 일단 학교 내에서 부적응으로 낙인찍히게 되면 교사의 관심의 대상이 되기보다는 무관심 혹은 방치의 대상이 되어 학교와 교사의 관심 밖으로 내몰린다. 부적응 학생으로 낙인찍힌 학생들은 스스로도 남들과 다르다고 생각할 수 있으며 이로 인한 소외감과 열등감, 절망을 느끼며 소극적이고 낮은 자존감을 형성하게 된다. 이 때 외부로부터 적절한 자원이나 지지를 받지 못하면 부적응은 점차 심각한 상황으로 발전하여 악순환을 반복할 수 있다.

부적응 청소년이 누구인가를 규정함에 있어서 절대적인 기준이란 있을 수 없으며 위에서의 부적응에 대한 논의를 종합해 볼 때, 학교생활 부적응이란 여러 가지의 부적응 행동특성이 학교생활이라는 생활영역에서 나타나는 것으로 개인의 욕구가 학교 내 환경과의 관계에서 수용되지 못하거나 또는 충족되지 못함으로 인하여 갈등과 부적절한 행동을 보이는 것이다. 또한 이로 인해 부적응 학생은 심한 상처와 불안, 좌절, 무력감을 느끼며 낮은 자존감을 형성하게 되어 사회·정서적인 문제를 갖거나 문제행동을 보이게 되는 것이다(정지인, 1997, 재인용).

2. 학교부적응의 요인

학교생활 부적응은 한 가지 요인에 의해 발생하는 경우가 극히 드물고 여러 원인이 복합적으로 작용하여 발생하는 경우가 대부분이다. 학교부적응의 요인을 연구한 학자들의 견해로는 세 가지, 즉 개인 내적인 요인, 환경적 요인, 개인 내적 요인과 환경적 요인간의 부적절한 상호작용 측면이 있다.

첫째, 부적응의 요인을 개인 내적인 요인으로 파악한 학자는 Hirsh, 박재황, Kaplan 등이 있으며 이들은 개인이 사회에 결속하지 못하고 정상청소년보다 덜 논리적이며 비합리적으로 사고하는 경향이 있다고 하며 청소년 비행의 주요원인을 개인의 내적 측면에 두었다(이경은, 1998).

둘째, 환경적 요인에 초점을 맞추는 경우 환경은 가정, 학교, 지역사회로 보고 있다. 가정환경의 요인을 중시한 오승연(1993)은 학교부적응의 원인으로 가정에서의 부모자녀관계를 들면서 가정환경을 중시하였다. 또한 학교 환경적 요인을 강조한 김기환(1996)은 부적응의 원인으로 입시와 성적위주의 학교체계를 들었고, 박성수(1973)는 학교생활에서 경험하는 실망감과 실패감이 큰 원인으로 작용한다고 하였다.

셋째, 최근 가장 호소력이 있는 요인에 대한 관점으로 개인과 환경에 함께 초점을 두는 다원적 원인설이다(김동하, 1992; 박장환, 1996; 남혜승, 1998; 유영덕·한수정, 1996; 김기태 외, 1996). 이는 일반적으로 학교사회사업의 주된 이론적 배경이 되기도 하는 생태체계적 관점과도 부합하며 이 글에서 학교부적응의 원인을 보는 시각과 일치하는 것으로, 문제행동이 학생과 학생의 행동에 영향을 미치는 사회체계와의 관계에 있다고 볼 수 있다. 다원적 원인설을 주장하는 학자들의 기준을 정리하여 보면 학교부적응의 원인은 개인요인과 가정요인, 학교요인, 사회 환경적 요인 등 4차원으로 크게 나눌 수 있으며 다음과 같다.

1) 개인적 요인

청소년 시기는 인지적으로 미성숙 할 뿐만 아니라 인생의 어느 시기에서 보다 정서적 충동이 강한 시기이다. 그래서 청소년 비행은 높은 자기기대신념, 타인배려 부족, 낮은 자존감, 낮은 대인관계 신뢰 등이 공통적인 변인으로 지적되고 이러한 개인적 요인의 비행과 관련된 변인으로 신체장애, 지적능력 결핍, 정서적 문제, 원만치 못한 대인관계로 설명된다. 즉 신체결함, 지능지수 저하, 발육상태 부진, 충동 및 공격성향 등의 정서장애를 공통적으로 들고 있다.

2) 가정적 요인

가정불화, 가정 분위기, 부적절한 가정환경, 가정에서의 부모자녀관계, 부모와의 의사소통, 부모의 통제, 부모의 과잉 보호적 양육태도, 방임적 태도, 비민주적 양육태도, 자녀에 대한 신체적·언어적 학대, 가족 내 열등감, 불완전한 애정, 불완전한 의사소통 등이다.

3) 학교 환경적 요인

학업부진, 교우관계 및 교사관계가 대표적이고 학교생활에서 경험하는 실패감과 실망감, 입시위주의 학교체제 등을 언급하고 있다. 이중에서 학업부진을 가장 큰 원인으로 언급하고 있다. 이는 우리나라와 같이 입시위주의 교육풍토에서는 학업성적 부진으로 인한 스트레스를 많이 받기 때문에 학업에 대한 자신감도 학교생활에 큰 영향을 미친다(이재신, 1992)고 볼 수 있다. 또한 교사들의 과중한 업무로 인한 관심결여와 대화부족이 학생들의 소외감을 일으키고 있다.

4) 사회 환경적 요인

지역사회 또한 가정·학교와 더불어 청소년들의 중요한 생활의 장이다. 도시의 우범지역, 빈민지역, 환락가 등이 학생들에게 영향을 미치며 부적응 행동의 요인이 될 수 있다. 또한 현대생활에 밀착되어 있는 대중매체의 문화는 청소년의 인간발달에 큰 비중을 차지하고 있다. 즉 신문, 잡지,

영화, 라디오, TV 등 매스컴의 영향은 직접적 또는 간접적으로 청소년의 부적응 행동에 많은 영향을 미치고 있다고 볼 수 있다.

이외에 요즘 학교부적응의 새로운 요인으로 빠르게 증가하고 있는 것이 인터넷의 사용이다. 인터넷이 대중적으로 보급된 환경에서 성장한 청소년들은 인터넷의 가상 세계와 현실의 구분을 모호하게 하며 폭력적이고 음란한 매체에 쉽게 접하고 있다. 대부분의 청소년들이 그 정도의 범위는 다양하지만, 인터넷 중독 현상을 보이고 있으며 이로 인한 정신병리의 부적응적인 행동을 보이기도 하고 적절치 않은 문화를 접하여 자살·학교폭력 등의 부적응 행동을 보인다. 청소년들은 사이버 세계에 대한 동경과 함께 학교생활에 대한 흥미를 잃어가기도 한다.
이와 같이 학교부적응의 요인은 다양하게 볼 수 있으며 이 글에서도 학교사회사업의 기본 관점인 생태체계론적 관점에 따라 다원적 원인설로 부적응행동을 보고자 한다(정지인, 1997; 김영한, 2000, 재인용).

3. 학교부적응의 형태

부적응 유형은 가출, 등교거부, 흡연 및 음주, 폭력사용, 환각물질 소지 등의 행동으로 나타나며 또한 반항심리나 승화해야 할 과정의 실패로 인한 불안감, 초조감, 심리적 갈등, 의욕저하, 우울 등과 같이 밖으로 잘 드러내지 않는 문제들도 있다(전재일 외, 1999).

1) 학업과 관련된 유형
학습부진은 청소년이 정상적으로 요구되는 학습정도를 따라가지 못하는 상태로 흔히 결석, 무단결석, 조퇴 등의 불성실한 면학태도가 수반되며 심한 경우에는 유급까지 초래하는 수도 있다. 학습부진은 단순히 수업능력으로만 표출되는 것이 아니라 다양한 학교생활 부적응 및 생활태도로 표출되고 있다. 이러한 유형은 단순히 이 유형의 증상으로 나타나는 데서 그치는 것이 아니라 기타 다른 많은 장애를 유발하는 것으로 나타난다. 더욱이 개인적 차원을 벗어나 사회문제로 이어질 수 있는데 무단지각, 조퇴, 결석이 장기화되면 중퇴로 이어지거나 혹은 가출, 비행과도 연결될 수 있기 때문이다.

2) 약물남용과 관련된 유형
최근에 남용되고 있는 약물은 술, 담배를 비롯하여 흡입제, 진정제, 환각제 등 다양하게 있으며 가장 많이 복용하고 있는 것은 술, 담배다. 술, 담배는 청소년들이 별로 위험하지 않다고 인식하고 있어 그 상태가 더욱 심각하며 약물을 사용하는 연령층이 더욱 낮아지고 있어 사회문제로 대두되고 있다.

3) 타인과 관련된 유형

타인과의 관계 속에서 나타나는 청소년의 비행은 폭력과 절도가 많은 비중을 차지하고 있으며 이런 유형은 단순하게 폭력을 행사하여 타인에게 피해를 주는 학생뿐만 아니라 폭력을 당한 학생 역시 학교의 부적응 유형으로 파악하고 있으며 낙서, 반항, 기물파손, 흉기소지, 갈취 및 도벽 등을 포함하는 포괄적인 유형으로 정의된다. 요즘은 10대 청소년폭력배들이 학교 안팎에서 무리를 지어 다니면서 하급생이나 동급생에게 금품을 갈취하거나 다른 집단과의 갈등을 조장하여 집단패싸움을 벌이기도 한다.

4) 성과 관련된 유형

청소년은 성에 대하여 관심이 많은 시기로 이러한 과잉의 관심으로 인하여 고민이나 성문제를 유발하게 되고 이로 인해 학교에 적응하기가 어려워진다. 청소년의 성문제는 청소년 행동자체의 현상이기보다 성인세계의 음란, 퇴폐문화, 사회전체의 부적절한 성 가치관, 사회구조적 문제에 의해 청소년이 피해를 입는 광범위한 문제의 반영이다. 이에 따라 성과 관련된 학생의 어려움은 성폭력, 임신경험, 성경험 그리고 이성과 성에 대한 고민 등으로 파악할 수 있다

5) 정서와 관련된 유형

학교생활 부적응 유형을 정서와 관련하여 이에 속하는 증상 형태는 무기력, 불만, 이상행동, 불안, 지나친 수줍음, 시험이나 학교에 대한 공포 및 자살기도 등과 같은 모든 형태를 포함한다.

4. 임파워먼트(empowerment)의 정의

임파워먼트(empowerment)라는 용어는 사회적·조직적 환경에 관한 클라이언트의 통제력을 증가시키고자 하는 임상실천의 과정, 개입, 기술을 의미한다. 특히 일반사회복지 발달의 근간이 된 인보관 운동은 권한 부여모델의 토대가 되었다. 그러나 1차 대전 이후 문제해결 중심적이고 의료적인 모델이 주를 이루는 개별사회사업이 활성화되고 인보관 운동이 쇠퇴하면서 권한부여 접근은 점점 약화되었다.

1970년대에는 일반체계이론과 생태학이론이 사회복지의 주요 이론 틀로서 활용되면서 생태학적 관점에 근거한 강점(strength) 지향 혹은 해결중심 접근(solution-focused approach)의 중요성이 대두되었고, 1970년대 중반에 임파워먼트 모델로서 새롭게 나타나게 되었다. 이러한 접근은 클라이언트를 문제중심으로 보는 것이 아니라 강점중심으로 봄으로써 클라이언트의 잠재역량 및 자원을 인정하고 클라이언트 내외에 탄력성이 있음을 전제하여 클라이언트가 자신의 삶을 통제할 수 있도록 권한 혹은 힘을 부여하고자 한 것이다.

이러한 접근은 최근 연구에서 에이즈 집단, 생활시설 거주자, 청소년 집단 등에 효과적인 것으로 나타나고 있으며 재취업 여성, 인종차별에 처해 있는 여성, 이혼여성, 학대받는 여성집단에 매우 유용한 것으로 나타났다. 또한 노인집단, 장애인집단, 노숙자집단 등에까지 폭넓게 활용되고 있다(양옥경외, 2001).

5. 임파워먼트(empowerment)의 구성요소(태화임상사회사업연구 제8호, 2001)

이제까지 연구되었던 임파워먼트의 구성요소들을 정리해 보면 아래와 같다(정해주, 1998을 중심으로 재구성).

임파워먼트 구성요소

연구자	임파워먼트 개념을 이루는 가설적 구성체
Conger & Kanungo(1988)	enabling, motivation, self-efficacy
Thomas & Velthouse(1990)	impact, competence, meaningfulness, choice
Short & Rinehart(1994)	decision making, professional growth, status, self efficacy, autonomy, impact
Arad(1994)	autonomy, perceived influence, experienced responsibility, efficacy belief
Fulford & Enz(1995)	meaning, self-efficacy, self-determination, personal control
Spreitzer(1995)	meaning, competence self-determination, impact

위의 임파워먼트 구성요소 중에서 사용한 Short와 Rinehart(1994)가 제시한 구성요소들을 구체적으로 살펴보면 다음과 같다(김준기, 1998).

1) 의사결정(decision making)

의사결정은 의사결정에 대한 참여 확대와 결정에 대한 권한을 의미한다.

2) 전문성 신장(professional growth)

전문성 신장이란 구성원들(조직원들)이 속한 곳에서 그들에게 계속적으로 성장과 발전에 대한 기회를 제공받을 수 있다고 인식하는 정도를 의미한다. 구성원들은 자신이 좋아하는 분야에서 전문가로 인식될 때 자신이 책임지고 있는 일에 권위의식을 가질 수 있게 된다.

3) 지위(status)

임파워먼트 차원에서의 지위란 구성원들의 지식과 전문기술에 대한 동료의 지지, 칭찬, 존경을 의미한다(Short, 1994). 무기력감은 구성원들이 그들 스스로와 동료들을 존경하지 않는 원인이 된다. 임파워먼트는 구성원들에게 자신들을 바라보게 하고 새로운 시각을 통하여 그들 동료들을 바라보도록 고무시킴으로써 낮은 지위를 자책하는 속박으로부터 벗어나는 것을 의미한다.

4) 자기효능감(self efficacy)

구성원 스스로 유능하다는 인식을 말하며 도움을 줄 수 있는 필요한 기술과 능력을 가지고 바람직하고 적절하게 영향력을 미칠 수 있는 것을 의미한다. 임파워먼트란 자신을 변형시킴으로써 필요한 능력을 발전시키는 변혁적 과정이다.

5) 자율성(autonomy)

자율성은 구성원들이 그들 자신의 활동을 통제할 힘을 가진 것을 의미한다. 자신의 활동을 통제하며 자신의 행동, 목표, 가치 사이에 일관성을 확립하는 것을 말한다. 프로그램 과정, 활동 계획 등의 영역에서 자유롭게 결정할 수 있는 의식과 관련이 있으며 자율성에 대한 인정은 자기존중, 신뢰, 직업적 만족, 창의성에 관련된 능력을 향상시킨다(Blase, 1994).

6) 영향력(impact)

구성원들이 파워를 소유하고 환경을 개선하는 능력을 의미한다.

임파워먼트 구성요소와 본 프로그램과의 연관성

임파워먼트 구성요소	내용	프로그램과의 연관성
의사결정	의사결정에의 참여 확대, 결정 권한	· 집단 내에서 의사소통 활성화 · 적극적인 의견수렴 · 프로그램 참여성 확대
전문성 신장	성장과 발전에 대한 기회 제공과 가능성 인식	· 지식과 기술향상에의 실질적인 기회제공
지위	자신의 지식과 전문기술에 대한 동료의 지지, 칭찬, 존경 자신에 대한 새로운 시각과 동료들의 인정	· 동료 구성원에의 의도적인 칭찬 및 지지구조 활용 (지도자의 의도적 칭찬) · 동료 피드백의 적극 활용
자기효능감	자신에 대해 유능하다는 인식 필요한 지식 및 능력의 소유 적절한 영향력의 발휘	· 자기성장에의 목표설정과 노력에의 지지, 적극적인 관찰 · 지식과 기술향상에의 실질적인 기회제공 · 초기목표설정, 중간평가, 사후평가
자율성	자신의 활동을 통제할 힘의 소유 자신의 행동, 목표, 가치 간의 일관성 활동 계획 및 과정 등의 영역에서 결정 권한	· 참여자의 욕구에 따른 프로그램 제공 · 참여자의 역할분담 및 실천, 평가기회
영향력	파워소유 환경개선에의 실질적인 영향력, 리더십 발휘	· 추후 상호지지, 정보망의 확충 · 프로그램 중 자신의 영향력 확대에 대한 관찰 및 평가

Ⅲ. 프로그램 소개

1. 프로그램 명
We are ZZang !!!(학교부적응 학생생활 적응력 향상을 위한 임파워먼트 프로그램)

2. 프로그램 목적

학교 내에서 징계처분을 받은 학생들을 대상으로 사회사업 전문기술을 활용하여 문제행동 재발률을 감소시키며 학생들의 강점을 강화시켜 자신감을 키워주고, 학교생활에서의 긍정적인 경험을 통해 학교생활에 잘 적응할 수 있도록 돕는 것을 목적으로 한다.

3. 프로그램 목표 및 하위목표

목표	하위목표	평가방법
1) 학기 중에 선도 처분 재발률을 감소시킨다.	① 당해 학기 중에 선도처분이 없게 한다. ② 사전·사후 학교생활태도검사, 비행척도를 실시하여 10% 이상의 유의미한 변화가 있게 한다.	· 프로그램 기간동안 선도처분 횟수 측정 · 학교생활태도검사 · 비행척도검사 · 담임교사상담일지
2) 가정생활과 학교생활의 적응도 및 만족도를 향상시킨다.	① 프로그램 진행 시와 당해 학기 중 학생의 출석률(지각, 수업 불참 등)이 80% 이상 되도록 한다. ② 학생들이 부모와 교사, 학교구조에 대해 긍정적인 인식을 갖도록 한다. ③ 학생들이 가정생활과 학교생활을 원만하게 할 수 있는 방법을 습득하고 이것을 생활에 적용할 수 있게 한다.	· 출석률 변화도 점검 · 매회프로그램만족도 · 담임교사상담일지 · 부모상담지
3) 자신과 집단에 대한 긍정적인 인식을 가지도록 한다.	① 참여한 학생들 중 80% 이상이 자존감 및 미래인식도 사전·사후검사에서 향상을 가져올 수 있도록 한다. ② 참여 학생들이 집단의 다양한 경험을 통해 긍정적인 자아상이 형성되도록 한다.	· 자존감척도 · 미래인식척도 · 매회프로그램만족도

4. 프로그램 대상

대상구분	산출근거	인원수
일반집단	강남구 내 중·고등학교 학생(45개교)	62,194명 (강남구청 홈페이지)
위기집단	일반집단에서 학교 부적응적 요인을 나타내고 있는 학생(일반집단의 10%)	6,000명
표적집단	위기집단 중 선도처분(징계)을 받은 학생(위기집단의 5%)	300명
클라이언트 수	표적집단 중 담당사회복지사의 판단으로 집중적인 사후 프로그램이 필요한 학생으로, 프로그램 참가를 동의한 학생(표적집단의 10%)	30명(학기 당 15명)

* 인원수는 일반집단의 경우는 강남구 통계자료에서 인용했으며 위기집단, 표적집단, 클라이언트 수는 기관의 축적된 자료와 인근 학교의 통계자료를 참고로 비율을 산출하였다.

5. 프로그램 실시구조

기 간	3개월 간(학기 중)	간 격	주 1회
소요시간	매 회 60~90분	횟 수	8~10회
지도자	사회복지사 1명(지도감독) 실습생 2~3명	장 소	학교 내 집단상담실(학교사회사업실)

인력구성	지도자의 자격	지도자의 역할 및 과업
주지도자	청소년 대상에 대한 이해, 개별 · 집단 지도이론 및 개입방법에 대한 이해, 학교사회사업 및 비행청소년에 대한 이해가 되어 있는 사회복지 및 청소년 관련학을 전공한 1년 이상의 기관실무자로 실습지도가 가능한 자	· 프로그램 계획서 · 세부계획서 작성 · 담당자 준비회의 주관 · 역할 분담 및 조정 · 구성원 개별 개입 · 집단 프로그램 전체 진행 · 사례회의 · 예산집행 · 준비물 목록 점검 · 프로그램 평가회의 주관 · 레코딩 점검 · 전체 평가서, 개별성원평가서 점검
보조지도자	청소년 대상에 대한 이해, 개별 · 집단 지도이론 및 개입방법에 대한 이해, 학교사회사업 및 비행청소년에 대한 이해가 되어 있는 사회복지 및 청소년관련 학과를 다니는 대학원생 이상	· 프로그램 계획서 · 세부계획서 작성 · 담당자 준비회의 주관 · 역할 분담 및 조정 · 구성원 개별 개입 · 집단 프로그램진행(진행자, 보조진행자, 기록자로 구분) · 사례회의 · 준비물 목록 점검 · 프로그램 평가회의 참석 · 레코딩 작성 · 전체 평가서, 개별성원평가서 작성
프로그램 매개체	토론, 과제의 제시 및 수행, 각종 질문지, 역할극, 시청각교재, 보상물의 활용, 시설견학	

6. 프로그램 단계

회기	목표	프로그램단계		회기명	내용
	참여자들 개별적인 상담을 통해 기초 정보를 수집한다	사전준비단계		인테이크	· 학생, 담임, 부모상담 · 사전검사
1	1) - ①, ② 3) - ②	실행단계	초기단계	얘들아, 반가워!!	· 첫인사 · 프로그램 소개 · 진행자 및 구성원소개 · 친밀감 조성 게임 · 집단규칙 정하기
2	1) - ① 2) - ①, ②, ③ · 3) - ①, ②		중기단계	니가 학교를 알아?	· 브레인 스토밍(학교에 대한 느낌과 생각) · 학교에 대한 긍정적인 모습과 부정적 모습을 다양한 방법으로 표현(도구활용)
3	1) - ① 2) - ①, ②, ③ 3) - ②			너를 보여줘!	· 집단응집력 강화 게임 · 자신이 극복하기 어려운 문제를 생각하고 서로의 경험 나누기 · 관련내용 역할극으로 표현, 집단 피드백 나눔
4	1) - ① 2) - ①, ③ 3) - ①, ②			우리들의 아우성	· 성에 대한 생각나누기 · OX 퀴즈 · 성을 한문장으로 정의하기
5	1) - ① 2) - ①, ③ 3) - ①, ②			Go Go!!	· 성교육 전시관 체험 · 대학 탐험
6	1) - ① 2) - ①, ②, ③ 3) - ②			멋진 내가 되기 위하여…	· 20년 후의 나의 모습 만들기 · 담임교사의 영상편지 시청 · 편지 쓰기 및 선물포장, 선생님(담임)에게 전달 · 종결에 대한 공지
7	1) - ①, ② 2) - ① 3) - ①, ②		종결단계	세상 속으로	· 나에게 쓰는 편지 · 프로그램에 대한 느낌 자유롭게 나누기 · 앨범 증정(프로그램 과정에서 촬영한 사진), 시상식 · 사후검사, 프로그램 평가서 작성 · 종결파티
		사후단계		follow up	· 1개월 간의 행복했던 경험 나누기 · 앞으로의 계획

7. 단계별 운영지침

1) 사전준비단계

① 프로그램 시작 전, 부모 및 담임교사에게 동의서를 발송하여 방과후 집단활동에 대한 동의를 구한다.

② 사전준비모임에서 구성원에 대한 인테이크 면접을 실시하여 간단한 정보를 수집한다. 또한 수집된 정보를 진행자들이 공유하여 각각 개별적인 목표를 설정하는 데 참고하도록 한다(지도자들이 구성원을 나누어서 담당하여 상담을 진행한다).

③ 사전준비모임에서 사전검사를 실시한다.

④ 사전준비모임은 전체가 다 모여서 진행하는 것도 무방하나 가능하면 개별적인 면접 중심으로 진행하는 것이 더 좋다.

▶ 면접방법은 클라이언트 중심모델, 강점관점, 해결중심적 면접으로 진행한다. 또한 이러한 면접 방법을 공통적으로 적용하기 위해 프로그램 시작 전에 지도자들은 상담기법에 관련하여 충분한 연구와 실천연습을 실시하도록 한다. ※ 참고서적 : 해결을 위한 면접(학문사)

⑤ 담임교사 면담은 집단프로그램 사전에 1회 이상 실시하고 진행 중 필요시 시행한다.

2) 실행단계

① 집단 구성원 중 필요시, 부모상담을 연계하여 실시한다.

② 프로그램 시작시, 구성원들에게 집단 프로그램 동의서를 받는다.

③ 프로그램 진행 중 개별적으로 집단 구성원들을 사례관리(개별면담 등) 한다.

④ 야외활동 1주일 전에 가정통신문을 발송한다.

⑤ 매 회기, 주 지도자 1명과 보조 지도자 2명으로 구성되어 진행되며 보조 지도자는 각각 관찰자와 기록자의 역할을 수행한다.

⑥ 담임교사 영상편지는 프로그램시행 2주 전부터 담임교사와 상의를 하여 촬영하도록 하며 가능하다면 편집을 통해 제작하도록 한다. 또한 의도적으로 긍정적인 내용으로 구성하도록 한다.

⑦ 프로그램의 진행, 기록은 실습생을 활용하도록 하며 전체적인 기획, 점검, 평가는 사회복지사가 진행하도록 한다.

3) 사후단계

① 프로그램 중 구성원 출결상황을 담임교사를 통해 프로그램 사전, 종결 시 확인한다.

② 사후단계의 경우 별도의 모임이 어려운 경우 이메일이나 전화 등으로 진행할 수 있다.

③ 사후단계의 경우는 담임교사와 부모와의 상담을 통해 구성원들의 생활태도를 확인해야 한다.

④ 사후모임은 프로그램이 종결한 후 1달 이상의 시간이 지난 후 실시하는 것으로 하나 가능하면 다음 학기에 사후모임을 진행하는 것이 더 좋다.

8. 평가방법

1) 양적 측정도구

(1) 측정도구를 이용한 사전사후검사

① 자아존중감 척도

심리·사회적 응집력요소 중 집단성취경험 및 긍정적 지지로 인한 자부심과 개인적인 자존감을 측정하기 위해 Coopersmith가 제작 한 Self-Esteem Inventory를 활용함. SEI는 동료와 부모·학교 그리고 개인적 관심 등 네 가지 영역에 관한 자아존중감을 측정하기 위해 고안되었으며, 자아존중감 척도는 원래 11세에서 16세 청소년들을 대상으로 고안되었는데 본 연구에서는 1975년에 개발된 25문항 Form B 중에서 부모요인을 제외한 20문항을 선택하여 사용하였음. 총 100점 만점으로 1-30은 하, 31-60점은 중, 61점 이상은 상으로 볼 수 있다.

② 미래인식 척도

총 10문항으로 프로그램 시작 전에 작성하도록 하며, 모든 프로그램이 종결된 후 사후검사를 실시하여 그 변화를 측정하도록 한다.

③ 학교생활태도 척도

학업태도 척도 : 학급응집력강화 및 학급에 대한 만족도 향상이 학업태도에도 긍정적인 영향을 미칠 것이라는 가정 하에 조학래가 1995년에 제작한 학교생활적응에 대한 척도를 기초로 학업태도에 관련된 10문항을 재구성함. 내적신뢰도 계수는 .62이다. 활용자료를 참조하려면 『태화임상

사회사업연구』 6호를 참조

④ 비행척도

대상 청소년들의 비행성향을 측정하기 위하여 김준호와 이동원(1996)의 청소년비행척도를 참고로 하여 10개 문항을 재구성하였다. 여기에는 지위비행, 약물비행, 성비행, 폭력비행, 재산비행의 범주로 구성되었고 각 범주별로 2개의 문항을 포함하였다. 각 문항에 대해서는 '10번 이상'에 5점, '6~9번 정도'에 4점, '3~5번 정도'에 3점, '1~2번 정도'에 2점, '전혀 없다'에 1점을 배정하였고 부정적인 문항에는 그 역으로 점수를 주었다. 점수가 높을수록 비행의 발생정도가 높은 것을 의미하며, 신뢰도 계수는 .931로 나타났다.

⑤ 출석률 및 선도처분 통계표

출석률 및 선도처분 통계표는 프로그램 사전, 종결 후(총 2회 이상) 담임교사를 통해 확인하도록 한다.

(2) 프로그램 평가설문지

매회 및 프로그램 종결 후 평가설문지를 통해 평가

2) 질적 측정도구

① 개별약속일지(계약서)

프로그램 실시전 사전모임에 작성하도록 하며 이를 통해 구성원 스스로 프로그램에 참여할 수 있도록 유도하고 구성원 스스로 달성 가능한 목표를 세워 달성할 수 있도록 협의하는 과정임. 못하는 것을 찾기보다는 할 수 있는 것을 찾도록 유도하는 것이 필요하다.

② 구성원의 매회 만족도 및 소감문, 종결 평가설문지

매회 프로그램이 끝난 후 구성원들의 만족도와 소감문을 작성하도록 하며 이를 통해 매회기의 진행에 대한 평가를 실시하도록 하고 차기 프로그램을 보완 할 수 있도록 한다. 또한 종결평가설문지는 프로그램 전체 내용에 대한 평가를 실시하도록 한다.

③ 담임교사 및 부모와의 상담일지

담임교사와 부모와의 상담은 반드시 1회 이상 실시하도록 하며 이를 통해 구성원에 대한 다양한 정보수집을 할 수 있다.

④ 매회 과정기록지

매회 프로그램이 진행된 후 3일 내에 프로그램 과정기록지를 작성하도록 한다(태화 집단과정 기록 양식 참조).

9. 결산

항목	금액	비고
간식	7만원	
대중교통비	1만원	
야외활동 식비	6만원	
요리활동비	3만원	
문구류	4만5천원	
케익	1만5천원	
예비비	2만원	
합계	25만원	

10. 결과 및 제언

1) 효과성, 만족도, 목표달성 평가

평가방법으로는 참가자가 하는 평가와 지도자가 하는 평가로 구분하였으며(평가설문지 별첨자료 참조) 그에 따른 평가는 다음과 같다.

① 참가자가 작성한 목적 성취도 평가

문 항	매우 불만족	대체로 불만족	보통	대체로 만족	매우 만족
12개 문항 합계	0명	2명(2.8%)	18명(25%)	30명(41.7%)	22명(30.5%)

프로그램을 통한 목표성취도의 전반적인 평가를 보면 72.2%로 다소 긍정적이다. 문항 중 친구에 대한 관심 및 이해 증진이 얼마나 되었냐는 질문에 가장 높은 평가를 해 주었다. 반면 학교 및 교사에 대한 이해 증진에 대해 다소 낮은 평가를 했는데 이는 여전히 학교교사에 대한 부정적인 시각을 갖고 있는 것으로 보였다. 그러나 이전보다 교사 및 학교에 대한 이해증진이 많이 호전된 평가라고 판단된다.

② 프로그램에 대한 만족도 평가

.	매우 불만족	대체로 불만족	보통	대체로 만족	매우 만족
	0	0	0	1(16.7)	5(83.3)

구성원들이 프로그램에 대해서 느끼는 전반적인 만족도를 보면 매우 만족이 83.3%로 높은 평가를 하였다. 이 프로그램을 통해서 자신을 돌아보며 친구들을 알아가고 학교 및 교사들에 대한 이해 증진 등에 다소 긍정적인 영향을 끼쳤다고 판단된다. 구성원들이 가장 유익하며 기억에 남는 프로그램이라 손꼽은 것은 성교육 프로그램(5명)과 영상편지(1명)이다.

③ 사전사후 검사를 통한 평가(사전, 사후 검사 중 비행척도만 제시).

비행 척도   (점수 합계: +: 비행척도 감소분, -: 비행척도 증가분)

척도 NO	질서		척도 증감	성		척도 증감	폭력		척도 증감	절도		척도 증감	약물		척도 증감	전체 증감
	사전	사후		사전	사후		사전	사후		사전	사후		사전	사후		
1	6	9	+3	13	13	0	9	9	0	14	15	+1	12	12	0	+4
2	18	19	+1	16	18	+2	5	11	+6	13	21	+8	14	13	-1	+16
3	20	18	-2	18	16	-2	14	12	-2	26	19	-7	14	13	-1	-14
4	19	20	+1	16	12	-4	15	14	-1	18	24	+6	12	15	+3	+5
전체 비교	63	66	3	63	59	-4	43	46	3	71	79	8	52	53	1	11

구성원 중 사전사후검사를 실시하였고 출석률이 50% 이상인 경우의 구성원만을 분석대상으로 보았는데 질서, 폭력, 절도, 약물에 대해서는 감소된 것으로 나타나고 있으며 성에 대해서만 증가한 것으로 분석되었다. 따라서 중학교 여학생인 점을 고려할 때 성에 대한 교육이 좀더 강화될 필요가 있겠다. 그러나 전체적으로는 비행척도가 감소된 것으로 나타났다(집단에 대한 발달단계별 분석은 집단지도평가서 참조).

2) 제언

① 본 프로그램에 참여한 구성원들의 대부분은 가정 내 문제를 가지고 있었으므로 학교 내에서 실시하는 프로그램과 병행하여 가족적 개입이 필요할 것으로 보이며 특히 학교부적응 요인이 가정적인 문제로 나타나는 부분에 있어서는 더욱 필요하다. 따라서 이러한 부분에 대해서는 지역사회 복지관과 연계하여 지속직인 개입이 필요힐 것으로 보인다. 가족기능 강화나

가족 내 의사소통 기술 등에 대한 부모교육도 필요하다.

② 학교에서 선도처분을 받은 학생들의 대부분은 생활지도부 교사나 담임교사와의 관계가 악화된 경우가 많았으므로 교사에 대한 긍정적 인식을 갖게 하는 것도 중요한 변화요인이라고 보인다. 이에 대한 집중적인 개입이 필요할 것으로 평가된다.

③ 학교 내 프로그램임을 감안하여 담임교사와의 공동의 협력 작업이 필요하며 수시로 나타나는 구성원들의 반응을 담임교사와 상의해야 한다.

④ 본 프로그램은 집단프로그램이기는 하나 구성원들의 개별적인 상담도 프로그램 실시 동안 병행되어야 하며 각 구성원에 대한 개별화된 목표와 개입과정이 있어야 한다.

⑤ 구성원들이 10명일 경우 지도자는 3명 정도가 가장 효과적일 것으로 판단되며 주지도자, 보조지도자, 과정기록자로 구분하여 실시하도록 한다. 단, 3명의 인력은 사회복지를 전공하는 대학원생을 중심으로 구성하도록 한다.

⑥ 방과후에 실시되기 때문에 낙인문제가 발생할 수도 있다. 따라서 가능하다면 복지관에서 실시하는 것도 바람직할 것으로 보인다.

⑦ 프로그램이 종결된 후에는 학교 담당자(담임교사, 상담부교사 등)와 평가회의를 실시하여 사후지도 방향을 함께 논의하도록 한다.

⑧ 총지도자(수퍼바이저)는 기관의 실무자가 담당하며 인력활용 측면에서 실제 프로그램 진행자는 실습생을 선발하여 진행하는 것이 더 효과적이다.

⑨ 본 프로그램의 경우 구성원이 모두 여자였는데 프로그램 중 성교육에 관련된 부분에 상당한 관심과 집중력을 보인 점을 감안할 때 성교육에 대한 집중적인 구성도 필요할 것으로 보이며 구성원 거의 모두 교사(특히 담임교사, 생활부교사)에 대한 부정적 시각이 큰 점을 감안하여 교사와의 관계 개선이나 인식변화를 위한 프로그램도 필요한 것으로 보인다.

⑩ 본 프로그램은 구성원들의 다양한 문제와 복합적인 문제에 다면적으로 접근하기 위해 구성되어 있어서 다소 산만한 경향도 나타내고 있다. 따라서 가능하다면 집중적인 프로그램의 형태로 특정한 문제나 부적응적 요인을 선별하여 그 요인에 대한 집중적 개입도 필요하리라 생각된다.

Ⅳ. 참고문헌

교육부, 『7차 교육과정』

김기태(1996), "학교부적응 문제를 가진 청소년을 위한 문제해결 프로그램 연구", 『사회복지 연구』, 제6호.

김기환(1996), "학생복지를 위한 학교사회사업의 필요성", 『아동복지학4호』, 한국아동복지학회.

김영한(2000), "심리극이 학교부적응 청소년의 긍정적 자기개념 향상에 미치는 효과", 가톨릭대 대학원 석사학위논문.

김영화(1999), "빈곤청소년의 문제해결을 위한 개입모형 개발과정", 빈곤지역 청소년 문제 접근 연구 세미나, 태화기독교사회복지관.

박경일 외(2001), 『사회복지학 강의』, 서울 : 양서원.

박윤희(2000), "빈곤청소년의 학교부적응 감소를 위한 학교사회사업 프로그램 분석연구", 이화여대석사 학위 논문.

박재윤(1997), "학생 징계제도와 운영실태", 『새교육』, 1997년 3월호.

박종률(2000), "학교부적응 학생을 위한 학교사회사업 접근에 관한 연구", 강남대 석사학위논문.

박종삼 외(2002), 『사회복지학개론』, 서울 : 학지사.

백종만 외(2002), 『사회와 복지』, 서울 : 나눔의집.

양옥경(2001), 『사회복지실천론』, 서울 : 나남출판.

유영덕, 한수정(1996), "학교생활 부적응 아동의 부적응 요인 감소를 위한 학교사회사업 집단 프로그램 개발에 관한 연구", 『태화임상사회사업연구』, 제 3호.

이은주(1997), "학교부적응 청소년을 위한 학교사회사업 실천방안에 관한 연구", 경원대 행정대학원 석사학위 논문, 한인영 외(1997), 『학교와 사회복지』, 서울 : 학문사.

한인영 외(1997), 『학교와 사회복지』, 서울: 학문사.

전재일 외(1999), 『학교사회사업 실천 어떻게 할 것인가?』, 사회복지개발연구원 출판부.

정지인(1997), "학교부적응 학생들의 중도탈락 예방을 위한 학교사회사업의 역할 연구", 서울여대 대학원 석사학위논문.

정해주(1998), "임파워먼트가 직무만족 및 조직모임에 미치는 영향에 관한 연구", 서울대 대학원 석사 학위논문.

조석훈(1996), "학생 징계의 특성 분석", 서울대 대학원 박사학위 논문.

_____(1998), "학생 징계의 교육적 해석과 운영", 『새교육』, 1998년 11월호.

홍선경, 김건무(1999), "학교부적응 청소년을 위한 학교연계 서비스", 지역사회복지관과 청소년복지 사업, 청소년 심포지엄 자료집.

한국학교사회사업실천가협회(2001), 2001년 시범시험 공동보고서.

인터넷 사이트

복지인마을 http://maeul.welfare.net
서울시청소년종합상담실 http://www.teen1318.or.kr
청소년복지학회 http://www.youthwelfare.com
학교사회복지학회 http://www.schoolsocialwork.org/intro.htm
학교사회사업실천가협회 http://www.kassp.or.kr
한국사회복지사협회 사이버 연수원 강의 http://www.edu.welfare.net
한국청소년상담원 http://www.kyci.or.kr

Ⅴ. 세부지도안

We are ZZang 1회 세부지도안

프로그램명	애들아, 반가워!!	소요시간 및 인원	60분, 8명
장소	수서중 '푸른나눔터'	준비물	계약서, 카메라, 필기도구, 규칙판, 인터뷰용지, 매직, 간식, 케익, 스티커
목표	1) 학기 중에 선도처분 재발률을 감소시킨다. 　① 당해 학기 중에 선도처분이 없게 한다. 　② 사전 · 사후 학교생활태도검사, 비행척도를 실시하여 10% 이상의 유의미한 　　변화가 있게 한다. 3) 자신과 집단에 대한 긍정적인 인식을 가지도록 한다. 　② 참여 학생들이 집단의 다양한 경험을 통해 긍정적인 자아상이 형성되도록 한다.		
활동내용	첫인사, 프로그램 소개, 진행자 및 구성원소개, 친밀감 조성 게임, 집단규칙 정하기		

1. 도입(15분)

구성원들이 푸른나눔터에 들어와 자유롭게 인사와 얘기를 나누다가 나눔터를 정리하고 테이블에 앉도록 유도한다. 3시 30분에 정확히 프로그램을 시작하겠다는 것을 미리 알린다.

① 구성원들을 자리에 앉게 하고 프로그램을 함께 시작하게 되어 반갑다는 말과 함께 참석한 구성원들에 대한 칭찬을 하면서 자연스럽게 지도자에게 관심을 집중시킨다.

② 지도자와 보조지도자를 소개한다.

③ 집단 프로그램의 목적과 계획 등에 대한 설명을 한다(이때 준비한 프로그램 안내지를 나누어 준다).

④ 프로그램에 대한 설명이 끝난 후에 계약서(첨부자료 4)를 작성하는 의미와 중요성을 언급해 주고, 모두 계약서를 작성한다.

2. 몸풀기 게임(10분)

① 집단 활동이므로 함께 참여하는 것이 중요하다는 말을 전달하고 테이블에서 모두 일어난다.

② 동그랗게 모여 서서 오른손이 위로 엇갈리게 한 상태에서 옆 사람의 손을 잡는다.

③ 7명이 엇갈려서 잡은 손을 풀어 제자리로 되돌아오게 해야 하는 방법을 설명해준다. 이 때 원상태는 7명 모두가 마주본 상태에서 원이 유지되어야 한다. 함께 상의하여 7명 모두가 참여해야 엇갈린 손을 풀어 제자리로 되돌아올 수 있음을 강조해준다.

④ 첫 번째 몸풀기가 끝난 다음 두 번째 몸풀기를 시작한다.

⑤ 손을 엇갈려 한사람 건너 옆 사람의 손을 잡고 상반신을 뒤로 제친다.

⑥ 이 때 다른 사람과의 맞잡은 손에 몸을 의지하게 되므로 친구를 믿는 것이 중요함을 강조한다.

3. 인터뷰하여 서로 소개하기(10분)

① 질문 5가지를 주고 옆자리에 있는 구성원과 짝을 짓는다.

② 옆사람과 서로 질문에 대해 인터뷰를 하여 용지에 적는다('Who are you?' 용지).

③ 인터뷰가 끝난 뒤, 인터뷰한 내용을 자유롭게 발표한다.

④ 발표할 때는 하고 싶은 순서대로 하고 먼저 한 사람이 그 다음 사람을 지명한다.

4. 규칙정하기(15분)

① 규칙을 정하기 전에 '나의 약속' (첨부자료 3)을 작성한다. '나의 약속' 은 프로그램이 진행되는 동안 자신과의 약속을 하는 것으로 종결 시에 얼마나 달성했는지 확인할 것을 강조해준다.

② 미리 제작한 규칙판을 보여주고 7개의 규칙항목을 구성원이 하나씩 정하도록 한다(첨부자료 6 참조).

③ 의견을 제안한 사람이 직접 규칙판에 쓴다.

④ 규칙판이 완성되면 구성원이 다같이 읽어본 후 벽에 부착한다.

⑤ 매 프로그램 시 규칙을 체크하여 스티커를 붙이도록 하고 가장 많은 스티커를 받은 사람에게 보상이 있을 것임을 공지한다.

5. 종결(10분)

① 생일을 맞이한 구성원을 축하하는 시간을 갖는다. 준비한 케익에 촛불을 켜고 축하의 노래를 부른다.

② 간식을 나누어 먹으면서 자연스럽게 프로그램에 대한 피드백을 나눈다(첨부자료 8).

③ 다음 시간에 대한 공지를 한다.

④ 마무리 인사를 하고 정리한다(이때 가족동의서(첨부자료 5)를 나누어 준 후 다음 시간에 확인을 받아 가져오도록 한다).

▶ 첨부자료 1

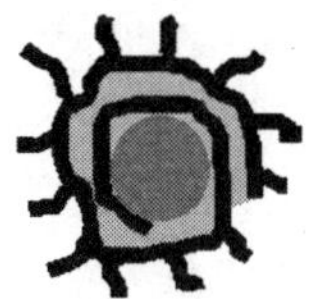

교 · 육 · 일 · 정 · 안 · 내
We are ZZang!!

언 제 : 2003년 4월 22일~6월 10일(매주 화요일) 오후 3:30~5:00

어디서 : ○○중학교 3층 푸른나눔터

누구와 : 김용길 사회복지사(☎ 2040-1650 / t9448@hanmail.net)

❋ 프로그램 및 일정안내 ❋

시간	4/22	4/29	5/6	5/13	5/20	5/27	6/3	6/10
3:30 ~ 5:00	오리엔테이션, 규칙합의, 미술치료	'나는 누구인가(자기소개)'	성교육 프로그램	진로탐색(성격검사, 직업탐방)	약물교육 Ⅰ	약물교육 Ⅱ	약물교육 Ⅲ	비전만들기 강점 찾기

본 일정은 상황에 따라 변경될 수 있습니다(토요일에 특별 프로그램을 진행 할 수도 있습니다).

❋ 이것만은 꼭 지켜주세요 !! ❋

1. 결석을 하지 않는다.

2. 성실한 자세를 가진다

3. 열린 마음으로 참여한다.

○○중학교 학교사회사업실

첨부자료 2

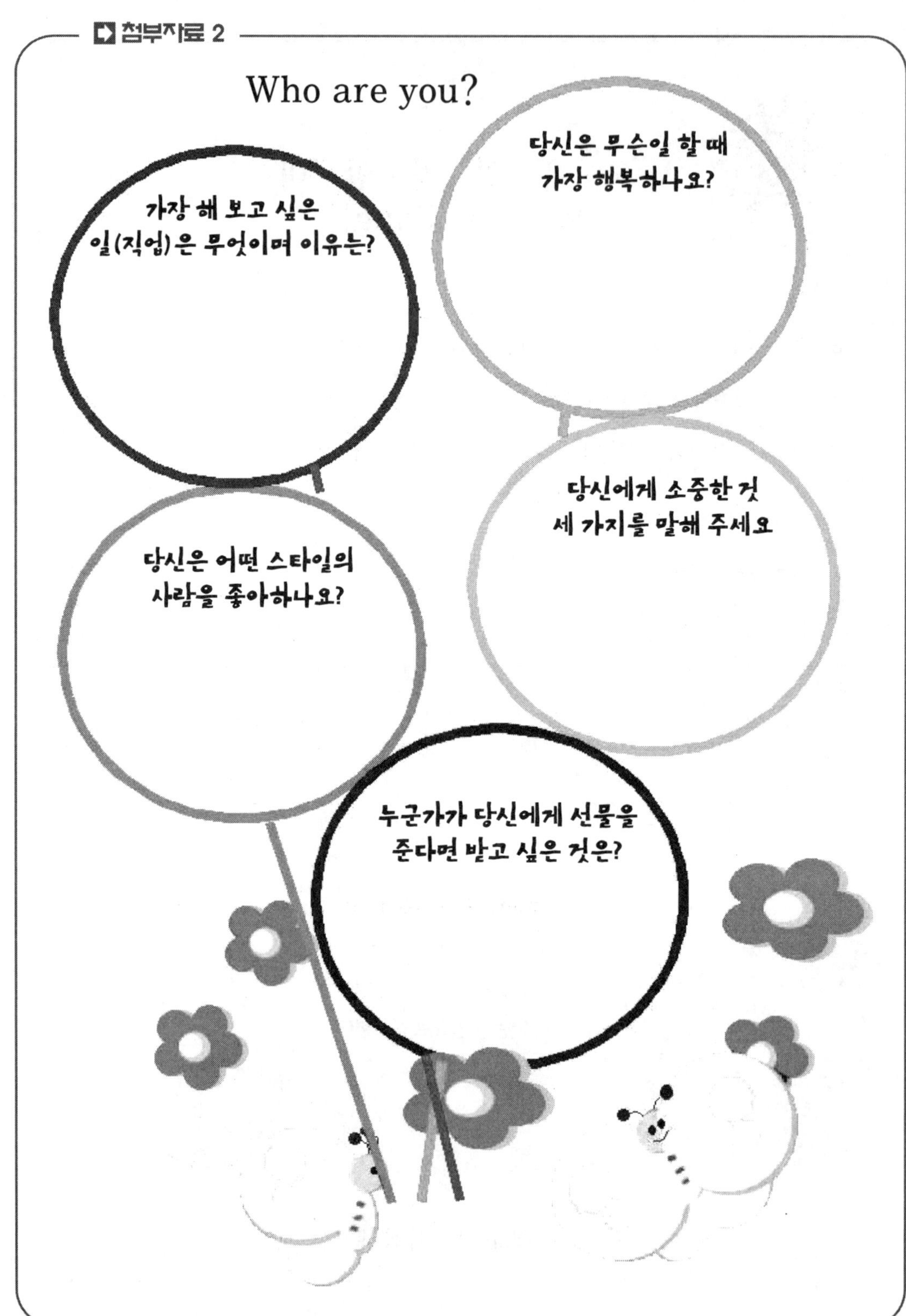
Who are you?
당신은 무슨일 할 때 가장 행복하나요?
가장 해 보고 싶은 일(직업)은 무엇이며 이유는?
당신에게 소중한 것 세 가지를 말해 주세요
당신은 어떤 스타일의 사람을 좋아하나요?
누군가가 당신에게 선물을 준다면 받고 싶은 것은?

▶ 첨부자료 3

나 와 의 약 속

작성일: 작성자 :

나와의 약속은 프로그램 시작 시 작성하여 마지막 시간에 달성정도를 평가하게 됩니다.

1. 이번 'We are zzang' 프로그램을 통하여 내가 성장, 성취하고자 하는 것은
____이다.

2. 위를 달성하기 위해 내가 할 수 있는 일은(매우 구체적이며 실행 가능한 것으로)
1) ____
2) ____이다.

3. 나와의 약속을 지키는 데 방해, 장애요인이 있다면 무엇인가요?

4. 방해, 장애요인을 극복할 수 있는 방법은 무엇인가요?

5. 도움을 줄 수 있는 사람은?

6. 어떻게 목표를 성취한 것을 알 수 있나요?

7. 현재의 나의 모습은 100점 만점 중 몇 점인가요?

현재의 나의 점수	변화된 나의 점수(마지막 시간에 작성)

계 약 서

학 교 명 : ○○중학교

성　　명 :

주　　소 :

생년 월일 :

프로그램명 : We are zzang!!

진행 장소 : ○○중학교 푸른나눔터(학교사회사업실)

"나는 나 자신과 타인을 올바르게 이해하고 이를 건전하게 개발하여 자율적인 삶을 영위하고, 건전한 인간관계 형성을 배우기 위하여 본 프로그램에 참여하며 다음의 사항에 대하여 지킬 것을 나의 이름으로 계약합니다."

다　　음

1. 프로그램에 성실참여, 시간엄수
2. 솔직성과 비밀보장
3. 변화노력(끝까지 참여, 모든 프로그램에서 최선을 다하기)
4. 적극적 협조(집단 및 타구성원 방해 않기, 판단 않기, 이해하기)
5. 집단에서 일어난 일을 집단이 끝난 후에 다시 언급하지 않겠다.
6. 다음 프로그램이 시작되기 전에 집단에서 동의한 의무사항을 이행하겠다.

지도자(사회복지사)는 프로그램을 진행하면서 아래의 사항을 준수할 것을 계약합니다.

1. 비밀보장(집단 내에서 되어지는 모든 이야기에 대한 비밀)
2. 적극적인 개입(모든 학생들이 성장, 변화되도록 최선을 다하여 도움)
3. 의견수렴 철저(학생의 발전을 위한 모든 의견을 수렴)

년　　월　　일

학　　생 :

담당사회복지사 :

○○중학교 학교사회사업실 귀중

가 족 동 의 서

학교명 :

학년 · 반 :

학생명 :

　위 학생의 가족 모두는 학생이 학교 생활을 열심히 할 수 있도록 협조할 것과 학교의 규칙에 따라 학생을 관리하는 데 적극 동의, 협조할 것을 약속하며 또한 필요시 가족상담에도 적극 참여 할 것을 약속합니다.

년　　　월　　　일

가　족 :　　　　　　　(학생과의 관계 :　)

○○중학교 학교사회사업실 귀중

규칙판

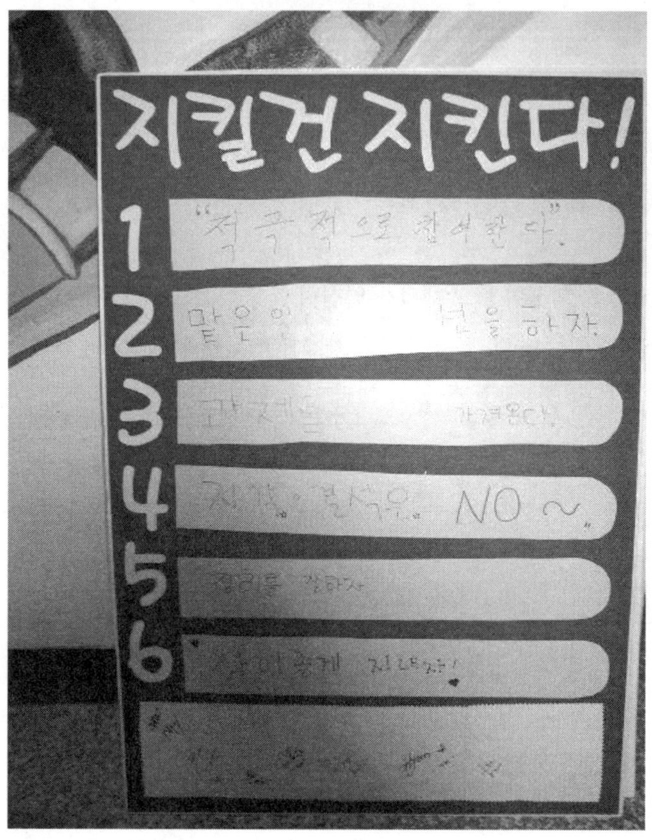

We are ZZang 2회 세부지도안

프로그램명	니가 학교를 알아?	소요시간 및 인원	60분, 8명
장소	수서중 '푸른나눔터'	준비물	비행행동검사지, 전지, 색지, 부직포, 볼펜, 칼라매직, 종이컵, 풀, 가위, 지령종이, 음악테이프, 카세트, 스티커, 규칙판, 출석판, 간식, 소감문, 카메라, 이름표
목표	1) 학기 중에 선도처분 재발률을 감소시킨다. 　① 당해 학기 중에 선도처분이 없게 한다. 2) 가정생활과 학교생활의 적용도 및 만족도를 향상시킨다. 　① 프로그램 진행 시와 당해 학기 중 학생의 출석률(지각, 수업 불참 등)이 80% 이상 되도록 한다. 　② 학생들이 부모와 교사, 학교구조에 대해 긍정적인 인식을 갖도록 한다. 　③ 학생들이 가정생활과 학교생활을 원만하게 할 수 있는 방법을 습득하고 이것을 생활에 적용할 수 있게 한다. 3) 자신과 집단에 대한 긍정적인 인식을 가지도록 한다. 　① 참여 학생들 중 80% 이상이 자존감 및 미래인식도 사전·사후검사에서 향상을 가져올 수 있도록 한다. 　② 참여 학생들이 집단의 다양한 경험을 통해 긍정적인 자아상이 형성되도록 한다.		
활동내용	브레인 스토밍(학교에 대한 느낌과 생각), 학교에 대한 긍정적인 모습과 부정적 모습을 다양한 방법으로 표현(도구활용)		

1. 도입(10분)

구성원들이 푸른나눔터에 들어와 자유로이 이야기를 나누는 동안에 3시 30분 전까지 비행척도 체크리스트(첨부자료 2)를 작성하도록 한다. 사전에 나눠주었던 가족 동의서를 걷는다. 그리고 3시 30분에 정확히 시작함을 알린다.

① 비행척도 체크리스트를 걷고, 구성원들이 모두 자리에 앉도록 하고 지난 한 주 동안 안부를 물으며 참석한 구성원들에 대해 칭찬과 함께 지도자에게 주목할 수 있도록 한다.

② 오늘의 프로그램의 목표와 내용에 대한 설명 및 지도자 소개를 다시 한번 한다.

③ 긴장한 심신을 풀어주기 위해서 모두 자리에서 일어나 몸풀기를 시작한다.

④ 2줄로 정렬하여 지도자의 지시에 따라서 스트레칭을 한다.

⑤ 낭만고양이 노래에 맞춰서 목(좌·우·회전), 어깨(앞·뒤), 팔(머리위로·앞으로), 옆구리(손 깍지 껴서), 손가락 근육을 풀어준다.

⑥ 마지막으로 두 명씩 짝을 지어서 상대방을 등에 엎고 전신을 털어 주게 한다. 이때 지도자와 보조지도자가 먼저 시범을 보인다(무릎 구부리도록 주의를 준다).

⑦ 몸풀기를 마친 후에 기분 좋게 그 다음의 프로그램을 시작하자고 유도한다.

2. 서로의 생각 공유하기(15분)

① 테이블 위에 놓은 종이컵 안에 집단 구성원들 개개인이 수행할 지령이 적힌 색지가 있다. 그 지령을 하나씩 나눠 갖는다.

② 구성원 한 사람 당 2개씩의 볼펜을 나눠준다.

③ 프로그램을 설명 해주고 볼펜을 아무 때나 소리내면 스티커를 떼어버린다고 주의를 준다(규칙을 상기시킨다).

④ 그 지령에 맞게 나머지 구성원들 앞에서 자신의 생각을 말하고, 그 내용을 들은 나머지 구성원들은 동의하며 '맞아 맞아' 를 외치고 갖고 있는 볼펜을 두드린다.

⑤ 발표할 때는 하고 싶은 사람부터 하도록 한다.

⑥ 시간이 지연되지 않도록 보조지도자 및 지도자는 조절한다.

▼ 지령의 내용(첨부자료 7)

예) · 난 이런 수업내용을 듣고 싶어!　　　　· 내가 교사가 된다면 이렇게 할래!!

　　 · 우리 학교 명물이나, 특이한 사람은~~　　· 이런 친구는 정말 꼴불견이야!!

　　 · 학교 규율 중에서 맘에 안 드는 규율은?　　· 이런 반 친구가 인간적으로 좋아!!

3. 학교에 대한 모습 표현하기(25분)

① 프로그램에 대한 설명을 해주고 , 테이블 위에 놓여있는 다양한 지류와 필기도구를 놔둔다.

② 학교에 대한 긍적적인 모습과 부정적인 모습을 개개인의 이름을 표기하고 도구를 활용하여 표현한다(글로 표현 시 각 2개씩 적는다. 몸으로 표현, 종이를 찢어서 표현, 그림으로 표현 등을 예로 들어준다).

③ 어려워하는 구성원이 있다면 잘 따라올 수 있도록 도와준다.

④ 다 표현하였으면 큰 색지에 붙여보도록 한다(긍적적인 면, 부정적인 면).

⑤ 자신이 작성한 내용을 발표해 보며, 서로가 학교에 대해서 어떻게 인식하고 있는가를 알아본다.

⑥ 구성원들의 편중된 생각을 조절하고 학교의 부정적인 모습에 대해 외부적인 요인만이 아닌 자신의 모습을 되돌아 볼 수 있게 말 해준다(첨부자료8).

⑦ 시간이 지체되지 않도록 잘 조절한다.

4. 종결(10분)

① 프로그램 평가서를 나눠주고 작성하도록 한다(첨부자료 9).

② 오늘 프로그램 진행 동안의 자신을 돌아보게 하고 지도자는 칭찬을 해주며 스티커를 붙여준다.

③ 간식을 먹으면서 정리를 하고 다음 주엔 어떤 식으로 진행했으면 좋겠는지 구성원들의 의사를 물어본다.

④ 부모 동의서를 걷는다.

⑤ 구성원들이 프로그램 종결 후에 배회하지 않도록 당부를 한다.

첨부자료 7

지령내용

난 이런 수업내용을 듣고 싶어!	내가 교사가 된다면 이렇게 할래!!
우리 학교 명물이나, 특이한 사람은~~	이런 친구는 정말 꼴불견이야!!
학교 규율 중에서 맘에 안드는 규율은?	이런 반친구가 인간적으로 좋아!!

학교에 대한 긍정적 부정적 생각표현하기

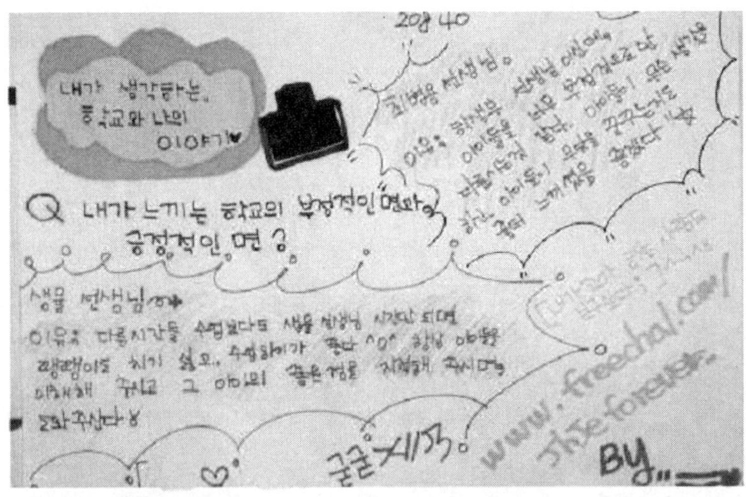

<h1 align="center">We are ZZang 3회 세부지도안</h1>

프로그램명	너를 보여줘 !!	소요시간 및 인원	15:30-16:30(60분), 8명
장 소	수서중 '푸른나눔터'	준 비 물	이름표, 프로그램 명칭판, 카메라, 비디오카메라, 간식, 마음열기게임 퀴즈판, '난 이럴 때 힘들어' 프로그램 시트지, 프로그램 소감문, 스티커, 규칙판, 역할극 용지, 역할 알림판, 스카치테이프, 필기도구

목 표	1) 학기 도중 선도처분 재발률을 감소시킨다.
	  ① 당해 학기 중에 선도처분이 없게 한다.
	  ② 사전 · 사후 학교생활태도검사, 비행척도를 실시하여 10% 이상의 유의미한 변화가 있게 한다.
	2) 가정생활과 학교생활의 적응도 및 만족도를 향상시킨다.
	  ① 프로그램 진행 시와 당해 학기 중 학생의 출석률(지각, 수업 불참 등)이 80% 이상되도록 한다.
	  ② 학생들이 부모와 교사, 학교구조에 대해 긍정적인 인식을 갖도록 한다.
	  ③ 학생들이 가정생활과 학교생활을 원만하게 할 수 있는 방법을 습득하고 이것을 생활에 적용할 수 있게 한다.
	3) 자신과 집단에 대한 긍정적인 인식을 가지도록 한다.
	  ① 참여 학생들 중 80% 이상이 자존감 및 미래인식도 사전 · 사후검사에 향상을 가져올 수 있도록 한다.
	  ② 참여 학생들이 집단의 다양한 경험을 통해 긍정적인 자아상이 형성되도록 한다.		

활동내용	집단응집력 강화 게임, 자신이 극복하기 어려운 문제를 생각하고 서로의 경험 나누기, 관련내용 역할극으로 표현, 집단 피드백 나눔		

1. 도입(5분)

① 주 지도자와 보조지도자를 소개한다.

② 프로그램 목적을 이야기한다.

▶ 그 동안의 프로그램을 간략하게 언급하며 프로그램하면서 본 그룹 구성원들의 모습에 대한 칭찬과 강화

▶ 가정 및 학교 안에서 긍정적인 모습이 되고 만족감을 느끼고 싶은데, 그렇게 되기 어려운 부분과 극복방법에 대해 생각해 볼 수 있는 시간을 갖자고 설명

2. 마음열기 게임(10분)

① 각자 문제의 답이 적혀있는 머리띠를 받는다(답은 가려져 있음).

② 문제가 주어지고 머리띠의 답을 쓰고 서로가 답에 관해 설명해 주어 자신의 답을 맞출 수 있게 한다.

▶ 문제 : 내일 지구가 멸망한다면 가장 하고 싶은 일? 내 남자친구가 이럴 때 가장 멋있어 보인다.

③ 답을 가장 나중에 맞추는 사람에게 간단한 벌칙(재미있는 것)을 준다.

3. 자기의 어려움 나누기(난 이럴 때 힘들어!)(20분)

① '난 이럴 때 힘들어' 프로그램 용지를 나누어준다(첨부자료 9).

② 우선 각 영역별(나, 가정, 학교, 친구관계)로 자신이 겪는 어려움, 인내하기 어려운 부분을 작성한다.

③ 모든 작성이 끝난 후 구성원별로 발표하는 시간을 가진다(첨부자료 10).

④ 각 구성원이 발표한 후 다른 구성원으로부터 소감을 듣는다.

4. 역할극(20분)

① 전체 구성원들이 이야기한 내용 중 한 가지 상황을 선택하고 프로그램 진행자가 제시한 상황과 2가지를 두 팀으로 나누어 역할극으로 실연하여 본다.

▶ 가능하다면 구성원들이 학교생활에서나 가정생활에서 직접 느끼는 상황을 사전에 파악하여 그 내용을 중심으로 진행하는 것이 더 효과적이다.

② 각자의 역할을 배정한 후, 어떻게 역할극을 꾸밀 것인지를 잠시 논의한다(역할알림판 준비).

③ 각 팀, 구성원이 앞으로 나와 역할극을 한다.

④ 역할극이 끝난 후 각자 자신이 맡은 역할에 대해 의견을 물어보고 더 나은 방법은 무엇이 있을지를 나누어 본다.

5. 프로그램 정리(5분)

① 프로그램에 대한 각자의 소감을 들어본다.

② 프로그램 평가지를 작성하고 간식을 나눈다.

③ 차후 프로그램 공고

➡ 첨부자료 9

난 이럴 때 힘들어

내이름은 :

여러분의 각 생활영역에서 인내하기 어렵고 어려움을 겪는 상황은 무엇인가요?

잘 지켜지지 않는 이유는? 어떻게 하면 잘 지켜질까요?

영역	내용	이유	잘 지킬 수 있는 방법
나			
가정			
학교			
친구관계			

첨부자료 10

집단성원이 작성한 '난 이럴 때 힘들어' 내용 예시

영역	내용	이유	잘 지킬 수 있는 방법
나	설 - 눈물이 많음. 주 - 좋아한다 표현 못함. 슬 - 고집이 셈.	설 - 약해 보이고, 별일 아닌데 우 ·· 는 내 자신이 싫다. 주 - 민망해서 슬 - 내가 갖고 싶은 거 갖고 싶고, 남이 더 좋은 걸 갖고 있는 걸 싫어함.	설 - 울면 안돼·· 주 - 노력 슬 - 남 것이 내 것 같고 내 가족 같이 생각
가정	설 - 엄마 아빠가 잔소리하여 친구들과 같이 못 논다. 주 - 싸운 거 아빠한테 들키 지 않게 함. 지 - 신경질 낼 때	설 - 잔소리 들음 짜증이 나고, 나 만 빠지니까 싫다. 주 - 싸움하면 아버지가 화내실까 봐 지 - 내가 말을 잘못해서 엄마가 짜증낸다.	설 - 잔소리 그만하고 내가 잘 행동하니 풀어줬 음 한다. 주 - 싸우지 말자. 지 - 말을 착하게 하고 예의바르게 한다.
학교	설 - 최○○보기 싫다. 주 - 최○○선생님 볼 때 지 - 상동	설 - 맨날 때리고 뺏는다. 최○○ 추방하자. 주 - 잘못 없어도 시비붙임. 지 - 그냥 재수없으면 학교 안에서 만남.	설 - 엿 먹으셤. 주 - 피해다니자. 지 - 도망간다.
친구관계	주 - 선배들 부를 때 지 - 친구랑 말다툼할 때	주 - 시간 없는데 심부름시킬 때 지 - 친구간의 갈등 때문에 싸움	주 - 전화 받지 않기!! 지 - 친구의 의견을 잘 들어주고 참는다.

We are ZZang 4회 세부지도안

프로그램 명	우리들의 아우성!!	소요시간 및 인원	70분, 8명
장소	수서중 '푸른나눔터'	준비물	O X판, 스티커, 규칙판, 출석판, 간식, 소감문, 카메라, 이름표, 선물(립그로즈)
목표	1) 학기 도중 선도처분 재발률을 감소시킨다. 　① 당해 학기 중에 선도처분이 없게 한다. 2) 가정생활과 학교생활의 적응도 및 만족도를 향상시킨다. 　① 프로그램 진행 시와 당해 학기 중 학생의 출석률(지각, 수업 불참 등)이 80% 이상 되도록 한다. 　③ 학생들이 가정생활과 학교생활을 원만하게 할 수 있는 방법을 습득하고 이것을 생활에 적용할 수 있게 한다. 3) 자신과 집단에 대한 긍정적인 인식을 가지도록 한다. 　① 참여 학생들 중 80% 이상이 자존감 및 미래인식도 사전·사후검사에 향상을 가져올 수 있도록 한다. 　② 참여 학생들이 집단의 다양한 경험을 통해 긍정적인 자아상이 형성되도록 한다.		
활동내용	성에 대한 생각나누기, OX퀴즈, 성을 한 문장으로 정의하기		

1. 프로그램 준비 및 도입(5분)

프로그램 시작 전에 지난주에 나오지 않은 구성원들에게 말을 걸어 프로그램을 적극적으로 참여할 수 있도록 유도한다. 프로그램 시 카메라 촬영을 해도 괜찮은지 확인해본다. 30분에 정확히 시작한다고 반복적인 언지를 통해서 구성원들이 시간약속을 지킬 수 있도록 한다.

① 구성원 모두 자리에 앉도록 하고, 지난 한 주 동안 안부를 물으며 참석한 구성원에 대해 칭찬과 함께 지도자에게 주목할 수 있도록 한다.

② 이 프로그램의 목적과 시간 엄수 및 프로그램에 적극적으로 참여하겠다는 약속에 대해서 다시 한번 언급을 하여 구성원들에게 지켜야 함을 상기시킨다.

③ 구성원들의 출석에 대해 스티커를 붙여주고, 제일 많은 스티커가 부착된 구성원에게 선물을 수여한다. 그로 인해 구성원들에게 출석을 유도하는 작은 동기를 부여한다.

2. 성에 대한 생각 공유하기!(15분)

① 구성원들에게 간식을 주며 '성이란 무엇인가?'에 대한 질문을 통해 오늘의 주제를 내비친다.

② 솔직한 답변을 통해서 진지하게 성에 대한 생각을 간단히 정리해본다.

③ 구성원들의 생각을 들으며 분위기가 흐트러지거나 어색해지지 않도록 조절한다.

④ 구성원들의 의견을 공유하고 느낌을 말한다.

⑤ 잘 모르는 부분에 대해서 좀 더 자세히 알아보기 위해 다음 프로그램을 소개한다.

3. 성에 대한 잘못된 지식 바로잡기!(35분)

① 구성원 각자에게 O X 가 적힌 판을 1개씩 나눠준다(첨부자료 11).

② 프로그램을 설명하고 주의할 점을 말해준다(소란스럽게 하지 말 것!, 서로 상의하지 말 것!, 문제에 대한 생각은 소신 것 판단할 것!, 문제를 다 듣고 2초 후에 들 것!).

③ 문제를 5~10가지 정도 내고, 한 문제가 끝나면 곧바로 그에 대한 설명을 해준다.

④ 각 문제를 푼 뒤에 질문 사항을 받고, 그 질문에 대해 설명해준다.

⑤ 문제를 다 푼 후에 제일 많이 맞춘 구성원에게 스티커(개)를 붙여준다. 만약 다섯 문제 이상을 맞췄을 경우엔 10개의 스티커를 붙여준다. 나머지 성원들에게도 칭찬을 해줘서 의기소침해지지 않게 한다.

⑥ 잘못된 성 지식에 대해서 지금부터라도 제대로 알고, 스스로가 준비할 수 있도록 조언을 해준다.

⑦ 혹시 질문 사항이 있는지 물어본다. 만약 지도자가 모르는 질문 사항이 나오면 나중에 이메일로 내용을 보내준다.

4. 종결(15분)

① 마지막으로 진행할 프로그램을 설명해준다.

② 각자에게 종이를 나눠준다.

③ 지금까지 퀴즈로 풀어본 성 지식에 대한 것과 자신이 갖고 있던 성에 대한 생각을 바탕으로 종이에 적어보게 한다(성을 한 문장으로 표현하기)(첨부자료 12).

④ 느낌을 적을 때는 한 문장으로 표현을 하게 하던가 '아우성' 에 대한 삼행시로 표현하게 한다.

⑤ 표현하는 데 어려움을 느끼는 구성원에게 잘 따라올 수 있도록 도움을 준다.

⑥ 발표하고 싶은 구성원부터 스스로 '왜 그렇게 표현했는지' 발표시킨다.

⑦ 프로그램을 통해서 전달하려고 하는 내용에 대한 설명을 다시 한 번 해주고, 아름다운 성을 만들 수 있도록 지도한다.

⑧ 규칙에 대하여 한번 더 언급해주고, 오늘의 평가물로 스티커를 붙여주며 적극적으로 참여하였음을 칭찬해준다.

⑨ 프로그램 평가서를 나눠주고 작성하도록 한다. 혹시 질문사항이 있으면 평가서에 작성하라고 말한다(이메일로써 구성원들에게 정보를 전달해 준다).

⑩ 불참한 구성원들이 다음 번에 꼭 참여하라고 전달한다. 다음 주 야외활동에 대해 설명해주고, 의견을 들어본다(식사, 장소, 시간). '내일 여성 센터' 4시까지 신촌역 1번 출구.

▶ 성교육 기관을 섭외할 경우 가능하면 집단초기에 기관을 선정하고 일정을 잡는 것이 중요하다.

⑪ 정리하고 구성원들이 집에 곧바로 들어갈 것과 문제를 일으키지 않도록 당부한다.

▶ 첨부자료 11

▣ O X 퀴즈 ▣

1. 생리 중에 목욕이나 수영을 자유자제로 할 수 있다. (X)

생리 중에는 자궁문이 약간 열려 있어서 병균 감염이 쉽다. 그러므로 가능하면 탕속이나 수영장에 들어가지 말고 가벼운 샤워만!

2. 배란은 다음 월경 예정일 전 12~16일 사이에 된다. (O)

3. 질외사정으로는 임신이 되지 않는다! (X)

물론 여성의 질내에 사정하는 것보다는 임신가능성은 낮아진다. 하지만 사정 전에 이미 정자의 일부가 분비액에 섞여 나오기 때문에 임신 될 가능성은 있다. 또한 남자가 잘 조절하지 못해 질외사정 자체를 실패할 수 있어 더욱 위험한 피임법이다.

4. 처음 성관계에서는 임신이 되지 않는다! (X)

임신은 남자의 정자와 여자의 난자가 수정하여 수정란을 만든 후 자궁에 착상함으로써 이루어진다. 난자가 난소에서 나오는 배란기에 성관계를 맺게 되면 임신할 수 있다. 처음 성관계를 맺은 날이 배란기라면 단 한번의 성관계로도 임신가능성은 얼마든지 가능하다!!!

5. 성폭력은 잘 모르는 낯선 사람에 의해 충동적으로 발생하는 경우가 많다. (X)

한국성폭력상담소 결과의 경우 75%정도가 아는 사람이다.

6. 성폭력 피해자는 대부분 노출이 심한 옷을 입은 젊은 여성들이다. (X)

성폭력의 피해자는 4세에서 60세에 이르기까지 나타나고 있으며(여성개발원, 1990), 어린이 성폭력의 피해자는 전체 성폭력의 30%를 차지하고 있다(한국성폭력상담소). 또한 노출이 심한 여름철에만 성폭력이 많이 발생하는 것도 아니다. 피해자의 옷차림이나 행동에 성폭력 책임을 전가하거나 범죄를 정당화시킬 수 없다. 여성을 동등한 한 인간으로서가 아니라 성적 대상물로 여기는 사회풍조가 문제라고 볼 수 있다.

7. 성교를 하면 살이 빠진다. (?)

8. 성폭력을 당한 여성은 순결을 잃은 것이다. (X)

성폭력은 분명히 성관계가 아니라 본인의 의지와는 무관하게 이루어진 성적인 폭력이다. 성폭력 피해를 당한 사람은 성관계로 인해 순결을 잃은 것이 아니라 신체적으로나 정서적으로 보호를 받아야 할 피해자이다.

9. 남성의 성적 접근에 대해 여성의 '침묵' 또는 'No(아니오)'는 'Yes(예)' 라고 해석해도 괜찮다. (X)

정확하게 YES라고 표현하지 않은 경우에 짐작으로 이를 넘겨짚는 것은 대단히 위험하다. 우리나라의 경우 여성들이 정확한 의사표현에 대해 교육받지 못한 반면 남성들은 이를 여성들의 내숭으로 알고 있는 경향이 있다. 여성들은 정확히 자신의 의사를 표현하는 능력을 키우는 것이 중요하고 남성들은 어떤 행동을 하기 전에 상대의 의사를 분명하게 확인하는 것이 필요하다.

성을 한 문장으로 표시하기 예시

1. 성이란 ●●● 소중한 것 ☞ 이라고 생각한다

2. 배란일이나, 피임 .. 성에대해 몰랐던 것들을 알았다

We are ZZang 5회 세부지도안

프로그램 명	GO GO !!	소요시간 및 인원	4시간, 8명
장소	내일 여성문화센터	준비물	카메라, 차비 및 간식비, 평가서
목표	1) 학기 도중 선도처분 재발률을 감소시킨다. 　① 당해 학기 중에 선도처분이 없게 한다. 2) 가정생활과 학교생활의 적응도 및 만족도를 향상시킨다. 　① 프로그램 진행 시와 당해 학기 중 학생의 출석률(지각, 수업 불참 등)이 80% 　　이상 되도록 한다. 　③ 학생들이 가정생활과 학교생활을 원만하게 할 수 있는 방법을 습득하고 이 　　것을 생활에 적용할 수 있게 한다. 3) 자신과 집단에 대한 긍정적인 인식을 가지도록 한다. 　① 참여 학생들 중 80% 이상이 자존감 및 미래인식도 사전 · 사후검사에 향상 　　을 가져올 수 있도록 한다. 　② 참여 학생들이 집단의 다양한 경험을 통해 긍정적인 자아상이 형성되도록 　　한다.		
활동내용	성교육 전시관 체험, 대학 탐험		

1. 소집 및 출발 전(20분)

① 구성원들이 신속하게 모일 수 있도록 지시한다.

② 시간이 지체되지 않도록 구성원들을 푸른 나눔터에 소집시킨다.

③ 모인 구성원들에게 야외 장소를 다시 공지하고 준비사항을 점검한다(첨부자료 13).

④ 구성원들과 수서역까지 도보로 이동한다.

⑤ 이동시 구성원들이 흩어지거나 뒤쳐지지 않도록 주의를 기울인다.

2. 교육 및 이동하기(2시간 40분)

① 이동하는 동안 구성원들이 타인에게 피해를 입히지 않도록 주의를 기울인다.

② 구성원들이 환승역에서 뒤쳐지지 않도록 앞, 뒤에서 지도한다.

③ 역에 하차하여 도보 10분 동안 구성원들이 어떠한 기대를 갖고 있는지 파악한다.

④ 센터에 도착하면 구성원들이 프로그램에 잘 참여할 수 있도록 집중시키며, 복지관에 도착했음을 연락한다.

⑤ 프로그램진행 시 분위기가 산만하지 않도록 조절한다.

⑥ 프로그램 종결 시 인사를 나누고 준비해간 평가서를 작성하게 한다.

⑦ 저녁을 어디서 먹을지에 대해서 의견을 나눈 뒤 이동한다.

3. 저녁 식사 및 귀가(40분)

① 구성원들에게 오늘 어떠했는지 의견을 물어본다.

② 앞으로 2 session 남았음을 언급하고, 집단프로그램에 대한 약속을 되새기며 결석 · 지각 · 수업에 빠지지 않고 열심히 할 것을 당부한다.

③ 저녁 식사를 마친 후 귀가 확인을 하기 위해서 구성원들의 연락처를 적는다.

④ 꼭 집에 들어갈 것을 당부하며, 확인한다고 주의를 준다.

⑤ 다음 주 프로그램에 다 참여할 수 있도록 언급한다.

⑥ 귀가 후 9시 정도에 집에 도착하였는지 전화를 통해 구성원들의 귀가 여부를 확인한다.

▶ 첨부자료 13

내일여성센터 홈페이지

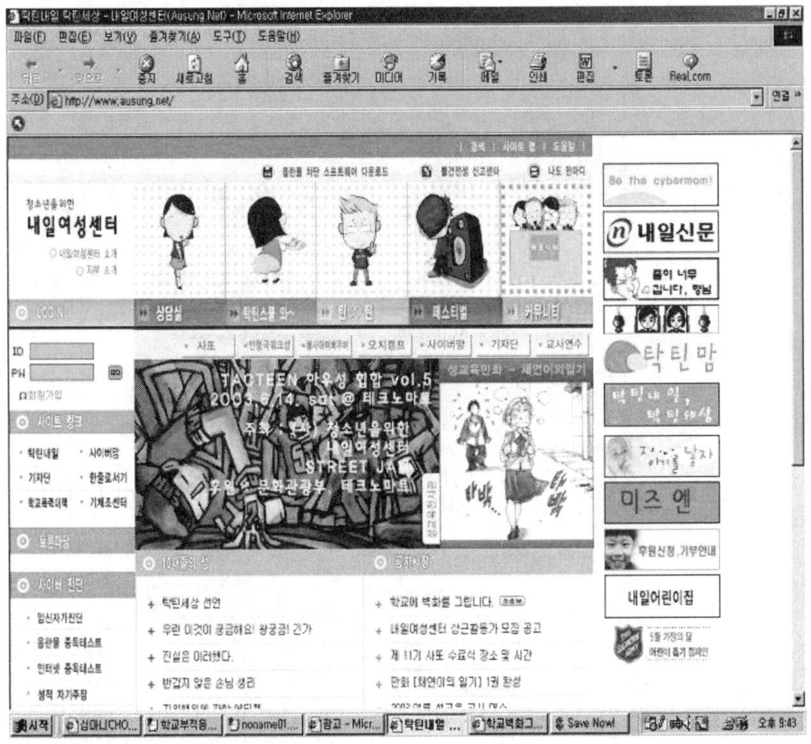

http://www.ausung.net/

여성센터 방문에 대해서는 프로그램 시작단계부터 섭외를 실시하도록 하며 10인 미만의 경우는 교육비를 받으므로 이에 대해서도 사전에 협의해야 한다. 또한 학교 이외의 장소임을 감안하여 사전에 가정통신문을 발송하고 이에 대한 부모의 동의를 받도록 한다.

We are ZZang 6회 세부지도안

프로그램 명	멋진 내가 되기 위하여!!	소요시간 및 인원	60분, 8명
장소	수서중 '푸른나눔터'	준비물	교사들 영상, 편지지, 필기도구, 인생곡선 시트지, 잡지, 종이, 간식, 카메라, 스티커, 규칙판, 포장지, 쿠키 및 사탕, 리본
목표	1) 학기 도중 선도처분 재발률을 감소시킨다. 　① 당해 학기 중에 선도처분이 없게 한다. 2) 가정생활과 학교생활의 적응도 및 만족도를 향상시킨다. 　① 프로그램 진행 시와 당해 학기 중 학생의 출석률(지각, 수업 불참 등)이 80% 이상 되도록 한다. 　② 학생들이 부모와 교사, 학교구조에 대해 긍정적인 인식을 갖도록 한다. 　③ 학생들이 가정생활과 학교생활을 원만하게 할 수 있는 방법을 습득하고 이 것을 생활에 적용할 수 있게 한다. 3) 자신과 집단에 대한 긍정적인 인식을 가지도록 한다. 　② 참여 학생들이 집단의 다양한 경험을 통해 긍정적인 자아상이 형성되도록 한다.		
활동내용	22년 후의 나의 모습 만들기, 담임교사의 영상편지 시청, 편지쓰기 및 선물포장, 선생님(담임)에게 전달, 종결에 대한 공지		

1. 도입(5분)

① 자리를 정돈하고 프로그램 시작을 알린다.

② 처음 프로그램 시작할 때(1회기)를 상기하면서 함께 정한 규칙을 떠올려 본다.

③ 오늘 진행할 프로그램의 목적에 대해 설명한다.

▶ 자신이 현재까지 살아온 시간들을 떠올려보고 앞으로의 미래에 대해 생각해 보는 프로그램

▶ 전체 프로그램을 마무리하는 시간으로 자기 스스로의 모습을 돌아보고 앞으로 발전적인 자신의 모습을 위해 다짐하는 내용

▶ 마지막에 깜짝 선물이 있음을 간단히 공지(교사들의 영상편지)

④ 구성원들의 참여 규칙에 대해 설명한다(진지하게 할 것, 잡담금지, 적극적으로 할 것).

2. 인생곡선 그리기(15분)

① 프로그램 용지를 나누어준다(첨부자료 14).

② 인생곡선 프로그램에 대한 방법을 설명한다.

③ 자신의 과거와 현재의 모습을 생각하도록 한 후, 주요 점을 우선 표시하고 선으로 연결할 수 있도록 한다. 다 그린 후 주요사건을 적고 인생의 가장 행복한 때와 가장 암울한 때에 각각

스티커를 붙인다. 미래의 모습은 상상하여서 작성할 수 있게 한다.

④ 다 작성한 순서로 발표하도록 한다. 첫 번째는 진행자가 지목하고 다음은 발표한 구성원이 원하는 사람을 지목하도록 한다.

3. 미래의 나의 모습(20분)

① 자신의 20년 후의 모습을 생각해 보는 시간을 갖는다.

② 각자에게 A3 용지와 각종 필기도구, 잡지 등을 나누어준다.

③ 나누어 준 종이에 각자 모습이 20년 후 유명한 잡지에 자신의 기사가 실렸다고 가정하고 기사를 작성한다.

▶ 너무 장난스럽게 하지 않도록 주의를 주고, 자신이 미래에 꼭 이루고 싶은 일이나 하고 싶은 일을 중심으로 기사를 만들도록 한다.

▶ 기사 위에 제목을 붙이고, 잡지를 충분히 활용할 수 있도록 한다.

④ 모두 완성되었으면 앞에 나와서 자신의 기사를 소개한다(첨부자료 15).

4. 선생님의 사랑 속에서 나는……(15분)

① 준비한 교사들의 영상편지를 구성원에게 보여주고 느낌을 나눈다.

② 각자 편지지에 선생님께 답장을 쓰고 앞으로 학교에 다니면서 꼭 지킬 약속 하나씩을 선생님께 드리는 편지에 적는다.

③ 준비한 쿠키와 사탕을 포장지에 예쁘게 싼다.

5. 프로그램 정리(5분)

① 자리를 정돈하고 프로그램 평가서를 작성한다.

② 종결에 대해 공지하고 진행자는 규칙판에 점수를 부여한다.

③ 간식을 나누며 프로그램을 마무리한다.

첨부자료 14

인 생 곡 선

지금부터 그리게 될 곡선을 여러분들의 한 생애라고 생각해보십시오.

지금부터 이 곡선 상에 나의 모든 것들을 표시할 예정입니다.

곡선의 양끝에 출생과 죽음을 표시하고 연도(나이)를 적어보십시오.

현재 나의 위치는 어디쯤인지 곡선 상에 표시하고 연도(나이)를 적어보십시오.

즐거웠던 경우는 위로 향하도록 슬펐던 경우는 아래로 선을 이어주십시오.

이제 과거 · 현재 · 미래에 대해 생각해 봅시다.

* 과거는 : 내 인생에 있어 중요하다고 생각되는 경험(사건)을 표시하여 보십시오.

　　　　　나에게 어떠한 영향을 미쳤는지 생각해 보십시오.

* 현재는 : 지금은 어떻습니까?

* 미래는 : 나의 미래를 예측해 봅시다.

첨부자료 15

20년 후의 나의 모습 상상하기 예시

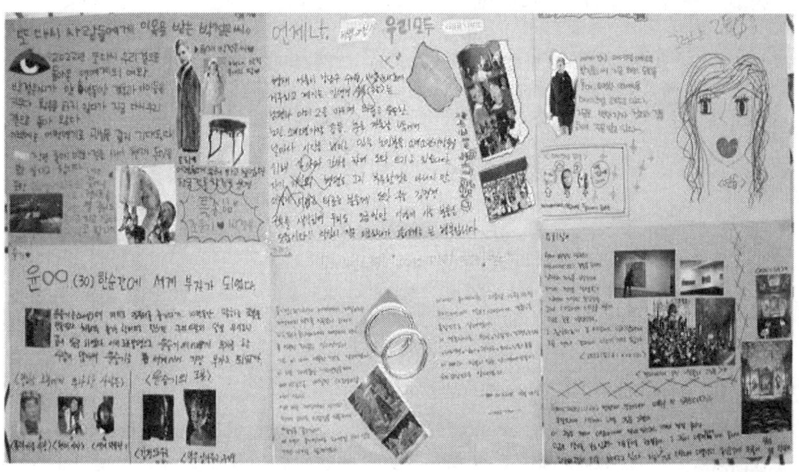

member	제목	내용	사진
a	또 다시 사람들에게 주목 받는 박○○씨!!	2022년 연예계 복귀! 6년간의 결혼생활을 함. 내년쯤에 전시회를 계획중임. 작년부터 롯데 백화점을 인수하였으며 전통 찻집을 운영중임.	인물 사진(2장), 전통 소반, 전시회 작품
b	언제나 바쁜 아침 우리 모두 마음을 나눠요!!	35세 주부로써 남편과 두 명의 아이를 키움. 주위의 소외된 사람들을 위해 식사와 간식을 챙김. 다른 사람들에게 어렵게 사는 분들을 돕자고 홍보	홍보 문구, 많은 아이들이 행사 준비하는 모습, 많은 아이들이 웃고 있는 모습 사진
c	20년 뒤에 박○○의 모습	세계적인 메이컵 아티스트인 박○○씨는 해외에서 활동. 백만장자 찰스와 결혼을 하여 주목받음.	모델 사진 얼굴부분(3장), 전신 모델사진(1장)
d	100억 원 짜리 반지 받다!	세계에서 제일 비싼 100억 원짜리 반지를 가수 비씨에게 받음. 20년 동안 알고 지낸 사이. 12월 25일 알프스산맥에서 결혼식 예정. 결혼식 때 많은 연예인 참석 예정	반지, 작은 모형의 집
e	이○○(35) 돈 방석에 앉다.!!	어린나이에 주식에 성공해서 1000억을 벌었음.	주택 사진, 서점 사진, 여러 테이블이 놓여진 야외 테라스사진
f	한순간에 세계 부자되었다!!	20살 때 재미로 컴퓨터를 즐기다 10년 동안 말하는 로봇을 발명. 그 로봇에 투자하는 사람들이 많아서 부자가 됨.	여러 투자자들의 사진, 말하는 로봇 사진(2장)
g	주○님 ♡	22세에 결혼. 자신의 적성을 살려서 남편과 자식 초상화를 그려 대상을 받음. 그 초상화가 경매에 올라 높은 가격에 매겨지고 있음. 그 그림은 한국의 미를 지니고 있음.	초상화와 여러 사람들이 광장에 모인 사진, 성당 안의 그림.

We are ZZang 7회 세부지도안

프로그램 명	세상 속으로	소요시간 및 인원	60분, 8명
장소	수서중 '푸른나눔터'	준비물	편지, 상장, 필기도구, 소감문, 간식, 카메라, 스티커, 규칙판, 프로그램만족도 설문지
목표	1) 학기 도중 선도처분 재발률을 감소시킨다. 　① 당해 학기 중에 선도처분이 없게 한다. 　② 사전·사후 학교생활태도검사, 비행척도를 실시하여 10% 이상의 유의미한 변화가 있게 한다. 2) 가정생활과 학교생활의 적응도 및 만족도를 향상시킨다. 　① 프로그램 진행 시와 당해 학기 중 학생의 출석률(지각, 수업 불참 등)이 80% 이상 되도록 한다. 3) 자신과 집단에 대한 긍정적인 인식을 가지도록 한다. 　① 참여 학생들 중 80% 이상이 자존감 및 미래인식도 사전·사후검사에 향상을 가져올 수 있도록 한다. 　② 참여 학생들이 집단의 다양한 경험을 통해 긍정적인 자아상이 형성되도록 한다.		
활동내용	나에게 쓰는 편지, 프로그램에 대한 느낌 자유롭게 나누기, 앨범 증정(프로그램 과정에서 촬영한 사진), 시상식, 사후검사, 프로그램 평가서 작성, 종결파티		

1. 도입(5분)

① 자리를 정돈하고 프로그램 시작을 알린다.

② 출석을 확인하고 출석률이 높은 성원을 확인한다.

③ 규칙을 확인하고 마지막까지 열심히 할 것을 당부한다.

④ 오늘이 마지막 프로그램 시간임을 알리고 프로그램의 의미와 목적을 간단하게 다시 설명한다.

⑤ 저번 시간에 담임교사에게 편지를 드린 것을 잠깐 언급한다.

2. 집단 참여 소감 나누기(15분)

① 집단활동에 대한 소감을 물어보고 구성원들이 자연스럽게 대답할 수 있도록 한다.

② 소감을 묻는 질문이 적힌 용지를 뽑아 이에 대한 소감을 말한다(예 : 집단활동 중 가장 기억에 남는 시간 or 사건은? / 집단활동이 나에게 미친 영향은?).

③ 질문용지를 뽑는 것은 구성원들이 차례로 돌아가면서 진행한다(첨부자료 16).

④ 구성원들이 소감을 발표할 때 진행자는 산만해지지 않도록 분위기를 조정한다.

3. 나에게 쓰는 편지(20분)

① 지도자들이 구성원들에게 쓴 글을 읽어준다.

② 구성원들은 지도자의 글을 모두 들은 후, 각자 지킬 수 있는 한 가지 약속내용을 정한다.

③ 준비된 약속카드에 내용을 적고 보조지도자가 걷는다.

④ 편지지를 나누어주면서 나에게 쓰는 편지를 작성한다(첨부자료 17).

⑤ 배경음악을 틀어 분위기를 조성한다.

⑥ 편지쓰기가 마무리되면, 봉투에 넣어 직접 자신의 주소를 쓰게 한다.

⑦ 자신에게 쓴 편지가 직접 집으로 보내질 것을 알려준다.

4. 상장 수여(칭찬하기)(10분)

① 프로그램에 각자가 참여했던 모습을 생각하도록 하며, 상을 수여하는 시간을 갖는다.

② 7개의 상을 모두 소개해준다(구성원 모두에게 수여한다).

③ 성원의 장점을 활용한 상장을 수여하여 모든 구성원이 받게 한다.

④ 상장 수여 시 간단한 선물을 증정한다.

▶ 상의 종류는 아래와 같다(첨부자료 18).

상 명 칭	수상한 상의 의미
에버그린상	프로그램에서 보여준 긍정적인 모습을 계속해서 한결같이 유지해 나가길 바람
장군상	프로그램에서 적극적이며 밝고 씩씩한 모습으로 임함을 칭찬함
웅녀상	어렵고 힘든 순간들을 인내하고 프로그램에서 발전된 모습을 보여줌을 칭찬함
스마일상	언제나 밝게 웃는 모습으로 프로그램을 활기차고 즐겁게 함을 칭찬함
감초상	프로그램에서 없어서는 안 되는 분위기 메이커 역할을 충실히 함을 칭찬함
아침이슬상	굳건한 의지로 지금 발전된 모습처럼 아침 일찍 등교하길 바람
그루터기상	지금처럼 언제나 편하게 쉴 수 있는 열려 있는 마음으로 친구들을 대하길 바람

5. 종결축하파티(10분)

① 자리를 정돈하고 프로그램 만족도 설문지를 작성한다(첨부자료 19, 21, 24).

② 집단이 종결됨을 축하하는 파티를 가진다.

③ 케익과 촛불을 준비하고 간식과 음료수를 먹으면서 마무리한다.

④ 마무리 정리는 구성원 각자가 하게 한다.

→ 첨부자료 16

소감을 묻는 질문지

앞으로 바꾸고 싶은 나의 모습은?

내가 하고 싶었던 프로그램은?

친구들에게 하고 싶은 말은?

프로그램 중 자신이 가장 자랑스러웠을 때는 언제였나요?

집단 프로그램 후 내가 바뀌게 된 점?

선생님들께 하고 싶은 말은?

가장 재미있었던 프로그램은?

▶ 첨부자료 17

나에게 쓰는 편지에서

오늘은 2002년 12월 3일 화요일 4시 ~ㅋㅋ.

내가 이편지를 읽을때면 우리가 방학때겠지 ~ㅋㅋ

한달뒤에 받게 되면 보람도 느끼고, 참 신뚱할거야~ 그지?

내가 나한테 쓰는거라서 참 우끼다~

어떻게 보면 추억도 되고, 그지!!! 과ㅋㅋ샹

: 오늘 중학교 들어와서 1학년때는 잘 행동했었는데..

2학년되서는 사고도 많이 치고, 부모님 속도 많이 썩였지~

- 엄마 마음이 마음이 여플거야! 그지

내가 생각해도 난 참 많이 변한거같애~

이제는, 공부도 조금씩 열심히하고, 내 새로운 모습으로 변해야 겠다!

맨날 똑같은 그렇게 생박하면서 막상 낳추하려면 잘 되지않지?

따닥! 엄마면~처럼 2학년때까지만 이어서

3학년되서도 다른모습에 "나"가 되어ㄱH~!

나와 나 자신의 약속이야~!

이 프로그램을 하면서 많은 걸 깨달았지만..

아직 실천안한게 많잖아~

성적도 꾸준 고치고, 열심히하는 내가 돼서

이런 생각을 가지면서 중학교 생활을 보내자!

그리고 마지막으로 친구들 가족 모두 사랑해♥

이 진두♥ㅋㅋ♪ 사랑능H ♥

더 열심히 해서 더 사랑받을수 있게해야지~♥

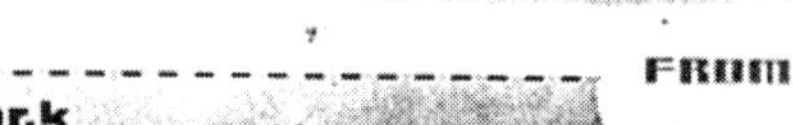

웅녀상

이름:

위 사람은 수서중 집단 프로그램 「We are ZZang」에
매우 적극적으로 참여하였으며,
힘들 때나 기쁠 때나 자신의 목표를 향해서
열심히 노력하고 인내하는 모습을 보였으므로
이 상을 수여합니다.

첨부자료 19

오늘 모임을 마치며...

년 월 일

이 름:

1. 오늘 프로그램 과정 중에 도움이 되었던 것은 무엇입니까?

2. 오늘 프로그램 과정 중에 아쉬웠던 것은 무엇입니까?

3. 오늘 프로그램 과정에 참가한 자신의 태도를 0점부터 100점 까지에서 몇 점을 주겠습
   니까? (   ) 점

4. 하고 싶은 말이 있다면 기록해 주세요!!

➡ 첨부자료 20

대상자카드

인테이크 날짜:

변경일:

담당자:

사진	성명			성별		연령		주민등록번호	
	주소							전화번호	
	학교 (직장)			전화번호				응급연락처	

가족사항	관계	성명	성별	연령	학력	직업	종교	건강상태	비고

주거상태	

경제상황	월수입 원	보호구분	일반, 저소득, 수급권자, 기타( )
번호	문제점	개입계획	결과 및 개입종결여부
1			
2			
3			
4			

〈상담요약〉

〈담당자의견〉

○○중학교 학교사회사업실 귀중

▷ 첨부자료 21

■ 미래인식에 대한 검사지 각 항목 중 자신에게 가장 적합한 곳에 ∨표해 주세요.

문 항	매우 그렇다	다소 그렇다	보통	다소 그렇지 않다	매우 그렇지 않다
1. 나의 미래상은 때에 따라 자주 바뀐다.					
2. 나의 장래에 어떤 일을 하며 살아갈지 구체적으로 생각해 보았다.					
3. 내가 앞으로 무슨 직업을 갖게 될지 관심이 있다.					
4. 내가 장래에 하고 싶은 일의 보람을 알고 있다.					
5. 장래의 직업을 위해 부모님과 의견을 나눈다.					
6. 장래의 희망하는 직업을 갖기 위해서는 무엇을 준비해야 하는지 안다.					
7. 장래의 희망하는 직업인이 되기 위해 구체적으로 계획을 세워 보았다.					
8. 나의 장점이 장래의 희망에 어떻게 도움이 되는지 안다.					
9. 나의 단점이 장래의 희망을 이루기 위해서는 어떻게 고쳐야 하는지를 안다.					
10. 나의 미래는 불확실하고 혼란스럽게 느껴진다.					

■ 다음은 학교생활에서 자신의 모습입니다. 솔직하게 답변해 주세요!!

문 항	매우 그렇다	다소 그렇다	보통	다소 그렇지 않다	매우 그렇지 않다
1. 학교 생활이 즐겁다.					
2. 학교를 가는 것이 시간낭비라는 생각이 든다.					
3. 학교를 그만두고 싶어질 때가 있다.					
4. 나는 수업시 학업태도가 좋은 편이다.					
5. 숙제는 내 스스로의 힘으로 꼬박꼬박 해가는 편이다.					
6. 학교에 지각을 한다.					
7. 수업시간에 나는 도움이 되는 것을 배운다고 생각한다.					
8. 다른 학생들과 싸우거나 다툰 적이 있다.					
9. 무단결석을 한다.					
10. 수업이나 자율학습 시간에 무단 이탈한 적이 있다.					

■ 다음은 나에 대해서 생각하는 문항입니다. 솔직하게 빠짐없이 답변해 주세요.

문　　　항	매우 그렇다	다소 그렇다	보통	다소 그렇지 않다	매우 그렇지 않다
1. 나도 남들처럼 가치있는 사람이다.					
2. 나는 좋은 성품을 가졌다고 생각한다.					
3. 나는 할 수만 있다면 지금 나 자신의 많은 부분을 바꾸겠다.					
4. 나는 어떤 결정을 내리는 데 별로 어려움이 없다.					
5. 다른 사람들은 나와 함께 있는 것을 좋아한다.					
6. 나는 꽤 행복한 편이라고 생각한다.					
7. 나는 친구들에게 인기가 있다.					
8. 나는 무슨 일을 할 때 쉽게 포기해 버리는 성격이다.					
9. 나는 나를 좋아한다.					
10. 내 인생의 모든 일들이 뒤죽박죽 되어 있다.					
11. 나는 우울할 때 즐거운 일을 생각하려고 노력한다.					
12. 나는 정말 좋아하는 것을 시작하기 전에 해야 할 일은 먼저 한다.					
13. 나는 종종 나를 괴롭히는 생각을 떨쳐버리기가 어렵다.					
14. 나는 내 생각을 바꾸어서 나의 감정 또한 변화시킬 수 있다.					
15. 나는 나쁜 습관에 젖어 있을 때 다른 사람의 도움이 필요하다.					
16. 나는 일을 해결하기 위해 도움 받을 방법을 찾는다.					
17. 나는 우울할 때 좋아하는 것을 찾아 바쁘게 지내려고 한다.					
18. 나는 편안한 상황에서도 긴장이 되고 두려운 느낌이 든다.					
19. 나는 일을 처리할 때 다른 사람이 압력을 가하면 빨리 처리한다.					
20. 나는 어려운 문제가 생기면 체계적인 방법으로 해결하려고 한다.					

■ 지난 3개월 동안 당신 자신이 얼마나 자주 다음과 같은 일을 경험한 적이 있는지를 '전혀 없다' 에서부터 '10번 이상' 까지 해당되는 곳에 하나에만 ∨표를 해 주십시오(비행척도).

내　　　용	전혀 없다	1-2번 정도	3-5번 정도	6-9번 정도	10번 이상
1. 담배를 피워본 적이 있다.					
2. 소주방 · 호프집 · 락카페 등에 가본 적이 있다.					
3. 지나가는 이성을 희롱하거나 만져본 적이 있다.					
4. 같은 또래나 후배에게 돈이나 물건을 뺏은 적이 있다.					
5. 술을 많이 마셔본 적이 있다.					
6. 부모님의 허락없이 외박을 한 적이 있다.					
7. 음란서적이나 음란비디오를 본 적이 있다.					
8. 아무런 이유없이 마음에 안 드는 친구나 후배를 때린 적이 있다.					
9. 밤에 친구들과 오토바이를 타고 몰려다닌 적이 있다.					
10. 패싸움에 가담한 적이 있다.					

각종 검사지 해석방법

1. 미래인식검사지

총 10문항 중 1번과 10번만 역점수로 채점하면 된다. 5점 척도로 채점하도록 하며 점수가 높을수록 미래에 대한 인식이 높은 것으로 평가하면 된다.

2. 학교생활 소외감 검사지

총 10문항 중 1번, 4번, 5번, 7번을 역점수로 채점하면 된다. 5점 척도로 채점하도록 하며 점수가 높을수록 학교생활에서 소외감을 많이 느끼며 적응하기가 어려운 것으로 평가하면 된다.

3. 자아존중감(인식도) 검사지

총 20문항으로 3번, 8번, 10번, 13번, 15번, 18번, 19번을 역점수로 채점하면 된다. 5점 척도로 채점하도록 하며 점수가 높을수록 자신에 대한 이해도가 높으며 자아존중감이 높은 것으로 평가하면 된다.

4. 비행 검사지

총 10문항으로 역점수로 채점하는 항목은 없으며 점수가 높을수록 비행에 대한 동기가 강한 것으로 평가하면 된다. 또한 비행척도 검사 시 6-9번 이상인 경우는 개별상담을 통해 집중적으로 개입할 필요성이 있다고 판단된다.

▶ 첨부자료 22

의 뢰 서

인적사항	소 속		학교 학년 반	이름	(남 · 여)
	주 소				
	연락처		(휴대폰:)		

나타나는문제

· 있는 대로 모두 표시

가출 · 폭력 · 도벽 · 흡연 · 약물사용 · 불건전한 이성교제 · 불량서클가입 ·
유흥업소출입 · 교우문제 · 낮은 학업성적 · 주위 산만 · 수업태도불량 ·
과잉행동 · 가정 내 학대 · 가정내 방임 · 따돌림(피해) · 따돌림(가해) ·
경제적 어려움

기타 : ___________________

학교에서의 처벌유무	없다 · 1회 · 2회 · 3회 이상	처벌사유	

서비스요청

· 있는 대로 모두 표시

개별상담 · 심리 / 성격 검사 · 집단상담 · 부모상담 · 경제적 지원 ·
의료서비스 · 학습서비스 · 복지관 프로그램 무료참여

기타 : ___________________

기타

(의뢰를 통해서 변화되기 바라는 부분이 있으시면 적어 주시기 바랍니다.)

위 학생을 의뢰합니다.

2003년   월 일

의뢰자 : (서명)

소속 · 관계 :

연락처 :

○○중학교 학교사회사업실 귀중

첨부자료 23

학 생 생 활 일 지

인적사항	소속	학교 학년 반		이름	
	연락처		(휴대폰:)		

나타나는문제

· 있는 대로 모두 표시

가출 · 폭력 · 도벽 · 흡연 · 약물사용 · 불건전한 이성교제 · 불량서클가입 · 유흥업소출입 · 교우문제 · 낮은 학업성적 · 주위 산만 · 수업태도불량 · 과잉행동 · 가정 내 학대 · 가정내 방임 · 따돌림(피해) · 따돌림(가해) · 경제적 어려움

기타 : ______________________

학교에서의 처벌유무	없다 · 1회 · 2회 · 3회 이상		처벌사유	
출결상황	( )월	( )월	( )월	( )월
결석(병결등)	회	회	회	회
무단결석	회	회	회	회
지각	회	회	회	회
조퇴	회	회	회	회
결과	회	회	회	회

소감

2003년 월 일

소속 · 관계:

연락처:

○○중학교 학교사회사업실 귀중

➡ 첨부자료 24

프로그램 평가설문지

여러분에게 유익하고 즐거운 시간들이 되었으리라 생각됩니다. 다음은 이번 프로그램의 평가 설문지입니다. 잘 읽어보시고 성실하게 답변해 주시기 바랍니다.

1. 운영 면에 대한 평가

단위 : 명

문 항	매우 불만족	대체로 불만족	보통	대체로 만족	매우 만족
프로그램 내용에 대하여					
프로그램 진행 방법에 대하여					
지도자들의 지도에 대하여					
집단 분위기에 대하여					
인원에 대하여					
프로그램 기간에 대하여					
프로그램 시간에 대하여					
장소에 대하여					

2. 구성원들에 대한 평가

문항	매우 불만족	대체로 불만족	보통	대체로 만족	매우 만족
구성원들간의 지도력에 대해					
의사소통에 대해서					
자신의 표현력에 대해서					
활동 과제 수행력에 대해서					
어떠한 대우를 받았는지에 대해서					

3. 자발성과 협조성에 대한 평가(프로그램에서의 나의 모습)

단위 : 명

문항	매우 불만족	대체로 불만족	보통	대체로 만족	매우 만족
프로그램에 적극적으로 참여함					
자발적이고 솔직하게 참여했다					
구성원들과 상호협력 하였음					
다른 의견, 충고를 받아들이도록 노력함					
시간을 잘 지킴					
다른 사람의 발표를 경청함					
프로그램 뒷정리를 솔선수범함					
올바른 언어를 사용함.					

4. 프로그램 내용 평가

단위 : 명

문 항	매우 불만족	대체로 불만족	보통	대체로 만족	매우 만족
애들아 반가워!(프로그램, 구성원 소개)					
니가 학교를 알아?(학교의 긍 · 부정적인 모습)					
너를 보여줘(역할극)					
우리들의 아우성(성교육)					
GO! GO!(성교육 전시관 견학)					
멋진 내가 되기 위해..(영상편지)					
세상 속으로(종결 파티)					

5. 목적 성취도 평가

단위 : 명

문 항	매우 불만족	대체로 불만족	보통	대체로 만족	매우 만족
나 자신에 대해 새로이 알게 됨					
자신의 장점, 잠재능력 발견함					
올바른 가치관 확립에 도움					
인생과 미래에 대해 설계하는 기회 가짐					
문제에 대한 올바른 인식 가짐					
걱정이나 고민거리 해결에 도움					
친구에 대한 관심, 이해 증진					
부모에 대한 관심, 이해 증진					
학교 및 교사에 대한 이해 증진					
보다 즐거운 학교생활을 할 수 있는 동기부여					
생활태도 변화의 기회가 됨					
구성원들과 유익한 시간이 됨					

6. 전체적인 만족도 평가

단위 : 명

매우 불만족	대체로 불만족	보통	대체로 만족	매우 만족

7. 전체적인 소감(느낀 점)

8. 프로그램 중에서 가장 기억에 남고 좋았던 것은 무엇입니까?

9. 다음 교육을 위한 개선사항을 구체적으로 적어 주세요(내용, 새로운 프로그램, 지도방법, 간식 등).

10. 이번 교육을 마치고 자신과 자기 가족을 위해서 어떠한 일을 하겠습니까?

- 나의 발전을 위해

- 나의 가족을 위해

11. 지도자에 대한 평가, 선생님에게 하고 싶은 말을 쓰세요.

첨부자료 25

집단프로그램 종결기록

집단명 :

지도자 :

1. 회원이 하는 평가(프로그램 평가설문지 활용)

1) 운영 면

2) 프로그램 내용

3) 목표달성

4) 다음 프로그램에 대한 의견

5) 지도자에 대한 평가

2. 지도자가 하는 평가(지도자의 분석)

1) 집단의 특징

2) 회원의 참여도

3) 집단에 대한 발달단계별 분석

	초기	중기	말기
응집력			
자치능력(계획 및 실행)			
지도자에 대한 수용			
참여도			

▶ 첨부자료 26

집단지도평가서 예시

학교부적응학생 집단지도 평가서

- WE ARE ZZANG!! -

1. 회원이 하는 평가

1) 운영 면에 대한 평가

〈표 1〉 운영과정에 대한 의견　　　　　　단위 : 명 , ( ) : 백분율

문　항	매우 불만족	대체로 불만족	보통	대체로 만족	매우 만족	합계
프로그램 내용에 대하여				1	5	6
프로그램 진행 방법에 대하여				2	4	6
지도자들의 지도에 대하여				1	5	6
집단 분위기에 대하여			2	3	1	6
인원에 대하여					6	6
프로그램 기간에 대하여			4		2	6
프로그램 시간에 대하여			2		4	6
장소에 대하여			1		5	6
합계	0	0	9(18.8)	7(14.6)	32(66.6)	48

　〈표 1〉과 같이 66.6%가 프로그램의 운영 면에 대해 매우 긍적적으로 응답하였다. 특히 구성원들은 인원부분에 대한 질문에 '매우 만족한다' 에 전원이 대답하였다. 그 외에 프로그램 기간을 좀 더 길게 했으면 좋겠다는 의견(3명)이 나왔다.

2) 구성원들에 대한 평가

문항	매우 불만족	대체로 불만족	보통	대체로 만족	매우 만족	합계
구성원들간의 지도력에 대해			1	1	4	6
의사소통에 대해서		1		2	3	6
자신의 표현력에 대해서			1	1	4	6
활동 과제 수행력에 대해서			1	3	2	6
어떠한 대우를 받았는지에 대해서				1	5	6
합계	0	1(3.3)	3(10)	8(26.7)	18(60)	30(100.0)

프로그램 참여 동안 구성원들 간의 상황을 파악하기 위한 질의에 86.7%가 긍적적으로 응하였다. 그 중에서 얼마만큼 존중을 받는냐는 질문에 가장 만족스럽다고 평가하였다. 그러나 과제 수행력이나 활동 과제에 대해서는 낮게 평가되었다.

<표 3> 자발성과 협조성(프로그램에서의 나의 모습)　　단위 : 명 , ( ) : 백분율

문항	매우 불만족	대체로 불만족	보통	대체로 만족	매우 만족	합계
프로그램에 적극적으로 참여함		1	2	1	2	6
자발적이고 솔직하게 참여했다			1	2	3	6
구성원들과 상호협력 하였음		1	1	2	2	6
다른 의견, 충고를 받아들이도록 노력함			2		4	6
시간을 잘 지킴		2	2		2	6
다른 사람의 발표를 경청함		1		4	1	6
프로그램 뒷정리를 솔선수범함				2	4	6
올바른 언어를 사용함.		4	2			6
합계	0	9(18.8)	10(21)	11(23)	18(37.2)	48(100.0)

자발성 및 프로그램 참여태도에 대한 질의에 60.2%로 다른 영역에 비해 구성원들이 다소 낮은 평가를 하였다. 특히 프로그램 시에 올바른 언어사용에 대한 질문에 대해서 가장 저조하게 평가하였다. 반면 다른 사람의 의견을 수용하고 이해하며, 프로그램 종결 시 정리하는 부분에 대해서는 다소 긍정적인 평가를 하였다.

3) 프로그램 내용 평가

<표 4> 프로그램 내용에 대한 의견　　단위 : 명 , ( ) : 백분율

문 항	매우 불만족	대체로 불만족	보통	대체로 만족	매우 만족	합 계
얘들아 반가워!(프로그램, 구성원 소개)			1	2	3	6
니가 학교를 알아?(학교의 긍 · 부정적인 모습)			1	3	2	6
너를 보여줘(역할극)				5	1	6
우리들의 아우성(성교육)					6	6
GO! GO!(성교육 전시관 견학)					6	6
멋진 내가 되기 위해..(영상편지)				2	4	6
세상 속으로(종결 파티)					6	6
합계	0	0	2 (4 8)	12(28.6)	28(66.6)	42(100.0)

〈표 4〉에서의 양상을 보면 95.2%로 구성원들이 매우 긍정적인 평가를 했다. 구성원들이 성 지식에 대해서 무지할 뿐더러, 관심이 많은 분야이기 때문에 아우성 및 성교육 전시관에 대한 호응도가 높은 것으로 판단된다. 반면 구성원들의 성향을 제대로 파악하지 못했던 1, 2회기 때는 다소 낮은 것으로 지적되었다. 구성원들은 다음 프로그램에서 음식만들기(3명)를 하자고 제안하였다.

4) 목적 성취도 평가

〈표 5〉 목적 성취도 평가 의견　　　　　단위 : 명 , ( ) : 백분율

문 항	매우 불만족	대체로 불만족	보통	대체로 만족	매우 만족	합 계
나 자신에 대해 새로이 알게 됨			2	2	2	6
자신의 장점, 잠재능력 발견함			1	4	1	6
올바른 가치관 확립에 도움				5	1	6
인생과 미래에 대해 설계하는 기회 가짐				4	2	6
문제에 대한 올바른 인식 가짐			1	3	2	6
걱정이나 고민거리 해결에 도움		1	1	2	2	6
친구에 대한 관심, 이해 증진			1	1	4	6
부모에 대한 관심, 이해 증진		1	2	1	2	6
학교 및 교사에 대한 이해 증진			5		1	6
보다 즐거운 학교생활을 할 수 있는 동기부여			3	2	1	6
생활태도 변화의 기회가 됨			1	4	1	6
구성원들과 유익한 시간이 됨			1	2	3	6
합계	0	2(2.8)	18(25)	30(41.7)	22(30.5)	72(100.0)

프로그램을 통한 목표성취도의 전반적인 평가를 보면 72.2%로 다소 긍정적이다. 문항 중 친구에 대한 관심 및 이해 증진이 얼마나 되었냐의 질문에 가장 높은 평가를 해 주었다. 반면 학교 및 교사에 대한 이해 증진에 대해 다소 낮은 평가를 했다. 그러나 이전보다 교사 및 학교에 대한 이해증진이 많이 호전된 평가라고 판단된다.

5) 만족도 평가

〈표 6〉 프로그램에 대한 만족도 의견　　　　　단위 : 명 , ( ) : 백분율

매우 불만족	대체로 불만족	보통	대체로 만족	매우 만족	합계
0	0	0	1(16.7)	5(83.3)	6(100.0)

구성원들이 프로그램에 대해서 느끼는 전반적인 만족도를 보면 매우 만족이 83.3%로 높게 평가를 하였다. 이 프로그램을 통해서 자신을 돌아보며, 친구들을 알아가고, 학교 및 교사들에 대한 이해 증진 등에 다소 긍정적인 영향을 끼쳤다고 판단된다.

구성원들이 가장 유익하며, 기억에 남는 프로그램이라 손꼽은 것은 성교육 프로그램(5명)과 영상편지(1명)이다.

6) 지도자에 대한 평가

지도자에 대한 평가는 태화기독교사회복지관에서 발간한 집단 프로그램 매뉴얼의 내용을 수정해서 사용하였다.

대체적으로 구성원들은 감사하다는 얘기와 관심을 갖고 지켜봐 주서서 좋았다는 의견이다. 하지만 양적이 아닌 질적 평가이기 때문에 측정하기엔 애매한 점이 있다.

7) 비행척도 검사 결과

〈표 7〉 비행 척도　　　　　　　(점수 합계:. +: 비행척도 감소분, -: 비행척도 증가분)

척도 NO	질서		척도 증감	성		척도 증감	폭력		척도 증감	절도		척도 증감	약물		척도 증감	전체 증감
	사전	사후		사전	사후		사전	사후		사전	사후		사전	사후		
1	6	9	+3	13	13	0	9	9	0	14	15	+1	12	12	0	+4
2	18	19	+1	16	18	+2	5	11	+6	13	21	+8	14	13	-1	+16
3	20	18	-2	18	16	-2	14	12	-2	26	19	-7	14	13	-1	-14
4	19	20	+1	16	12	-4	15	14	-1	18	24	+6	12	15	+3	+5
5	20			19			14			23			15			
6		19			17			7			21			12		
7		20			16			12			16			13		
전체 비교	63	66	+3	63	59	-4	43	46	+3	71	79	+8	52	53	+1	+11

비교대상은 1~4번까지 함(5번은 사전만 6, 7번은 사후만 검사실시 함).

평가방법은 비행척도 검사 설문지에서 비행횟수가 적은 것을 5점으로 배점함(+: 비행척도 감소분, -: 비행척도 증가분).

3번인 ○○를 제외하고는 전체적으로 비교해 보았을 때 비행의 척도는 감소하였다.

2. 지도자가 하는 평가

1) 집단의 특징

이 집단은 2002년 1학기 학교 내 집단 폭력문제로 징계처분을 받은 학생들로 구성되었다. 지난 1학기 그룹(여학생 총 7명, 중 2)을 이루고 있는 본 프로그램 구성원들은 선배들과 싸움을 하여 폭력을 당한 피해 학생들이다. 그러나 집단 구성원들은 평소에 다른 학교학생들이나 후배들과 싸움을 하고 폭력을 가하는 가해자이기도 하다. 또한 이 집단 구성원들은 학교 내의 규칙에 따라 시간을 관리하며 학교생활에 원만하게 적응하는 데 어려움을 가지고 있다. 가정 내에서도 의사소통 부재 등의 다양한 문제를 가지고 있는 구성원들은 앞으로 무단결석, 폭력, 약물사용, 가출, 성 문제 등의 일탈행동을 할 위험을 소지하고 있다. 집단 내 구성원들(7명) 사이의 집단 결속력이 높고 부정적인 문제행동을 함께 하려는 성향을 지니는 것이 공통적인 특성이다. 따라서 문제행동을 해결하기 위해 집단결속력을 긍정적으로 활용하면 기대 효과가 높을 것이라 생각하여 그룹으로 나눠서 프로그램을 실시하기로 하였고 실제적으로 프로그램에 있어서 집단 구성원들의 강한 결속력이 집단참여에 긍정적으로 작용했다. 집단 구성원들의 성격이 적극적이고 솔직하여 역동적인 분위기 속에서 프로그램이 진행되었다.

2) 회원의 참여도

단위 : 명

성 명	1회 10/15	2회 10/22	3회 10/29	4회 11/5	5회 11/12	6회 11/19	7회 12/3	합계
송○○	○	○	○	○	○	○	○	7
김○○	○	○			○	○	○	5
이○○	○	○	○	○	○	○		6
임○○	○		○		○	○	○	5
윤○○	○		○		○	○	○	5
박○○	○	○	○	○	○	○	○	7
박○○	○	○		○		○	○	5
현원(명)	7	5	5	4	6	7	6	

	출	결	출	결	출	결	출	결	출	결	출	결	출	결
	7	0	5	2	5	2	4	3	6	1	7	0	6	1

3) 집단에 대한 발달단계별 분석

분석　　　단계	초　기	중　기	말　기
응집력	집단 구성원들이 서로 밀착되어 있는 관계로 의존성이 높다. 집단 구성원들의 특성을 깊이 파악할 수 있는 프로그램을 통해 서로에 대한 이해가 깊어졌다. 적극적인 집단 구성원들로 인해 분위기가 역동적이며 집단 구성원들끼리 서로 배려해 주고 생각해 준다. 집단구성원 중 한 인물이 중심이 되지 않고 구성원들이 골고루 융합되어 있다.	○○이 등 집단 구성원 몇몇이 집단에 불참하면서 집단이 분열된다. 열심히 집단에 참여하고자 하는 구성원들과 집단에 불참하는 구성원들끼리 서로 구분이 되며 집단 내 소그룹이 생성된다. 집단에 열심히 참여하는 구성원들이 집단지도자와 더 밀착된 관계가 되는 것처럼 보이자 더욱 불참 구성원들끼리 응집력이 강해지며 원만한 집단 진행을 방해한다.	집단에 불성실하게 참여했던 구성원들이 모두 열심히 참여하게 되면서 다시 집단분위기가 활성화된다. 전체 집단 성원들이 모두 집단에 참여하게 되면서 역동적이며 활발한 집단 분위기를 생성한다. 서로에 대해 긍정적인 피드백을 주고받는 시간을 통해 더욱 깊은 관계가 형성되고 서로를 이해하고 배려할 수 있게 된다.
자치능력 (계획 및 실행)	집단 구성원들끼리 서로에 대해 우선 알고 관계형성이 되어 있는 상태라 집단 프로그램 진행 시 서로 적극적으로 하려는 자세를 보인다. 과제수행 시 서로 자유롭게 토론하나 서로의 의견을 존중하고 경청하는 능력은 부족하다.	집단 참여에 대해 집단 구성원들이 모두 참여하지 않았을 때 참여한 구성원들이 불만을 보이며 집단 분위기가 소극적이며 부정적이게 된다. 집단 구성원들 전체가 참여했을 때와 분위기가 확연히 구분된다. 역할극 진행 시 진지하게 스스로의 문제를 표현하기를 부끄러워하나 집단 활동에서 구성원들은 주어진 과제들을 스스로 해결하고자 노력한다.	서로에 대해 깊은 이해들과 관계형성을 바탕으로 집단활동에서 서로의 의견을 경청하고 피드백을 주는 능력이 향상되었다. 미래인식 과제에 대해 적절히 수행하며 다른 집단 구성원들의 과제수행에 대해서도 이해하고 긍정적인 피드백을 주었다. 집단 구성원들이 서로의 장점에 대해 이해할 수 있게 되었다.
지도자에 대한 수용	집단 지도자 세 명에 대한 소개를 통해 이름을 외우며 구성원들은 집단지도자들과 관계형성 노력을 보인다. 집단구성원들은 집단사전 인테이크 시, 자신과 상담을 하였던 지도자들과 먼저 관계가 형성되어 집단 진행 시 주로 그 지도자를 중심으로 자신의 문제를 말하고 다가서는 모습을 보인다.	집단지도자들을 반갑게 대하고 자신의 가장 중요한 고민들을 집단지도자들에게 털어놓는다. 집단 불참자에게 진행자들은 지속적인 연락을 하나 불참자들은 연락을 회피하는 모습을 보인다. 집단 진행자들의 지속적이며 긍정적인 피드백을 통해 집단에 참여하게 되고 자신들을 이해해주고 문제를 들어주는 집단 지도자들에게 자신의 문제를 진솔하게 표현하기 시작한다.	집단지도자들과의 깊은 관계형성으로 집단 종결 시 아쉬운 모습을 보인다. 집단진행시간 이외의 점심시간이나 쉬는 시간에도 집단 지도자들을 찾아와 자신의 생활에 대해 이야기한다. 집단 진행자들과 약속을 지키려는 노력을 하고 이것에 대해 지도자들은 긍정적인 강화를 지속한다. 종결 시 집단지도자들에게 감사함과 서운함을 표현하였다.
참 여 도	집단 초기에 구성원들 전원이 참석하였고 지속적으로 과반수 이상의 참여를 보인다. 적극적으로 집단진행에 수용적인 자세로 임하는 모습을 보인다. 만들기 등의 작업에 즐겁게 참여하고 자신의 의견을 표현하는 것에 있어서도 적극적이다.	중반에 과반수 이하의 집단 구성원들이 참여하면서 집단의 위기를 맞는다. 집단의 규칙을 지키지 않는 것에 대해 부정적인 피드백을 지도자는 제공한다. 외부 프로그램으로 집단 전원이 참석하고 집단참여율이 높아지면서 역동적인 분위기를 찾게 된다.	후반기 프로그램에는 집단 구성원들이 전원 참석하게 됨으로 역동이고 활발한 분위기에서 진행이 이루어질 수 있게 된다. 집단 구성원들은 집단 참여에 진지하고 적극적인 모습을 보여주고 이것에 지도자들은 긍정적인 피드백을 제공한다.

3. 대상자에 대한 평가

1) 송○○

초기에 집단에 참여했을 시에는 집단 구성원 중 부정적인 언어를 가장 많이 사용하며 공격적인 모습을 보였다. 문제행동(흡연, 음주, 성, 폭력 등)에 있어서도 심각하게 노출되어 있는 모습을 보였으며 학교체계에 대해 부정적인 시각을 가지고 있었다. 그러나 프로그램 시작부터 종결까지 꾸준히 집단에 참석하며 집단 내의 규칙을 성실히 지키고 학교 생활에 있어서도 긍정적인 시각을 가지고 최선을 다하는 생활태도를 보여주었다. 프로그램 중 지속적으로 ○○의 변화에 대한 집단 지도자들의 긍정적인 피드백을 강화하였다. 집단 구성원들 사이에 있어서도 상대방을 무시하고 공격적인 언어를 사용하는 것이 줄어들었고 스스로를 존중하는 모습을 가지게 되었으며 규칙적인 학교생활에 적응하며 집단 지도자 및 구성원들에게 성실한 모습을 보여주었다. 집단 지도자들과 밀착된 관계형성을 토대로 자신의 고민을 솔직하게 표현하며 스스로의 생활의 규칙을 지키고 변화하려는 노력을 지속하여 프로그램 구성원 중 초기에 비해 긍정적으로 눈에 띄게 변화가 이루어진 학생이다.

2) 임○○

○○는 프로그램 중 적극적인 성격으로 분위기를 이끌고 즐겁게 하는 역할을 담당하였다. 초기에 ○○는 부정적인 언어를 사용하고 공격적이며 학교에 대해 부정적인 시각을 가지고 있었다. 학교규칙을 지키고 수업에 참여하며 학교생활에 적응하려 하나 집단 구성원들 및 다른 친구들로 인해 자신의 결심을 지켜나가기 어렵다고 하였다. 또한 주의 산만하여 집단프로그램 시간에 집중하지 못하는 모습을 보였다. 프로그램에 지속적으로 참여하면서 긍정적인 성격을 바탕으로 ○○는 자신의 학교생활에 최선을 다하려 하였고 학교수업시간에도 빠지지 않으려 노력하는 모습을 보였다. 또한 프로그램 시간에 자리를 지키고 집중하며 상대방의 이야기에 경청하는 태도를 보이기도 하였다. 자신의 미래에 하고 싶은 일에서도 확고한 희망과 의지를 가지고 있는 모습을 보였으며 집단 지도자와 구성원들의 긍정적인 피드백을 토대로 밝고 성실한 모습을 보이며 프로그램 규칙을 최선을 다해 지키려는 모습을 보였다. 가정과 학교에서의 관심이 지속된다면 프로그램에서 변화되었던 사항들이 유지되고 발전된 모습으로 성장하는 학생이 될 것이라 판단된다.

3) 김○○

프로그램 참여시 의외의 모습을 많이 보여주며, 분위기 메이커 역할을 담당하였다. 초기 ○○이는 학교 및 교사에 대한 부정적인 시각을 갖고 있었다. 그러나 다른 구성원들처럼 나눔터 선생님들 앞에서 욕설 및 은어의 사용은 적었다. 하지만 화가 났을 때는 분노조절이 잘 되지 않는 관계로 프로그램에 불참하거나 간섭할 시엔 마구 소리를 질렀다. 프로그램에 참여하면서는 돈을 많이 벌겠다는 의지를 가진 다른 구성원들과는 달리 소박하게 살며 자원봉사를 통해서 타인을 도우며 살겠다는 몇 차례의 의사를 통해서 따뜻한 마음을 보이기도 하였다. 또한 규칙을 잘 준수하며, 진지한 태도와 적극적인 발언을 통해서 자신의 의사를 정확히 전달하였다. 프로그램 참여 초반에의 학교 및 교사에 대한 닫혀진 마음이 긍정적인 관심으로 변화되었다. 구성원 상호간의 긍정적인 피드백을 토대로 더욱 그러한 점이 강화되었다. 다만 수업시간 및 프로그램 시간에 다소 산만하며, 구성원 사이에서 이간질을 하는 것이 엿보였다. 또한 웃어른에게 하는 행동과 집단 내에서 가끔씩 내비치는 모습이 전혀 달라서 담임교사에게 실망을 안겨드리기도 하였다. 하지만 옳고 그름을 잘 판별할 줄 알며, 확고한 의지를 갖고 있기에 긍정적인 모습으로 성장하리라 기대된다.

〈중략〉

4장

MBTI를 활용한 부모 효능감 향상 프로그램

'3H(Happy · Healthy · Hopeful - 행복한 · 건강한 · 꿈을 주는) 부모되기'

김미정 / 이근영

프로그램 개요

'3H(Happy · Healthy · Hopeful - 행복한 · 건강한 · 꿈을 주는) 부모되기' 프로그램은 태화 지역상담센터에서 MBTI 검사도구를 활용한 집단상담 형태로 구성하여 실시한 부모교육 프로그램이다. 1999년 1기로 시작하여 매년 2기씩 2003년 현재 7기까지 진행되었는데, 부모교육에 대한 자발적인 참여 동기를 가진 지역사회주민을 모집하여 소정의 참가비를 받고 진행하였으며 6기까지는 기수 당 각 4회씩 진행하였고 7기부터 8회기로 확대하여 진행하였다.

부모와 자녀의 성격유형을 이해하고 성격에 맞는 양육태도 형성을 목적으로 교육적 내용과 상담적 요소가 결합된 집단 프로그램으로 진행하였다.

Ⅰ. 문제분석

인간은 성숙에 이르기까지 그들의 부모에게 의존하는 기간이 길기 때문에 부모의 보살핌의 질은 사람의 생존과 성장에 중요한 요인이 된다. 부모의 보살핌에 대한 중요성을 인식하면서도 부모들은 부모역할에 대해 거의 준비하지 못한 상태에서 부모가 되는 경우가 대부분이다. 따라서 많은 부모들은 실제로 부모역할을 하면서 비효율적이고 실망스러운 과정을 경험한다. 이러한 과정을 최소화하고 보다 효과적인 부모역할을 수행하기 위해 의사소통 기술, 그리고 문제해결 기술의 발달을 가져오는 학습과 행동수정의 원칙을 가르쳐 부모에게 실제적 정보를 제공하여 부모가 자녀를 돕는 것을 목적으로 부모교육이 발전해 왔다.

실제로 태화기독교사회복지관의 지역상담센터에 의뢰된 자녀문제를 상담하는 과정에서 대부분의 경우 부모상담의 필요성이 제기되어 자녀상담을 진행하면서 정기적인 부모상담을 구조화하여 병행하게 되었다. 부모상담을 통해 부모로서 양육에 필요한 지식과 기술을 익힐 수 있는 교육기회를 갖고 싶어하는 부모들의 욕구를 발견하게 되었고, 부모들의 양육태도의 변화가 자녀들의 문제해결에 긍정적인 영향을 미치는 것을 알 수 있었다. 특히 부모 · 자녀 간 관계의 어려움에 있어 각자의 기질과 특성을 수용하고 이해하지 못할 때 큰 갈등이 생겨나는 것을 발견하였다.

이러한 필요는 태화기독교사회복지관이 2000년도에 실시한 지역사회욕구조사에서도 동일하게 나타나고 있다. 여성들을 위한 프로그램 욕구조사 결과, 전체 응답자의 90.3%인 324명이 부모교육에 대해 '매우 필요하다' 와 '어느 정도 필요하다' 는 긍정적인 답변을 해서 체육, 취미기능욕구 다음으로 부모역할을 위한 교육의 필요성이 강하게 제기된 바 있다(태화기독교사회복지관, 2000).

따라서 태화지역상담센터에서는 지역사회욕구조사와 개별상담의 경험을 통해 제시된 욕구를 반영하여 부모가 자신과 자녀에 대한 성격이해를 통해 자녀의 성격과 기질에 맞는 양육 태도를 갖도록 도울 수 있는 방법을 모색하게 되었다. 즉, 사람에 대해 있는 그대로의 모습을 인정하고 각 개인의 고유한 특징을 이해하도록 돕는 MBTI 검사를 활용한 집단경험을 통해 부모 자신의 성격적인 특성을 이해하고 같은 입장에 있는 부모들의 경험을 공유해서 자녀 양육이 자신만의 문제가 아님을 인식하도록 돕고, 좋은 부모역할에 대한 이해와 바람직한 양육태도 현상 및 자녀에 대한 시각의 변화를 도모하고자 본 부모교육을 진행하게 되었다.

Ⅱ. 이론적 배경

본 프로그램이 MBTI라는 심리검사도구를 활용한 집단상담 형태의 교육프로그램이기 때문에 이론적 배경에서는 MBTI 검사도구에 대한 소개를 간략히 하고, MBTI 검사도구를 부모교육에 활용하게 된 배경적 설명으로 부모효능감과 부모교육에 대한 설명을 하고자 한다.

1. MBTI 검사도구

MBTI(Myers-Briggs Type Indicator(1962))는 Katharine Briggs가 자서전 연구를 통하여 인간의 개인차를 연구하던 중 1920년 융의 심리유형이론을 접한 뒤, 융의 이론에 입각하여 개인의 차이를 유추해낼 수 있는 심리적 도구를 만들기 위해 각 개인의 성격적 특성을 20여 년 간의 '인간관찰(People watching)' 을 통하여 융의 심리유형이론의 타당성을 확증하며 만들어진 성격유형검사이다. MBTI의 네 가지 선호지표는 에너지의 방향(주의 초점)을 나타내는 외향(E) 내향(I), 인식의 기능을 나타내는 감각(S) 직관(N), 판단의 기능을 나타내는 사고(T) 감정(F), 행동양식을 나타내는 판단(J) 인식(P)으로 구분된다.

MBTI 검사도구의 이론적 기반이 되는 융의 심리유형이론에 따르면 각 개인은 선천적으로 선호하는 경향성을 타고난다고 한다. 그래서 인간이 자신의 선천적 경향을 알고 활용할 때 심리적인 쾌적감을 맛보게 되고, 경향과 다르게 행동하고 살게 될 때 심리적인 에너지 소모가 많고 탈진감을 높게 느끼기 쉽다. 융은 자기의 타고난 방향을 따라 익숙하게 살아갈 때 그 반대방향 역시 개발시킬 수 있다고 하였는데, 즉 자기가 선호하는 경향뿐만 아니라 묻혀있는 것도 개발하여 꽃피울 수 있다는 것이다. 융의 자기실현은 묻혀있는 것을 개발하여 통합하는 것이고, 그것이 성숙의 과정이라고 보았다(MBTI 성장프로그램 안내서 1, 1993).

이러한 이론을 기반으로 MBTI는 각자가 가지고 있는 선천적인 경향, 즉 내면의 빛깔·향기·

마음의 모습을 이해해서 잠재력을 알고 그것에 대한 인식을 높이며 수용하고 받아들이도록 돕는다. 또한 자신과 다른 사람과의 고유성에 대한 인정과 수용은 인간관계에서의 남을 이해하고 좋은 관계를 성립해 가는 데 바탕이 되도록 돕는다(MBTI 성장프로그램 안내서 1, 1993).

부모교육에서의 MBTI 도구의 활용은 자녀들이 독특한 특성과 기질을 갖고 있다는 점을 이해하도록 돕고, 각 자녀들이 가진 특성을 이해하며 성격유형에 맞는 적절한 양육태도를 갖는 것이 자녀의 성장을 도울 수 있음을 인식하도록 돕는 데 초점을 둔다. 또한 부모 자신도 본인의 성격을 긍정적으로 이해하고 수용하여 자신의 성격유형과 특성에 맞는 양육방법에 따라 성숙하고 효율성 있는 부모역할을 할 수 있도록 부모로서의 자신의 역할을 이해하고, 긍정적인 양육태도를 갖는 데 직접적인 영향을 미치게 될 것으로 기대된다.

2. 부모효능감

Bandura(1977)는 자신이 바라는 결과를 얻어내기 위하여 요구되는 행동을 성공적으로 수행할 수 있다고 믿는 신념을 자기 효능감이라고 정의하고 있다. 그러한 자기 지각은 개인이 구하는 행위의 방향과 강도뿐만 아니라 개인의 사고양식과 정서반응에도 영향을 미친다. 인간의 행동은 기대, 사고와 신념, 동기유발과 흥미 등의 인지적인 요인과 환경적 요인 사이의 상호작용에 의해 변화한다고 하였다. 그러므로 행동변화는 외적 자극에 의해 수동적으로 일어나는 것이 아니라 효능기대와 같은 인지적 과정을 매개로 일어난다고 하였다. 즉 자기효능감이 강하면 강할수록 문제상황이나 도전을 극복하기 위한 노력의 양과 지속성은 증가하는 반면, 자신의 능력에 대해 회의감을 가진 개인은 문제상황을 극복하기 위한 노력을 게을리하거나 포기해버린다고 하였다(Bandura, 1982; 신숙재, 1997, 재인용).

부모역할 수행의 차원에서 볼 때 부모로서의 효능감은 자녀를 잘 양육하고 훈육하며 자녀와 문제가 생겨도 잘 해결할 수 있다는 부모 자신의 능력에 대한 지각을 의미한다. 부모효능감에 영향을 미치는 요소는 사회적 지원체계, 부부관계 등과 같은 사회적 지원과 스트레스에 영향을 받으며 자녀들의 까다로운 기질, 부모와 자녀의 상호작용 방식 등에 영향을 받는다고 한다(Johnson & Mash, 1989; 신숙재, 1997, 재인용).

부모가 부모로서의 효능감이 있다고 지각할수록 자녀에게 따뜻하고 긍정적인 태도를 취하며 자녀의 능력과 자원이 많은 존재로 취급하고 문제해결 상황에서 더 적절하게 도움을 주는 등 상황에 따라 융통성 있고 일관되게 행동한다고 한다. 또한 자녀가 까다로운 기질을 가졌다고 지각할수록 부모로서의 효능감은 적어지고, 감소된 효능감을 매개로 부모는 민감하지 못하고 냉담한 행동을 할 수 있다고 한다(신숙재, 1997).

부모로서의 자기효능감을 갖게 하는 중요한 매개는 부모역할에 대한 자신감을 갖도록 하는 것으로 부모가 갖게 되는 스트레스 상황을 이해하고, 자녀의 기질적인 특성을 이해하며, 자녀와의 상호작용 방식을 이해하도록 돕는 것과 자신에 대한 긍정적인 이미지를 갖게 하는 것이다. 이러한 요소를 달성하기 위해서는 부모자신이 갖고 있는 부모역할에 대한 지식적 · 경험적 제한을 극복하여 확장시키는 것과 부모자신에 대한 성격유형별 특성 이해를 통한 부모자신과 자녀에 대한 이해를 넓히는 것, 부모 · 자녀와의 효과적인 의사소통과 친밀감 향상을 통한 상호작용방식의 변화를 도모하는 것 등 교육적 요소와 상담적 요소를 포함한 부모교육이 필요하다.

따라서 본 프로그램에서는 부모효능감을 부모자신이 자신에 대한 긍정적인 이미지를 기초로 한 부모역할에 대한 자신감이라고 정의하며 MBTI를 활용하여 부모자신에 대한 이해와 자녀에 대한 이해를 바탕으로 자녀와의 긍정적인 상호작용을 촉진시킬 수 있는 의사소통기법과 친밀감 향상의 방법들을 익혀서 부모로서의 역할에 대한 자신감을 향상시키는 것을 목적으로 진행하였다.

3. 부모교육

부모교육은 부모의 자녀에 대한 이해와 지식을 증진시켜서 사고와 감정 그리고 행동에 있어서 습관적인 방법을 습득하도록 도와주는 다양한 교육적 경험을 말한다. 즉 부모교육은 부모교육 참가자의 자질 향상과 부모의 역할 수행에 변화를 일으키기 위하여 부모교육자와 부모와 예비부모, 그리고 자녀를 대상으로 부모교육문제와 자녀교육문제를 내용으로 모든 교육적인 방법을 동원하여 교육하는 효과적인 자녀양육방법을 개발하도록 도와주는 다양한 교육활동이라고 할 수 있다(장대운, 1997; 이지연, 2001, 재인용).

즉, 부모교육은 부모로 하여금 자녀의 책임성을 인식하고 주어진 책임을 수행하는 데 필요한 지식과 기능을 습득하며, 부모에게 요구되는 올바른 태도를 지니도록 하기 위해 의도적 · 목적 지향적으로 주어지는 교육과정에 초점을 두는 경우가 많다. 이러한 부모교육의 목적은 다음과 같다. 첫째, 자녀에 대한 이해 부족에서 나오는 제 문제들을 올바로 이해하고 해결하고자 함이다. 둘째, 자녀를 어떤 사람으로 키워야 할지에 대한 교육방향의 혼돈을 해결하기 위해서이다. 셋째, 자녀교육의 방법에 대한 확고한 신념을 갖기 위해서이다(안영진, 1999; 이지연, 2001, 재인용).

학자에 따라서는 부모교육을 세분화하여 설명하기도 한다. Grotberg의 부모교육 정의는 부모교육, 부모참여, 부부지지로 구분하여 설명하고 있다. 즉 부모교육은 부모로서의 역할 기능을 원활히 수행할 수 있도록 부모들에게 정보나 지식을 전달하거나 기술을 가르치는 것이며, 부모참여는 부모가 가족 생활에 영향을 주는 특정 프로그램의 구성 및 운영에 직접 참가하는 것이고, 부모 지지는 친지로부터 도움을 위시하여 교회·병원·교육기관·기업체·기타 사회사업 기관으로부터의 지원·지지를 뜻하는 것이라고 정의하고 있다(황정희, 1997).

이는 부모교육의 다양한 형태와 다각적인 차원의 지원과 지지의 필요성, 부모자신의 적극적인 참여태도의 중요성을 강조한 내용으로 생각된다.

이러한 부모교육의 통합적인 측면을 고려하여 본 프로그램에서는 부모교육의 부모역할에 대한 지식과 기술향상을 목적으로 한 교육적 요소와 부모자신의 양육부담감소 및 자기효능감 강화를 위한 상담적 요소를 포함한 보다 광의의 개념으로 부모교육을 정의하고자 한다. 즉 부모교육이란 부모로서의 효과적인 역할수행을 돕기 위한 지식과 기술교육, 부모역할에 대한 조정과 변화를 위한 참여의 과정이며, 전문가와 참여자들간의 공감과 지지를 통한 부모효능감을 향상시키는 변화 과정이라고 정의하고자 한다.

이 프로그램에서는 부모교육의 내용으로 부모와 자녀에 대한 성격이해와 자녀양육스타일에 대한 이해를 위해 MBTI검사도구와 관련자료를 활용하여 부모·자녀 간의 성격유형을 이해하도록 돕고자 하였으며, 부모·자녀관계에서의 의사소통은 가장 기본적이고 인간의 성장발달에 주된 영향요인의 하나이기 때문에 효과적인 의사소통을 위한 지침으로 PET 내용 중에 의사소통 기법을 일부 활용하였다. 그 외에 자녀를 이해하고, 자녀와의 친밀감을 형성할 수 있도록 돕는 다양한 프로그램을 활용하였다.

Ⅲ. 프로그램 소개

1. 프로그램 명

MBTI를 활용한 부모 효능감 강화 프로그램
▶ '3H(Happy·Healthy·Hopeful – 행복한·건강한·꿈을 주는) 부모 되기'

2. 목적

MBTI 성격유형 검사도구를 활용한 집단경험을 통하여 자신과 자녀의 성격유형에 대한 이해를 증진시키고 효과적인 양육방법 및 자녀와의 의사소통 기술을 습득하여 부모로서의 효능감을 강화시킨다.

3. 목표

목표	세부목표	평가방법
1) MBTI를 통해 자신의 성격유형 특성에 대한 이해를 향상시킨다.	① 참여자의 70% 이상이 MBTI 4가지 선호지표 이해에 긍정적 답변을 한다. ② 참여자의 80% 이상이 자신의 성격유형 특성 및 강·약점에 대한 이해도가 향상된다.	· 참여자의 프로그램별 평가설문지 · 종결평가서 · 부모의 디스트레스측정 척도
2) MMTIC을 통해 자녀의 성격유형 특성에 대한 이해를 증진시킨다.	① 참여자의 70% 이상이 MMTIC 기질별 아동의 성격 특성 이해에 대해 긍정적 답변을 한다. ② 참여자의 80% 이상이 자녀의 성격유형 특성 및 강·약점에 대한 이해도가 향상된다. ③ 참여자들이 집단활동 중 자녀의 특성에 대해 1회 이상씩 표현해본다. ④ 참여자의 70% 이상이 자녀의 성격유형별 학습스타일에 따른 효과적인 학습지도 방법에 대해 이해도가 향상된다.	· 참여자의 프로그램별 평가설문지 · 종결평가서 · 자녀의 까다로운 기질 측정 척도 · 자녀소개 참여정도(콜라쥬 작품 발표 여부) · 참여자의 프로그램별 평가설문지
3) MBTI 지표별 효과적인 자녀양육 방법에 대한 이해를 증진시킨다.	① 참여자의 70% 이상이 MBTI 태도 지표(외향·내향)별 효과적인 자녀양육 방법 이해에 대한 긍정적 답변을 한다. ② 참여자의 70% 이상이 MBTI 인식 기능 지표(감각·직관)별 효과적인 자녀양육 방법 이해에 대한 긍정적 답변을 한다. ③ 참여자의 70% 이상이 MBTI 판단 기능 지표(사고·감정)별 효과적인 자녀양육 방법 이해에 대한 긍정적 답변을 한다. ④ 참여자의 70% 이상이 MBTI 행동 지표(판단·인식)별 효과적인 자녀양육 방법 이해에 대한 긍정적 답변을 한다.	· 참여자의 프로그램별 평가설문지 · 종결평가서
4) 부모·자녀간의 효과적인 의사소통기술을 증진시킨다.	① 참여자의 80% 이상이 자녀와의 친밀감을 형성할 수 있는 프로그램을 1가지 이상 고안하고 실행해본다. ② 참여자의 70% 이상이 나 전달법, 반영적 경청에 대한 이해에 긍정적 답변을 한다. ③ 참여자의 80% 이상이 나 전달법, 반영적 경청을 통한 자녀와의 의사소통을 경험해본다.	· 칭찬카드 활용여부 · 감정계좌 예입방법고안 여부 · 참여자의 프로그램별 평가설문지 · 종결평가서 · 나 전달법, 반영적 경청 활용여부 · 부모·자녀 역기능적 상호작용 측정 척도

4. 대상

대상구분	산출근거	인원수
일반집단	강남구 지역 내 초등학생 자녀를 둔 부모	약 56,609 명*
위기집단	강남구 지역 내 자녀교육에 어려움이 있는 초등학생 자녀를 둔 부모	약 11,320 명
표적집단	수서, 일원 지역 내 자녀교육 문제를 경험한 초등학생 자녀를 둔 부모	약 150 명
클라이언트 수	본 프로그램에 참여하기를 신청한 부모	12명×2기 = 24명

* 근거자료 : 2000년 서울특별시 교육청 「서울교육 통계연보」.

5. 실시구조

기 간	2개월	간 격	주 1회
소요시간	매회 2시간	횟 수	총 8회
지 도 자	주지도자 2명 보조지도자, 기록자 1명 이상	장 소	집단활동실

인력구성	지도자의 자격	지도자의 역할 및 과업
주지도자 1 · 2	사회복지 학사학위 이상의 소지자로서 부모-자녀 관계에 대한 이해 및 교육과 상담 능력을 갖춘 자 · MBTI 관련 전문교육 이수 · PET등 부모교육 관련교육 이수 · 아동에 대한 이해 · 부모에 대한 이해 · 부모 자녀 관계에 대한 이해 · 아동 및 부모상담 지식과 기술 · 아동 및 부모상담 경험	· 프로그램 계획서 및 세부계획서 작성 및 준비 · 프로그램 역할 분담 및 조정 · 세부 준비물 준비 · 프로그램 진행 · 레코딩 작성 · 프로그램 평가회의 주관 · 전체 종합평가서 작성 · 차기프로그램 방향성 모색 · 예산 집행 · 사후관리
보조 지도자	사회복지 및 상담관련 전공자로서 프로그램 보조 및 관찰 기록을 위해 필요한 사전교육을 이수한 자 · 집단 프로그램에 대한 이해 · 집단역동에 대한 파악 · 레코딩에 대한 이해 · 레코딩 기초 기술	· 프로그램 보조 : 프로그램 준비 및 사전 사후 정리 · 준비물 구입 및 제작 · 레코딩 작성 : 프로그램 관찰 및 과정 기록 · 평가회의 참석
프로그램 매개체	검사도구 활용 : MBTI 검사(참여자), MMTIC 검사(자녀), 검사해석 소그룹 토론 및 발표, 교육 및 강의 · 설명서의 활용, 미술도구를 활용한 표현 사명서 작성, 시청각 교재의 활용, 각종 질문지	

6. 프로그램 단계

회기	목표	프로그램단계		프로그램 명	내용
	적극적인 프로그램 홍보를 통해 많은 참여자들의 신청을 유도한다.	사전준비단계		사전 홍보 및 준비	· 프로그램 홍보를 위해 현수막 및 포스터를 제작, 부착한다. · 프로그램 홍보 전단지를 배포한다. · 지역신문, 기관 홈페이지 등에 프로그램 홍보 내용을 개재한다. · 프로그램 접수 문의에 친절하게 응대한다. · 프로그램 내용 구성을 완료하고 진행준비를 한다.
1	1) - ①	실행단계	초기단계	전체 일정소개 / MBTI 검사 / MBTI 지표설명	· 전체 일정 및 지도자를 소개하고 집단상담신청서를 작성한다. · 사전설문조사(양육스트레스척도)를 실시한다. · 참여자 소개를 하고 프로그램에 기대하는 바를 나눈다. · MBTI 검사에 대한 소개 및 오리엔테이션을 한다. · MBTI의 네가지 지표를 설명하고 자신의 유형을 추측해본다.
2	1) - ② 2) - ②, ③ 3) - ①		중기단계	프로파일 설명 / 지표별양육스타일 이해 1(외향 · 내향) / 자녀성격유형이해 1(자녀표현 콜라쥬)	· 검사 결과가 적힌 프로파일 보는 방법을 설명한다. · MBTI 태도 지표(외향 · 내향)의 차이를 경험할 수 있는 집단활동을 실시한다. · MBTI 태도 지표(외향 · 내향)별 자녀양육 스타일 상의 강약점을 이해한다. · 콜라쥬 기법을 활용하여 자녀에 대해 표현해본다.
3	1) - ② 2) - ②, ③ 3) - ②			지표별양육스타일 이해 2(감각 · 직관) / 자녀성격유형이해 2(장점발견하기)	· MBTI 인식기능 지표(감각 · 직관)의 차이를 경험할 수 있는 집단활동을 실시한다. · MBTI 인식기능 지표(감각 · 직관)별 자녀양육 스타일 상의 강약점을 이해한다. · '너는특별하단다' 비디오를 시청한 후 자녀의 장점을 표현해본다.
4	1) - ② 2) - ①, ② 3) - ③			지표별양육스타일 이해 3(사고 · 감정) / 자녀성격유형이해 3(MMTIC 이해)	· MBTI 판단기능 지표(사고 · 감정)의 차이를 경험할 수 있는 집단활동을 실시한다. · MBTI 판단기능 지표(사고 · 감정)별 자녀양육 스타일 상의 강약점을 이해한다. · MMTIC 검사 프로파일을 배부하고 유형별 아동의 특성에 대해 설명한다.
5	1) - ② 2) - ①, ④ 3) - ④			지표별양육스타일 이해 4(판단 · 인식) / 자녀성격유형이해 4(학습스타일 이해)	· MBTI 생활양식 지표(판단 · 인식)의 차이를 경험할 수 있는 집단활동을 실시한다. · MBTI 생활양식 지표(판단 · 인식)별 자녀양육 스타일상의 강 · 약점을 이해한다. · 자녀의 성격기질별 학습스타일에 대해 이해한다.
6	2) - ③ 4) - ①, ②			자녀와의 효과적인 의사소통 1(나 전달법) / 자녀와의 친밀한 관계형성 1(감정계좌)	· 나 전달법의 개념과 방법을 배우고 훈련해본다. · 감정계좌의 개념을 배우고 감정계좌를 예입하는 구체적인 실천방안을 제안해본다.
7	2) - ③ 4) - ①, ②, ③			자녀와의 효과적인 의사소통 2(반영적경청) / 자녀와의 친밀한 관계형성 2(칭찬카드)	· 반영적 경청의 개념과 방법을 배우고 훈련해본다. · 칭찬카드를 활용하여 자녀를 칭찬하는 방법을 배운다.
8	2) - ③ 4) - ②, ③		종결단계	자녀와의 효과적인 의사소통 3(제3의대안) /좋은부모사명서 작성 / 수료식	· 제3의 대안의 개념과 방법을 배우고 훈련해본다. · 좋은 부모 사명서를 작성한다. · 참여자들 서로에게 짧은 글을 남기는 롤링페이퍼를 실시한다. · 사후설문조사(양육스트레스척도)를 실시한다. · 종결평가서를 작성한다. · 수료식 및 기념촬영을 한다.
	부모교육 효과를 지속시키고 참여자들을 지지할 수 있는 정보를 제공한다.	사후단계		좋은 부모 사명서 발송	· 프로그램 종결 2주 후에 8회기에 작성했던 좋은 부모 사명서를 발송한다. · 참여자의 욕구에 따라 정보제공 및 개별상담을 진행한다.

7. 단계별 운영지침

1) 사전준비단계

① 본 프로그램은 참여동기를 가진 지역주민을 모집하여 진행하는 프로그램이므로 사전단계 홍보 및 접수 과정이 매우 중요하다. 프로그램 진행 여부와 직결되는 사항이기 때문이다. 사전단계에서는 프로그램 홍보에 총력을 기울여야 하는데 홍보 방법은 아래와 같다.

▶ 관내홍보 : 프로그램 홍보 포스터, 현수막(로비용 · 셔틀버스용), 개별 안내지 제작 및 부착

▶ 외부홍보 : 지역사회 홍보매체 광고, 홈페이지 게시

② 프로그램에 대한 문의가 있을 때 자세히 안내할 수 있는 자료를 마련해두고 적극 활용하여 참여를 독려한다.

③ 전화나 다른 경로를 통하여 프로그램 참여의사를 밝힌 참여자에게는 프로그램 당일 신청보다 사전에 등록해 줄 것을 요청한다.

④ 접수가 끝나면 신청자들에게 사전 연락을 통해 첫인사를 하고 프로그램 참여에 대한 동기화를 극대화시킨다. 이 때 장소 및 시간에 대해 명확히 안내한다.

2) 실행단계

(1) 초기(1회기)

① 참여자들이 프로그램 장소를 찾기 쉽도록 장소 안내 표지를 부착한다.

② 집단상담신청서를 작성할 때 프로그램 참여 목적과 가족 관계를 구체적으로 명시하도록 요청한다.

③ 전체 진행 계획 설명시 본인과 자녀에 대한 이해의 비중이 동일함을 강조하여 설명한다.

④ 여러 가지 작성해야 하는 것(집단상담신청서, 사전설문, MBTI 검사 등)이 많으므로 자기 소개 프로그램은 작성하는 것 이외의 방법으로 진행하는 것이 바람직하다.

⑤ 집단 참여 이전부터 서로 알고 있는 참여자들이 얼마나 되는지 확인하여 개별적인 참여자들과 잘 융합될 수 있도록 자리 배치 및 상호작용의 기회를 제공한다.

⑥ MBTI 검사에 대한 오리엔테이션을 구체적으로 실시하여 참여자들의 부담감을 최소화한다.

(2) 중기(2-7회기)

① 콜라쥬와 같은 미술기법을 활용하는 경우 새로운 방식에 당황해하는 참여자가 있을 수 있다. 이전의 자료들을 통해 구체적인 예시를 보여주고 설명하는 것이 도움이 된다.

② '내 귤 찾기', '달팽이 길찾기' 등의 워밍업 프로그램을 적절히 활용하는 것이 강의 중심의 단조로운 프로그램 진행에 활력소가 될 수 있다.

③ 집단활동의 경우 지표별 분포에 따라 집단이 구분되므로 융통성 있게 진행할 수 있는 다양한 활동거리들을 준비해둔다.

(3) 종결(8회기)

① '좋은 부모 사명서' 작성에 있어서 구체적으로 표현할 수 있도록 오리엔테이션을 실시한다. 이전의 사례를 보여주는 것도 바람직하다.

② 전체적인 피드백을 듣는 시간을 마련하여 개인별 변화 및 목표 달성도를 참여자들이 직접 표현하는 시간을 갖도록 한다.

③ 수료증 부여 등 공식적인 마무리로서의 방법들을 모색하여 참여에 대한 칭찬과 지지의 시간을 마련한다.

④ 개별상담의 욕구가 있는 참여자들에게 개별상담의 방법과 내용 등에 대해 안내하고 참여할 수 있도록 권유한다.

3) 사후단계

① 종결 단계(프로그램 8회기)에 작성된 부모교육 사명서를 2주 후에 발송하여 참여자들이 교육 때 결심한 부분들을 다시 상기시키도록 돕는다.

② 참여자들이 자녀와의 관계에서 적용해 볼 수 있는 방법이나 각종 정보들을 제공할 수 있는 통로를 마련하고, 개별상담을 요청하는 참여자의 경우 개별상담을 진행한다.

8. 평가방법

본 프로그램은 상담적인 기능과 교육적인 기능을 포함한 내용이기 때문에 평가방법을 결정하는 데 어려움이 있었다. 평가방법은 참여자의 프로그램별 평가설문지, 종결평가서, 양육스트레스 척도(부모의 디스트레스척도, 자녀의 까다로운 기질 척도, 부모 · 자녀 역기능적 상호작용 척도), 각 프로그램 세부 내용별 참여도(자녀소개 참여정도, 칭찬카드 활용여부, 감정계좌 예입방법 고안 여부, 나 전달법, 반영적 경청 활용여부)를 활용하였다. 각각에 대한 자세한 설명은 다음과 같다.

1) 프로그램 평가설문지

① 종결평가서

종결평가서의 구성은 목표에 따라 목표 1인 'MBTI를 통해 자신의 성격유형 특성에 대한 이해를 향상시킨다' 와 관련한 문항을 1, 2, 3번 문항으로 평가하고, 목표 2인 'MMTIC를 통해 자녀의 성격유형 특성에 대한 이해를 증진시킨다' 는 4번 문항으로 평가하고, 목표 3인 'MBTI 지표별 효과적인 자녀양육에 대한 이해를 증진시킨다' 를 평가하기 위해서는 5, 6, 9번 문항으로 구분하여 구성하였고, 목표 4인 '부모 · 자녀간의 효과적인 의사소통기술을 증진시킨다' 를 평가하기 위해서는 7, 8번 문항으로 구분해서 평가하였다.

기타 사항으로 프로그램에 대한 기대 관련 만족도와 차후 참여의사를 확인하는 문항으로 구성하여 총 12문항의 만족도 조사를 실시하였다. 목표에 따른 측정문항 중에 '나의 성격에 대해 알게 되었다' 항목과 '자녀의 성격유형을 이해하는 데 도움이 되었다' 항목에 대해서는 개방형 질문을 통해 보다 구체적으로 알게 된 내용에 대해 기술하도록 하였다. 그 외에 프로그램 구조와 내용에 관련하여 만족도 조사를 실시하였다.

② 참여자의 프로그램별 평가설문지

회기별 프로그램 내용 만족도 조사는 각 회기에 실시된 주요 프로그램에 대한 만족도를 조사했으며 그 결과 프로그램 내용에 대한 이해 정도와 선호도를 파악하는 데 도움이 되었다. 5점 척도로 1점(매우 불만족)에서 5점(매우 만족)으로 구성하였고, 프로그램에 대한 개방형 질문을 통해 참여자들의 구체적 의견을 듣고자 했다.

2) Process Recording을 통한 내용 분석 평가

과정기록을 통한 내용분석으로 각 구성원들의 세부 프로그램별 참여정도를 통한 평가를 실시하였다. 구체적으로 제시하면 자녀소개 참여정도, 칭찬카드 활용여부, 감정계좌 예입방법 고안 여부, 나 전달법, 반영적 경청 활용여부 등이다. 각 내용에 대한 구성원들의 참여정도를 기록자의 관찰에 근거한 과정기록을 통해 내용분석하였다.

3) 평가척도(양육스트레스 척도, Parent Stress Index)

부모용 자기보고식 척도로서 36문항으로 구성되어 있다. 각 하위척도는 12문항으로 구성되는데, 부모가 자녀 양육에서 경험하는 스트레스를 그 근원에 따라 부모의 디스트레스(부모영역), 부모·자녀의 역기능적인 상호작용(부모·자녀관계영역), 아동의 까다로운 기질(아동양육)로 구분하여 측정하였다. 응답문항은 '정말 그렇지 않다' 에서 '정말 그렇다' 까지 5점 리커트 척도로 되어 있어, 가능한 총점 범위는 36점에서 180점까지이다. 점수가 높을수록 자녀양육으로 인한 부모의 스트레스 수준이 높다고 볼 수 있으며 각 하위척도별로 부모의 디스트레스 측면은 36점 이상, 부모·자녀의 역기능적 상호작용 측면은 27점 이상, 아동의 까다로운 기질 측면은 36점 이상일 경우 심각한 스트레스 수준에 있다고 평가할 수 있다. 이 척도의 신뢰도, chronbach' s α합은 81이었다. 위의 평가척도를 가지고 사전·사후검사를 실시하였으며 각 하위척도 프로그램 목표별로 구분하여 프로그램 사전과 사후에 유의미한 차이가 있는지를 SPSS 통계프로그램을 활용하여 검증해 보았다.

9. 결산

항목	금액	비고
현수막 제작비(로비용 1개, 셔틀버스용 2개) MBTI 검사지 및 답안지 구입비 집단활동비(간식비, 문구류 구입비)	16만 7천원 5천원×12명=6만원 13만 5천원	1인당 참가비 5만원
합계	36만 2천원	

10. 결과 및 제언

1) 결과

'3H 부모되기' 프로그램 목표에 따른 평가 결과는 다음과 같다.

(1) MBTI를 통해 자신의 성격유형 특성에 대한 이해를 향상시킨다.

① 참여자의 70% 이상이 MBTI 4가지 선호지표 이해에 긍정적 답변을 한다.

— 참여자들의 프로그램별 평가 응답을 살펴보면 MBTI 4가지 선호지표 이해에 있어서 76%가 '만족' 과 '매우 만족' 의 응답을 하여 초기 목표로 설정했던 70% 이상의 참여자들이 긍정적

인 답변을 하였다.

② 참여자의 80% 이상이 자신의 성격유형 특성 및 강·약점에 대한 이해도가 향상된다.

— 종결평가서에 따르면 참여자 중 90%가 자신의 성격의 장점과 특성에 대해 알게 되고 보완해야 할 부분에 대해 알게 되었다는 응답을 하여 초기 목표하였던 참여자의 80% 이상이 자신의 성격유형 특성 및 강·약점에 대한 이해도가 향상된다는 목표는 10% 초과 달성되었다. 이는 부모의 디스트레스 척도를 활용한 사전·사후 검사를 통해서도 지지 받는 결과로 사전보다 사후에 평균 5.7점이 감소되었고 이 차이는 짝표본 검증을 했을 때 P〈 .05 수준에서 유의미한 결과로 나타났다. 따라서 본 프로그램을 통해 자신의 성격유형 특성에 대한 이해수준이 향상되었다고 평가된다.

(2) MMTIC를 통해 자녀의 성격유형 특성에 대한 이해를 증진시킨다.

① 참여자의 70% 이상이 MMTIC 기질별 아동의 성격 특성 이해에 대해 긍정적 답변을 한다.

— 참여자들의 프로그램별 평가 설문지 응답에 따르면 MMTIC 기질별 아동의 성격 특성 이해에 대해서 참여자의 91%가 '만족' 과 '매우 만족' 의 응답을 하여 초기 목표로 설정했던 70% 이상의 참여자들이 긍정적인 답변을 하였다.

② 참여자의 80% 이상이 자녀의 성격유형 특성 및 강·약점에 대한 이해도가 향상된다.

— 참여자들이 응답한 종결평가서에 따르면 '내 자녀의 성격에 대해 이해하는 데 본 프로그램이 도움이 되었다' 라는 질문에 참여자들 모두(100%)가 '그렇다' 및 '매우 그렇다' 의 응답을 하여 참여자의 80% 이상이 자녀의 성격유형 특성 및 강·약점에 대한 이해도가 향상되는 것에 대한 목표가 성취되었다. 이는 자녀의 까다로운 기질에 대한 이해 척도를 활용한 사전·사후 검사를 통해서도 동일하게 지지 받는 결과로 사전조사보다 사후조사에 자녀의 까다로운 기질에 대한 이해가 평균 5.6점이 증가되었으며 이 차이는 짝표본 검증을 했을 때 P〈 .05 수준에서 유의미한 결과로 나타났다. 따라서 본 프로그램을 통하여 자녀의 성격유형 특성에 대한 이해 수준 향상에 도움이 되었다고 평가할 수 있겠다.

③ 참여자들이 집단활동 중 자녀의 특성에 대해 1회 이상씩 표현해 본다.

— 참여자들은 콜라쥬 활동을 통해 자신의 자녀의 특성에 대해 상징적으로 표현해 보고 이를 다

른 구성원들에게 구체적으로 설명해보는 기회를 가졌다. 모든 참여자들이 이러한 기회를 갖고 표현해 보았으므로 이 목표는 달성되었다.

④ 참여자의 70% 이상이 자녀의 성격유형별 학습스타일에 따라 효과적인 학습지도 방법에 대한 이해도가 향상된다.

— 참여자들의 프로그램별 평가 응답에 따르면 MMTIC 기질에 따른 효과적인 학습 스타일 이해에 대해서 참여자의 72%가 '만족' 과 '매우 만족' 으로 답하였다. 따라서 초기 목표로 설정했던 70% 이상의 참여자들이 자녀의 성격유형별 학습스타일에 따라 효과적인 학습지도 방법에 대한 이해도가 향상되는 목표가 달성되었다.

(3) MBTI 지표별 효과적인 자녀양육방법에 대한 이해를 증진시킨다.

① 참여자의 70% 이상이 MBTI 태도 지표(외향 · 내향)별 효과적인 자녀양육방법이해에 대한 긍정적 답변을 한다.

— 참여자들의 프로그램별 평가 설문지 응답에 따르면 MBTI 태도 지표(외향 · 내향) 설명에 대해서 참여자의 87.5%가 '매우 만족' 과 '만족' 의 응답을 하여 목표로 설정했던 70% 이상의 참여자들이 긍정적인 답변을 하였다.

— 종결평가서에 따르면 참여자 중 91%가 '내 양육스타일에 대해 이해하는 데 도움이 되었다' 라고 응답하여 초기목표인 참여자의 70%가 지표별 효과적인 자녀양육방법에 대한 이해를 증진시킨다는 목표를 달성하였다. 이러한 내용은 목표(3)의 다른 세부목표에도 동일하게 해당된다.

② 참여자의 70% 이상이 MBTI 인식 지표(감각 · 직관)별 효과적인 자녀양육방법이해에 대한 긍정적 답변을 한다.

— 참여자들의 프로그램별 평가 설문지 응답에 따르면 MBTI 인식 지표(감각 · 직관) 설명에 대해서 참여자의 91%가 '매우 만족' 과 '만족' 의 응답을 하여 목표로 설정했던 70% 이상의 참여자들이 긍정적인 답변을 하였다.

③ 참여자의 70% 이상이 MBTI 판단 지표(사고 · 감정)별 효과적인 자녀양육방법이해에 대한 긍정적 답변을 한다.

— 참여자들의 프로그램별 평가 설문지 응답에 따르면 MBTI 판단 지표(사고 · 감정) 설명에 대

해서 참여자의 70%가 '매우 만족' 과 '만족' 의 응답을 하여 목표로 설정했던 70% 이상의 참여자들이 긍정적인 답변을 하였다. 목표에는 달성했지만 다른 지표들에 비해 만족도는 낮은 편이었다.

④ 참여자의 70% 이상이 MBTI 행동 지표(판단 · 인식)별 효과적인 자녀양육방법이해에 대한 긍정적 답변을 한다.

— 참여자들의 프로그램별 평가 설문지 응답에 따르면 MBTI 행동 지표(인식 · 판단) 설명에 대해서 참여자의 91.7%가 '매우 만족' 과 '만족' 의 응답을 하여 목표로 설정했던 70% 이상의 참여자들이 긍정적인 답변을 하였다.

(4) 부모 · 자녀 간의 효과적인 의사소통기술을 증진시킨다.

① 참여자의 80% 이상이 자녀와의 친밀감을 형성할 수 있는 프로그램을 1가지 이상 고안하고 실행해본다.

— 종결평가서에 따르면 참여자 모두(100%)가 '자녀와 친밀해지는 방법을 알게 되었다' 라고 응답하여 목표인 참여자의 80% 이상이 자녀와의 친밀감을 형성할 수 있는 프로그램을 1가지 이상 고안하고 실행한다는 목표를 달성하였다고 평가된다.

구체적인 결과로 칭찬카드를 과제로 제시했을 때 참여자 중 91%가 과제를 수행하는 모습을 통해 자녀와의 친밀감을 형성할 수 있는 방안을 실행하였으므로 이 목표는 달성되었다고 평가된다.

감정계좌 예입방안 고안여부에 대해서는 프로그램 참여자 모두 3가지 정도의 감정계좌 예입방안을 제시하여 목표를 달성하였다.

② 참여자의 70% 이상이 나 전달법, 반영적 경청에 대한 이해에 긍정적 답변을 한다.

— 종결평가서에 따르면 참여자 중 91%가 '효과적인 의사소통을 위한 기법을 알게 되었다' 라고 응답하여 초기 목표인 참여자의 70% 이상이 나 전달법, 반영적 경청에 대한 이해에 긍정적 답변을 한다는 목표를 달성하였다.

참여자의 프로그램별 평가설문지에 따르면 참여자의 82%가 나 전달법에 대해 '매우 만족' , '만족' 을 응답하여 목표를 달성하였다. 반영적 경청에 대한 이해에서도 참여자의 100%가 '매우 만족' , '만족' 의 응답을 하여 목표를 달성하였다.

③ 참여자의 80% 이상이 나 전달법, 반영적 경청을 통한 자녀와의 의사소통을 경험해본다.
— 관찰자의 관찰과 과정기록의 내용분석을 통하여 참여자 모두 나 전달법 혹은 반영적 경청을
자녀와의 관계에서 경험해 본 것을 확인할 수 있었다.

한편, 부모·자녀의 역기능적 상호작용 척도를 통한 사전·사후 검사 결과에서는 사전조사
보다 사후조사에 평균 1.9점이 감소되었으나 이 차이는 짝표본 검증을 했을 때 유의미한 차
이는 아니었다. 이는 본 프로그램 중에 실시했던 부모·자녀간 효과적인 의사소통을 위한 교
육이 참여자들에게 있어 보다 많이 활용되고 익숙하게 되기까지는 좀 더 훈련될 시간이 필요
하다는 것을 보여주는 결과이다. 따라서 사후모임등을 활용하여 부모·자녀간 효과적인 의
사소통에 대한 지속적인 동기부여가 이루어질 때 장기적인 효과를 기대할 수 있을 것이다.

2) 제언

1999년부터 시작하여 7기까지 성격유형에 대한 이해와 부모의 양육태도 변화를 목표로 본 부모
교육을 진행하면서 프로그램과 관련한 몇 가지 제한점을 깨닫게 되었다. 첫째, 프로그램 지도자
가 MBTI 교육과정 일반강사과정과 한국심리상담연구소에서 인정하는 PET 강사과정을 마쳐야
하는데 이는 많은 시간과 비용을 요구한다는 점이다. 두 번째는 자녀상담경험을 통한 아동, 청소
년에 대한 이해와 부모상담의 유경험자로서 부모상담에 부담이 적은 자가 지도자로서 적합하다.
세 번째는 집단경험을 통해 자신에 대한 이해를 높이기 위해서는 대집단보다는 소집단이 효과적
인 점이다. 네 번째는 부모 자신의 성격유형과 자녀양육태도 간의 긴밀한 관계를 설명하기 위해
서는 MBTI 성격유형이해와 자녀양육스타일에 대한 충분한 이해가 전제되어야 한다는 점이다.
다섯 번째는 지역사회주민을 대상으로 유료로 실시하기 때문에 참여인원 모집에 대한 부담이 있
을 수 있다는 점이다.

프로그램 매뉴얼을 활용하여 프로그램을 진행할 때 도움이 될 수 있는 몇 가지 제언을 하면 다
음과 같다.

첫째는 부모교육 참여대상은 초등학교 저학년 자녀를 둔 부모가 적절하다. 부모교육이 가장 동
기화 되어있는 시기이기에 교육의 효과를 극대화할 수 있다. 중학교 자녀를 둔 부모교육의 경우,
진로탐색지도를 병행하는 것이 효과적이다.

두 번째는 프로그램 실행시기는 학기초가 지난 지 얼마 되지 않은 3월 말이나 4월경에 시작하는
것이 좋고, 가을에 실시할 경우에는 추석연휴 전, 후로 하되 학기초가 지난 지 얼마 되지 않는 9월,
10월에 진행하는 것이 좋으며 시간대는 초등학교 저학년 아동들이 귀가하기 전 시간대에 프로그
램을 편성하는 것이 인원모집에 수월하다.

세 번째는 자녀이해와 부모자녀관계 증진을 위해 다양한 프로그램을 활용하는 것이 좋다. 예를

들면 자녀를 표현하는 방법으로 콜라쥬를 하거나 간단하면서 흥미 있는 워밍업 프로그램, 자녀들과 함께 할 수 있는 프로그램 등을 활용하는 것이다.

네 번째는 부모자신에 대한 이해와 자녀양육태도에 대한 이해 양쪽을 동일한 비중으로 다루어 주는 것이 효과적이다. 자신에 대한 충분한 이해가 없이 양육태도에 대한 설명이 주어지면 적용하는 데 어려움을 호소할 수 있기 때문이다.

다섯 번째는 회기별로 다음 회기에 하게 될 프로그램에 대한 안내, 혹은 간단한 과제를 제시해서 다음 모임에 대한 기대를 갖게 하는 것이 효과적이다.

여섯 번째는 평가 부분에서도 일부 언급했지만 회원들의 개별적인 목표설정 및 평가실시가 필요하다. 이는 회원들이 개별적으로 느끼는 자녀양육의 어려움의 요인과 정도가 다양하기 때문이다. 회원 개별평가는 프로그램의 효과성을 극대화 할 수 있는 회원들의 개별 목표설정 및 평가를 위해 프로그램 진행자와 회원 간의 사전면담을 통해 개별적인 목표를 설정하고 지도자와 보조지도자 간에 주요한 목표 달성 변인으로 볼 측정항목을 선정한 후에 세밀한 관찰기록과 개별적인 만족도 조사를 병행하면 부분적으로 보완 가능하리라 생각된다.

일곱 번째는 최대한 구체적인 예와 지침들을 많이 제시하는 것이 교육에 대한 만족감을 극대화한다.

여덟 번째는 맞벌이 가정의 부모들이 많다는 점을 감안하여 일하는 부모들을 위한 야간 프로그램을 실시하는 것도 필요하리라 생각된다.

아홉 번째는 무엇보다도 가장 중요한 제언이라고 생각되는 점으로 부모자신에 대한 지지와 격려가 필요하다. 부모들은 사회와 가정에서 요구되는 사회적 역할로 인한 부담과 자녀양육에 대한 부담, 직장 내 업무로 인한 부담, 가족관계에서 요구되는 역할로 인한 부담 등 다중적 역할로 많은 심리적인 부담을 갖고 있다. 부모 역시 한 개인으로서 지지와 격려가 필요한 사람이라는 인식 하에 부모들에 대한 지지와 격려, 위로의 내용을 포함하여 부모자신에게도 관심과 애정을 쏟을 수 있도록 시각을 갖는 데 도움을 주는 것이 필요하다.

Ⅳ. 참고문헌

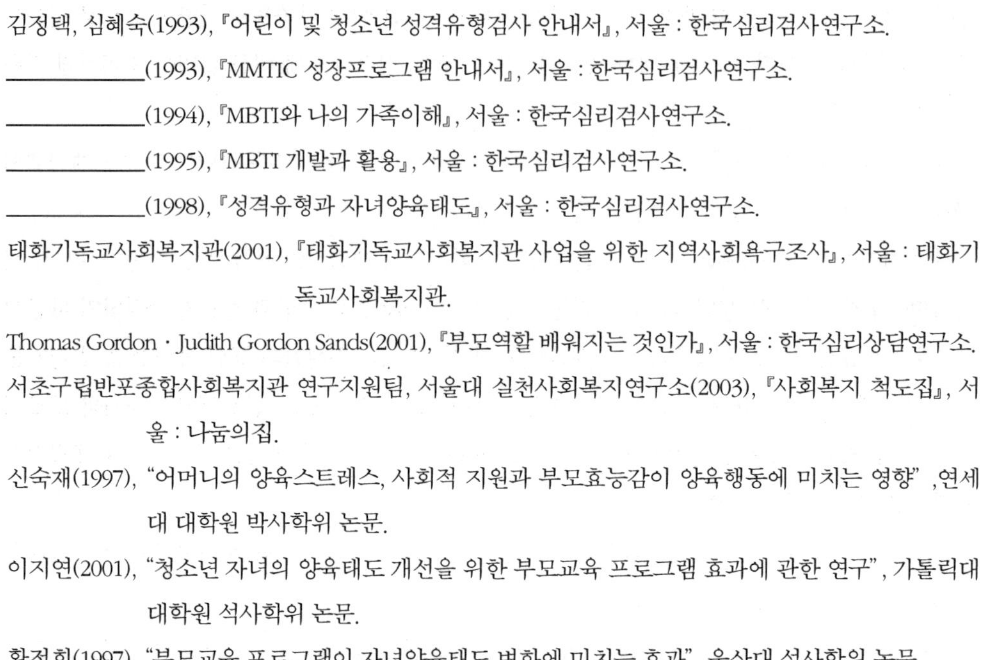

김정택, 심혜숙(1993), 『어린이 및 청소년 성격유형검사 안내서』, 서울 : 한국심리검사연구소.

___________(1993), 『MMTIC 성장프로그램 안내서』, 서울 : 한국심리검사연구소.

___________(1994), 『MBTI와 나의 가족이해』, 서울 : 한국심리검사연구소.

___________(1995), 『MBTI 개발과 활용』, 서울 : 한국심리검사연구소.

___________(1998), 『성격유형과 자녀양육태도』, 서울 : 한국심리검사연구소.

태화기독교사회복지관(2001), 『태화기독교사회복지관 사업을 위한 지역사회욕구조사』, 서울 : 태화기독교사회복지관.

Thomas Gordon · Judith Gordon Sands(2001), 『부모역할 배워지는 것인가』, 서울 : 한국심리상담연구소.

서초구립반포종합사회복지관 연구지원팀, 서울대 실천사회복지연구소(2003), 『사회복지 척도집』, 서울 : 나눔의집.

신숙재(1997), "어머니의 양육스트레스, 사회적 지원과 부모효능감이 양육행동에 미치는 영향", 연세대 대학원 박사학위 논문.

이지연(2001), "청소년 자녀의 양육태도 개선을 위한 부모교육 프로그램 효과에 관한 연구", 가톨릭대 대학원 석사학위 논문.

황정희(1997), "부모교육 프로그램이 자녀양육태도 변화에 미치는 효과", 울산대 석사학위 논문.

3H 부모되기 1회 세부지도안

프로그램명	MBTI 검사 MBTI 지표 설명	소요시간 및 인원	120분 / 12명
장소	3층 푸른나눔터	준비물	개별파일, 집단상담신청서, 이름표, 일정소개 자료, 회기별 배부자료, MBTI 검사지, 답안지, 귤, 빔 프로젝트, 노트북, 양육스트레스 설문지
목표	1) MBTI를 통해 자신의 성격유형 특성에 대한 이해를 향상시킨다. ① 참여자의 70% 이상이 MBTI 네 가지 선호지표 이해에 대한 긍정적 답변을 한다.		
활동내용	참여자소개하기, MBTI검사 오리엔테이션 및 심리검사, MBTI지표설명, 사전설문조사(첨부자료 2)		

1. 지도자 및 프로그램 개요, 목표소개(5분)

① 주 지도자와 보조지도자를 소개한다.

② 프로그램 목표 및 일정을 소개한다.

③ 집단상담신청서를 작성한다(첨부자료 1).

2. 참여자 소개하기(30분)

① 귤을 모든 구성원들에게 한 개씩 나누어 준다.

② 각각 갖게 된 귤을 자세히 살펴본다.

③ 각자 가지고 있던 귤을 한 곳에 모은다.

④ 모아 놓은 귤 중에 각자 먼저 집었던 귤을 찾아낸다.

⑤ 선택한 귤의 어떤 특성을 보고 알게 되었는지를 말한다.

⑥ 지도자가 각 귤마다 특성이 다르듯이 사람마다의 특성이 있음을 정리한다.

▶ '귤찾기'의 경우 계절적인 제한을 받을 수 있기 때문에 다양한 소개 프로그램을 활용하는 것도 좋다(예: 꽃그림 활용)(첨부자료 3).

3. MBTI 심리검사 오리엔테이션(20분)(첨부자료 4)

① MBTI 검사도구 개발자 및 과정에 대해 간략히 설명한다.

② 검사도구가 비진단검사이며 자신과 타인의 선호경향을 파악하는 검사임을 소개한다.

③ 검사시 주의사항을 알려준다.

▶ 검사지는 재활용이기 때문에 낙서나, 밑줄을 긋는 등의 행동을 삼가 조심해 주기를 당부한다.

▶ 검사시간은 제한이 없으나 지나치게 오래 생각하는 것보다는 문제를 읽고 생각니는 것을 적는

것이 좋다.

▶ 답을 작성할 때 일관된 답변을 하려고 의도하지 않는 것이 좋다.

▶ 자신이 되고 싶은 모습 등 바라는 모습이 아닌 실제로 자신이 편안하게 느끼는 모습을 선택하는
것이 좋다.

④ 답안지 여백에 왼손과 오른손으로 자신의 이름을 각각 5회씩 적어 보도록 한 후에 참여 성원
들이 느끼는 것에 대해 이야기한다.

⑤ 각자 편안하게 느끼는 손의 느낌에 가까운 것을 답으로 선택하면 됨을 다시 한번 알린다.

4. MBTI 심리검사(35분)

① 제한된 시간이 없다는 것을 알려주고, 문항에 대한 질문은 답변을 할 때 지도자의 의도나 선
입견이 개입될 수 있기 때문에 가급적 삼가도록 당부한다.

② 개별적인 검사종료시각을 기록하는 것이 좋다.

③ 검사를 마친 성원들은 개별적인 휴식시간을 갖도록 권한다.

5. MBTI 지표설명(25분)(첨부자료 5)

① MBTI 네 가지 선호지표의 기능을 빔 프로젝트와 배부용 자료를 참조로 설명한다.

② 구체적인 예를 제시하여 설명하는 것이 효과적이다.

③ 선호지표별 설명을 한 후에 추측되는 지표를 답안지 공란에 각자 기입하여 MBTI 성격유형
을 추측한다.

6. 평가서 작성 및 차기 계획 공지(5분)

① 참여자의 프로그램별 평가설문지를 배부한다(첨부자료 15).

② 진행된 프로그램에 대해 전체적으로 정리한 후 참여자들이 자유롭게 평가서를 작성하도록
한다.

▶ 개방형 질문에 대해 참여자들이 적극적으로 의사를 제시할 것을 요청한다. 그것이 차후 프로그
램 기획 및 진행에 큰 도움이 될 수 있음을 강조해서 설명한다.

③ 차기 회기 내용에 대해 소개(지표별 양육스타일 1, 자녀의 성격유형 이해 1)하고 참여를 독려
한 후 마친다.

▶ 첨부자료 1

집단상담신청카드

성 명		나 이		년 월생 (세)		성별	남 여

주 소			전 화	
			휴대폰	
			이메일	

직 업		연락처	

학 력		결혼여부	미혼( )기혼( )별거( ) 이혼( )기타( )

종 교		취 미	

프로그램명	

참여목적	

가족상황	성명	관계	연령	성별	학력	직업	종교	비고

집단상담 경험	없다( ) 있다( )총( )회 *최근 경험한 순으로 작성 　1. 언제 :　　　　어디서 :　　　　프로그램명 : 　2. 언제 :　　　　어디서 :　　　　프로그램명 : 　3. 언제 :　　　　어디서 :　　　　프로그램명 :

오게 된 경위	대중매체 홍보( )친구 · 친지 소개( )타기관 소개( )기타( )

비고	

▶ 첨부자료 2

양육 스트레스 척도(Parenting Stress Index, PSI)

일시 :　　　　　작성자 :

문항내용	정말 그렇지 않다	대체로 그렇지 않다	잘 모르 겠다	대체로 그렇다	정말 그렇다
1. 나는 내가 일을 잘 처리하지 못한다는 느낌이 든다.					
2. 나는 내 아이를 위해 내 삶의 많은 부분을 생각보다 많이 포기하고 있다.					
3. 나는 내가 부모로서의 책임감에 의해 얽매여 있다는 생각이 든다.					
4. 이 아이를 가진 뒤로 나는 뭔가 새로운 일을 할 수 없었다.					
5. 이 아이를 가진 뒤로 나는 내가 하고 싶은 일을 거의 할 수 없었다.					
6. 나는 최근에 산 옷이 마음에 안 든다.					
7. 내 생활에 방해되는 일들이 꽤 많이 있다.					
8. 아이가 생김으로써 남편과의 관계에 예상외로 많은 문제가 일어났다.					
9. 나는 외롭고 친구가 없다는 생각이 든다.					
10. 어떤 모임에 참석할 때마다 나는 재미없을 거라는 생각을 보통 많이 한다.					
11. 나는 예전과는 달리 다른 사람들에 대해 관심이 없다.					
12. 나는 예전과는 달리 세상일이 재미없다.					
13. 우리 아이는 나를 기쁘게 하는 일을 거의 하지 않는다.					
14. 나는 아이가 나를 좋아하지 않으며 나를 가까이 하고 싶어하지 않는다는 느낌을 거의 항상 받는다.					
15. 우리 아이는 내가 기대하는 것보다 나를 보고 잘 웃지 않는다.					
16. 아이를 위해 어떤 일을 할 때, 나는 아이가 나의 수고에 대해 그다지 고마워 하지 않는다는 느낌을 받는다.					
17. 우리 아이는 놀 때 깔깔대며 웃는 일이 드물다.					
18. 우리 아이는 다른 아이들보다 배우는 속도가 느린 것 같다.					
19. 우리 아이는 다른 아이들보다 잘 웃지 않는 것 같다.					
20. 우리 아이는 내 기대만큼 잘 하지 못한다.					
21. 우리 아이는 새로운 것에 익숙해지는 데 시간이 오래 걸리고 힘들어 한다.					
22. 나는 나 자신이　　　　　　(해당되는 번호에 ∨표 해주십시오.) 　1) 정말 좋은 부모가 못된다고 생각한다. 　2) 부모가 되는 데 약간 문제가 있는 사람이라고 생각한다. 　3) 보통 부모라고 생각한다. 　4) 보통 부모들보다 낫다고 생각한다. 　5) 아주 좋은 부모라고 생각한다.					
23. 나는 아이에 대해 좀더 친밀하고 따뜻한 감정을 갖고 싶지만 실제로 그러 지 못하기 때문에 괴롭다.					
24. 우리 아이는 때때로 나를 귀찮게 하려고 일을 저지른다.					
25. 우리 아이는 다른 아이들보다 자주 울고 보챈다.					
26. 우리 아이는 보통 기분이 별로 좋지 않은 상태로 아침에 일어난다.					

문항내용	정말 그렇지 않다	대체로 그렇지 않다	잘 모르겠다	대체로 그렇다	정말 그렇다
27. 우리 아이는 변덕스럽고 기분이 쉽게 변한다.					
28. 우리 아이는 나를 매우 성가시게 하는 일을 좀 한다.					
29. 우리 아이는 자기가 싫어하는 일이 생기면 심하게 반발한다.					
30. 우리 아이는 아주 사소한 일에도 쉽게 기분이 상한다.					
31. 우리 아이에게 규칙적인 취침 및 식습관을 가르치는 것은 예상 외로 힘들었다.					
32. 우리 아이에게 어떤 일을 시키거나 또는 중지시킬 때 　1) 생각보다 매우 힘들다. 　2) 생각보다 다소 힘들다.　　　　　　　(*해당되는 번호에 　3) 보통이다.　　　　　　　　　　　　∨표 해주십시오.) 　4) 생각보다 다소 수월하다. 　5) 생각보다 매우 수월하다.					
33. 당신 아이가 당신을 성가시게 만드는 일들을 잘 생각해 보고, 몇 가지 정도 되는지 계산해 보십시오(예: 빈둥거린다. 말을 안 듣는다. 너무 활동적이다. 운다. 싸운다 등). 여러분이 생각한 숫자가 포함되어 있는 번호에 ∨표 해주십시오. 　1) 10이상 2) 8~9 3) 6~7 4) 4~5 5) 1~3					
34. 우리 아이가 정말 나를 성가시게 만드는 일이 좀 있다.					
35. 우리 아이는 예상보다 많은 문제를 가지고 있다.					
36. 우리 아이는 다른 아이들보다 엄마에게 요구하는 것이 많다.					
총 계					

▶ 첨부자료 3

이름 : ___________

나의 꿈은

나에게 가장
소중한 사람은?

나는 이런
부모이고 싶다!!!

누구의 칭찬이
당신에게 가장
중요합니까?

최근
가장 행복했던 일은?

나는
이런 사람이에요!!!

▶ 첨부자료 4

MBTI 검사소개

1. MBTI 발달과정
— Katharine Briggs가 자서전 연구를 통하여 인간의 개인차를 연구하던 중 1920년에 Jung의 심리유형이론을 접함
— 개인의 차를 유추할 수 있는 심리적 도구를 만들기 위해 20년 동안 개인의 성격적 특성을 관찰
— 인간관찰(people watching)을 통하여 Jung의 심리유형이론의 타당성 입증
— Isabel Myers의 지속적인 연구로 MBTI(Myers-Briggs Type Indicator) Form A, B, C, D, E를 거쳐 F, G를 만듬

2. MBTI 검사의 목적
각자가 인정하는 반응에 대한 자기보고를 통하여, 각자가 일상생활에서 사용하고 있는 인식과 판단과정에서 나타나는 사람들의 선호성을 알아내고 각자의 선호성이 개별적으로 또는 복합적으로 어떻게 작용하는지의 결과들을 예측하여 실생활에서 도움을 얻으려는 것

3. MBTI 검사의 특성
— 비진단 검사
— 16가지 유형에 대한 선호도 검사
— 선천적 선호경향 이해(개인의 자기실현을 향한 심리적 고유성)

MBTI 네가지 선호지표

외향(E)	에너지 방향, 주의 촛점	내향(I)
Extraversion	← →	Introversion

감각(S)	인식기능(정보수집)	직관(N)
Sensing	← →	iNtuition

사고(T)	판단기능(판단, 결정)	감정(F)
Thinking	← →	Feeling

판단(J)	행동양식, 생활양식	인식(P)
Judging	← →	Perceiving

3H 부모되기 2회 세부지도안

프로그램명	지표별 양육스타일 이해 1(외향 · 내향) / 자녀성격유형이해 1	소요시간 및 인원	120분 / 12명
장소	3층 푸른나눔터	준비물	감정그림용지, 개별프로파일, 이름표, 회기별 배부자료, 회기별 평가서, 콜라쥬 재료(각종 미술재료, 잡지, 풀, 가위, 도화지, 천, 테이프), MMTIC 검사지, 답안지, OHP기기, OHP필름, 네임펜, 빔 프로젝트, 노트북
목표	1) MBTI를 통해 자신의 성격유형 특성에 대한 이해를 향상시킨다. 　② 참여자의 80% 이상이 자신의 성격유형특성 및 강 · 약점에 대한 이해도가 향상된다. 2) MMTIC을 통해 자녀의 성격유형 특성에 대한 이해를 증진시킨다. 　② 참여자의 80% 이상이 자녀의 성격유형특성 및 강 · 약점에 대한 이해도가 향상된다. 　③ 참여자들이 집단활동 중 자녀의 특성에 대해 1회 이상씩 표현해본다. 3) MBTI지표별 효과적 자녀양육 방법에 대한 이해를 증진시킨다. 　① 참여자의 70% 이상이 MBTI 태도지표(외향 · 내향)별 효과적인 자녀양육방법 이해에 대한 긍정적 답변을 한다.		
활동내용	개별프로파일 설명, MBTI지표(외향 · 내향)별 활동과 발표, 양육스타일 설명, 자녀를 표현하는 콜라쥬 만들기 및 소개		

1. 도입 프로그램(15분)

① 감정 그림이 그려진 용지를 각 성원에게 나누어 준다.

② 감정 그림 중에서 오늘의 기분을 표현한 그림에 색칠해보도록 한다.

③ 참여자들이 자유롭게 자신의 기분을 표현하고 그 배경에 대해 설명하도록 한다.

▶ 감정그림이라는 매개체를 통해 자신을 표현하는 것이 참여자들의 긴장을 감소시킬 수 있다.

▶ 감정그림 외에 다양한 도입프로그램 매개를 활용할 필요가 있다.

2. 개별 프로파일 설명(15분)

① MBTI 검사결과를 작성한 프로파일을 각 성원에게 나누어 준다.

▶ 사전에 자가예측한 성격유형결과를 프로파일에 연필로 기록한다.

② 검사결과를 해석하는 방법에 대해 설명한다.

③ 프로파일에 작성된 자가예측결과와 검사결과와의 차이가 나는 정도에 따라, 손을 들어 예측한 내용과 얼마나 다른 결과들이 나왔는지를 확인한다.

④ 각 성원들에게 개별적인 부연설명을 통해 자가 예측한 성격유형과 검사결과 중에 각자에게 더 적합하다고 생각되는 성격유형을 추측하도록 한다.

⑤ 프로파일에 설명된 성격유형별 설명을 참조하여 자신의 성격유형을 이해한다.

3. MBTI 지표(외향·내향 지표)별 활동과 발표(25분)

① MBTI 태도 지표(외향·내향)별로 집단을 구성하여 자리를 이동한다.

▶ 구성원의 수가 많은 집단은 세분화하여 여러 집단으로 구성한다. 각 집단마다 구성원의 숫자가 비슷하도록 조정한다.

② 지도자가 제시하는 과제에 대해 의논한다(첨부자료 6).

③ 외향·내향 지표별로 집단 내에서 논의한 내용을 OHP 필름에 유성펜으로 작성한다.

④ 외향·내향 지표별로 논의한 내용을 적은 OHP 필름을 가지고 앞쪽에 비치된 OHP 기기에 올려놓은 후 자신들이 정리한 내용을 발표한다.

⑤ 지도자는 각 지표별로 특성이 되는 점들을 발표 내용에서 찾아내어 설명한 후 각 지표별 특성에 대해 간략히 보완 설명한다.

4. 지표별(외향·내향) 양육스타일 설명(15분)(한국심리검사연구소, 1998)

① MBTI 네 가지 선호지표 중 외향·내향 지표에 따른 양육태도상의 장점과 약점 및 주의하고 개발할 점들을 설명한다.

② 설명 후에 궁금한 점에 대해 질문할 수 있는 시간을 배정하여 참여자들이 의문 나는 점을 알 수 있도록 돕는 것이 필요하다.

③ 각 지표별 설명시 예를 들어 구체적으로 설명하는 것이 이해에 많은 도움이 될 수 있다.

5. 자녀를 표현하는 콜라쥬 만들기(20분)

① 콜라쥬 기법에 대해 소개한다.

▶ 콜라쥬는 여러 가지 재료(잡지, 헝겊, 색종이, 크레파스, 색연필, 각종 재료 활용가능)를 통해 자신이 표현하고 싶은 바를 표현해보는 미술기법의 하나임을 설명한다.

▶ 다양한 재료들 및 기본도구(풀, 가위, 테이프)도 참여자 수만큼 미리 잘 준비해둔다.

② 콜라쥬를 통해 자녀에 대해 가지고 있었던 평소의 생각이나 느낌을 표현하도록 유도한다.

▶ 참여자들이 표현방법을 낯설어 할 수 있으므로 예시자료들을 활용하는 것도 바람직하다.

6. 콜라쥬로 자녀 소개하기(20분)

① 콜라쥬 작품을 완성한 참여자들을 격려한다.

② 한 사람씩 자신이 완성한 콜라쥬 작품을 다른 참여자들에게 보여주면서 자녀에 대해 표현하

도록 한다.

▶ 진행자는 참여자가 표현하는 자녀에 대한 감정을 잘 반응해주도록 노력해야 한다. 감정 중심으로 자녀에 대한 표현에 반응해준다.

7. 평가서 작성 및 MMTIC 설명 후 과제부여(10분)

① 평가서 용지를 배부한다(첨부자료 15).

② 진행된 프로그램에 대해 전체적으로 정리한 후 참여자들이 자유롭게 평가서를 작성하도록 한다.

③ MMTIC(아동용 성격유형검사) 검사에 대해 설명한 후 질문지와 답안지를 배부하고 자녀가 실행하는 데 필요한 지침을 설명한다.

▶ 다음 회기에 MMTIC 질문지와 답안지를 반드시 지참하여야 차후 프로그램 진행에 차질이 없음을 강조하여 설명한다.

▶ 첨부자료 6

● 지표별 활동(외향(E) · 내향(I))

★ 나는 어떤 방법으로 삶에 활력을 얻는다고 생각하는가 ?

☆ 자녀의 에너지원은 무엇이며 일상생활에서 어떻게 나타나고 있는가?

★ 나를 동물에 비유해 본다면 어떤 동물이 좋을까?

3H 부모되기 3회 세부지도안

프로그램명	지표별 양육스타일 이해 2(감각 · 직관) / 자녀성격유형이해 2	소요시간	120분 / 12명
장소	집단활동실	준비물	감정그림용지, 개별프로파일, 이름표, 회기별 배부자료, 회기별 평가서, 풍경그림, '너는 특별하단다' 비디오자료, 비디오기기, OHP기기, OHP필름, 네임펜, 빔프로젝트, 노트북
목표	1) MBTI를 통해 자신의 성격유형 특성에 대한 이해를 향상시킨다. 　② 참여자의 80% 이상이 자신의 성격유형특성 및 강 · 약점에 대한 이해도가 향상된다. 2) MMTIC를 통해 자녀의 성격유형 특성에 대한 이해를 증진시킨다. 　② 참여자의 80% 이상이 자녀의 성격유형특성 및 강 · 약점에 대한 이해도가 향상된다. 　③ 참여자들이 집단활동 중 자녀의 특성에 대해 1회 이상씩 표현해본다. 3) MBTI지표별 효과적 자녀양육 방법에 대한 이해를 증진시킨다. 　① 참여자의 70% 이상이 MBTI 인식기능지표(감각 · 직관)별 효과적인 자녀양육방법 이해에 대한 긍정적 답변을 한다.		
활동내용	MBTI지표(감각 · 직관)별 활동과 발표 양육스타일 설명, 비디오(너는 특별하단다)시청, 시청소감 나누기 및 자녀의 장점 찾기		

1. 도입 프로그램(15분)

① 감정그림이 그려진 용지를 각 성원에게 나누어 준다.

② 감정 그림 중에서 오늘의 기분을 표현한 그림에 색칠해보도록 한다.

③ 참여자들이 자유롭게 자신의 기분을 표현하고 그 배경에 대해 설명하도록 한다.

▶ 감정그림이라는 매개체를 통해 자신을 표현하는 것이 참여자들의 긴장을 감소시킬 수 있다.

▶ 감정그림 외에 다양한 도입프로그램 매개를 활용할 필요가 있다.

2. MBTI 지표(감각 · 직관 지표)별 활동과 발표(20분)

① MBTI 태도 지표(감각 · 직관)별로 집단을 구성하여 자리를 이동한다.

▶ 감각 · 직관 지표는 한쪽 성향에 구성원들이 집중되기 쉬운 지표이다. 따라서 검사결과상 양쪽 성향의 구성원이 분포한 경우는 집단별로 활동을 실시하면 되지만, 한쪽 성향의 구성원이 전혀 없을 경우 기존 자료를 통해 다른 성향의 특성을 간접적으로라도 경험할 수 있도록 해야 한다.

② 집단별로 지도자가 제시하는 과제에 대해 의논한다(첨부자료 7).

▶ 자연풍경그림이 있는 것이 좋고, 같은 그림을 두장 준비하여 각 집단별로 나누어 준다.

③ 감각 · 직관 지표별 집단 내에서 논의한 내용을 OHP 필름에 유성펜으로 작성한다.

④ 감각·직관 지표별 논의한 내용을 적은 OHP 필름을 가지고 앞쪽에 비치된 OHP 기기에 올려놓은 후 자신들이 나눈 이야기 내용을 발표한다.

⑤ 지도자는 각 지표별로 특성이 되는 점들을 발표 내용에서 찾아내어 설명한 후 각 지표별 특성에 대해 간략히 보완 설명한다.

3. 지표별(감각·직관) 양육스타일 설명(15분)(한국심리검사연구소, 1998)

① MBTI 네 가지 선호지표 중 감각·직관 지표에 따른 양육태도상의 장점과 약점 및 주의하고 개발할 점들을 설명한다.

② 설명 후에 궁금한 점을 질문할 수 있는 시간을 배정하여 참여자들이 의문이 나는 점을 알 수 있도록 돕는 것이 필요하다.

③ 각 지표별 설명 시 예를 들어 구체적으로 설명하는 것이 이해에 많은 도움이 될 수 있다.

4. 비디오(너는 특별하단다) 시청(30분)

① 개인의 독특하고 특별한 점에 대해 자연스럽게 보여주는 시청각자료('너는 특별하단다' 등)를 확보한다.

② 참여자들에게 가장 인상 깊은 장면이 무엇인지 염두에 두면서 비디오를 시청하도록 한다.

5. 시청소감나누기 및 자녀의 장점 찾기(30분)

① 가장 인상 깊은 장면과 그 이유는 무엇인지에 대해 참여자들이 자유롭게 이야기하도록 한다.

② 자녀의 특별한 점, 장점에 대해 생각해보고 다른 구성원들 앞에서 소개하도록 한다.

▶ 자녀에 대한 소개 시 문제점과 약점보다는 강점과 특별한 점에 집중할 수 있도록 지도자가 적절하게 개입한다.

6. 평가서 작성 및 차기 계획 공지(10분)

① 평가서 용지를 배부한다(첨부자료 15).

② 진행된 프로그램에 대해 전체적으로 정리한 후 참여자들이 자유롭게 평가서를 작성하도록 한다.

③ 차기 회기 내용에 대해 소개(지표별 양육스타일 3, 자녀의 성격유형검사 결과 설명)하고 참여를 독려한 후 마친다.

▶ 첨부자료 7

● 지표별 활동 (감각(S) · 직관(N))

★ 제시된 그림에서 보이는 것을 적어보세요!

3H 부모되기 4회 세부지도안

프로그램명	지표별 양육스타일 이해 3(사고 · 감정) / 자녀성격유형이해 3	소요시간	120분 / 12명
장소	집단활동실	준비물	이름표, 회기별 배부자료, 회기별 평가서, MMTIC 검사 결과 프로파일, OHP 기기, OHP 필름, 네임펜, 빔프로젝트, 노트북
목표	1) MBTI를 통해 자신의 성격유형 특성에 대한 이해를 향상시킨다. 　① 참여자의 70% 이상이 MBTI네 가지 선호지표 이해에 대한 긍정적 답변을 한다. 　② 참여자의 80% 이상이 자신의 성격유형특성 및 강 · 약점에 대한 이해도가 향상된다. 2) MMTIC를 통해 자녀의 성격유형 특성에 대한 이해를 증진시킨다. 　② 참여자의 80% 이상이 자녀의 성격유형특성 및 강 · 약점에 대한 이해도가 향상된다. 3) MBTI지표별 효과적 자녀양육 방법에 대한 이해를 증진시킨다. 　③ 참여자의 70% 이상이 MBTI 판단기능지표(사고 · 감정)별 효과적인 자녀양육방법 　　이해에 대한 긍정적 답변을 한다.		
활동내용	MBTI지표(사고 · 감정)별 활동과 발표, 양육스타일 설명, 성격유형별 자녀특성 알아보기		

1. 도입 프로그램(10분)

① 여러 가지 도입 프로그램을 활용하여 지난 주간의 안부를 묻고 집단활동에 참여할 수 있는 준비를 시킨다.

2. MBTI 지표(사고 · 감정 지표)별 활동과 발표(35분)

① MBTI 태도 지표(사고 · 감정)별로 집단을 구성하여 자리를 이동한다.

▶ 집단 구성에 있어서 한 쪽 성향이 다수일 경우 적절하게 집단의 수를 늘려 구성하도록 한다.

② 지도자가 제시하는 과제에 대해 의논한다(첨부자료 8).

▶ 제시하는 과제는 판단과 선택을 해야하는 어떠한 상황도 무방하며, 집단참여자

③ 사고 · 감정 지표별 집단 내에서 논의한 내용을 OHP 필름에 유성펜으로 작성한다.

④ 사고 · 감정 지표별 논의한 내용을 적은 OHP 필름을 가지고 앞쪽에 비치된 OHP 기기에 올려놓은 후 자신들이 나눈 이야기 내용을 발표한다.

⑤ 지도자는 각 지표별로 특성이 되는 점들을 발표 내용에서 찾아내어 설명한 후 각 지표별 특성에 대해 간략히 보완 설명한다.

3. 지표별(사고 · 감정) 양육스타일 설명(15분)(한국심리검사연구소, 1998)

① MBTI 네 가지 선호지표 중 사고 · 감정 지표에 따른 양육태도상의 장점과 약점 및 주의하고

개발할 점들을 설명한다.

② 설명 후에 궁금한 점을 질문할 수 있는 시간을 배정하여 참여자들이 의문이 나는 점을 알 수 있도록 돕는 것이 필요하다.

③ 각 지표별 설명 시 예를 들어 구체적으로 설명하는 것이 이해에 많은 도움이 될 수 있다.

4. 성격 유형별 자녀특성 알아보기(50분)(한국심리검사연구소, 1993)

① 아동 및 청소년 대상 성격유형검사(MMTIC) 프로파일을 참여자들에게 배부한다.

② 성격유형별 분포를 한 눈에 보이도록 분포도를 제시한다(OHP 기기 활용).

▶ 참여자 자신들과 자녀들의 성격유형 모두를 성격유형분포도 안에 기입하여 전체적인 설명을 할 수 있도록 돕는다.

③ 성격유형별 보충 설명을 한다.

▶ 훈련받은 진행자가 여러 명일 경우 소그룹을 지어 보다 심층적인 질문과 답변의 기회를 갖는 것도 바람직하다.

5. 평가서 작성 및 차기 계획 공지(10분)

① 평가서 용지를 배부한다(첨부자료 15).

② 진행된 프로그램에 대해 전체적으로 정리한 후 참여자들이 자유롭게 평가서를 작성하도록 한다.

③ 차기 회기 내용에 대해 소개(자녀와의 효과적인 의사소통 1, 자녀와의 친밀한 관계 형성 1)하고 참여를 독려한 후 마친다.

▶ 첨부자료 8

● 지표별 활동 (사고(T) · 감정(F))

★ 부모님이라면 이런 상황에서 어떻게 하시겠습니까 ?

상황〉 아이가 "엄마 나 학교 가기 싫어" "아이들이 나랑 안 놀아주고 왕따라고 놀려, 나 학교 안갈 거야"라고 떼를 쓰고 학교에 안 가려고 하는 상황

3H 부모되기 5회 세부지도안

프로그램명	지표별 양육스타일 이해 4(인식 · 판단) / 자녀성격유형이해 4	소요시간	120분 / 12명
장소	집단활동실	준비물	회기별 자료, 이름표, 빔프로젝트, 회기별 평가지, 간식, 필기도구, OHP, 유성펜, 달팽이 길찾기 그림 자료
목표	1) MBTI를 통해 자신의 성격유형 특성에 대한 이해를 향상시킨다. 　② 참여자의 80% 이상이 자신의 성격유형특성 및 강 · 약점에 대한 이해도가 향상된다. 2) MMTIC를 통해 자녀의 성격유형 특성에 대한 이해를 증진시킨다. 　① 참여자의 70% 이상이 MMTIC 기질별 아동의 성격 특성 이해에 대해 긍정적 답변을 한다. 　④ 참여자의 70% 이상이 자녀의 성격유형별 학습스타일에 따라 효과적인 학습지도 방법을 알게 된다. 3) MBTI지표별 효과적 자녀양육 방법에 대한 이해를 증진시킨다. 　④ 참여자의 70% 이상이 MBTI 행동지표(판단 · 인식)별 효과적인 자녀양육 방법 이해에 대한 긍정적 답변을 한다.		
활동내용	MBTI지표(판단 · 인식)별 활동과 발표, 양육스타일 설명, 자녀의 성격기질별 학습스타일 이해		

1. 도입 프로그램(10분)

① 지난 주간의 안부를 묻고 집단활동에 참여할 수 있는 준비를 시킨다.

▶ 다양한 도입프로그램 매개를 활용할 필요가 있다.

▶ 그 회기에서 다루게 될 내용의 양에 따라 도입 프로그램의 종류와 시간을 정하는 것이 좋다.

2. MBTI 지표(판단 · 인식 지표)별 활동과 발표(60분)(한국심리검사연구소, 1998)

① MBTI 태도 지표(판단 · 인식)별로 집단을 이루어 자리를 이동한다.

▶ 판단 · 인식 지표는 한쪽 성향에 구성원들이 집중되기 쉬운 지표이다. 따라서 검사결과상으로 양쪽 성향의 구성원이 나온 경우는 집단별로 활동을 실시하게 하면 되지만, 한쪽 성향의 구성원이 전혀 없을 경우 기존 자료를 통해 다른 성향의 간접적으로라도 경험할 수 있도록 해야 한다.

② 지표를 대비하기 쉬운 질문을 제시한다(첨부자료 9).

▶ 판단 · 인식 지표는 행동양식을 나타내는 지표이기 때문에 계획과 관련한 주제를 선정하는 것이 좋다. 특히 프로그램을 실시하는 계절과 시기를 맞추어 여행계획을 하는 것이 좋고, 연령층에 따라서 계획내용이 달라질 수 있다. 예를 들면 주부의 경우 여고동창생과의 여행, 가족여행, 부부여행 등을 제시할 수 있다.

③ 판단 · 인식 지표별 집단 내에서 논의한 내용을 OHP 필름에 유성펜으로 작성한다.

④ 판단 · 인식 지표별 논의한 내용을 적은 OHP 필름을 가지고 앞쪽에 비치된 OHP 기기에 올

려놓은 후 자신들이 나눈 이야기 내용을 발표한다.

⑤ 지도자는 각 지표별로 특성이 되는 점들을 발표 내용에서 찾아내어 설명한 후 각 지표별 특성에 대해 간략히 보완 설명한다.

3. WARMING-UP PROGRAM : 달팽이 길 찾기(10분)(첨부자료 10)

① 구성원들이 2명씩 짝을 짓도록 한다.

② 달팽이 모양의 그림이 그려있는 종이와 필기도구를 구성원에게 나누어 준 후 한 사람은 눈을 감고 다른 사람이 지시하는 대로 선을 이어 원중심에 이르도록 한다.

③ 짝을 지은 두 사람이 교대로 역할을 바꾸어 진행해 본 후 소감을 말한다.

4. 학습스타일 소개(30분)(한국심리검사연구소, 2000)

① 구성원들과 그 자녀들의 성격유형이 구분되어 있는 유형분포표를 OHP 기기를 통해 구성원들이 확인 할 수 있도록 한다.

② 지도자는 구성원들이 자녀들이 어느 기질에 속하는지 살펴보도록 한 후 자녀들의 기질별 학습태도와 학습지도 방법이 정리된 유인물을 나누어주고 기질별 특성을 설명한다.

③ 구성원들이 질문할 기회를 주어 자녀들의 학습지도에 대한 보충설명을 한다.

▶ 자녀들의 성격유형설명에는 U-Band비율이 높으므로 U-Band에 대한 설명을 자세하게 할 필요가 있다.

5. 평가서 작성 및 차기 계획 공지(5분)

① 평가서 용지를 배부한다(첨부자료 15).

② 진행된 프로그램에 대해 전체적으로 정리한 후 참여자들이 자유롭게 평가서를 작성하도록 한다.

③ 차기 회기 내용에 대해 소개(자녀와의 효과적인 의사소통 1 : 나 전달법, 자녀와의 친밀한 관계 형성 1 : 감정계좌)하고 참여를 독려한 후 마친다.

▶ 첨부자료 9

● 지표별 활동 (판단(J) · 인식(P))

★ 즐거운 여행계획을 세워보세요.

▶ 첨부자료 10

● 달팽이 길찾기

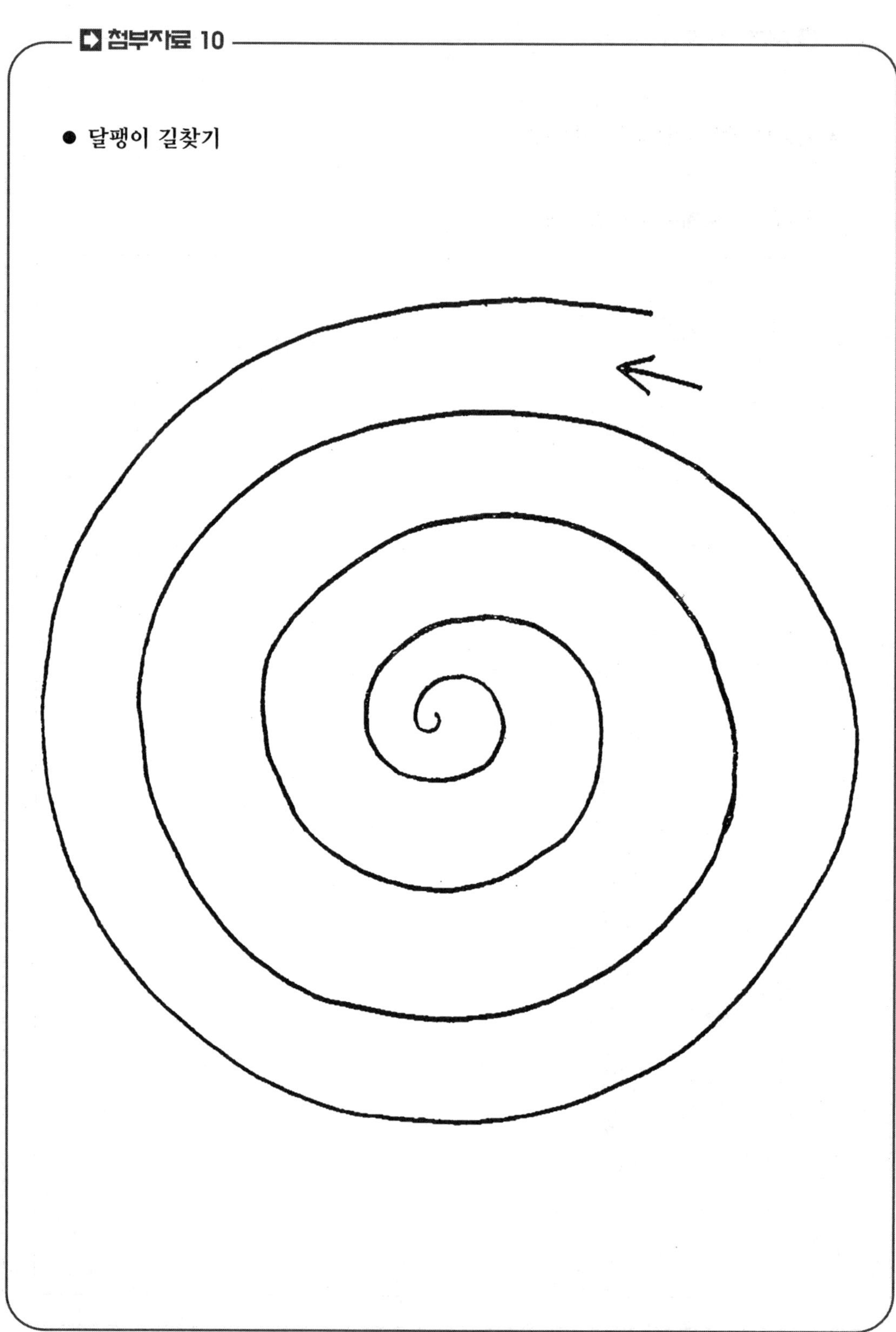

3H 부모되기 6회 세부지도안

프로그램명	자녀와의 효과적인 의사소통 1 : 나 전달법 /자녀와의 친밀감 형성 1 : 감정계좌	소요시간 및 인원	120분 / 12명
장소	집단활동실	준비물	회기별 자료, 이름표, 빔프로젝트, 회기별 평가지, 간식, 필기도구, OHP
목표	2) MMTIC를 통해 자녀의 성격유형 특성에 대한 이해를 증진시킨다. 　③ 참여자들이 집단활동 중 자녀의 특성에 대해 1회 이상씩 표현해본다. 4) 부모 · 자녀간의 효과적인 의사소통기술을 증진시킨다. 　① 참여자들의 80% 이상이 자녀와의 친밀감을 형성할 수 있는 프로그램을 1가지 이상 고안하고 실행해 본다. 　② 참여자의 70% 이상이 나 전달법, 반영적 경청에 대한 이해에 긍정적 답변을 한다.		
활동내용	나 전달법 개념 설명 및 훈련, 감정계좌 개념 설명 및 활용방안 토의		

1. 도입 프로그램(10분)

① 지난 주간의 안부를 묻고 집단활동에 참여할 수 있는 준비를 시킨다.

▶ 다양한 도입프로그램 매개를 활용할 필요가 있다.

▶ 그 회기에서 다루게 될 내용의 양에 따라 도입 프로그램의 종류와 시간을 정하는 것이 좋다.

2. 자녀와의 효과적인 의사소통 1 : 나 전달법(50분)(한국심리상담연구소, 2001)

① 구성원 중에 PET 교육(효과적인 부모역할훈련)에 참석한 경험이 있는지를 확인한다.

② 구성원에게 최근에 고민이 되고 있는 문제는 무엇인지를 물어본다.

③ 다른 사람의 문제가 내게는 문제가 되는 경우도 있고, 그렇지 않은 경우도 있음을 말하고 문제의 소유를 가려내는 '수용도식' 을 OHP기기를 통해 알려준다.

④ 나 전달법은 문제의 소유를 가렸을 때 주로 자신이 문제를 소유했을 때 사용하는 방법이라고 소개한 후 나 전달법 활용방법을 설명한다.

⑤ 제시된 자료에 나와 있는 예시문제를 통해 활용방법을 익힌다.

⑥ 질문시간을 통해 나 전달법 내용에 대한 명료한 이해를 돕는다.

⑦ 지도자는 구성원들에게 두명씩 짝을 지으라고 한 후에 유인물에 제시된 상황 역할을 나누어 이야기하도록 한다.

⑧ 지도자는 2팀을 선정해서 평소에 상황에 대처하는 방법을 시연한 후에 나 전달법을 활용하여 대처하는 방법을 비교한다.

⑨ 지도사는 나 진달법을 활용 했을 때의 장점을 소개한 후에 나 전달법을 적극 활용하도록 권유

한다.

▶ 나 전달법 내용을 50분 안에 이해하고 활용하는 방안을 익히기에는 시간이 부족하므로 내용을 세분화해서 시간안배를 늘리는 것이 필요하다.

▶ 실제상황을 통한 설명이 내용이해를 높일 수 있으므로 여러 상황을 제시하여 설명하는 것이 필요하다.

▶ 2명씩 짝을 짓는 등 소그룹을 활용하여 상황을 시연해보는 것은 내용을 이해하는 데 도움이 된다.

3. 자녀와의 친밀감 형성 1 : 감정계좌(30분)(첨부자료 11)

① 지도자가 감정계좌가 무엇이며 어떻게 활용하는지에 대해 설명한다.

② 제시된 유인물에 예입의 상황과 인출의 행동의 예를 들어주며 자녀와의 관계에서의 계좌의 잔고를 추측해본다.

③ 계좌에 잔고를 늘릴 수 있는 방안에 대해 각자 3가지 이상씩 적도록 한다.

④ 구성원들을 3개의 소그룹으로 나누어 계좌에 잔고를 늘릴 수 있는 방안에 대해 각자 생각한 것을 나누는 시간을 갖는다.

▶ 계좌에 예입을 늘리는 방안에 대해서는 지도자가 사전에 가능한 상황을 예시로 다양하게 준비하여 미리 제시해주는 것이 효과적이다.

5. 평가서 작성 및 차기 계획 공지(5분)

① 평가서 용지를 배부한다(첨부자료 15).

② 진행된 프로그램에 대해 전체적으로 정리한 후 참여자들이 자유롭게 평가서를 작성하도록 한다.

③ 차기 회기 내용에 대해 소개(자녀와의 효과적인 의사소통 2 : 반영적 경청, 자녀와의 친밀한 관계 형성 2 : 칭찬카드)하고 참여를 독려한 후 마친다.

➡ 첨부자료 11

● 감정은행계좌란 ?

● **감정은행계좌 평가**

☞ 자녀와의 관계를 생각해보라. -10점에서 +10점까지의 척도 위에 그 사람에 대하여 가지고 있는 감정은행계좌의 잔고를 추측해보라.

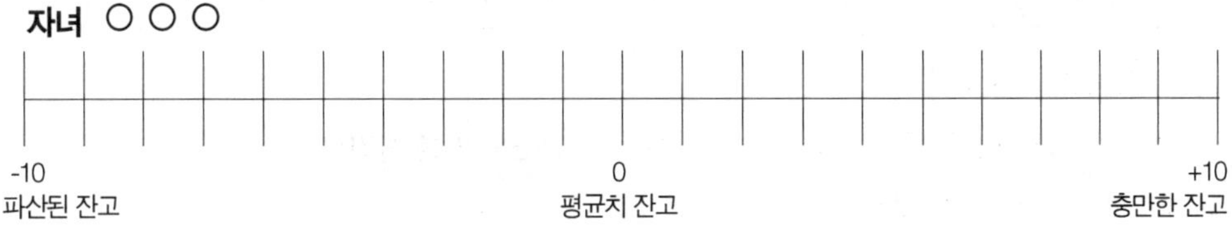

● **감정은행계좌**

☞ 자녀에게 예입이 될 수 있다고 생각하는 것과 인출이 될 수 있다고 생각하는 것을 3가지씩 적어보라.

● **감정은행계좌 예입하는 방법들**

예입이 될 수 있는 것(미래에 할 것)	인출이 될 수 있는 것(미래에 피할 것)
1.	1.
2.	2.
3.	3.

3H 부모되기 7회 세부지도안

프로그램명	자녀와의 효과적인 의사소통 2 : 반영적 경청 / 자녀와의 친밀감 형성 2 : 칭찬카드	소요시간 및 인원	120분 / 12명
장소	집단활동실	준비물	회기별 자료, 이름표, 빔프로젝트, 회기별 평가지, 간식, 필기도구, OHP , 비디오 자료 : '접속 1 어른들은 몰라요' , 비디오 기기, 별도 자료 : 'You're what you say'
목표	2) MMTIC를 통해 자녀의 성격유형 특성에 대한 이해를 증진시킨다. ③ 참여자들이 집단활동 중 자녀의 특성에 대해 1회 이상 표현해 본다. 4) 부모 · 자녀간의 효과적인 의사소통기술을 증진시킨다. ① 참여자들의 80% 이상이 자녀와의 친밀감을 형성할 수 있는 프로그램을 1가지 이상 고안하고 실행해 본다. ② 참여자의 70% 이상이 나 전달법, 반영적 경청에 대한 이해에 긍정적 답변을 한다. ③ 참여자의 80% 이상이 나 전달법, 반영적 경청을 통한 자녀와의 의사소통을 경험해 본다.		
활동내용	반영적 경청의 개념 이해 및 적용, You' re what you say, 칭찬카드 사례제시 및 활용방안 토의		

1. 도입 프로그램(10분)

① 지난 주간의 안부를 묻고 집단활동에 참여할 수 있는 준비를 시킨다.

▶ 다양한 도입프로그램 매개를 활용할 필요가 있다.

▶ 그 회기에서 다루게 될 내용의 양에 따라 도입 프로그램의 종류와 시간을 정하는 것이 좋다.

2. 자녀와의 효과적 의사소통2 : 반영적 경청(60분)(한국심리상담연구소, 2001)

① 지난 회기에 다루었던 나 전달법을 활용해 보았는지에 대해 확인한다. 구성원 중에 활용한 경험이 있으면 활용할 때의 어려움과 보람 등에 대해 이야기하도록 한다.

② 반영적 경청을 주제로 '접속! 어른들은 몰라요' 에서 방영된 내용을 함께 시청한다.

▶ 지도자가 사전에 비디오 내용을 살펴본 후 재편집하는 것이 가장 좋고, 그렇지 않을 경우 사전에 집중적으로 보게 될 내용을 맞추어 놓는 것이 좋다.

▶ 비디오 내용을 보고 난 후에 내용에 대한 전후 설명을 보충해 주면 좋다.

③ 지도자가 배부용 자료를 중심으로 한 반영적 경청의 개념과 활용방안에 대해 설명한다.

④ 제시된 예제를 풀면서 이전의 대처방안과 반영적 경청을 활용했을 때를 비교하여 반영적 경청 활용방안을 익힌다.

⑤ 예제를 푼 후에 비디오 내용 중에 반영적 경청과 소극적 경청 기법을 활용하여 갈등이 해결된 부분을 시청한다.

⑥ 지도자가 반영적 경청을 활용했을 때의 장점과 기법 사용이 어려운 예외적인 상황을 설명한다.

3. You're what you say(10분)(첨부자료 12)

① 지도자가 구성원들에게 두 명씩 짝을 지으라고 한 후에 준비한 유인물을 나누어준다.

② 유인물에 자신을 설명하는 내용을 체크한다.

③ 짝끼리 서로 체크한 내용을 바꾸어 가진 후에 'negative word'에 체크한 내용을 먼저 상대방에게 '당신은 ~하시군요' 라고 말한다. 한 사람이 다 한 후에 다른 성원이 교대로 상대방에게 말한다.

④ 반으로 접었던 내용 중에 나머지 부분인 'positive word'에 대해서도 같은 방법으로 서로에게 말한다.

⑤ 구성원들에게 소감을 확인한다.

▶ 프로그램 실시 전 자리배치를 바꾸어 진행하는 것도 구성원들이 새로운 성원들과 활동을 할 수 있는 기회가 되므로 집단의 역동을 변화시키는 데 도움이 된다.

4. 자녀와 친밀감 형성하기 2 : 칭찬카드(30분)(첨부자료 13)

① 지난 회기에 실시한 감정계좌를 잘 활용해 봤는지를 확인한 후 실시한 구성원을 격려한다.

② 칭찬카드를 활용하는 방법에 대해 설명한다.

③ 구성원들에게 어떨 때 자녀들을 칭찬하게 되는지 물어본다.

④ 구성원들에게 어떤 방법으로 칭찬하는지를 생각해보고 칭찬 받았을 때의 자녀들의 반응을 OHP 필름에 작성하도록 한다.

▶ 자녀들의 반응은 말, 표정, 행동 등 구체적으로 표현하도록 한다.

⑤ 지도자는 작성한 내용을 구성원들끼리 이야기 한 후에 몇 가지 제시된 예를 읽어 준다.

⑥ 칭찬카드를 나누어 준 후 과제를 수행하기 위한 연습으로 5분 동안 그동안의 경험을 살려 칭찬카드를 작성하도록 한다.

⑦ 지도자는 다시 한번 칭찬카드 활용법에 대해 정리한다.

5. 평가서 작성 및 차기 계획 공지(5분)

① 평가서 용지를 배부한다(첨부자료 15).

② 진행된 프로그램에 대해 전체적으로 정리한 후 참여자들이 자유롭게 평가서를 작성하도록 한다.

③ 차기 회기 내용에 대해 소개(자녀와의 효과적인 의사소통 3 : 제 3의 대안, 양육스트레스 척도 검사, 좋은 부모 사명서, 종결설문지, 수료식, 소감나누기)하고 참여를 독려한 후 마친다.

▶ 첨부자료 12

You're what you say
- 당신의 말이 당신의 모습입니다 -

이 름 : ________

도우미 : ________

긍정적 양상	☞	부정적 양상
적극적, 의욕적, 활발한, 실험정신이 있는		나서기 좋아하는, 설치는, 공격적, 도전적
언변좋은, 표현력이 좋은, 자유로운		수다스러운, 잔소리가 많은, 말이 많은
소신있는, 자립심 강한, 개성적		독불장군, 자기중심적, 고집불통
센스있는, 적응을 잘 하는		약삭빠른, 간사한, 모방 잘 하는
합리적, 논리적, 객관적		따지는, 냉정한, 타산적, 비판적
예의범절이 바른, 깨끗한, 세련된		거리감을 느끼는, 거만한, 내숭떠는
일을 잘 하는, 능력 있는, 목표 지향적		일밖에 모르는, 과욕적, 냉정한
협조적, 신중한, 수용적, 순응적, 관대한		줏대없는, 아부하는, 우유부단한
소신 있는, 주관이 분명한, 개성 있는		고집불통, 독재적인, 독설적인, 지배적인
발상이 좋은, 기발한, 창의적		비현실적, 공상적, 추상적, 허황된
의욕적, 적극적, 진취적		설치는, 투쟁적
신속한, 추진력 있는, 기민한		가벼운, 경솔한
정감이 풍부한, 감수성이 예민한		다혈질적인, 변덕스러운, 신경질적, 불안한
꿈이 많은, 야무진		수단방법 안 가리는, 제 욕심만 차리는
현실적, 실리적		저속한, 속물적, 황금만능
사람을 좋아하는, 규범을 잘 지키는		수동적, 의타적

첨부자료 13

● 칭찬카드

★ 내가 주로 아이를 칭찬하는 방법은?

★ 그 때 아이의 반응은?

★ 칭찬카드 활용방법

<h1 style="text-align:center">3H 부모되기 8회 세부지도안</h1>

프로그램명	자녀와의 효과적인 의사소통 3 : 제 3의 대안 / 좋은 부모 사명서	소요시간 및 인원	120분 / 12명
장소	집단활동실	준비물	회기별 자료, 이름표, 빔프로젝트, 회기별 평가지, 간식, 필기도구, OHP 기기, 별도자료 : 좋은 부모사명서, 롤링페이퍼, 카세트, CD, 수료증, 사진기, 양육스트레스 설문지
목표	2) MMTIC를 통해 자녀의 성격유형 특성에 대한 이해를 증진시킨다. ③ 참여자들이 집단활동 중 자녀의 특성에 대해 1회 이상 표현해 본다. 4) 부모·자녀간의 효과적인 의사소통기술을 증진시킨다. ② 참여자의 70% 이상이 나 전달법, 반영적 경청에 대한 이해에 긍정적 답변을 한다. ③ 참여자의 80% 이상이 나 전달법, 반영적 경청을 통한 자녀와의 의사소통을 경험해 본다.		
활동내용	제3의 대안 개념 이해 및 훈련, 좋은부모사명서 작성, 롤링페이퍼 실시, 사후설문조사 실시, 종결평가서 작성, 수료식 및 기념촬영		

1. 도입 프로그램

① 여러 가지 도입 프로그램을 활용하여 지난 주간의 안부를 묻고 집단활동에 참여할 수 있는 준비를 시킨다.

2. 자녀와의 효과적인 의사소통 3 : 제3의 대안(30분)(한국심리상담연구소, 2001)

① 지난 주간에 제시한 칭찬카드를 제출하도록 한 후에 성원들에게 소감을 확인한다. 지도자는 구성원들에게 과제를 수행한 것을 격려한다.

② 지도자는 의사소통의 3가지 유형에 대해 소개한다. 각 유형을 설명 한 후에 구성원들에게 각각 해당되는 유형을 확인한다.

③ 제3의 대안의 6가지 문제해결단계를 설명한다.

④ 자료에 제시된 상황을 각 성원들이 역할을 맡아 재연한다.

⑤ 재현된 상황에서 문제 해결 6단계를 각각 확인한다.

3. 좋은 부모 사명서(20분)(첨부자료 14)

① 지도자는 각기 다른 사명서를 OHP 기기를 통해 소개한 후에 사명서를 작성한 경험이 있는지를 구성원에게 확인한다.

② 사명서에 대한 소개와 작성방법을 소개한다.

③ 작성된 사명서를 2주 후에 집으로 발송할 예정이라는 것과 그 이유를 설명한다.

▶ 사명서 작성시 잔잔한 음악으로 분위기를 차분하게 하는 것이 좋다.

▶ 사명서 작성용지는 '좋은 부모 사명서'라고 제목을 적고, 소중한 느낌이 들도록 색상지나 별도의 편집을 하면 더욱 좋다.

4. 평가서 작성

① 참여자의 프로그램별 평가설문지 및 종결설문지를 배부한다(첨부자료 15, 16).

② 진행된 프로그램에 대해 전체적으로 정리한 후 참여자들이 자유롭게 평가서를 작성하도록 한다.

③ 양육스트레스 사후설문지를 배부하고 작성하도록 한다(첨부자료 2).

5. 수료식(10분)

① 관장님이 짧게 인사말을 한다.

② 미리 준비된 수료증과 구성원들이 작성한 롤링페이퍼를 전달한다(첨부자료 17).

▶ 이때 구성원들이 8회기 동안 사용한 별칭을 호명하는 것이 좋다.

③ 프로그램의 종결 소감을 구성원들로부터 들은 후 지도자도 소감을 말한다.

④ 구성원들과 지도자가 함께 사진촬영을 한다.

⑤ 지속적인 개별상담이나 기타 문의사항이 있을 경우 지도자들에게 연락할 수 있는 방법을 안내한 후에 모임을 종결한다.

➡ 첨부자료 14

좋은 부모 사명서

▶ 첨부자료 15

프로그램별 평가설문지

태화 부모교육 3H(HAPPY · HEALTHY · HOPEFUL) 부모되기 (1회기)

● 교육내용에 대한 오늘의 만족도? (▶해당하는 곳에 ∨해주세요)

	매우 불만족 (1점)	불만족 (2점)	보통 (3점)	만족 (4점)	매우 만족 (5점)
자기소개프로그램					
MBTI 지표설명					
교육분위기					
진행시간					
내용이해정도					

● 교육내용중에 보다 자세히 듣고 싶은 내용이나, 보완되었으면 하는 내용은 ?

____

____

● 기타의견 ?

____

____

태화 부모교육 3H(HAPPY · HEALTHY · HOPEFUL) 부모되기 (2회기)

● 교육내용에 대한 오늘의 만족도? (▶해당하는 곳에 ∨해주세요)

	매우 불만족 (1점)	불만족 (2점)	보통 (3점)	만족 (4점)	매우 만족 (5점)
프로파일설명					
지표별 양육스타일이해 I (E/I)					
자녀의 성격유형 이해 I (콜라쥬)					
교육분위기					
진행시간					
내용이해정도					

● 교육내용 중에 보다 자세히 듣고 싶은 내용이나, 보완되었으면 하는 내용은 ?

____

● 기타의견 ?

____

태화 부모교육 3H(HAPPY · HEALTHY · HOPEFUL) 부모되기 (3회기)

● 교육내용에 대한 오늘의 만족도? (▶해당하는 곳에 ∨해주세요)

	매우 불만족 (1점)	불만족 (2점)	보통 (3점)	만족 (4점)	매우 만족 (5점)
지표별 양육 스타일 이해Ⅱ(S/N)					
자녀의 성격유형 이해Ⅱ(비디오 시청) -너는 특별하단다					
교육분위기					
진행시간					
내용이해정도					

● 교육내용 중에 보다 자세히 듣고 싶은 내용이나, 보완되었으면 하는 내용은?

____

____

● 기타의견?

____

태화 부모교육 3H(HAPPY · HEALTHY · HOPEFUL) 부모되기 (4회기)

● 교육내용에 대한 오늘의 만족도? (▶해당하는 곳에 ∨해주세요)

	매우 불만족 (1점)	불만족 (2점)	보통 (3점)	만족 (4점)	매우 만족 (5점)
지표별 양육 스타일 이해Ⅲ(T/F)					
MMTIC 프로파일 설명					
자녀성격유형설명					
교육분위기					
진행시간					
내용이해정도					

● 교육내용 중에 보다 자세히 듣고 싶은 내용이나, 보완되었으면 하는 내용은?

____

● 기타의견? ____

태화 부모교육 3H(HAPPY · HEALTHY · HOPEFUL) 부모되기 (5회기)

● 교육내용에 대한 오늘의 만족도? (▶해당하는 곳에 ∨해주세요)

	매우 불만족 (1점)	불만족 (2점)	보통 (3점)	만족 (4점)	매우 만족 (5점)
지표별 양육 스타일 이해IV(J/P)					
달팽이 길찾기					
학습스타일 설명					
교육분위기					
진행시간					
내용이해정도					

● 교육내용 중에 보다 자세히 듣고 싶은 내용이나, 보완되었으면 하는 내용은?

____

____

● 기타의견 ?

____

태화 부모교육 3H(HAPPY · HEALTHY · HOPEFUL) 부모되기 (6회기)

● 교육내용에 대한 오늘의 만족도? (▶해당하는 곳에 ∨해주세요)

	매우 불만족 (1점)	불만족 (2점)	보통 (3점)	만족 (4점)	매우 만족 (5점)
자녀와의 효과적인 의사소통 I (나전달법)					
자녀와의 친밀감 형성 I (감정계좌)					
교육분위기					
진행시간					
내용이해정도					

● 교육내용 중에 보다 자세히 듣고 싶은 내용이나, 보완되었으면 하는 내용은?

____

● 기타의견?

____

태화 부모교육 3H(HAPPY · HEALTHY · HOPEFUL) 부모되기 (7회기)

● 교육내용에 대한 오늘의 만족도? (▶해당되는 곳에 ∨해주세요)

	매우 불만족 (1점)	불만족 (2점)	보통 (3점)	만족 (4점)	매우 만족 (5점)
자녀와의 효과적인 의사소통 II (반영적경청)					
자녀와의 친밀감 형성 II (칭찬카드)					
교육분위기					
진행시간					
내용이해정도					

● 교육내용 중에 보다 자세히 듣고 싶은 내용이나, 보완되었으면 하는 내용은?

____

____

● 기타의견?

____

태화 부모교육 3H(HAPPY · HEALTHY · HOPEFUL) 부모되기 (8회기)

● 교육내용에 대한 오늘의 만족도? (▶해당하는 곳에 ∨해주세요)

	매우 불만족 (1점)	불만족 (2점)	보통 (3점)	만족 (4점)	매우 만족 (5점)
자녀와의 효과적인 의사소통 III (제3의 대안)					
좋은 부모 사명서					
교육분위기					
진행시간					
내용이해정도					

● 교육내용 중에 보다 자세히 듣고 싶은 내용이나, 보완되었으면 하는 내용은?

____

● 기타의견?

____

➡ 첨부자료 16

종결설문지

지난 8회 간의 프로그램에 열심히 참석하여 주심에 감사드립니다. 프로그램을 마치면서 여러분의 의견을 듣고자 아래 설문지를 준비하였사오니, 솔직하게 응답해 주시면 큰 도움이 되겠습니다.

Ⅰ. 다음 문항들은 이번 프로그램에 대한 여러분의 만족도를 알아보고자 하는 내용입니다. 각 문항에 대해 여러분의 생각을 가장 잘 표현하고 있는 응답란에 ∨표시하여 주십시오.

이번 프로그램을 통해	전혀 그렇지 않다.	그렇지 않다	보통이다	그렇다	매우 그렇다
1. 나의 성격에 대해 알게되었다.					
2. 내 성격의 장점과 특성들을 이해하였다.					
3. 나의 성격 중 보완해야 할 부분에 대해 알게 되었다.					
4. 내 자녀의 성격을 이해하는 데 도움이 되었다.					
5. 나의 양육스타일에 대해 이해하는 데 도움이 되었다.					
6. 자녀의 성격유형에 효과적인 양육스타일을 이해하는 데 도움이 되었다.					
7. 효과적인 의사소통을 위한 기법에 대해 알게 되었다.					
8. 자녀와 친밀해 지는 방법들을 알게 되었다.					
9. 내 자녀의 학습지도를 어떻게 해야 될지에 대해 알게 되었다.					
10. 처음 접수당시에 기대했던 것들을 얻을 수 있었다					
11. 이 프로그램에 참여하기를 잘 했다고 생각한다.					
12. 앞으로 비슷한 형태의 프로그램이 개설된다면 또 참여하고 싶다.					

13. 2번 문항에서 '매우 그렇다' 혹은 '그렇다' 로 표시한 경우 구체적으로 무엇을 알게 되었습니까?

____

____

14. 4번 문항에서 '매우 그렇다' 혹은 '그렇다' 로 표시한 경우 구체적으로 무엇을 알게 되었습니까?

____

____

II. 다음은 프로그램 진행 방법, 장소 등에 대한 질문입니다. 각 문항에 대해 여러분의 생각을
가장 잘 표현하고 있는 응답란에 ∨표시하여 주십시오.

	전혀 만족스럽지 못했다	만족스럽지 못했다	보통이다	만족스러웠다	매 우 만족스러웠다
1. 요일, 시간					
2. 프로그램 횟수					
3. 장소					
4. 프로그램 내용					
5. 간식					
6. 프로그램 회비					
7. 지도자					

III. 보다 나은 프로그램을 위해 건의 사항이나 그 밖의 의견이 있으시면 아래에 적어주십시오.

1.

2.

3.

수고하셨습니다

첨부자료 17

제 ○ 호

수 료 증

이　　름 : ○○○
성격유형 : ◇◇◇◇

위 사람은 200○년 ○월 ○일 부터 ○월 ○일까
지 태화기독교사회복지관에서 실시한 제8기
'3H(Healthy, Hopeful) 부모되기' 과정을 성
실히 수료하였으므로 이 증을 수여합니다.

2003년 　○월 　○일

태화기독교사회복지관장 김현숙

▶ 첨부자료 18

한국심리검사연구소

직인생략

우 150-010 / 서울시 영등포구 여의도동 14-24 삼보호정 빌딩 501호 / 전화 (02) 784-0990~2 / FAX(02) 784-0993

문서번호 KPT103 - 023

시행일자 2003. 07. 15

수   신 태화사회복지관장

참   조 담당자

선결			지시		
접수	일자·시간		결재공람		
	번호				
처리과·담당자					

제   목 '태화사회복지프로그램 개발 메뉴얼' 내용 확인건

---

　　　1. MBTI를 활용한 부모 효능감 향상 프로그램으로 지역사회주민에게 도움을 주고 있는 태화사회복지관 관장님과 관련 담당자 여러분들의 노력에 보람 있는 결실이 이어지기를 진심으로 기원합니다.

　　　2. 보내주신 매뉴얼 내용은 모두 검토하여 확인 하였습니다. 당초 저작권과 관련하여 문제되었던 부분은 모두 삭제되었고 현재 구성된 내용으로는 문제가 전혀 없음을 확인 합니다.

　　　3. 본의 아니게 여러 장면에서 수고하시는 귀 기관의 활동에 다소 불편하게 해 드린 점 죄송하게 생각하며, 인간 이해의 도구로 사용되는 심리검사 도구가 보다 올바르게 정착 해 나가는데 최선을 다하고자 하는 당사으 의지로 이해를 구하고자 합니다. 앞으로도 좋은 프로그램을 통하여 많은 사람들에게 큰 도움을 줄 수 있는 태화사회복지관이 되기를 소망합니다.

(주) 한 국 심 리 검 사 연 구 소 장

▶ 첨부자료 19

한 국 심 리 상 담 연 구 소
곤벤뚜알 프란치스코 수도회 부설

KOREA COUNSELLING CENTETR
Order of Friars Minor Conventual

서울시 용산구 한남2동 707-10 (우)140-212　　　　707-10 hannam2-dong, yongsan-gu, Seoul, Korea 140-212
TEL : (822)790-9361~2　FAX : (822)790-9363　e-mail : kcc8608@chollian.net　http://www.kccrose.com
The William Glasser Institute 한국지부　/　Thomas Cordon Training International 한국지부

문서번호　한상연 2003-공-07-38호	선람			지시		
시행일자　2003. 07. 14	접수	일자 시간		결재 · 공람		
경　유		번호				
수　신　태화사회복지관	처 리 과					
지역상담센터	담 당 자					
참　조　담당자	심 사 자			심 사 일		

제　목　PET내용 활용에 관한 동의 건

1. 귀 기관의 무궁한 발전을 기원합니다.

2. 본 연구소는 W.G.I.(The William Glasser Institute)의 한국본부로서의 현실요법과 선택이론의 전 교육과정 및 Thomas Gordon의 G.T.I.(Gordon Training International)의 한국본부로서 효과적인 부모역할을 위해서 Quality한 교육이 되도록 최선을 다하고 있습니다.

3. 귀 기관에서 협조 요청하신 판매용으로 제작되는 「태화 사회복지 프로그램 개발」에 P.E.T. 관련 내용의 일부자료를 활용하는데 있어서 프로그램 저작권 및 출판물 보호법에 의거하여 다음과 같이 알려드립니다.
① 6, 7, 8회세부지도안 소개시 회기별 첨부자료 삭제.
② 자료 출처 명시 – 한국심리상담연구소.
③ 교육내용을 활용하려면 사전에 P.E.T. 정규과정을 교육받아야 함을 명시.
④ 최종 제작된 매뉴얼집을 연구소로 발송.

4. 위 사항에 대한 최종 게재할 내용과 이행약속서를 서면으로 보내주신 후, 활용하실 수 있음을 확인하는 바입니다.　-끝-

소　장　김　인

"우 리 는　참　만 남 을　통 해　인 간 적　성 장 과　더 불 어　잘 사 는　사 회 를　향 하 여　최 선 을　다 합 니 다.

5장

성인약물사범 수강명령 집단프로그램

차유림

프로그램 개요

> 본 프로그램은 보호관찰소와 연계되어 진행되는 집단프로그램으로 보호관찰 수강명령을 받은 성인약물사범을 대상으로 실시되며, 집단과정을 통해 약물사용으로 인해 발생되는 문제점을 인식하고 대처기술을 습득하여 궁극적으로는 약물사용을 중단하도록 돕는 것을 목적으로 한다. 프로그램은 참여하는 구성원들이 집단과정을 통해 약물 및 자신에 대한 통찰력을 갖고 문제해결을 위한 구체적인 기술들을 습득할 수 있도록 돕기 위한 세부내용들로 구성되어 있다.

Ⅰ. 문제분석

마약류의 중독이 신체 건강뿐만 아니라 정신 건강에도 심각한 문제를 일으키게 된다는 것을 인지하게 되면서 유엔에서는 마약류의 공급통제, 수요감축, 불법마약거래 철폐의 3개 목표를 포함하는 세계행동계획을 발표한 바 있고(손봉기, 2001) 우리나라에서도 약물남용으로 인한 살인, 강도, 가정파탄 등 다양한 사회문제가 빈번하게 발생하고 있다(조선일보, 2002. 3. 28).

우리나라 대검찰청 마약부 발표에 의하면 2002년 10월 현재 국내 마약류 사범 단속누계는 총 9,111명으로 전년 동기 8,198명 대비 11.3%가 증가한 것으로 나타났으며, 1999년부터 2001년까지 3년간 단속인원이 매년 1만명을 상회하고 있는 것으로 볼 때 국내 약물남용자의 수는 계속 증가할 것으로 예상된다. 뿐만 아니라 서울경찰청 민병희 마약 2반장(조선일보, 2002. 3. 28)은 실제 마약 투약자가 적발된 사범의 20~40배인 20~40만에 이를 것으로 추정된다고 말한 바 있어 우리 사회 약물남용문제는 매우 심각한 수준에 이른 것으로 보인다.

약물사범은 약물의존성향을 가지고 있으며 이를 극복하지 못할 경우 재남용을 할 수밖에 없는 특성을 가지고 있다. 따라서 약물사범 중 단순투약자의 재범을 방지하기 위해서는 처벌위주에서 치료와 재활중심으로 개입방법의 전환이 이루어져야 한다.

실제로 전체 마약류 사범 가운데 재범자는 1999년 27.9%, 2000년 31.4%로 매년 증가추세에 있으며 2002년 1년간 발생한 약물사범 가운데 사용(투약)사범이 5,851명으로 전체 사범의 64.2%를 차지하고 있는 것으로 나타나 약물사범에 대한 단순수용보다는 재발을 예방할 수 있는 개입이 지역사회 내에서 이루어지는 것이 시급한 과제라고 할 수 있겠다.

그러나 약물사범이 자발적으로 치료를 받고 재활에 성공하는 것을 기대하기는 어려운 것이 현실이다. 그러므로 약물사범의 강제치료는 중요한 의미를 가진다. 약물의존성향은 반드시 치료를 요하는 것인데 약물사범에게 강제로 개입하여 치료기회를 부여하고 치료과정 중에 자발성을 이끌어 내어 지속적인 치료로 이어지도록 하는 것이 차선책이라고 할 것이다.

현행법상 가능한 강제치료는 치료감호, 교정치료, 치료보호, 보호관찰 등이 있는데 치료감호와 교정치료는 대상자를 사회와 격리시켜 치료하는 것이고 치료보호와 보호관찰은 사회 내에서 치료하는 것이다. 사회 내에서의 치료는 언제든지 투약할 수 있는 실제 환경에서 투약유혹을 대처하고 극복하는 훈련을 할 수 있다는 점에서 중요한 의미가 있다. 즉 보호관찰제도는 수강명령을 통해 오랜 시간동안 실제 상황에서 단약 인식과 대처기술을 습득하게 하고 그것을 보호관찰기간 동안 지속할 수 있게 하는 장점을 갖는 사회 내 강제치료수단인 것이다(윤웅장, 2001).

이에 태화기독교사회복지관에서는 2000년부터 2002년 12월 현재까지 서울보호관찰소 서부지소와 연계하여 성인약물사범을 대상으로 하는 수강명령 프로그램을 운영하고 있으며, 집단프로그램을 통해 궁극적으로는 구성원들의 약물사용 재발을 방지하려는 노력을 기울이고 있다. 본 자료에서는 현재 태화기독교사회복지관에서 이루어지고 있는 성인약물사범 수강명령 프로그램의 진행과정을 구체적으로 제시함으로써 관련 기관에서 보다 효과적으로 프로그램을 실시하는 데 도움이 되고자 하며, 나아가 새로운 프로그램을 개발하려는 노력이 실천 현장에서 지속적으로 이루어질 것을 기대한다.

Ⅱ. 이론적 배경

1. 약물사범의 일반적 특성

성인약물사범이 나타내는 사회적·심리적 특성은 다음과 같다. 성인약물사범은 불쾌한 기분, 죄책감, 자기혐오, 절망, 외로움, 거절당함 등의 감정에 민감하고 참을성이 적으며 충동적이고 자아존중감이 낮은 특성을 갖고 있다. 또 스트레스 대처에 취약하고 인내심이 부족하며 대인관계의 어려움을 갖고 있어 내적 갈등이나 스트레스가 발생하는 외적인 상황에서 약물로 문제를 해결하고자 하는 특성을 보인다.

약물사범들이 사용하는 행동적 특성으로는 대화의 단절, 피해의식, 장래에 대한 인식부족, 타인에 대한 배려 결핍, 대인책임 회피, 무리한 소유의식, 좋지 않은 결과에 대한 부정, 신뢰부족, 의존 거부, 변화의 책임에 대한 외면 등을 들 수 있다.

2. 약물사범에게 있어서의 보호관찰제도의 의의

보호관찰은 범죄인을 교도소 등에 구금하는 대신 사회 내에서 자율적으로 생활하면서 보호관찰관의 지도 · 감독 · 원호 아래 보호관찰, 사회봉사명령, 수강명령 등 일정한 의무를 이행하도록 하여 이들의 안정된 사회복귀를 도와 재범을 예방하고 이를 통해 시민의 안전한 생활을 보장하는 범죄대응수단이다. 우리나라에서는 1989년 비행소년에 대해 처음 이 제도가 도입되었고 1997년 일반 형사범까지 전면 확대되어 시행되고 있다.

보호관찰처분은 보호관찰, 수강명령, 사회봉사명령의 세 가지로 구분되는데 각 처분은 독립하여 부과될 수도 있고 두 가지 혹은 세 가지가 병과될 수도 있다. 보호관찰처분 가운데 수강명령은 범죄인이 자신의 범죄성향에 대해 인식을 갖게 하고 이를 회피 · 극복할 수 있는 교육을 받도록 명하는 범죄대응수단이다. 200시간의 범위 내에서 판사가 시간을 정하게 되는데 40~50시간이 가장 많이 부과되고 있다. 수강명령은 수강 시간동안 범죄인의 자유를 제한하는 처벌의 의미와 함께 자신의 문제를 깨닫고 변화하도록 하는 교화의 의미가 있다. 약물사범의 약물의존성향을 인식시키고 이에 대처할 수 있는 능력을 교육하여 치료 · 재활을 도모한다는 점에서 수강명령은 약물사범에 가장 적합한 보호관찰제도라고 할 수 있다.

1997년도에 형법개정으로 성인범에게도 보호관찰제도가 확대 적용되면서 약물사범에 대한 수강명령이 부과되기 시작하였고, 2000년 12월을 기준으로 전국 보호관찰소에서 75곳의 협력기관과 함께 약 30여 개의 약물치료 수강 프로그램을 운영하고 있으며, 실제로 치료보호나 치료감호 등은 그 운영실적이 저조하여 현실적으로 국내에서 약물사범에 대한 치료적 접근은 수강명령을 통해서만 이루어지고 있는 셈이다(손봉기, 2001; 윤웅장, 2001).

약물사범이 자발적으로 단약을 위한 치료 및 서비스를 받기로 결정하고 실행하는 것은 매우 어려운 일이다. 약물남용은 범죄행위이기 때문에 체포에 대한 두려움을 가질 수 있으며, 더 중대한 이유는 약물이 주는 쾌락이나 현실도피 심리의 만족을 아무 이유 없이 포기하고 치료를 받는 경우는 드물 수밖에 없다. 또한 장기간을 요하는 치료를 지속적으로 받을 만한 인내심도 기대하기 어렵기 때문에 자발적인 치료는 매우 예외적이라고 할 수밖에 없다(이훈규 · 최병각, 1996).

이러한 맥락에서 약물사범의 강제치료는 중요한 의미를 가지며, 보호관찰 제도를 통해 약물사범이 일정 시간동안 단약인식과 대처기술을 습득하고 지속할 수 있도록 도울 수 있다는 데 그 의의가 있다고 하겠다.

3. 프로그램의 이론적 배경 : 사회학습이론에 근거한 인지행동적 개입

약물중독자의 치료에 있어서 사회학습이론은 중독행동이 다양한 결정인자에 의해 학습되고 스트레스 상황에 비적응적으로 대처하는 행동이며 연속적으로 발생한다고 본다. 이 이론은 특정한 치료목표를 이끌어내는 데 접근이 용이하고 개입이 효과적임을 실천과 조사과정을 통해 증명함으로써 개입의 과학적인 근거를 제공하고 있다. 또한 Antonowicz와 Ross 역시 약물중독치료는 인지행동적 이론을 모델로 한 프로그램이 가장 유익한 것으로 발표하였으며, 기존에 성공적이었다고 평가되는 프로그램의 75%가 인지행동 프로그램이라고 밝힌 바 있다(Antonowicz et al, 1994; 김용진, 2001, 재인용).

인지행동프로그램은 습관화된 부적응적인 행동양식인 중독행동에 따른 사고행동을 수정하는 것으로서 대상자들이 약물에 관한 자신의 잘못된 사고행동을 수정하고 이에 대한 대처기술을 습득하여 약물을 사용하지 않고 건강한 사회구성원으로 살아갈 수 있도록 돕는 데 그 목적이 있다.

따라서 본 프로그램에서는 사회학습이론에 근거한 인지행동적 개입을 실시하여 첫째, 약물과 관련된 학습 및 훈련을 통해 약물사용 행위로 인해 손상된 본인과 가정에 대한 심각성을 올바르게 인지하게 하고, 약물사용 결과에 대한 기대나 신념을 감소시켜 약물에 대한 왜곡된 사고를 교정한다. 이와 관련된 세부프로그램으로는 약물교육 Ⅰ·Ⅱ·Ⅲ, 가족에 대한 이해 Ⅰ·Ⅱ가 해당된다.

둘째, 약물사용의 원인이 되는 부정적인 정서상태, 즉 분노, 무기력감 등을 긍정적인 자아상과 자기효능감 증대를 통해 완화시킨다. 이와 관련된 세부프로그램으로는 자신에 대한 이해 Ⅰ·Ⅱ, 등산이 해당된다.

셋째, 분노조절·스트레스 대처기술·효과적인 의사소통기술 습득 등을 통해 약물사용에 대한 대처능력을 향상시키고자 한다. 이와 관련된 세부프로그램으로는 분노조절훈련, 스트레스 관리, 의사소통훈련, 재발방지계획이 해당된다.

Ⅲ. 프로그램 소개

1. 프로그램명

성인약물사범 수강명령 집단프로그램

2. 목적

약물사용문제로 인해 수강명령처분을 받은 약물사범에 대해 약물과 관련된 학습 및 훈련을 통해 약물사용 행위로 인해 손상된 본인과 가정에 대한 심각성을 인지하게 하고, 약물사용에 대한 대처능력 향상을 통해 약물사용 재발을 방지하게 한다.

3. 목표

목표	세부목표	평가방법
1) 약물이 인체에 미치는 심각성을 인지한다.	① 약물교육을 통해 80% 이상의 구성원들의 약물 사전·사후 검사 점수가 향상되도록 한다.	· 약물 사전·사후검사 · KOADAST II · 일일소감문, 프로그램종결평가
2) 자신에 대해 이해한다.	① 자기 성격의 장단점을 이해하고 모든 구성원들이 자기 성격의 긍정적인 측면을 3가지 이상 발견하도록 한다.	· 성격검사(MBTI) · 일일소감문, 프로그램종결평가
3) 손상된 가족관계를 회복한다.	① 약물사용으로 인해 가정에 발생한 문제를 모든 구성원들이 1가지씩 인식하고 이를 해결할 수 있는 방안을 1가지씩 계획하도록 한다.	· 일일소감문, 프로그램종결평가
4) 약물대처능력을 향상한다.	① 80% 이상의 구성원들이 스트레스 대처기술을 1가지씩 습득하도록 한다. ② 80% 이상의 구성원들이 분노조절 기술을 1가지씩 습득하도록 한다. ③ 80% 이상의 구성원들이 의사소통 기술을 1가지씩 습득하도록 한다. ④ 80% 이상의 구성원들이 자기효능척도 점수가 향상되도록 한다.	· 자기효능척도 · 일일소감문, 프로그램종결평가
5) 재발방지계획을 수립하고 실행한다.	① 모든 구성원들이 구체적이고 적용 가능한 재발방지계획을 2가지 이상 수립하게 한다.	· 재발방지계획 분석 · 일일소감문, 프로그램종결평가

4. 대상

대상구분	산출근거	인원수
일반집단	서울·경기지역 거주 성인약물사범	5,244명
위기집단	서울·경기지역 보호관찰 수강명령 성인약물사범	1,626명
표적집단	서울보호관찰소에서 관리하는 보호관찰 수강명령집행대상 성인약물사범	232명
클라이언트의 수	태화기독교사회복지관에서 진행하는 성인약물사범 수강명령 집단프로그램 참가자로 지정된 대상자	15명 × 2회

* 일반·위기·표적집단 통계자료 : 대검찰청 2002년도 통계자료, 서울보호관찰소 2000년 통계자료.

5. 실시구조

기 간	1주(5일)	간 격	주 5회
소요시간	매회 8시간	횟 수	총 5회
지 도 자	주지도자 2명(남·여 혼성) 보조지도자 6명 (사회복지사 5명, 자원봉사자 1명)	장 소	집단활동실

인력구성	지도자의 자격	지도자의 역할 및 과업
주지도자 1·2 (남, 여 혼성)	사회복지를 전공한 대학원 졸업 이상의 학력과 약물사범 관련 지식과 기술을 갖추고 관련 임상실무경험이 3년 이상 된 남성 및 여성 지식 · 약물사범에 대한 이해 · 약물사범의 특성에 대한 이해 · 약물사범 개입모델에 대한 이해 기술 · 집단상담 및 지도 기술 · 위기개입기술 · 비합리적 사고에 대해 저항을 최소화시키는 도전과 직면기술을 효과적으로 사용할 수 있는 능력 · 남성 또는 여성으로서의 역할 모델링	· 보호관찰소 담당 부서에 대상자 의뢰 · 프로그램 계획서 작성 · 공문작성 및 접수, 기안, 예산 집행 · 집단프로그램 준비회의 및 역할분담, 조정 · 준비사항 점검 및 관내 시설 사용 신청 · 집단프로그램 진행 · 집단내 위기상황에 대한 개입 · 집단프로그램 평가회의 주관 · 차기 프로그램 방향성 모색 · 종합평가서 작성 및 발송
보조 지도자	약물사범에 대한 전반적인 이해를 갖춘 유관기관 실무자 혹은 사회복지전공 대학원생 1명 지식 · 약물사범에 대한 이해 · 집단레코딩에 대한 이해 기술 · 집단역동에 대한 파악 · 레코딩 기술	· 준비물 제작 및 구입 · 집단프로그램 보조 · 과정기록서 작성 · 집단프로그램 평가회의 참가
프로그램 매개체	· 교육 및 강의 · 각종 질문지 : 일일소감문, 약물교육 사전·사후검사지, 프로그램 종결평가서, KOADAST II, 자기효능척도, MBTI 성격유형검사 · 시청각교재 : 비디오, 사진자료, 스모키 인형 · 토론 · 보상물 : 중식제공, 수료증 발급	

▶ 단, 약물사범에 대한 전반적인 이해를 갖춘 관내 타 사회복지사 5명이 주지도자와 함께 세부프로그램 진행을 나누어 담당하며 이들은 집단프로그램 진행, 집단프로그램 평가회의 참가 등의 역할을 담당하게 된다.

6. 프로그램 단계

회기	목표	프로그램단계		회 기 명	내 용
	참여자들에 대한 사전 정보수집	사전준비단계		보호관찰소와의 의사소통	· 보호관찰소측과 프로그램 진행에 관한 사전 의사소통을 진행한다. · 보호관찰소로부터 프로그램에 참여하게 된 개별구성원들의 관련 정보를 수집한다.
1	1) - ①		초기단계	오리엔테이션 / 사전검사	· 집단프로그램의 전 과정과 집단규칙 등에 대해 이해하도록 하고 참여동의서, 사전검사지를 작성한다. · 집단의 목표를 공유한다. · 인테이크 용지를 활용하여 개인별 초기면접을 실시한다.
2	1) - ① 3) - ①			약물교육 I	· 단약에 성공한 사례를 비디오로 시청하고 느낌을 나눈다. · 약물이 개인 및 가족에 미치는 영향에 대해 배운다.
3	2) - ①			자신에 대한 이해 I	· 성격유형검사를 통해 자신에 대해 보다 잘 알 수 있음을 설명하고 MBTI 성격유형검사를 실시한다.
4	1) - ①			약물교육 II	· 비디오 시청 및 시청각 자료 활용을 통해 약물(담배)이 인체에 미치는 영향에 대해 배운다. · 니코틴 자가진단을 통해 자신의 흡연 정도를 인지한다.
5	1) - ① 2) - ①	실행단계		약물교육 III	· 비디오 시청을 통해 약물(알코올)이 인체에 미치는 영향에 대해 배운다. · 귤 찾기를 통해 자아인식을 강화함으로써 프로그램에의 적극적인 참여를 유도한다.
6	4) - ①, ④		중기단계	스트레스 관리	· 스트레스의 개념과 영향에 대한 배운다. · 자신의 스트레스 정도를 체크한다. · 적절한 스트레스 대처방법에 대해 토론하고 적용한다.
7	4) - ③, ④			의사소통훈련	· 활동과제를 수행하여 프로그램의 목적을 이해하게 한다. · 자신의 의사소통 유형을 이해한다.
8	4) - ①			등산	· 야외활동을 통해 심리적 부담감을 감소시키고 이후 프로그램 참여동기를 강화한다.
9	1) - ① 2) - ① 4) - ①			자신에 대한 이해 II	· MBTI 검사결과 해석을 통해 자신의 성격유형을 이해한다. · 자신의 성격적 강점 · 약점이 가정생활, 사회생활 및 약물사용에 미치는 영향을 이해한다.
10	4) - ②, ④			분노조절훈련	· 자신을 화나게 한 최근의 사건 및 분노표현방법을 인식한다. · 분노조절방법을 익히고 시연한다.
11	3) - ①			가족에 대한 이해 I	· 약물중독자 가정을 다룬 비디오를 시청하고 토론한다. · 가족에게 편지를 쓰는 시간을 갖는다.
12	2) - ①			자신에 대한 이해 III	· 인생곡선 그리기를 통해 자신의 과거를 돌아보고 약물을 사용하지 않는 건강한 미래를 설계할 수 있도록 돕는다. · 자신의 인생곡선 내용을 발표하고 대상자들이 서로 격려하도록 한다.
13	3) - ①			가족에 대한 이해 II	· 기능적 · 역기능적 가족의 모습을 이해한다. · 활동과제 수행을 통해 가족구성원으로서의 바람직한 역할을 이해한다.
14	5) - ①		종결단계	재발방지계획	· 약물사용의 득과 실에 대해 토론한다. · 약물을 사용하지 않기 위한 재발방지계획을 수립하고 발표하여 다른 집단성원들이 계획의 잘된 점과 보완할 점을 함께 논의하도록 한다.
15	1) - ① 4) - ① 5) - ①			사후검사 및 수료식	· 각종 사후검사를 실시한다. · 수강명령 집행시간을 완료한 구성원들에게 수료증을 전달하고 격려한다. · 소감문을 작성한다.
	단약의 지속여부 점검을 통해 프로그램의 효과성을 확인한다.	사후단계			· 현재 태화기독교사회복지관에서 실시되는 집단프로그램의 경우 대상자들을 지속적으로 관리하는 사후단계가 실시되지 않고 있으나 장기적으로는 사후관리를 실시하여 구성원들이 단약할 수 있도록 돕는 체계가 마련되어야 할 것이다. 보호관찰 프로그램의 특성상 사후관리를 진행하기에 무리가 있었으나 잔여시간을 보충해야하는 개별사례를 대상으로 사후 개별상담을 진행하기도 한다.

7. 단계별 운영지침

1) 사전준비단계

① 지도자는 프로그램 일정 및 대상자 수, 대상자 개인정보(명단, 주민등록번호, 사용약물, 수강
   명령시간, 수강명령집행 상황통보서 등)에 대해 보호관찰소와 의사소통한다.
② 프로그램 준비회의를 주관한다.
③ 세부 프로그램별 진행자의 역할을 분담하고 교육 일정을 조정한다.
④ 집단과정기록을 담당할 자원봉사자를 모집하고 교육한다.
⑤ 프로그램 계획서를 작성하고 보호관찰소에 제출한다.
⑥ 집단프로그램 진행에 필요한 각종 양식을 제작한다.

2) 실행단계 : 초기

① 구성원들에게 집단의 목적과 일정, 규칙을 설명한 후 참여동의서를 작성하고 구성원들과의
   관계형성 및 적극적인 참여유도를 위해 노력한다.
② 구성원들이 개별 인테이크 양식을 자세하게 기록하도록 하고 각종 척도의 사건검사를 실시
   한다.
③ 비합리적 사고를 표현하거나 집단에 대한 심한 저항을 보이는 구성원들이 발생할 경우 이들
   에게는 도전과 직면기술을 효과적으로 사용한다.
④ 구성원들이 약물사용과 관련해서 자신의 혐의를 부인하거나 무관심한 듯한 태도 혹은 억울
   함, 강한 불만 등을 표현하는 경우 그러한 구성원들의 반응을 수용하되 구성원들의 비협조적
   인 태도와 감정들을 지나치게 수용하다보면 집단의 역동에 부정적인 영향을 미칠 수 있으므
   로 집단지도자의 적절한 개입이 중요하다.

3) 실행단계 : 중기

① 구성원들이 보다 개방적으로 자신의 이야기를 할 수 있도록 돕고, 특히 단약에 대한 강한 의
   지를 보이거나 이를 위한 구체적인 계획을 표현하는 구성원이 있을 경우 다른 구성원들에게
   긍정적인 모델링이 될 수 있도록 강화한다.
② 각 세부 프로그램을 통해 전체 프로그램의 목표를 달성할 수 있도록 돕고, 매일의 평가회의

　　를 통해 진행상황을 점검한다.

③ 구성원들의 특성상 정적인 내용보다는 동적인 내용이 프로그램에 많이 포함되도록 계획한다.

④ 교육의 흥미를 유발하고 참여도를 높이기 위해 다양한 기자재와 도구를 활용하는 것이 바람직하다.

⑤ 구성원이 겪게 되는 생활사건을 중심으로 프로그램이 구성되도록 한다.

⑥ 구성원들이 단약을 위해 실제 활용할 수 있는 구체적인 기술을 습득하고 활용할 수 있도록 돕는다.

4) 실행단계 : 종결

① 구성원들이 약물사용·재발방지를 위한 결정을 할 수 있도록 돕고 구체적으로 활용 가능한 계획을 수립할 수 있도록 지지한다.

② 교육을 수료한 구성원에게 수료증을 제작하여 전달하며 격려하고 위기상황 발생 시 연락 가능하도록 담당자의 복지관 전화번호를 알려준다.

③ 출석부, 집행된 수강명령시간이 기록된 수강명령집행상황통보서, 보호관찰소 양식의 대상자 소감문, 프로그램 시 활용한 각종 양식, 종합평가서를 보호관찰소에 제출한다.

5) 사후관리단계

① 현재 수강명령시간이 집행된 이후의 대상자들을 지속적으로 관리하는 작업은 이루어지고 있지 않다. 그러나 장기적으로는 보호관찰소와의 긴밀한 연계를 통해 본 기관이 성인약물 단약 모임의 주체가 되어 사업을 진행하거나 혹은 관련 정보를 제공하는 역할을 담당해야 할 것이다.

8. 평가방법

1) 양적평가

(1) 표준화된 설문지를 활용한 사전 · 사후검사

① 약물교육 사전 · 사후검사지

구성원들을 일대일로 사전면접하지 못하는 구조를 보완하기 위해 실시하며 ASACS Screening Assessment의 한국어 번역본을 활용한다.

② KOADAST Ⅱ

KOADAST - Ⅰ (Korean Adolescent Drug Addiction Screening Test 1, 김경빈, 1993)과 한국형 청소년 약물 중독 선별 검사표를 위한 예비연구 Ⅱ(김봉수 외, 1995)를 토대로 하여 DSM-IV의 물질 사용장애 진단 기준을 참조하고 약물남용 청소년을 만나 치료했던 임상 경험 등을 조합하여 개발되었다. 소년원 및 약물 중독 치료센터 등에 입소되어 있거나, 입원되어 있는 약물 사용 경험이 있는 청소년들에게 적용해 타당도 및 신뢰도가 검증되었다(한국청소년학회, 1996).

③ 자기효능척도

이 검사는 어떤 상황에서 특정 반응을 수행하는 능력에 대한 개인의 주관적 신념을 측정하기 위한 도구이다. 이 도구는 Carol C. Diclemente 등이 고안하고 김성재의 박사학위논문에서 사용된 자기보고식 단주단약 자기효능척도이다. 이 도구의 신뢰도는 $\alpha = .92$이며 총 20문항으로 경험적으로 지지된 4가지 약물을 사용하는 높은 상황, 즉 부정적 정서, 사회적 압력, 신체적 고통, 금단 및 갈망 등을 경험하는 상태의 5영역으로 구성된다. 이 척도는 '매우 자신 없음' 0에서 '대체로 자신 없음' 1점, '보통 자신 있음' 2점, '대체로 자신 있음' 3점, '매우 자신 있음' 4점으로 측정하여 점수가 높을수록 자기효능이 더 높은 것으로 보고되고 있다.

④ 프로그램 종결평가 설문지

본 복지관에서 자체 제작한 설문지로서, 프로그램 종결시 사용하고 프로그램의 목적 달성도 · 참여도 · 세부 프로그램 및 지도자 만족도를 중심으로 평가한다.

2) 질적평가

① 과정기록서
프로그램의 진행과정, 대상자들의 반응, 사회복지사의 의도적 개입을 중심으로 기록한다.

② 소감문 분석
매일의 프로그램 종료 후 소감문 작성을 통해 프로그램에 대한 만족도를 평가하고, 프로그램을 통해 배운 내용 · 건의사항 등을 적도록 한다.

3) 효율성 및 운영과정 평가

(1) 서비스 총 생산량 분석

① 서비스단위 : 참가인원
② 서비스생산량 : 17명×5회=85명
③ 서비스 단위당 비용 : 예산/총 서비스 생산량=42만원/85명≒4,941원

9. 결산

항목	금액	비고
집단활동 준비물비	5만원	기관경비
야외활동비	20만원	보호관찰소 지원
중식비	2천5백원×17명×4회=17만원	보호관찰소 지원
합계	42만원	강사비 별도

10. 결과 및 제언

1) 집단 프로그램 내용 만족도

프로그램 전체 내용에 대한 만족도 검사를 실시하였으며 응답자는 총 15명이있다. 대부분의 세

부 프로그램에 대한 만족도가 높게 나타났으며 검사 결과 '등산'과 '가족에 대한 이해 II'에 대한 만족도가 4.8점으로 가장 높게 나왔다. 두 가지 프로그램 모두 활동이 포함되어 있는 것으로, 이를 볼 때 이론교육 및 쓰기와 말하기 위주로 구성된 정적인 프로그램보다는 동적인 내용이 포함된 프로그램의 경우 구성원들의 만족도가 매우 높게 나타난 것으로 보인다. 이러한 구성원들의 특징을 고려할 때, 추후 프로그램 계획시 보다 활동중심의 진행을 강화하여 교육 내용을 전달하는 세부 프로그램이 포함되는 것이 바람직할 것으로 생각된다.

문 항	평균
1. 입교식	·
2. 오리엔테이션 및 사전교육	3.9
3. 약물교육 I(약물이 가족에 미치는 영향)	4.3
4. 자신에 대한 이해 I(성격유형 검사 활동)	4.1
5. 약물교육 II-1(담배)	4.3
6. 약물교육 II-2(알코올)	4.1
7. 스트레스관리	4.3
8. 의사소통훈련	4.3
9. 등산	4.8
10. 자신에 대한 이해 II(성격유형 해석 활동)	4.1
11. 분노조절훈련	4.1
12. 가족에 대한 이해 I(가족편지쓰기)	4.2
13. 인생곡선 그리기	4.2
14. 가족에 대한 이해 II(물병꽃싸기)	4.8
15. 재발방지계획 수립	3.8
16. 사후검사 및 수료식	3.9

▶ 각 문항 평균의 최고점은 5.0점이다.

2) 집단 프로그램 목표달성 정도

전체 프로그램을 통해 각각의 하위목표가 어느 정도 달성되었는지 평가하였다. 평가 결과 '약물사용이 아내, 자녀, 친지 등 가족과 이웃에게 어떠한 영향을 미치는지 알게 되었다', '약물문제가 나에게 어떠한 영향을 미치는지 알게 되었다', '약물이 가정문제를 더욱 심각하게 촉진시킬 수 있음을 알게 되었다'의 항목이 각각 평균 4.6점으로 나타나 약물사용이 구성원 개인과 가족에게 미치는 영향을 인식하고 가족의 소중함을 깨닫는 데 도움이 되었던 것으로 해석할 수 있겠다. 이는 프로그램의 목표 '1) 약물이 인체에 미치는 심각성을 인지한다', '3) 손상된 가족관계를 회복하게 한다' 를 달성한 것으로 볼 수 있다.

또한 '친한 친구들이 모여서 약물을 사용한다 해도 나는 확실히 안 할 수 있다' · '원인이 무엇이든 약물로 인한 결과에 대한 책임은 나에게 있음을 알게 되었다' 의 항목이 각각 평균 4.5점, '약물사용은 어떠한 경우라도 정당화될 수 없음을 알게 되었다' · '나는 내 행동에 책임이 있음을 알게 되었다' · '내 가족의 소중함에 대해 생각해보는 기회가 되었다' 의 항목이 각각 평균 4.4로 나타나 구성원들이 약물사용은 어떠한 경우에라도 결코 정당화될 수 없으며, 약물 사용의 책임은 스스로에게 있음을 인지함으로써 재발을 방지하고 이를 위해 재발계획을 수립하는, 즉 목표 '5) 재발방지계획을 수립하고 실행한다' 가 달성된 것으로 판단된다.

그러나 '현재와 미래의 내 모습에 대해 긍정적인 생각을 할 수 있었다' , '내가 소중하고 가치 있는 존재임을 알게 되었다' 의 항목은 각각 평균 4.0점, 3.9점으로 나타나 구성원들이 자신의 긍정적인 면을 발견하고 이를 통해 자아존중감을 향상시키는 데에는 어려움이 있었던 것으로 보인다. 이는 수강명령집행대상자로서 처벌의 의미로 집단에 포함된 구성원들의 부정적 자아인식이 반영된 것으로 볼 수 있겠다.

또한 '알코올 중독은 일종의 질병이다' 의 응답이 평균 3.9점으로 모든 항목 중 가장 낮게 나타났는데 이는 음주에 대한 구성원들의 허용적 태도가 반영된 것으로 볼 수 있다. 따라서 이후 프로그램에서는 흡연과 음주가 기타 약물사용으로 이어지는 입문약물의 성격을 가지고 있기 때문에 금연, 금주의 중요성을 강조하고 이를 실생활에 적용할 수 있는 교육이 이루어져야할 것으로 보인다.

집단 프로그램을 통해	평균
1. 약물남용이 무엇인지 알게 되었다.	4.2
2. 원인이 무엇이든 약물로 인한 결과에 대한 책임은 나에게 있음을 알게 되었다.	4.5
3. 약물사용은 어떠한 경우라도 정당화될 수 없음을 알게 되었다.	4.4
4. 나는 내 행동에 책임이 있음을 알게 되었다.	4.4
5. 약물사용이 아내, 자녀, 친지 등 가족과 이웃에게 어떠한 영향을 미치는지 알게 되었다.	4.6
6. 약물문제가 나에게 어떠한 영향을 미치는지 알게 되었다.	4.6
7. 술, 담배 등 약물이 신체에 미치는 영향에 대해 알게 되었다.	4.3
8. 약물이 가정문제를 더욱 심각하게 촉진시킬 수 있음을 알게 되었다.	4.6
9. 의사소통에 대한 기술 및 분노, 화 등의 감정을 조절할 수 있는 방법을 알게 되었다.	4.1
10. 지금까지의 나의 삶에 대해 생각해볼 수 있었다.	4.2
11. 현재와 미래의 내 모습에 대해 긍정적인 생각을 할 수 있었다.	4.0
12. 내 가족의 소중함에 대해 생각해보는 기회가 되었다.	4.4
13. 내가 소중하고 가치 있는 존재임을 알게 되었다.	3.9
14. 알코올 중독은 일종의 질병이다.	3.9
15. 친한 친구들이 모여서 약물을 사용한다 해도 나는 확실히 안 할 수 있다.	4.5

▶ 각 문항 평균의 최고점은 5.0점이다.

3) 스스로 인지한 자신의 변화

프로그램을 통해 자신에게 일어난 변화에 대해 주관식으로 기록하도록 하였다. 응답내용은 다음과 같다.

— 나 자신을 되돌아보게 되었다.

— 자신감이 생겼다.

— 약물에 대한 경각심을 다시 한 번 갖게 되었고 앞으로의 미래를 생각하고 준비하는 시간이었다.

— 나의 위치와 성격, 대처능력을 알게 되었다.

— 마음과 신체의 변화

— 나의 장단점을 파악할 수 있었고 바쁜 일상에 마음의 여유가 중요하다는 것을 깨달았다.

— 마음이 편해졌다.

— 다시 한 번 되돌아보고 앞으로는 정말 어리석은 행동들을 하지 않아야겠다는 결심을 하게 되었고 여러 가지로 많이 배운 것 같다.

4) 자기효능감, KOADAST II 사전 · 사후 검사

집단프로그램을 통해 구성원들의 단주단약 자기효능감이 어느 정도 향상되었는지 측정하기 위해 자기효능감 사전사후 검사를 실시하였으며 점수가 증가할수록 효과가 있었음을 나타내는 것이다. 또한 구성원들의 약물관련 문제의 개선 정도를 측정하기 위해 KOADAST II 사전사후 검사를 실시하였으며 점수가 감소할수록 효과가 있었음을 나타내는 것이다.

이름	자기효능감			KOADAST II		
	사전	사후	증감	사전	사후	증감
A	82	87	+5	33	32	-1
B	88	94	+6	36	35	-1
C	57	52	-5	25	20	-5
*D	75	·	·	25	·	·
E	74	65	-9	29	29	0
F	84	79	-5	34	28	-6
G	67	100	+33	22	36	+14
H	100	100	0	34	34	0
I	94	100	+6	34	36	+2
J	66	92	+26	32	35	+3

이름	자기효능감			KOADAST II		
	사전	사후	증감	사전	사후	증감
K	62	99	+37	36	19	-17
L	84	87	+3	30	31	+1
M	62	68	+6	30	32	+2
N	77	100	+23	10	2	-8
**O	84	·	·	34	·	·
P	72	75	+3	32	31	-1
R	93	91	-2	33	29	-4

* D씨는 수강명령 프로그램 중 개인적인 사정으로 인해 탈락하여 수료식에 참여하지 않음.

** O씨는 수강명령시간 종결로 수료식에 참여하지 않음.

*** 자기효능감 척도는 점수가 증가할수록, KODAST II척도는 점수가 감소할수록 효과가 있었음을 나타내는 것임.

사전·사후검사 결과 자기효능감 척도의 경우 프로그램 실시 이전과 비교하여 증가정도를 보인 구성원이 총 10명, 변화를 보이지 않은 구성원이 1명, 감소를 보인 구성원이 4명으로 나타나 사후검사를 실시하지 못한 구성원을 제외하고 약 67%의 대상자가 자기효능감이 향상되는 결과를 얻었다. KOADAST II의 경우 정도가 증가한 구성원이 8명, 정도의 변동이 없는 구성원이 2명, 정도가 증가한 구성원이 5명으로 나타나 사후검사를 실시하지 못한 구성원을 제외하고 약 53%의 구성원이 점수가 향상되는 결과를 얻었다. 반대로 사전사후검사 정도의 변동이 없거나 감소한 약 47%의 구성원은 사전검사를 실시할 때 과장하여 기록하였거나 혹은 집단프로그램을 통해 자신의 문제 및 약점을 인지하게 되어 이후 약물사용에 대한 스스로의 현실적인 태도나 능력, 상황 등을 솔직하게 반영했을 가능성을 반영하고 있다고 해석할 수 있겠다.

5) 제언

약물사범이 점차 증가하고 있는 요즈음 약물사용을 예방하고 약물사범의 약물사용 재발을 효과적으로 방지하는 사회복지적 개입방법의 개발 및 평가는 매우 중요한 과제라고 할 수 있겠다. 이를 위한 몇 가지 제언 내용은 다음과 같다.

첫째, 유관기관 간 협조와 연계망 구축을 통해 지속적이고 체계적인 대상자 사후관리가 이루어져야 한다. 현재 집단프로그램 종결 이후 수강명령시간이 집행된 대상자들을 지속적으로 관리하고 상담하는 작업은 이루어지고 있지 않다. 그러나 대상자들이 성공적으로 단약을 하고 있는지의 여부를 확인하고 또한 단약의 과정에서 발생하는 문제상황 및 위기상황에 대처할 수 있도록 지원하는 것은 매우 중요한 과정이므로 이를 위해서는 보호관찰소와의 긴밀한 연계망 구축을 통해 사후관리임무를 실시하는 것이 필요할 것이다.

둘째, 담당인력의 전문성 향상을 위한 노력이 이루어져야 한다. 약물사용은 개인적 · 가족적 · 사회적으로 심각한 영향을 미치는 사회문제로 대두되고 있고 약물사용 재범률이 점차 증가하고 있는 지금의 추세에서 전문 지식과 기술, 풍부한 임상경험을 바탕으로 한 사회복지적 개입은 매우 중요하다고 하겠다. 또한 성인약물사범의 경우 약물에 관련된 그릇된 지식 및 신념을 확신하는 경우가 빈번하고, 집단프로그램 실시에 대해 매우 비협조적인 태도로 저항하는 경우가 많다. 따라서 프로그램 지도자는 약물사범집단에 효과적으로 개입할 수 있는 전문지식과 가치, 수년간의 풍부한 임상경험 등을 토대로 집단을 지도할 수 있도록 자신의 전문성 증진을 위한 노력을 적극적으로 기울여야할 것이다.

셋째, 대상자 중심의 교육이 이루어져야 한다. 전문적 · 학문적 용어를 사용한 이론 중심의 강의를 진행하는 것보다는 대상자가 쉽게 이해할 수 있고 친근감을 느끼는 단어를 사용하거나 대상자가 실제로 겪게 되는 생활사건 및 단약경험담 등의 사건을 중심으로 프로그램이 구성되어야 할 것이다. 이론적 내용을 일방적으로 교육할 경우 흥미를 잃을 수 있고 프로그램 참여에 소극적인 모습을 보일 수 있으며 이러한 노력들을 통해 대상자들의 집단프로그램에 대한 심리적 접근성을 강화할 수 있을 것이다.

Ⅳ. 참고문헌

김봉수 · 김경빈 · 이충경(1995), "한국형 청소년 약물중독 선별검사표를 위한 예비연구 II", 『신경정신의학, 34』.

김용진(2000), "성인마약중독자들의 재발예방을 위한 집단상담 사례연구", 『한국약물상담연구, 제3집』, 서울: 한국약물상담가협회.

김용진(2001), "복지와 사람들 약물남용자를 위한 재활프로그램", 『2001년도 마약류 중독자 치료 · 재활 심포지움 자료집』, 서울: 한국마약퇴치운동본부.

손봉기(2001), "약물남용자에 대한 수강명령 교육프로그램의 구성", 『2001년도 마약류 중독자 치료 · 재활 심포지움 자료집』, 서울: 한국마약퇴치운동본부.

유채영(2000), "약물남용의 선별 · 진단 · 사정", 『제8회 청소년 약물상담 워크샵 자료집』, 서울: 서울 YMCA 청소년약물상담실.

윤웅장(2001), "약물남용자의 보호관찰 현황과 과제", 『 2001년도 마약류 중독자 치료 · 재활 심포지움 자료집』, 서울: 한국마약퇴치운동본부.

이영호(1993), "귀인양식, 생활사건, 사건귀인 및 무망감과 우울의 관계 : 공변량 구조모형을 통한 분석", 서울대 대학원 박사학위 논문.

이훈규 · 최병각(1996), 「약물남용자의 치료와 재활」, 서울: 한국형사정책연구원.

조선일보(2002. 3. 28), "마약이 넘쳐난다. 가정도 한 순간에 파괴, 상습투약 20만-40만 추정".

한국마약퇴치운동본부(2001), 마약관련 2001년도 통계자료.

한국청소년학회(1996), "청소년 약물남용 실태와 예방 대책 연구", 서울: 문화체육부.

V. 세부지도안

성인약물사범 수강명령 집단프로그램 오리엔테이션 세부지도안

회기명	오리엔테이션	소요시간 및 인원	120분 / 17명
장 소	교육실	준비물	사전검사지, 참여동의서, 프로그램 일정표, 집단규칙, 필기구, 명찰, 소감문
목 표	1) 집단프로그램의 목적, 일정 및 규칙을 이해하도록 한다. 2) 구성원들의 집단참여 동기를 강화한다.		
활동내용	집단프로그램 목적소개, 인테이크 설문작성, 사전검사실시, 일정소개, 오리엔테이션, 참여동의서 작성		

1. 프로그램 도입단계(5분)

① 지도자 인사

태화기독교사회복지관을 소개하고 지도자를 소개한다.

② 프로그램 목적 소개

집단프로그램의 목적을 소개하고 적극적인 참여를 당부한다.

2. 프로그램 전체 오리엔테이션(110분)

① 인테이크 용지 배부 및 작성

— 개인별로 인테이크 용지를 배부하고 사실대로 정확히 작성할 수 있도록 한다.

— 주지도자가 문항을 순서대로 읽어나가면서 구성원들이 각 문항에 빠짐없이 응답할 수 있도록 유도한다.

▶ 이때 낮은 학습수준, 언어사용 어려움 등의 원인으로 작성을 어려워하는 구성원이 있을 경우 자원봉사자가 1:1로 도움을 주도록 한다.

② 사전검사지 배부 및 실시

자기효능척도, KOADAST II 척도를 배부하고 기록하도록 한다.

③ 집단규칙 설명 및 참여동의서 작성

— 집단의 규칙을 설명한다.

▶ 1회 무단 결석시 탈락, 집단 구성원이나 지도자에게 위협적인 태도 · 폭력 · 대화 방해 · 집단 방해 · 욕설 불가, 비밀보장, 시간엄수, 적극적 참여, 지도자의 지시에 순응할 것, 집단 모임 전 음주 및 약물 사용 금지

— 관내에서는 절대 금연임을 설명하고 협조를 요청한다.

— 집단 규칙을 준수하면서 참여하겠다는 동의서에 자신의 서명을 하도록 한다.

— 작성된 참여동의서를 집단원 전체가 함께 큰 소리로 읽는다.

④ 일정표 배부 및 설명

전체 프로그램 일정표를 배부하고 설명한다. 질문이 있을 경우 설명이 끝난 후 일괄 질문하고 대답한다.

⑤ 출석부 기재요령 설명

매일 프로그램 시작 전 출석부에 서명을 하도록 한다. 보호관찰소에 증명서류로 제출해야하므로 정확하게 기록할 것을 당부한다.

▶ 해당회기의 기대효과 : 집단성원을 개별화하고, 집단의 목적 및 진행일정을 구성원들에게 알릴 수 있다. 집단지도자는 구성원들이 이후 집단활동에 집단규칙을 준수하면서 적극적으로 참여할 수 있도록 유도해야 한다.

3. 소감문 작성(5분)

① 보호관찰소 양식으로 소감문을 작성하고 프로그램을 평가한다.

▶ **첨부자료 1**

〈인테이크 용지〉

_____년_____월_____일

성 명: 주민등록번호:

주 소:

전화번호:(집)   (휴대폰)

성 별:① 남성 ② 여성

· 현 주소에서 생활한 지 얼마나 되었습니까? _____년_____개월

· 현재 집의 소유는?

  ① 본인 ② 부모 ③ 배우자 ④ 친척 ⑤ 기타:_____________________

· 가족의 일반적인 사항을 기록하여 주십시오.

관계	성명	성별	연령	학력	직업	종교

· 당신의 종교는? ① 기독교 ② 천주교 ③ 불교 ④ 없음 ⑤ 기타

· 보호관찰처분을 받게 된 경위를 자세하게 써 주십시오.

· 일생동안 육체적인 문제나 질병으로 병원에 입원한 적이 있습니까?

  ① 아니오 ② 예

· 일상생활에 지속적으로 지장을 주는 만성적인 신체 질환이 있습니까?

  ① 아니오 ② 예 : 구체적으로 _____________________

· 신체적인 문제로 의사에게 처방 받아 규칙적으로 복용하는 약이 있습니까?

  있다면 어떤 것입니까? _____________________

· 이러한 신체적 문제에 대한 해결 필요성을 어느 정도로 느낍니까?
  ① 전혀 아니다   ② 약간   ③ 보통   ④ 그렇다   ⑤ 매우 그렇다

· 당신이 받은 학교 교육기간은 모두 합쳐 얼마입니까? _____년 _____개월

· 훈련이나 기술 교육을 받았다면 그 기간은 어느 정도입니까? _____년 _____개월

· 전문 직업이나 기술을 가지고 있습니까?   ① 아니오   ② 예

· 당신의 직업(종일근무) 중 가장 오랫동안 근무했던 기간은 얼마인가요? _____년 _____개월

· 가장 최근 혹은 현재 직업은 무엇입니까?
  ① 회사원   ② 학생   ③ 주부   ④ 상업   ⑤ 무직
  ⑥ 일용직   ⑦ 기타 : 자세히 기술할 것 ______________________

· 지난 3년간 당신 직업의 주된 근무 상태는?
  ① 종일 근무(35시간/주)   ② 시간제 근무(규칙적 시간제) : 35시간 이하
  ③ 불규칙적인 시간제 근무   ④ 학생   ⑤ 병역   ⑥ 은퇴·장애 상태
  ⑦ 무직   ⑧ 행동 제약을 받는 환경

· 술이나 기타 약물사용 경험에 대해 아래의 해당 칸에 적어 주십시오.

약물종류	처음 사용 연령	빈도	양	기간	마지막 사용시기
술					
담배					
카페인					
흡입제(본드, 가스, 신나, 니스 등)					
지놀타(감기약)					
각성제					
진정제					
신경수면제					
환각제					
러미날					
대마초 등의 마약류					
기타					

· 위의 약물사용으로 인한 신체적 증상에 대해 해당칸에 적어 주십시오.

신체적인 증상	발생 여부	빈도	기간	마지막으로 경험한 때
숙취 hangover				
떨림 shakiness				
일시적 기억상실 blackouts				
발작 seizures				
환각 flashbacks				
과도한 땀 excessive sweating				
섬망 delirium tremens				
환상 hallucinations				
위장질환 gastro-intestinal problems				
심장질환 heart problems				
혈당수준 blood sugar level problems				
혈압 blood pressure				
동작기능손상 motor impairment				
불면증 sleep disturbances				

· 주로 사용한 약물이 무엇입니까(문제가 없는 경우 '없음' 으로 표시)?

· 약물을 끊어본 경험이 있습니까? ① 아니오   ② 예

· 끊어본 적이 있다면 그 기간은 언제부터 얼마 동안입니까? _______________________

· 다시 재발하게 되었다면 재발 원인이 무엇이라고 생각하십니까?
  ① 호기심   ② 감정조절의 어려움   ③ 친구의 압력   ④ 심심해서   ⑤ 기타

· 약물로 인해 얼마나 많은 돈을 사용하였습니까? 약물 : __________ 알코올 : __________

· 약물문제에 대한 해결의 필요성을 어느 정도로 느낍니까?
  ① 전혀 아니다   ② 약간   ③ 보통   ④ 그렇다   ⑤ 매우 그렇다

· 현재까지 당신이 법적인 문제로 구속되거나 기소되었던 적이 몇 번입니까? ________회

· 구속되었다면 어떤 문제로(해당되는 문항 모두)?

　① 불법약물사용　② 위조　③ 강도　④ 절도　⑤ 폭행　⑥ 강간　⑦ 방화　⑧ 살인

　⑨ 매춘　⑩ 음주운전　⑪ 소매치기　⑫ 주요 교통위반(과속, 운전부주의, 무면허운전 등)

· 당신의 결혼여부는?

　① 기혼　② 재혼　③ 사별　④ 별거 중　⑤ 이혼　⑥ 미혼　⑦ 동거

· 결혼하였다면 결혼한 지 얼마나 되었습니까? ＿＿＿＿년＿＿＿＿개월

· 결혼생활에 만족합니까?　① 아니오　　　② 관심 없음　　　③ 예

· 지난 3년간 누구와 함께 생활하였습니까?

　① 배우자와 자녀　② 배우자　③ 자녀　④ 가족

　⑤ 친구　　　⑥ 혼자서　⑦ 보호시설　⑧ 부랑생활

· 이러한 생활에 만족하십니까?　① 아니오　　　② 관심 없음　　　③ 예

· 가족 중에 술 문제가 있는 사람이 있습니까?　① 아니오　　② 예

· 있다면 누구입니까? ＿＿＿＿＿＿＿＿＿＿

· 누구와 함께 대부분의 여가 시간을 보냅니까?　① 가족　　② 친구　　③ 혼자서

· 이러한 방식으로 여가 시간을 보내는 것에 대해 만족합니까?　① 아니오　② 예

· 지금까지 살면서 개인적으로 가깝고 애정이 있고 서로 도와주는 관계를 유지하고 있고 앞으
　로도 그럴 가능성이 큰 사람들은 누구입니까? 보기를 참고하여 순서대로 기록하여 주십시오
　(보기 : 어머니, 아버지, 형제 · 자매, 배우자 · 동거인 · 애인, 자녀, 친구).

　＿＿

· 아래의 사람들과 갈등관계, 신뢰감이나 이해부족, 만성적인 언쟁, 적대감 등으로 불편하게 지 낸 적이 있습니까? 보기를 참고하여 순서대로 기록하여 주십시오(보기 : 어머니, 아버지, 형 제 · 자매, 배우자 · 동거인 · 애인, 자녀, 친구, 중요한 다른 가족, 이웃, 직장동료).

____

· 위에 언급한 사람들이나 기타 다른 사람들로부터 학대를 받은 경험이 있습니까? 있다면 그 내용을 기록하여 주십시오.

① 정서적 학대(심한 말을 통해 기분이 상했던 경험) ____________________________

② 신체적 학대(신체적 고통을 받은 경험) ____________________________

③ 성적 학대(성적 행위를 강요받은 경험) ____________________________

· 지금 이러한 가족 문제에 대한 해결의 필요성을 어느 정도로 느낍니까?

① 전혀 아니다   ② 약간   ③ 보통   ④ 그렇다   ⑤ 매우 그렇다

· 알코올이나 약물남용과 관계없이 최소한 2주 이상 다음과 같은 경험을 한 적이 있습니까? 있 으면 ○에, 없으면 ×표시하여 주십시오.

내　　용	○	×
1. 심각한 우울증		
2. 심각한 불안이나 긴장		
3. 환각(금단증상 제외)		
4. 이해력, 집중력 또는 기억력의 곤란		
5. 난폭한 행동을 조절하기가 어려웠던 경우		
6. 심각한 정도의 자살에 관한 생각		
7. 자살시도		
8. 어떤 심리적, 정서적 문제로 의사로부터 약물처방 받은 경험		
9. 가정폭력		
10. 아동학대		
11. 성폭력		
12. 섭식장애		
13. 정신병원 입원		

· 이러한 문제들에 대한 해결의 필요성을 어느 정도로 느낍니까?

① 전혀 아니다   ② 약간   ③ 보통   ④ 그렇다   ⑤ 매우 그렇다

· **사회생활**(또래집단과의 관계, 사회적 관심사, 가장 친한 친구들, 친구관계에서 약물사용이 미치는 영향, 이성교제 경험, 여가활동, 취미, 관심사, 재능, 업적, 가족이사 횟수와 그것이 자신에게 미친 영향) :

· **가족상황**(가족구성, 현재 생활수준, 동거가족, 부모의 결혼횟수, (친)부모 혹은 계부(모)와의 관계, 형제 수, 형제관계, 집에서의 거주 여부, 성장과정시의 가정환경, 가족내 의사소통 수준, 사랑과 분노의 표현방식, 훈육방법, 가족 내에서 책임감을 갖는 수준, 약물사용이 가족에 미치는 영향) :

· **약물사용경험**(처음·몹시 취했을 때의 나이와 환경, 약물을 사용할 때의 의도·고의성, 현재 사용하는 약물의 선택, 사용빈도, 최근 통제력을 상실한 때, 증가된 내성, 약물사용이 성생활에 미치는 영향, 약물문제를 인식하게 된 때, 약물사용시의 행동변화, 관계에 대한 약물사용의 영향, 절제기간, 절제이유, 재발에 영향을 미치는 요인, 마지막 사용시기, 사용량과 상황) :

· **여가활동**(퇴근 후나 주말에 하는 일, 가족들과 함께 하는 일, 친구들과 하는 활동, 혼자 하는 활동, 취미 혹은 관심사, 여가시간에 약물사용이 미친 영향) :

· **직업**(현재 고용상황, 직업 만족도와 수행도, 미래 직업 목표, 직업 목표 달성을 위한 계획, 직업수행이나 직업 목표에 약물사용이 미친 영향) :

· **일상생활 / 영양상태**(일반적인 하루일과, 평소 식습관, 일상활동에 약물사용이 미친 영향) :

· **아동기 / 청소년기 경험**(초기 아동기 기억, 유치원에 처음 간 날, 초등학교 경험, 초등학생에서 중학생이 되었을 때 그리고 고등학생이 되었을 때, 발달기에 있었던 다른 중요한 기억들) :

· **가치관 / 영적인 지향**(가치, 신념, 종교적 신념, 가족 종교, 개인적 강점과 약점, 약물의 영향) :

· **성적인 경험**(초기 성경험 시기, 술이나 약물이 성적인 생활에 어떤 영향을 미치는지, 약물 없이 성관계를 가지는지, 에이즈나 다른 성 전염병에 대한 지식이나 예방 방식, 자신 혹은 다른 사람들에 대한 성학대 경험이 있는지, 성적 선호도) :

수고하셨습니다.

▶ 진행상의 유의사항

질문지의 내용이 많은 관계로 구성원들이 기록을 성의 없이 하거나 허위로 기록하는 경우가 발생한다. 따라서 구성원들이 각자 작성하도록 하는 것보다는 지도자가 문항을 읽고 순서에 따라 기록하도록 하는 것이 효과적이다. 약물사범의 경우 해외유학생이나 외국 장기체류자가 다수 포함되어 있기 때문에 한국어가 익숙하지 않아서 문항을 이해하지 못하는 구성원이 발생하기도 한다. 이런 경우 자원봉사자를 활용하여 1 : 1로 실시하도록 한다.

첨부자료 2

〈자기효능 척도〉

이 름:

다음과 같은 상황에서 약물을 하지 않을 수 있다고 얼마나 자신하십니까?

다음 각 상황에서 여러분의 자신감에 해당되는 곳에 ∨표해 주십시오.

	내 용	매우 자신 없음	대체로 자신 없음	보통 자신 있음	대체로 자신 있음	매우 자신 있음
1	머리가 아플 때	1	2	3	4	5
2	약물을 끊는 것이 몹시 힘들고 고통스러울 때	1	2	3	4	5
3	마음 속 깊이 화가 날 때	1	2	3	4	5
4	다른 사람이 약물을 하고 있는 것을 보고 있을 때	1	2	3	4	5
5	몸이 피곤할 때	1	2	3	4	5
6	약물을 하면 어떻게 될까 한번 시도하고 싶을 때	1	2	3	4	5
7	되는 일이 없다고 느낄 때	1	2	3	4	5
8	흥분되거나 축하할 일이 있을 때	1	2	3	4	5
9	휴가중이거나 긴장을 풀기 원할 때	1	2	3	4	5
10	약물 생각만 나고 내 몸이 약물을 필요로 한다고 생각할 때	1	2	3	4	5
11	누군가에 대한 생각에 빠져 있을 때	1	2	3	4	5
12	기분이 축 가라앉을 때	1	2	3	4	5
13	곧잘 같이 하던 약물친구가 약물을 권할 때	1	2	3	4	5
14	약물사용 중단에 대한 나의 의지력을 시험하고 싶을 때	1	2	3	4	5
15	몸에 상처가 있거나 통증이 있을 때	1	2	3	4	5
16	좌절로 인해 내가 파괴될 것 같이 느낄 때	1	2	3	4	5
17	약물을 함으로써 내가 무방비 상태로 되는 것을 느끼고 싶은 충동이 생길 때	1	2	3	4	5
18	몹시 걱정스런 일이 있을 때	1	2	3	4	5
19	약물하는 상상을 할 때	1	2	3	4	5
20	접대나 일 때문에 약물하는 자리에 있어야 하는 상황일 때	1	2	3	4	5

〈KOADAST Ⅱ〉

이 름 :

다음 각 문항을 읽고 해당되는 번호에 표시하세요.

1. 약물을 조절해서 사용하려 하지만 잘 안 된다.	1 2 3
2. 예전보다 약물의 사용량이 많이 늘어났다.	1 2 3
3. 주변에서 약을 끊으라고 하지만 그 말이 마음에 잘 와 닿지 않고 반발심만 생기며, 마음과 머리 속에서도 약 생각이 잘 지워지지 않고 약 생각이 자주 떠오른다.	1 2 3
4. 약물을 하고 싶은 충동이 일어나면 거의 참을 수 없다.	1 2 3
5. 약물을 일단 사용하기 시작하면 계속적으로 하게 된다.	1 2 3
6. 정신적 고통을 잊기 위해 사용한다(예 : 화남, 슬픔, 지루함 등).	1 2 3
7. 최근에 약물사용 중의 일을 기억하지 못하는 경우가 몇 번 있다.	1 2 3
8. 혼자 사용하는 것을 좋아한다.	1 2 3
9. 약물사용 전후에 때로 자살 충동을 느낀다(자살하고 싶은 마음).	1 2 3
10. 내가 불쌍하다는 생각이 자주 든다(자기 연민).	1 2 3
11. 약물로 인해 친구가 떨어져 나갔다.	1 2 3
12. 약물로 인해 가정에 문제가 일어나고 있으며, 내가 나가게 되거나(가출) 가족들이 나를 나가라고 한다(위협이나 내 쫓김).	1 2 3

▶ 진행상의 유의사항

이 검사의 점수 측정은 1 : 그렇다(1점), 2 : 애매하게 그렇다(0.5점), 3 : 그렇지 않다(0점)로 계산된다.

〈참여동의서〉

우리는 다음에 동의합니다.

1. 당신의 존엄성을 존중합니다.

2. 비밀을 보장합니다.

3. 우리 모임에 관하여 당신이 궁금해하는 내용들에 솔직하겠습니다.

여러분이 지켜야 할 것들은

1. 전체의 집단모임 5회 중에서 1회 이상 무단 결석하면 집단에서 탈락됩니다.

2. 다른 집단 구성원이나 지도자에게 위협적인 태도, 폭력, 대화 방해, 집단 방해, 욕설 등을 금합니다.

3. 집단과정 중 알게 된 다른 구성원들의 이야기를 다른 사람들에게 말해서는 안됩니다.

4. 집단 모임 시간을 반드시 지켜야 합니다. 너무 늦거나 일찍 가는 것은 결석으로 간주됩니다.

5. 집단활동에 적극적으로 참여해야 하며 지도자의 지시를 반드시 따르도록 해야 합니다.

6. 집단 모임 전에 음주를 절대 금합니다. 또한 집단 진행동안 약물 사용은 절대 금합니다.

7. 모두에게 의미 있는 시간이 될 수 있도록 노력합시다.

년   월   일

이름   (서명)

<h1 align="center">성인약물사범 수강명령 집단프로그램 약물교육 1 세부지도안</h1>

회기명	약물교육 1 : 약물이 개인 및 가족에 미치는 영향	소요시간 및 인원	120분 / 17명
장 소	교육실	준비물	비디오(이것이 인생이다), 칠판, 소감문
목 표	1) 약물이 인체에 미치는 심각성을 인지한다. 2) 약물사용이 가족에게 미치는 영향을 인지한다.		
활동내용	단약성공사례 비디오 시청, 약물의 종류설명, 약물이 개인에게 미치는 영향, 약물이 가족에게 미치는 영향		

1. 프로그램 도입단계(5분)

① 프로그램 목적 소개

출석을 점검한 후 오늘 진행되는 프로그램의 목적 및 일정을 소개하고 구성원들의 적극적인 참여를 독려한다.

2. 비디오 시청(40분)

① 이것이 인생이다

약물중독을 극복한 회복자의 인생을 담은 비디오를 시청한다.

3. 약물이 개인 및 가족에 미치는 영향(70분)

① 약물의 종류 설명

— 담배, 알코올, 마약류가 약물에 포함된다는 것을 설명한다.

— 본 프로그램에서는 담배와 알코올이 모든 약물 사용의 시작이 되는 기초약물이라는 사실에 근거하여 관련 교육을 실시하고 있으며, 이러한 기초약물 사용을 중단하는 것이 마약류 사용으로부터 자유로워지는 첫 번째 단계임을 강조한다.

▶ 대부분의 구성원들은 담배와 알코올을 약물로 인식하지 않고 있으며, 이로 인해 관련 교육의 필요성에 대해 문제를 제기하는 경우가 많다. 따라서 교육의 목적을 분명하게 인식시키는 과정이 반드시 필요하다.

② 약물관련 용어 설명

사용, 오용, 남용, 내성, 중독에 대해 설명한다.

③ 약물이 개인에게 미치는 영향

— 중추신경 안정제(술, 수면제, 본드, 부탄가스 등)를 억제제라는 단어를 활용하여 설명하고, 중추신경 흥분제(담배, 카페인, 필로폰, 코카인 등)를 흥분제라는 단어를 활용하여 설명한다.

▶ 구성원들이 약물과 관련된 전문적인 용어를 이해하는 데 어려움을 호소하는 경우가 많으므로 되도록 평이하고 친숙한 언어로 교육을 진행하는 것이 바람직하다.

— 약물사용으로 인해 발생하는 일차적 질환과 진행성 질환, 만성질환에 대해 설명한다.

④ 약물이 가족에게 미치는 영향

— 약물사용으로 인해 가족의 비정상적인 적응(부적응, 공동의존 등)이 발생한다.

— 약물사용에 대한 가족들의 대처방안을 설명한다.

▶ 순교자적 유형, 박해자적 유형, 공모자적 유형, 술친구적 유형, 냉담한 공모자적 유형 등을 구성원들이 이해하기 쉬운 말들로 바꾸어 설명하는 것이 좋다.

— 약물사용이 대를 이어 가족들에게 영향을 미치는 과정을 설명한다.

▶ 중독의 세대전수의 특성을 강조하고 부모의 약물사용이 자녀들에게 영향을 미치게 된다는 것을 설명하면서 자녀들이 약물을 사용하지 않고 건강한 생활을 영위할 수 있도록 돕기 위해서는 구성원 자신의 의지와 노력이 가장 중요한 것임을 강조한다.

▶ 해당회기의 기대효과 : 구성원들이 약물사용의 폐해를 이해하고 본인의 약물사용이 가족과 자녀에게도 영향을 미칠 수 있다는 점을 인지하여 단약의 의지를 강화할 수 있다.

4. 소감문 작성(5분)

① 보호관찰소 양식으로 소감문을 작성하고 프로그램을 평가한다.

성인약물사범 수강명령 집단프로그램 자신에 대한 이해 1 세부지도안

회기명	자신에 대한 이해 1 : MBTI 성격유형검사	소요시간 및 인원	150분 / 17명
장 소	교육실	준비물	MBTI 검사지 및 답안지, 필기구, 노트북, 빔프로젝트, 소감문
목 표	1) MBTI검사를 통해 자신에 대해 이해하도록 한다.		
활동내용	워밍업, MBTI 지표설명, MBTI 실시방법 설명, MBTI 검사 실시		

1. 프로그램 도입단계(20분)

① 지도자 인사

프로그램을 실시하는 지도자가 자신의 소개를 한 후 간단한 몸풀기 동작으로 편안한 분위기를
조성한다.

② 프로그램 목적 소개

MBTI 검사를 통해 자신의 모습을 더 잘 알아 가는 것이 프로그램의 목적이므로 솔직하고 편안
한 자세로 프로그램에 참여할 것을 당부한다.

2. MBTI 검사 실시(125분)

① MBTI 지표설명

— 좋아하는 과일에 대해 구성원들이 이야기하도록 하고 과일의 맛, 색, 모양, 촉감을 설명하게
한다.
— 모든 과일의 특징이 다른 것처럼 모든 사람은 각자의 고유한 특징이 있고 각자의 특징에는
좋고 나쁨, 옳고 그름이 없음을 설명한다.
▶ 구성원들이 과일에 대해 관심을 보이지 않을 경우 색깔, 옷, 영화 등의 다양한 주제로 이야기하도
록 유도한다.
— 8개의 지표를 설명하고 구성원들이 이해하도록 한다.
▶ 이때 파워포인트로 자료를 제작하여 구성원들의 참여를 유도한다.

② MBTI 실시방법 설명 및 실시

응답방법을 설명하고 검사를 실시한 후 이후 회기에서 검사결과를 확인할 수 있음을 알린다.

▶ 질문 및 응답내용을 이해하지 못하는 구성원이 있을 경우 1:1로 자원봉사자를 연결하여 검사 실시를 돕는다.

▶ 해당회기의 기대효과 : MBTI 검사를 통해 자신의 성격적 특성을 이해할 수 있으며 이를 통해 긍정적인 자아상을 확립하고 나아가 단주단약, 자기효능감을 향상시킬 수 있다.

3. 소감문 작성(5분)

① 보호관찰소 양식으로 소감문을 작성하고 프로그램을 평가한다.

성인약물사범 수강명령 집단프로그램 약물교육 2 세부지도안

회기명	약물교육 2 : 담배가 인체에 미치는 영향	소요시간 및 인원	120분 / 17명
장 소	교육실	준비물	비디오(KBS 첨단보고서 : 담배), 활동자료, 필기구, 스모키 인형, 담배, 라이터, 소감문
목 표	1) 약물이 인체에 미치는 심각성을 인지한다.		
활동내용	약물비디오 시청(담배편), 니코틴 자가진단 테스트, 스모키 인형 실험		

1. 프로그램 도입단계(5분)

① 프로그램 목적 소개

프로그램을 통해 타 약물 사용으로의 입문약물이라고 할 수 있는 담배의 폐해에 대해 알아보고 금연을 위해 노력할 수 있도록 유도한다.

2. 비디오 시청(50분)

① KBS 첨단보고서(담배)

비디오를 보면서 건강에 해로운 담배의 성분, 흡연으로 인해 발생하는 질환, 직접흡연과 간접흡연의 피해 등을 설명한다.

3. 담배가 인체에 미치는 영향(60분)

① 니코틴 자가진단 테스트

니코틴 자가진단 테스트를 통해 개인의 니코틴 중독 정도를 파악한다.

② 스모키 인형 실험

스모키 인형 실험을 통해 담배를 피울 때 신체적으로 영향을 미치게 되는 증상을 눈으로 확인한다.

▶ 구성원들이 적극적으로 프로그램에 참여할 수 있도록 유도하는 동시에 진지하게 임할 수 있도록 주의 한다.

▶ 해당회기의 기대효과 : 구성원들이 담배를 기호식품의 하나이며 약물이 아닌 것으로 인식하는 경

우가 많다. 그러나 프로그램을 통해 담배는 기타 약물사용의 기본이 되는 약물이며 기본 약물을 끊지 못하면서 다른 약물을 끊는 것은 불가능한 것임을 알 수 있다.

4. 소감문 작성(5분)

① 보호관찰소 양식으로 소감문을 작성하고 프로그램을 평가한다.

➡ 첨부자료 5

〈니코틴 자가진단 테스트〉

이름 :

아래의 질문사항들은 신체적 니코틴 중독정도를 측정하는 것입니다.
보기 중 자신에게 해당한다고 생각되는 것에 표시를 해 보십시오.

1. 아침 잠자리에서 일어나 얼마 만에 첫 번째 담배를 피우십니까?
   ① 30분 이내   ② 30분 후

2. 흡연이 금지되어 있는 장소, 예를 들어 도서관·병원 등에서 담배를 피우지 않을 때 괴롭게 느껴지십니까?
   ① 그렇다   ② 그렇지 않다

3. 하루 중 언제가 담배 맛이 가장 좋습니까?
   ① 아침에 처음 피우는 담배   ② 그 다음에 피우는 담배

4. 하루에 몇 개피나 담배를 피우십니까?
   ① 1~15개피   ② 16~25개피   ③ 26개피 이상

5. 당신은 오후나 저녁보다 오전 시간에 더 많은 담배를 피우십니까?
   ① 그렇다   ② 아니다

6. 당신은 몸이 아파 하루 종일 누워있을 때에도 담배를 피우십니까?
   ① 그렇다   ② 아니다

7. 당신은 평소에 담배연기를 얼마나 많이 들이마십니까?
   ① 전혀   ② 가끔씩   ③ 항상

▶ 진행상의 유의사항
- 4, 7번은 ① : 0점, ② : 1점, ③ : 2점으로 계산하고 나머지 문항은 ① : 1점, ② : 0점으로 계산한다.
- 총점이 5점 이상일 경우 다소 경미한 니코틴 중독, 7점 이상일 경우 심각한 니코틴 중독상태이다. 5점 이하일 경우 니코틴 중독 정도는 심하지 않지만 약간의 금단증상을 경험하게 되므로 증상에 따른 의학적 요법이 필요함을 설명한다.
- 구성원들이 자신은 니코틴 자가중독이 아님을 강하게 부인하므로 이에 대한 지도자의 대처가 필요하다.

성인약물사범 수강명령 집단프로그램 약물교육 3 세부지도안

회기명	약물교육 3 : 알코올이 인체에 미치는 영향	소요시간 및 인원	120분 / 17명
장 소	교육실	준비물	비디오(KBS 첨단보고서 - 알코올), 활동자료, 필기구, 귤, 소감문
목 표	1) 약물이 인체에 미치는 심각성을 인지한다. 2) 자신에 대해 이해한다.		
활동내용	약물비디오 시청(알코올 편) 및 토론, 귤 찾기		

1. 프로그램 도입단계(5분)

① 프로그램 목적 소개

프로그램을 통해 타 약물 사용으로의 입문약물이라고 할 수 있는 알코올의 폐해에 대해 알아보고 금주를 위해 노력할 수 있도록 유도한다.

2. 비디오 시청(50분)

① KBS 첨단보고서 : 알코올

— 비디오를 보면서 건강에 해로운 알코올의 성분, 음주로 인해 발생하는 질환 등을 설명한다.

— 담배와 마찬가지로 술은 기타 약물 사용으로 이어지는 역할을 하는 입문약물이기 때문에 강한 의지로 술과 담배를 끊는 것이 중요하며 이 정도 약물을 끊지 못한다면 다른 약물도 중단하기 어려운 것임을 강조한다.

3. 알코올 중독 선별을 위한 설문지 작성(40분)

— 해당 설문지를 보면서 지난 6개월간 자신에게 해당하는 부분이 있었는지 확인하고 기록하도록 한다.

— 자신의 검사결과 및 알코올 의존정도를 확인하고 금주할 수 있는 동기를 강화시킨다.

▶ NAST(Alcoholism Screening Test of Seoul National Mental Hospital I)은 세 번의 연구를 거쳐 국내에서의 사용에 적합하도록 구성된 선별도구이다. 최영희 등(1989; 유채영, 2000, 재인용)의 '한국형 알코올리즘 선별검사를 위한 예비연구 I '에서는 Michigan Alcohol Screening Test(MAST), DSM-Ⅲ Alcohol Abuse and Dependence, Calahan scale, Problem

Drinkers Scale(PDS), Kurihama Alcoholism Screening Test(KAST), Skinner Scale 등
의 여섯 가지 알코올 의존 선별검사의 각 항목을 기초로 하여 판별력이 높다고 판명된 19문항의 선
별 검사가 수정되었다. 한광수 등(1990; 유채영, 2000, 재인용)의 '한국형 알코올리즘 선별검사를
위한 예비연구Ⅱ'에서는 19문항 중 보다 유용하다고 판명된 12문항이 선정되어 재구성되었으며,
김경빈 등(1991; 유채영, 2000, 재인용)의 '한국형 알코올중독 선별검사 제작을 위한 예비연구
Ⅲ'을 통하여 조사도구의 문장이 수정되고 자제력 상실과 관련된 문항이 삽입되어져서 임상에서
간편하게 사용할 수 있도록 구성되었다. 알코올 사용장애를 이미 가지고 있는 성인의 선별에 적합
한 척도로서 총 12문항으로 구성되어 있으며 '그렇다'라고 응답한 문항이 4개 이상이면 알코올 의
존 치료를 받아야 할 최소수준으로서, 알코올 의존으로 진단될 가능성이 매우 높은 것으로 본다(유
채영, 2000).

4. 귤 찾기(20분)

— 귤을 1인당 한 개씩 나눈 후 자기 귤의 특징을 살펴보게 한다.
— 귤을 관찰한 후 한 곳에 모아 섞은 후 자신의 귤을 찾아보게 한다.
— 자신의 귤을 찾아본 소감을 나누고 귤에 서로 다른 특징이 있는 것처럼 모든 사람들에게도
자신만의 특징, 능력이 있고 그런 자신의 모습을 소중하게 여기고 개발해야 함을 강조한다.

▶ 해당회기의 기대효과 : 대부분의 구성원들이 술을 약물로 생각하지 않거나 스트레스를 풀 수 있는
도구로 생각하고 프로그램에 비협조적인 태도를 보이는 경우가 많다. 이때 지도자는 알코올의 폐
해에 대해 강력하게 설명하고 구성원들로 하여금 금주에 대한 의지를 가질 수 있도록 유도하는 것
이 필요하다. 이를 통해 구성원들은 술은 기타 약물사용의 기본이 되는 약물이며 기본 약물을 끊지
못하면서 다른 약물을 끊는 것은 불가능한 것임을 알 수 있다.

5. 소감문 작성(5분)

① 보호관찰소 양식으로 소감문을 작성하고 프로그램을 평가한다.

▶ 첨부자료 6

〈알코올 중독 선별 테스트〉

이름 :

귀하의 현재 음주상태에 해당되는 곳에 ∨표 해 주세요.

내용	그렇다	아니다
1. 자기연민(슬픔)에 잘 빠지며 술로 이를 해결하려고 한다.		
2. 혼자 술 마시는 것을 좋아한다.		
3. 술 마신 다음날 해장술을 마신다.		
4. 취기가 오르면 술을 계속 마시고 싶은 생각이 지배적이다.		
5. 술을 마시고 싶은 충동이 일어나면 거의 참을 수가 없다.		
6. 최근 취중의 일을 기억하지 못하는 경우가 있다.		
7. 대인관계나 사회생활에 술이 해로웠다고 느낀다.		
8. 술로 인해 직업기능에 상당한 손상이 있다.		
9. 술로 인해 배우자(보호자)가 나를 떠났거나 떠난다고 위협한다.		
10. 술이 깨면 진땀, 손 떨림, 불안이나 좌절을 느끼며 잠을 못 잔다(하나라도 해당되면 '그렇다' 에 표시하십시오).		
11. 술이 깨면서 공포나 몸이 심하게 떨리는 것을 경험하거나, 헛것을 보거나 헛소리를 들은 적이 있다(하나라도 해당되면 '그렇다' 에 표시하십시오).		
12. 술로 인해 생긴 문제로 치료를 받은 적이 있다.		

성인약물사범 수강명령 집단프로그램 스트레스 관리 세부지도안

회기명	스트레스 관리 : 스트레스 대처 및 관리기술 습득	소요시간 및 인원	60분 / 17명
장 소	교육실	준비물	노트북, 빔프로젝트, 활동자료, 필기구, 풍선, 소감문
목 표	1) 스트레스의 개념을 이해하고 해소기술을 습득한다. 2) 스트레스의 해소를 통해 단주단약 자기효능감을 향상시킨다.		
활동내용	스트레스 정의 이해, 스트레스에 따른 신체적·정신적 증상 이해, 자신의 스트레스 정도 측정, 스트레스 해소의 중요성 인식, 다양한 스트레스 관리 및 해소 기술 습득 및 실행		

1. 프로그램 도입단계(5분)

① 프로그램 목적 소개

약물사용을 촉발할 수 있는 스트레스에 대해 알아보고 적절한 해소방법을 습득하도록 한다.

2. 스트레스란 무엇인가?(15분)

— 스트레스의 정의를 설명한다.

— 생활에서 겪게 되는 다양한 스트레스 사건에 따른 스트레스의 정도를 알아본다.

— 스트레스로 인해 나타나는 신체적·정신적 증상을 알아본다.

▶ 파워포인트 자료를 활용하여 대상자들의 참여를 유도한다.

3. 나의 스트레스 정도는?(15분)

① 스트레스 척도

스트레스 척도를 활용하여 현재 자신이 받고 있는 스트레스의 정도를 알아본다.

▶ 대부분의 구성원들은 자신이 스트레스를 전혀 받고 있지 않다고 말하지만 실제 그 정도를 측정하면 스트레스 수준이 매우 심각한 경우가 많음을 발견하게 된다. 적절한 해소방법을 함께 생각할 수 있도록 동기를 부여한다.

4. 스트레스 해소법(20분)

① 스트레스 해소의 중요성

— 1인당 한 개씩의 풍선을 나누어주고 바람을 불어넣지 않은 상태에서 손바닥 위에 올려놓고 튕겨 보도록 한 후 바람을 넣은 후 손바닥 위에 올려놓고 튕겨 보도록 한다.

— 서로 다른 느낌을 나누게 하고 바람이 빠진 풍선은 스트레스가 많은 상황에서 적절하게 해소하지 못한 상태이고, 바람을 넣은 풍선은 스트레스를 적절하게 해소하여 정상적으로 기능하는 상태라고 설명한다.

② 스트레스 해소법

— 취침전 적절한 운동, 우유 · 토마토 · 브로컬리 등의 음식 섭취, 명상 등 다양한 해소법을 소개한다.

▶ 파워포인트 자료를 활용하여 대상자들의 적극적인 참여를 유도한다.

③ 집단원 시행

— 구성원들이 사용하고 있는 스트레스 해소법에는 어떤 것들이 있는지 이야기 나눈 후 교육실에서 적용 가능한 방법을 함께 따라한다.

▶ 해당회기의 기대효과 : 구성원들이 스트레스로 인해 약물을 사용하게 되는 경우가 많으므로 스트레스에 대해 올바로 이해하고 스트레스를 해소할 수 있는 구체적 기술을 습득함으로써 약물사용을 촉발할 수 있는 위기상황을 극복할 수 있다.

5. 소감문 작성(5분)

① 보호관찰소 양식으로 소감문을 작성하고 프로그램을 평가한다.

▶ 첨부자료 7

〈스트레스 Q&A〉

스트레스란 무엇인가?

— 변화나 자극, 위험 등으로 인해 생기는 불안, 두려움, 불편함, 긴장, 어려움

— 자신의 능력에 비해 주변 환경의 요구가 클 때 생기는 신체적, 심리적 긴장과 이로 인한 고통이
  나 통증

— 스트레스 강도는 개인의 주관적인 해석에 따라 많은 차이가 있음

스트레스가 반드시 해로운가?

— 적당한 스트레스는 생활에 적절한 긴장감과 활력을 제공하는 요인

— 정도가 심하거나 지속될 경우 건강문제, 대인관계에서의 문제 발생

스트레스의 정도는?

▶ 본 척도는 스트레스 사건경험을 질문하는 척도(이영호, 1993)로서 일상생활에서 부딪히는 대표적
  인 스트레스 상황들을 생활변화량으로 정의하여 계산한다. 신뢰도는 .81이다. 본 프로그램은 척도
  가운데 몇 가지 항목들을 선택하여 대상자들에게 제시하는 형식으로 진행된다. 구성원들이 자신은
  스트레스를 전혀 받고 있지 않다고 이야기하면서도 실제 스트레스 정도를 측정하면 매우 높은 수
  치를 보이는 경향이 있다. 이때 실제 자료를 근거로 구성원들이 본인의 스트레스 수준을 정확하게
  인식하고 이를 해소할 수 있는 방법을 익히도록 유도하는 것이 반드시 필요하다.

— 배우자 혹은 사랑하는 사람의 죽음 100

— 이혼 73

— 자신의 상해와 질병 53

— 결혼 50

— 성생활의 문제 39

— 재정적 상태의 변화 38

— 배우자와의 다툼 35

— 빚 31

— 직장상사와의 갈등 23

스트레스를 받으면 어떤 일이 생기나?

— 신체적 증상 : 피로, 두통, 불면증, 빠른 맥박, 근육통, 땀

— 행동적 증상 : 안절부절, 손톱 깨물기, 과식, 흡연, 욕설, 폭력

— 정신적 증상 : 집중력 및 기억력 감소

— 감정적 증상 : 불안, 예민, 우울, 분노, 근심

스트레스 어떻게 극복할까?

— 균형 있는 식사 : 야채, 과일(good) / 당분, 카페인, 알코올(no)

— 적당한 운동

— 심호흡

— 긍정적인 태도

— 잠깐 휴식

— 대화할 수 있는 사람 만들기

성인약물사범 수강명령 집단프로그램 의사소통훈련 세부지도안

회기명	의사소통훈련 : 의사소통 기술 습득	소요시간 및 인원	90분 / 17명
장 소	교육실	준비물	활동자료, 필기구, 소감문
목 표	1) 의사소통기술의 개념을 이해하고, 바람직한 기술을 습득한다. 2) 의사소통기술 습득을 통해 단주단약 자기효능감을 향상시킨다.		
활동내용	긍정적 의사소통의 연습, 경청연습활동, 의사소통의 4가지 유형 검사 및 자신의 의사소통 유형 이해, 적절한 의사소통 기술 실행		

1. 프로그램 도입단계(5분)

① 프로그램 목적 소개

자신의 의사소통 유형을 확인하고 올바른 의사소통 기술을 습득하여 약물사용의 권유에 효과적으로 대처할 수 있도록 한다.

2. 다양한 의사소통 기술(80분)

① 옷차림 칭찬하기

— 집단성원들이 서로의 옷차림을 칭찬하도록 한다.

— 긍정적인 반응을 말로 표현하는 것이 상대방의 기분을 좋아지게 만드는 것임을 확인한다.

② 달팽이관 그리기

— 2인 1조로 나누어 진행하며 한 사람은 눈을 감은 채로 다른 한 사람의 설명을 듣는다.

— 활동자료를 이용하여 달팽이관을 따라 그리는 과제를 수행한다.

— 서로의 역할을 바꾸어 진행하고 소감을 이야기한다.

— 경청의 중요성을 강조한다.

③ 의사소통의 4가지 유형

— 활동자료를 통해 자신의 의사소통 유형을 확인한다.

— 개인 의사소통 유형의 장단점을 이해하고 이후 약물 사용을 권유받는 상황이 발생할 때 어떻게 대처할 것인지 생각해보도록 한다.

▶ 해당회기의 기대효과 : 자신의 의사소통 유형 및 올바른 의사소통기술 습득을 통해 약물을 거절하는 것을 가능케하며 이를 통해 구성원들로 하여금 약물사용으로부터 벗어날 수 있도록 한다.

3. 소감문 작성(5분)

① 보호관찰소 양식으로 소감문을 작성하고 프로그램을 평가한다.

〈달팽이 길찾기〉

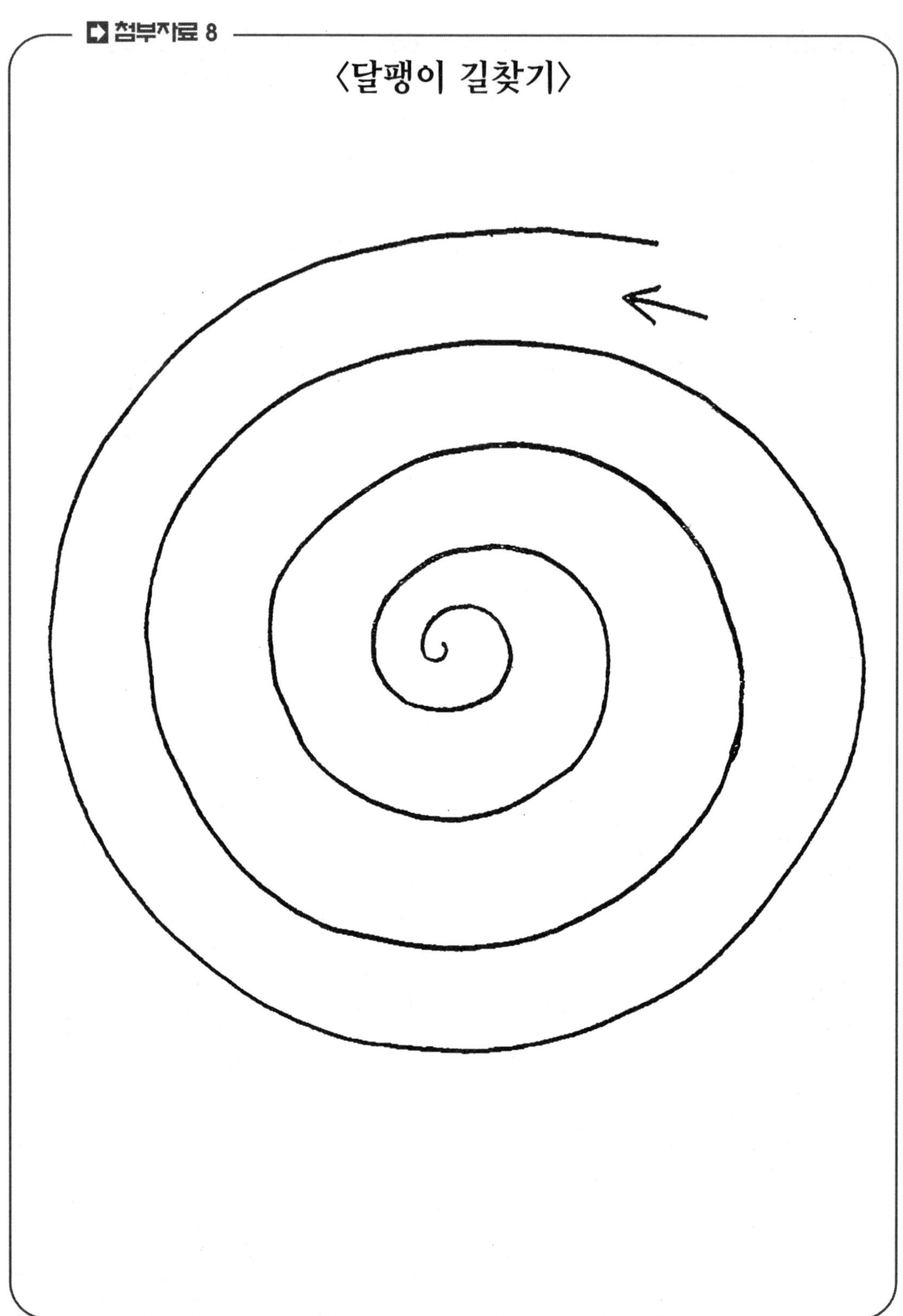

〈대화유형 테스트〉

다음은 두 개씩 짝지어진 80문항의 문장들이 있습니다. 자신을 가장 잘 나타내는 문항의 번호에 동그라미를 치십시오. 가능하면 생각을 많이 하지 말고 떠오르는 대로 표시하십시오. 주의할 것은 두 개씩 짝지어진 것 중 하나만을 선택하고 비록 정확하게 자신을 나타내는 것이 없다 해도 비슷한 것 하나만 선택해야 합니다. 비슷한 것이 없다 해도 둘 중 비교적 자신을 나타내는 것을 고르십시오. 전체가 80문항으로 되어 있기 때문에 반드시 40문항을 골라야 합니다.

1. 나는 행동이 먼저 앞서는 사람이다.
2. 나는 문제를 조직적이고 체계적으로 풀어간다.

3. 나는 변화를 무척 좋아한다.
4. 나는 혼자보다는 함께하는 것이 더 효율적이라고 생각한다.

5. 나는 사람들과 함께 일하는 것을 즐긴다.
6. 지나간 일보다는 앞으로 있을 일에 더 관심이 많다.

7. 마감날짜는 반드시 지켜져야 한다고 생각한다.
8. 기왕이면 잘 조직되고 정리된 모임에 참여하고 싶다.

9. 질질 끄는 것을 보면 참을 수가 없다.
10. 새로운 아이디어는 활용되기 전에 충분한 시험대를 거쳐야 한다.

11. 항상 새로운 길과 방법을 모색하는 경향이 있다.
12. 새로운 사람을 만나는 등 사람들과 교제하는 것을 즐긴다.

13. 내게 맡겨진 일은 내가 알아서 하도록 놔두면 좋겠다.
14. 일단 어떤 일을 시작하면 아무리 어렵더라도 끝까지 해내는 편이다.

15. 나는 주위 사람들에게 자극과 도전을 주는 도전형인 것 같다.
16. 다른 사람들의 느낌과 감정을 이해하려고 하는 편이다.

17. 내가 이루어 놓은 일에 대해 다른 사람들의 반응을 듣고 싶어한다.
18. 나는 일을 한 단계씩 처리해 나가는 것이 효과적이라고 생각한다.

19. 나는 상대를 비교적 잘 파악한다고 생각한다.
20. 나는 창의력을 발휘하여 문제를 해결하기 좋아한다.

21. 나는 항상 앞으로 있을 일에 대해 많이 생각한다.
22. 나는 다른 사람의 필요에 민감하다.

23. 치밀한 계획은 성공의 열쇠이다.
24. 나는 오래 생각하는 것을 싫어한다.

25. 무엇에 쫓기게 될 때에도 침착하다.
26. 경험을 대단히 중요시한다.

27. 나는 주로 들어주는 쪽이다.
28. 사람들이 나를 보고 머리회전이 빠르다고 한다.

29. 모든 문제의 열쇠는 협동심에 있다고 생각한다.
30. 어떤 일을 결정하는 데 찬반 등의 논리적인 방법을 사용한다.

31. 나는 항상 스스로에게 묻는다.
32. 여러 가지 일들을 한꺼번에 하기를 좋아한다.

33. 나는 실제로 무엇을 해 봄으로써 배우는 편이다.
34. 나는 일을 할 때 아주 냉정한 사람이라고 생각한다.

35. 꼼꼼하고 세세한 일들은 다른 사람들이 했으면 좋겠다.
36. 나는 어떤 사건들에 대한 사람들의 반응을 쉽게 예측할 수 있다.

37. 어떤 일을 하는 데 행동보다 일에 대한 분석이 항상 앞서야 한다고 믿는다.

38. 전체 분위기를 잘 파악하는 편이다.

39. 나는 결단력이 있는 사람이라고 생각한다.

40. 시작한 일을 마무리짓지 못하는 경향이 있다.

41. 나는 가능하면 새롭고 창의적이며 도전적인 일을 찾는 편이다.

42. 나는 일을 하는 데 있어서 보고 관찰한 것이나 기존 자료에 많이 의존한다.

43. 감정을 있는 그대로 표현할 수 있다.

44. 새로운 일들을 계획하기 좋아한다.

45. 나는 독서를 매우 즐긴다.

46. 나는 나 자신을 돕는 형이라고 생각한다.

47. 나는 한번에 한 가지씩만 집중해서 하는 것을 좋아한다.

48. 나는 성취욕이 강한 편이다.

49. 사람들에 대해 관심과 호기심이 많다.

50. 나는 다양성을 좋아한다.

51. 눈에 보이는 사실이 모든 것을 말한다고 생각한다.

52. 나는 상상력을 가능한 한 많이 사용한다.

53. 많은 인내력을 요구하고 더딘 일거리를 싫어한다.

54. 나는 생각을 끊임없이 한다.

55. 중요한 결정은 신중히 생각한 후 내린다.

56. 일을 완성하기 위해서 나는 서로 도와야 한다고 생각한다.

57. 나는 자주 깊이 생각하지 않고 결정을 내린다.
58. 감정은 문제를 야기시킨다고 생각한다.

59. 사람들에게 사랑받는 사람이 되고 싶다.
60. 나는 계산을 빨리 하는 편이다.

61. 나는 새로운 생각들을 사람들에게 시도해 보려 한다.
62. 나는 과학적인 접근방식을 믿는다.

63. 될 수 있으면 일을 빨리 끝내고 싶다.
64. 좋은 인간관계가 가장 중요하다.

65. 나는 충동적이다.
66. 나는 사람들간의 차이점을 있는 그대로 받아들인다.

67. 나는 사람들과 만나 생기는 지적 자극을 매우 좋아한다.
68. 나는 사람들과 만나서 이야기하는 그 자체만으로 만족한다.

69. 나는 조직하는 것을 좋아한다.
70. 나는 종종 이 일을 하다가 저 일을 하는 경향이 있다.

71. 모든 일에 자기성취감을 느끼는 것이 아주 중요하다.
72. 사람들과 어울리는 것은 생산적인 행동이라 생각한다.

73. 나는 여러가지 생각하기를 좋아한다.
74. 나는 시간낭비 하는 것을 싫어한다.

75. 나는 내가 잘하는 일들을 하기를 즐긴다.
76. 나는 다른 사람들과의 교제를 통해 배운다.

77. 나는 꼼꼼한 일도 잘 견디고 해낸다.

78. 나는 추상적인 것이 재미있고 즐겁다.

79. 나는 간결하고 단도직입적인 말을 좋아한다.

80. 나는 나 자신에 대해 자신감을 가지고 있다.

자신이 표시한 번호를 찾아 해당번호에 ○표를 하세요.

1 유형				2 유형				3 유형				4 유형			
1	24	41	63	2	23	42	62	4	22	43	64	3	21	44	61
7	26	48	65	8	25	47	66	5	27	46	68	6	28	45	67
9	32	50	70	10	30	51	69	12	29	49	72	11	31	52	71
13	33	53	74	14	34	55	75	16	36	56	76	15	35	54	73
17	39	57	79	18	37	58	77	19	38	59	80	20	40	60	78

➡ 첨부자료 10

〈나의 대화유형〉

1. 이름 :

2. 나의 대화유형별 점수는 ?

행동중심(20)	과정중심(20)	인간중심(20)	이성중심(20)

3. 나의 대화유형에 비추어 장점과 특성을 생각해 보면?

4. 대화할 때, 나 스스로 느끼거나 다른 사람들이 나의 약점으로 보는 것 3가지는?

5. 나의 장점은 대화 관계에 어떤 도움을 줄 수 있을까요?

유형	주된 초점	강점	약점
행동중심 유형	일중심 성취감 실용성중시 행동중심, 활동형 결과중심형	믿을 수 있음 유능함 환경에 대한 신속한 적응력 책임감 열정적, 효율적	좁은 시야 사람들에 대한 낮은 관심 자만 / 인내력 부족 충동적 자기주장적
과정중심 유형	스케줄관리 잘함 세밀함 분석적 과정과 방법 중시 주도면밀	논리적, 신뢰성 신중성, 사려깊음 조직적, 정리 실리적, 분석적 성실함	좁은 시야 / 지나치게 신중함 새로운 시도에 대한 두려움 결과보다 방법만 따짐 완벽주의 / 우유부단 결단력, 추진력 부족(더 많은 자료 요구)
인간중심 유형	교제중심 사람들의 필요성 중시 대화 사랑 평화	사람들을 읽는 통찰력 사람들에게 민감함 동정심과 감정이입 상대를 받아줌 좋은 경청자 진실성	주어진 일에 대한 무능력 다른 사람들에 의해 지나친 영향받음 기분이 쉽게 상함 / 순진성, 속기 쉬움 감정의 지배를 지나치게 받음 충동적, 주관적 / 자기훈련과 절제 약함 상대의 반응에 따라 결정
이성중심 유형	이유, 원인중시 이성적, 관념적 미래지향적 개념, 원리, 지식적	도전과 자극을 줌 머리회전이 빠르고 창의적임 이상형, 꿈과 비전을 제시 날카롭게 생각	사람들에 대한 인내심이 적다 행동중심이 아님 / 비실용적, 지나친 위험 비현실성 / 외로움 자기중심적, 독점적 / 쉽게 속단 참여성 결여
혼합형	다양성 깊지는 않지만 폭넓은 관심	모든 사람과 대화가능 쉽고 빠르게 적응 다양성 / 수용성, 중재자 다른 사람의 의견에 대한 이해력	깊이 사귀는 사람없음 / 지나치게 짐을 짐 모든 일에 깊이 없음 / 거절 못함 일관성부족하고 혼란함 / 피상적이고 산만함

성인약물사범 수강명령 집단프로그램 등산 세부지도안

회기명	등산	소요시간 및 인원	480분 / 17명
장 소	등산지	준비물	중식비
목 표	1) 심리적 부담감을 감소시키고 이후 교육참여 동기를 강화한다. 2) 성취의 경험을 제공한다.		
활동내용	등산, 점심식사		

1. 프로그램 도입단계(10분)

① 프로그램 목적 소개

— 등산이라는 야외활동을 통해 수강명령 집단프로그램으로 인한 심리적 부담감을 덜고 이후
교육에 참여동기를 강화한다.

— 정상등반이라는 목표를 설정하고 이를 달성할 수 있도록 하여 성취감을 느끼게 한다.

— 자신을 돌아볼 수 있는 기회가 되게 한다.

▶ 구성원들에게 일정을 소개하고 전체 일정에 따른 시간에 맞추어 이동해줄 것과 음주는 절대 불가
임을 확인시킨다.

2. 등산(470분)

— 기관 차량을 이용하여 함께 이동한다.

— 출발지에 도착한 후 일정을 다시 한 번 확인하고 점심식사를 한 후 등산을 하도록 한다.

— 3시간 후 약속장소에 모여 소감을 이야기한 후 기관 차량을 이용하여 다시 복지관으로 돌아
온다.

▶ 구성원들이 소수 그룹으로 묶여 이동하게 되는 경우가 많다. 대열의 앞과 뒤에서 사회복지사가 길
을 안내하고 이탈을 방지하도록 한다.

▶ 구성원들이 개인적인 이야기를 꺼내는 경우가 많으므로 지도자는 되도록 구성원들과 함께 이동하
도록 한다.

▶ 해당회기의 기대효과 : 야외에서 프로그램을 진행하므로 구성원들이 집단활동 참여로 인해 느꼈던
심리적 부담감을 해소하고 이후 프로그램 참여동기를 강화할 수 있다. 또한 자신의 문제상황이나
느낌, 생각들을 자유롭게 이야기할 수 있는 기회가 제공됨으로써 집단지도자가 구성원과 라포를
형성할 수 있으며 구성원에 대한 세부적인 정보를 습득할 수 있다.

성인약물사범 수강명령 집단프로그램 자신에 대한 이해 2회 세부지도안

회기명	자신에 대한 이해 2 : MBTI 성격유형 검사 해석	소요시간 및 인원	150분 / 17명
장 소	교육실	준비물	MBTI 검사결과, OHP, 필기구, 소감문
목 표	1) MBTI검사를 통해 자신에 대해 이해하도록 한다.		
활동내용	워밍업, MBTI 검사결과 해석, 동일유형별 공동과제 수행 및 발표		

1. 프로그램 도입단계(20분)

① 프로그램 목적 소개

간단한 몸풀기로 편안한 분위기를 조성한다.

▶ 구성원들이 적극적인 반응을 보이지 않을 경우 살맛 나는 일, 최근 관람한 영화 등에 관한 대화를 나누도록 유도하여 참여를 유도한다.

2. 검사결과 확인(20분)

① 검사결과 개인별 확인

검사결과를 개인별로 확인하도록 한다.

3. 검사결과 해석(40분)
① 해당자가 있는 각 유형별로 특징, 강점, 보완해야할 점을 설명한다.

4. 조별활동(65분)

① 조별활동

동일한 유형별로 그룹을 지어 별명, 좌우명, 여행계획을 기록하는 공동과제를 수행한다.

▶ OHP 필름을 나누어주고 각 조별로 공동과제 내용을 기록한 후 발표하도록 한다.

▶ 같은 유형이 없는 구성원들은 각자 과제를 수행하도록 한다.

② 조별발표

— 조별로 앞에 나와 공동과제 내용을 발표한다.

— 지도자는 각 유형별로 관찰되는 특징을 상세하게 설명하고 각 유형에 대한 이해를 돕는다.

— 자신과 상대방의 성격유형을 알아 가는 것이 원만한 가정생활, 사회생활을 영위하는 데 매우
도움이 되는 것임을 강조하고 특히 약물을 사용하게 되는 원인이 자신의 성격적 약점에 기인
하는 것은 아닌지 점검하도록 한다.

▶ 해당회기의 기대효과 : 자신의 성격유형을 확인하고 강점 및 보완점을 이해함으로써 긍정적 자아
상을 확립할 수 있으며 이를 통해 약물의존도를 낮출 수 있다.

5. 소감문 작성(5분)

① 보호관찰소 양식으로 소감문을 작성하고 프로그램을 평가한다.

성인약물사범 수강명령 집단프로그램 분노조절훈련 세부지도안

회기명	분노조절훈련	소요시간 및 인원	120분/ 17명
장 소	교육실	준비물	활동자료, 필기구, 소감문
목 표	1) 분노감정에 대해 이해하고, 바람직한 분노조절기술을 습득한다. 2) 분노조절기술 습득을 통해 단주단약 자기효능감을 향상시킨다.		
활동내용	분노감정의 이해, 분노상황의 이해, 분노조절 방법 토론 및 실행		

1. 프로그램 도입단계(5분)

① 프로그램 목적 소개

약물사용을 촉발하게 되는 상황가운데 하나인 분노상황에서 어떻게 대처할 것인지 알아본다.

2. 분노조절훈련(110분)

① You are what you say

2인 1조로 나눈 후 활동자료를 이용하여 동일한 상황에 대해 긍정적으로 표현하는 것과 부정적으로 표현하는 것의 차이 및 그에 따른 느낌을 알아본다.

② 나를 화나게 하는 상황

— 최근 1주일간 나를 화나게 하는 사건이 무엇이었는지 생각하게 한다.

— 그 사건으로 인해 왜 화가 났는지, 내가 어떤 방법으로 화를 냈는지, 화를 낸 결과는 무엇이었는지, 분노를 다른 방법으로 표현했다면 결과가 어떻게 달라졌을지 이야기하도록 한다.

③ 화 다루기

— 화가 났을 때 화를 다루는 방법을 소개한다.

— 심호흡하기, 셋까지 센 후 이야기하기 등의 방법을 소개하고 대상자 가운데 자신이 활용하고 있는 화 다루는 법이 있으면 소개하도록 하고 이 가운데 한 가지 방법을 모든 구성원들이 함께 시연하도록 한다.

▶ 해당회기의 기대효과 : 자신의 분노상황 및 대처방식을 인지하고 적절한 분노조절 기술을 습득함으로써 분노감정으로 인해 충동적으로 약물을 사용하게 되는 위기상황을 벗어날 수 있다.

3. 소감문 작성(5분)

① 보호관찰소 양식으로 소감문을 작성하고 프로그램을 평가한다.

첨부자료 11

⟨You are what you say⟩

이 름:

도우미 :

긍정적	←	부정적
적극적, 의욕적, 활발한		나서기 좋아하는, 설치는
언변좋은, 표현력 좋은		수다스러운, 말이 많은
소신있는, 개성적		독불장군, 자기중심적
센스있는		약삭빠른, 간사한
합리적, 객관적		따지는, 타산적, 비판적
예의범절이 바른		거만한, 거리감을 느끼는
일을 잘 하는, 능력있는		일밖에 모르는, 냉정한
협조적, 신중한, 수용적		우유부단한
소신있는, 주관이 분명한		고집불통
기발한, 창의적		비현실적, 공상적
의욕적, 적극적		설치는
신속한, 추진력있는		가벼운, 경솔한
감수성이 예민한		변덕스러운
야무진		수단방법 안 가리는
현실적, 실리적		저속한, 속물적
사람을 좋아하는		의타적, 수동적

성인약물사범 수강명령 집단프로그램 가족에 대한 이해 1 세부지도안

회기명	가족에 대한 이해 1	소요시간 및 인원	180분 / 17명
장 소	교육실	준비물	비디오(남자가 사랑할 때), 편지지, 편지봉투, 필기구, CDP, CD, 소감문
목 표	1) 약물사용이 가족에게 미치는 영향을 인지한다.		
활동내용	약물사용자 가족의 이야기를 담은 비디오 시청, 자신의 가족구성원에게 발생하는 문제상황 인식, 가족에게 약물과 관련된 자신의 각오를 담은 편지써서 보내기		

1. 프로그램 도입단계(5분)

① 프로그램 목적 소개

약물을 사용하는 가족구성원으로 인해 다른 가족구성원들이 겪게 되는 문제상황을 인식하고 자신의 약물 사용으로 인해 가족들이 받은 고통과 영향을 생각해보도록 한다.

2. 비디오 시청(120분)

① 남자가 사랑할 때

3. 비디오 시청 소감 토론(20분)

① 활동자료를 통해 가장 인상깊었던 장면, 내가 극중의 남편이었다면 어떻게 대처했을지, 영화속 장면 중에서 나의 삶과 가장 비슷한 부분은 무엇인지 이야기하도록 한다.

4. 가족에게 편지쓰기(30분)

① 가족에게 편지쓰기

— 자신의 약물사용으로 인해 가장 고통을 받았을 것이라고 생각되는 가족 한 사람에게 편지를 쓰도록 한다.

— 편지를 다 쓴 후 봉투에 넣고 수령자의 주소를 기입하게 한 후 봉투를 봉하도록 하고 이후 복지관에서 해당 가족에게 일괄 발송할 것임을 알린다.

▶ 조용한 음악을 틀어주고 진지한 분위기에서 작성할 수 있도록 한다.

▶ 해당회기의 기대효과 : 구성원들이 자신의 약물사용이 다른 가족에게 어떤 영향을 미쳤는지 생각해보게 하고 이를 통해 단약의 의지를 강화할 수 있다.

5. 소감문 작성(5분)

① 보호관찰소 양식으로 소감문을 작성하고 프로그램을 평가한다.

〈남자가 사랑할 때〉

이 영화에서 제일 재미있었던 장면은?

나와 제일 닮은 인물은? 그 이유는?

가장 마음에 와 닿은 표현은? 그 이유는?

어떤 사람들이 보면 가장 도움을 받을 것 같은가? 그 이유는?

내가 주인공의 남편이라면?

➡ 첨부자료 13

사랑하는 ________에게

____

____

____

____

____

____

____

년　월　일

________쑴

성인약물사범 수강명령 집단프로그램 자신에 대한 이해 3 세부지도안

회기명	자신에 대한 이해 3 : 인생곡선 그리기	소요시간 및 인원	120분 / 17명
장 소	교육실	준비물	칠판, 종이, 필기구, 소감문
목 표	1) 자신에 대해 이해하도록 한다.		
활동내용	인생곡선 그리기의 설명방법, 자신의 인생곡선 그리기 작업 및 발표, 집단성원간의 격려		

1. 프로그램 도입단계(5분)

① 프로그램 목적 소개
인생곡선을 통해 자신의 과거를 돌아보고 건강한 미래를 설계할 수 있도록 돕는다.

2. 인생곡선에 대한 이해(50분)

① 지도자가 칠판에 자신의 인생곡선을 그리면서 작성하는 법을 설명한다.

② 가장 힘들고 슬펐던 일, 가장 기쁘고 즐거웠던 일, 앞으로 나의 미래는 어떨 것이라고 예측하
는지 자세하게 기록하도록 한다.

3. 나의 인생곡선(110분)

① 인생곡선 그리기
각자 자신의 인생곡선을 그리도록 한다.

② 나의 인생곡선 발표
— 구성원들이 각자의 인생곡선 내용을 발표하도록 한다.
— 한 사람의 발표가 끝나면 건강한 미래를 살 수 있기를 기원하는 마음으로 함께 박수 치면서
격려한다.

▶ 해당회기의 기대효과 : 구성원들이 자신의 인생을 돌아보고 약물을 사용하지 않는 미래의 모습을
계획하게 함으로써 단약 의지를 강화하고 자신이 바라는 건강한 미래의 모습을 위해 노력하도록
유도할 수 있다.

4. 소감문 작성(5분)

① 보호관찰소 양식으로 소감문을 작성하고 프로그램을 평가한다.

성인약물사범 수강명령 집단프로그램 가족에 대한 이해 2 세부지도안

회기명	가족에 대한 이해 2	소요시간 및 인원	60분 / 17명
장 소	교육실	준비물	칠판, 꽃, 비닐, 물, 리본, 스카치테이프, 소감문
목 표	1) 바람직한 가족구성원으로서의 역할을 이해하도록 한다.		
활동내용	기능적·역기능적 가족구성원의 기능 설명, 물병꽃싸기 활동을 통한 가족구성원의 역할 이해		

1. 프로그램 도입단계(5분)

① 프로그램 목적 소개

가족의 유형을 이해하고 바람직한 가족구성원으로서의 역할을 이해한다.

2. 가족기능에 대한 이해(20분)

① 역기능적 가족과 기능적 가족의 유형 이해

칠판에 그림을 그린 후 역기능적 가족과 기능적 가족을 설명하고 구성원들이 각 가족의 이름을 쉽고 재미있는 단어로 바꾸어 정하도록 한다.

② 바람직한 가족구성원으로서의 역할 이해

역할 간의 구분이 명확하고, 협조하며, 공동의 목표를 달성하기 위해 노력하는 것이 바람직한 가족구성원으로서의 역할임을 설명한다.

3. 꽃병으로 만드는 가족(30분)

① 물병꽃싸기 설명

— 두 사람이 한 가족이라고 생각한 후 2인 1조로 나누어 물병꽃싸기를 실행한다.

— 물병꽃싸기를 하기 위해서는 각자의 역할을 구분하여 성실히 수행하는 것과 동시에 과제를 수행해야 하는 공동 목표 달성을 위해 서로 협조해야 함을 강조한다.

② 물병꽃싸기 실행

— 한 사람은 비닐에 주먹을 넣어 공간을 만든 후 다른 한 사람은 입구를 붙잡는다.

— 주먹을 빼낸 사람이 꽃을 비닐에 꽂은 후 물을 붓는다.

— 스카치테이프로 입구를 봉하고 리본으로 장식한다.

— 두 사람이 함께 의논하여 작품에 이름을 붙인다.

▶ 이 때 전체 수로 인해 2인 1조로 구성되지 못하는 구성원이 발생하면 지도자와 짝을 이루어 집단 앞에서 시연하는 역할을 주도록 한다.

③ 평가

— 각 조가 모두 물병꽃싸기 과제를 수행하면서 느낀 점을 발표하게 하고 작품의 이름과 이유를 발표하게 한다.

— 발표가 끝날 때마다 격려하는 박수를 치도록 한다.

▶ 해당회기의 기대효과 : 협력활동을 통해 구성원들이 긍정적인 가족기능에 대해 쉽게 이해할 수 있으며, 이를 바탕으로 자신이 바람직한 가족구성원으로 기능하기 위해 약물을 사용하지 않는 것이 가장 중요한 과제임을 인식할 수 있다.

4. 소감문 작성(5분)

① 보호관찰소 양식으로 소감문을 작성하고 프로그램을 평가한다.

성인약물사범 수강명령 집단프로그램 재발방지 계획 세부지도안

회기명	재발방지계획	소요시간 및 인원	90분 / 17명
장 소	교육실	준비물	활동자료, 필기구, 소감문
목 표	1) 모든 구성원들이 구체적으로 적용가능한 재발방지계획을 세우도록 한다.		
활동내용	약물사용으로 인해 얻은 것과 잃은 것 작성 및 토론, 재발방지계획 작성 및 토론, 집단성원간의 격려 및 지지		

1. 프로그램 도입단계(5분)

① 프로그램 목적 소개

약물 사용 재발을 방지하기 위한 구체적이고 실현 가능한 계획을 수립하고 이를 실행할 수 있도록 한다.

2. 약물 사용으로 얻은 것과 잃은 것(40분)

① 약물 사용으로 얻은 것과 잃은 것 작성

약물 사용으로 인해 얻은 것과 잃은 것을 각자 작성하도록 한다.

② 토론

— 작성된 내용을 각자 발표하도록 한다.

▶ 이때 지도자는 칠판에 얻은 것과 잃은 것을 기록하도록 하고 각 측면의 긍정적인 내용과 부정적인 내용을 집단성원들과 함께 분류하여 표시하도록 한다.

— 얻은 것(감방생활, 약물사용의 경험, 친구의 배신 등)과 잃은 것(시간, 돈, 건강, 신용, 가족의 사랑, 직장 등)을 비교하여 약물사용으로 인해 잃은 것이 더 많음을 인식하게 한다.

3. 재발방지계획 수립(40분)

① 재발방지계획 수립

— 약물을 사용하지 않기 위한 계획을 개인별로 수립한다.

— 구체적이고 실현 가능한 계획을 수립할 수 있도록 한다.

② 재발방지계획 발표

— 개인별로 자신의 재발방지계획을 발표한다.

— 다른 집단성원들이 계획의 잘된 점과 보완해야 할 점을 이야기해 주도록 한다.

▶ 해당회기의 기대효과 : 개인의 인생에서 약물사용으로 인해 얻은 것보다 잃은 것이 상대적으로 더 많은 비중을 차지하고 있음을 인식함으로써 약물사용의 폐해를 이해하고, 이를 통해 단약을 위한 구체적이고 실행 가능한 계획을 수립하여 실행할 수 있다.

4. 소감문 작성(5분)

① 보호관찰소 양식으로 소감문을 작성하고 프로그램을 평가한다.

▶ 첨부자료 14

〈약물사용으로 인해〉

이 름:＿＿＿＿＿＿＿

내가 얻은 것은?	내가 잃은 것은?
1.	1.
2.	2.
3.	3.
4.	4.
5.	5.

첨부자료 15

〈재발 방지 계획표〉

이름 : ____________

1. 약물 문제에 대해

1) 언제 어떤 약물을 사용했습니까?

2) 누구와 사용했습니까?

3) 어디서 사용했습니까?

4) 어떤 감정이었습니까(약물을 사용한 이유)?

5) 약물사용으로 인해 잃은 것과 얻은 것은 무엇입니까?

6) 수강교육 이후 약물 사용에 대해 어떻게 느끼십니까?

2. 재발방지 계획

1) 이제 더 이상 약물을 사용하지 않겠다고 결심했습니까?

2) 그렇다면 재발하지 않기 위한 계획을 세워보십시오.

①

②

③

④

⑤

3. 동료들은 나의 계획에 대해 어떻게 생각할까요?

①

②

4. 본인의 재발방지 계획을 확실히 지킬 수 있습니까? 지킬 수 있다면, 어느 정도 확신을 가 지고 있는지 직어보십시오.

성인약물사범 수강명령 집단프로그램 수료식 세부지도안

회기명	수료식	소요시간 및 인원	120분 / 17명
장 소	교육실	준비물	사후검사지, 필기구, 수료증, 개인별수강명령집행상황통보서, 소감문
목 표	1) 단약을 위한 구성원들의 결심을 격려한다. 2) 프로그램을 평가한다.		
활동내용	사후검사 실시, 프로그램 평가 실시, 수료증 배부		

1. 프로그램 도입단계(5분)

① 프로그램 목적 소개

수강명령 시간 집행을 완료한 것을 격려하고 수료식을 시행한다.

2. 사후검사 실시(70분)

① 자기효능척도, KOADAST Ⅱ

프로그램 1회기에 검사를 실시한 척도의 사후검사를 실시한다.

② 프로그램 평가지

전체 프로그램을 평가하는 평가지를 작성한다.

③ 수강명령집행상황통보서 싸인

보호관찰소 제출서류인 수강명령집행상황통보서에 싸인하도록 한다.

3. 수료식(40분)

① 수료증 배부

— 수강명령 시간 집행을 완료한 구성원들에게 수료증을 전달하고 격려한다.

— 앞으로 약물을 사용하지 않고 건강한 삶을 누릴 수 있기를 바라며 이후 재발 위기나 약물사용에의 유혹 등의 문제가 발생했을 때에는 지도자들에게 언제든지 연락해줄 것을 당부한다.

▶ 해당회기의 기대효과 : 구성원들이 해당 집행시간을 완료한 것을 격려하고 이를 통해 앞으로 약물

을 사용하지 않고 생활할 의지를 강화할 수 있다.

4. 소감문 작성

① 보호관찰소 양식으로 소감문을 작성하고 프로그램을 평가한다.

수 료 증

○○○

귀하는   년 월 일부터   년 월 일까지 태화기독교사회복지관에서 실시한 '보호관찰 성인약물 수강명령프로그램' 에 참여하여 소정의 과정을 이수하였기에 이 수료증을 드립니다.

년 월 일

태화기독교사회복지관장

▶ 첨부자료 17

〈성인마약사범 수강명령프로그램 평가서〉

년 월 일 ~ 월 일

태화기독교사회복지관 사회복지사업부

○○○ · ○○○ 사회복지사

1. 다음은 집단 프로그램의 목표달성 정도를 알아보기 위한 질문입니다. 해당란에 ∨표 하여 주시기 바랍니다.

집단 프로그램을 통해	매우 그렇다	그렇다	보통 이다	그렇지 않다	전혀 그렇지 않다
1. 약물남용이 무엇인지 알게 되었다.					
2. 원인이 무엇이든 약물로 인한 결과에 대한 책임은 나에게 있음을 알게 되었다.					
3. 약물사용은 어떠한 경우라도 정당화될 수 없음을 알게 되었다.					
4. 나는 내 행동에 책임이 있음을 알게 되었다.					
5. 약물사용이 아내, 자녀, 친지 등 가족과 이웃에게 어떠한 영향을 미치는지 알게 되었다.					
6. 약물문제가 나에게 어떠한 영향을 미치는지 알게 되었다.					
7. 술, 담배 등 약물이 신체에 미치는 영향에 대해 알게되었다.					
8. 약물이 가정문제를 더욱 심각하게 촉진시킬 수 있음을 알게 되었다.					
9. 의사소통에 대한 기술 및 분노, 화 등의 감정을 조절할 수 있는 방법을 알게 되었다.					
10. 지금까지 나의 삶에 대해 생각해볼 수 있었다.					
11. 현재와 미래의 내 모습에 대해 긍정적인 생각을 할 수 있었다.					
12. 내 가족의 소중함에 대해 생각해보는 기회가 되었다.					
13. 내가 소중하고 가치 있는 존재임을 알게 되었다.					
14. 알코올 중독은 일종의 질병이다.					
15. 친한 친구들이 모여서 약물을 사용 한다해도 나는 확실히 안할 수 있다.					

2. 자신의 강점은 무엇이라고 생각하십니까?

3. 집단이 끝난 후 하고 싶은 일은 무엇입니까?

4. 앞으로 아내 또는 자녀와의 관계에서 예측되는 어려움은 무엇입니까?

5. 예측되는 어려움에 어떻게 대처하시겠습니까?

6. 다음은 집단 프로그램의 내용에 대한 여러분들의 만족 정도를 알아보는 질문입니다.
해당란에 ∨표 해 주시기 바랍니다.

문 항	매우 만족	대체로 만족	보통	대체로 불만족	매우 불만족
1. 입교식					
2. 오리엔테이션 및 사전교육					
3. 약물교육 I(약물이 가족에 미치는 영향)					
4. 자신에 대한 이해 I(성격유형 검사 활동)					
5. 약물교육 II - 1(담배)					
6. 약물교육 II - 2(알코올)					
7. 스트레스관리					
8. 의사소통훈련					
9. 등산					
10. 자신에 대한 이해 II(성격유형 해석 활동)					
11. 분노조절훈련					
12. 가족에 대한 이해 I(가족편지쓰기)					
13. 인생곡선 그리기					
14. 가족에 대한 이해 II(물병꽃싸기)					
15. 재발방지계획 수립					
16. 사후검사					
17. 수료식					

7. 위의 프로그램 중 가장 좋았던 프로그램은 무엇이며 그 이유는 무엇입니까?

8. 프로그램을 통해 자신에게 어떠한 변화가 있었는지 구체적으로 적어주세요.

9. 프로그램을 위해 제언하고 싶은 말이 있다면 적어주세요.

10. 지도자에게 하고 싶은 말이 있다면 적어주세요.

수고하셨습니다.

6장

가정폭력사범 수강명령 집단프로그램

- 아내구타자에 대한 통합적 개입 모델 -

이향주

프로그램 개요

본 집단프로그램은 보호관찰소와 연계되어 진행되는 집단프로그램으로 보호관찰 수강명령을 부과받은 가정폭력사범들을 대상으로, 폭력행동의 중단과 책임감 인식을 목적으로 실시되었다. 프로그램은 아내구타자들이 집단과정을 통해 자신에 대한 통찰력을 갖고 갈등 및 문제해결을 위한 구체적인 기술들을 습득하며 폭력에 대한 사회·문화적인 영향들을 인식할 수 있도록 돕기 위한 세부내용들로 구성되어 있다.

Ⅰ. 문제분석

가정 내 아내구타 문제는 사회의 기본단위인 가정의 본질적인 기능을 깨뜨리고 황폐화시키며 가해자인 남편과 피해자인 아내뿐만 아니라 자녀에게도 심각한 영향을 미침으로써 결국 가정해체로 이끄는 심각한 위험을 초래한다.

그러나 지금까지 아내구타 문제에 개입하는 대응방법은 피해여성들을 보호하고 상담 및 교육 등의 원조서비스를 제공하는 차원에서 이루어져왔고 폭력을 행사한 가해남편에 대한 개입은 거의 이루어지지 못했다. 그러다 1998년 7월 가정폭력특례법의 시행으로 아내구타 남편에 대한 법적인 처벌 근거가 마련되었고 그 결과 경찰 및 사법기관이 개입하여 가해남편에게 상담위탁, 수강명령, 보호관찰 등의 보호처분을 부과하면서 검찰에서 법원으로 송치되는 가정폭력사범의 수는 1998년 235명, 1999년 2,225명, 2000년 4,619명, 2001년 5,602명, 2002년 7월말 현재 3,537명으로 해마다 증가하고 있는 추세이다(이향주, 2002, 재인용).

"경찰청은 작년 한 해 동안 가정폭력사범 1만 5,557명을 검거, 이 가운데 691명을 구속하고 4,559건을 가정보호사건으로 송치했다고 1일 밝혔다. 이는 전년도 1만 2,983건에 비해 12.3% 증가한 것이다. 이 가운데 아내학대가 1만 2,323건(84.5%)으로 가장 많았고... 가정폭력 가해자의 학력은 고졸과 중졸이 7,673명(49.3%), 4,119명(26.5%)으로 4분의 3을 차지했으며 대졸이상은 1,674명(10.8%)이었던 것으로 집계됐다. 연령은 40대가 6,651명(42.8%)으로 가장 많았고 30대 5,422명(34.9%), 50대 1,829명(11.8%), 20대 1,217명(7.8%), 60대 이상 343명(2.2%) 등이었다. 가정폭력의 원인은 가정불화가 7,120건(45.8%)으로 가장 많았고 음주 3,854건(24.8%), 성격차이 2,072건(13.3%), 외도 1,363건(8.8%), 경제문제 1,148건(7.3%)순으로 파악됐다." (2002. 2. 14. YTN)

"가정폭력에 대한 사회적 관심 증가와 피해자들의 적극적인 신고로 가정폭력사범에 대한 검거가 늘어나고 있습니다. 서울지방경찰청이 지난 2월 한 달 동안 검거한 가정폭력사범은 모두 397명

으로 전달에 비해 35.9% 늘어났습니다." (2003. 3. 4. YTN)

"…법원이 재범방지 차원에서 관련 교육을 받도록 하는 '수강명령집행'이 지난 해 큰 폭으로 증가한 것으로 나타났다. 9일 법무부에 따르면 지난해 법원으로부터 수강명령을 받은 인원은 모두 9,390명으로 1999년 5,348명에 비해 75.6%나 늘어났으며 이 중 성인은 7,129명, 미성년은 2,261명으로 성인이 3배가량 많았다. 수강명령의 시간분포는 50시간 이하가 96.5%로 절대 다수를 이루었으며 죄명별로는 교통사범 52.4%, 환각마약사범 20%, 폭력사범 15.9% 등의 순이었다. 수강명령 이수자의 재범률은 보호관찰대상자(7.6%), 사회봉사대상자(2.9%)에 비해 낮은 것으로 나타났으며… 수강명령을 위해 지정된 협력기관의 수는 성인마약사범을 주로 담당하는 약물치료분야가 75개(43.3%)로 많았으나 가정폭력분야는 15개 밖에 되지 않는다. 법무부 관계자는 '수강명령은 그 동안 사회봉사명령에 비하여 상대적으로 활용도가 낮았으나 지속적으로 추진한 집행프로그램의 다양화, 과학화로 법원의 인식이 개선되고 신뢰도가 재고돼 활용도가 높아지는 추세'라고 분석했다." (2001. 5. 9. YTN)

이에 따라 가정폭력가해자에 대한 전문적이고 효과적인 개입방안들이 시급하게 요청되고 있다. 현재 우리나라의 경우 법원으로부터 상담명령을 위탁받은 민간기관과 보호관찰소, 그리고 보호관찰소와 연계된 몇몇 민간기관에서 가정폭력사범 수강명령 집단프로그램을 운영하고 있으나 그 수가 제한적이고 산발적이며 운영기관의 신념이나 가치, 철학 등에 따라 그 접근방식에 차이를 보이고 있는 형편이다(장희숙, 2001).

미국의 경우 이미 1970년대부터 여성운동가들이 아내구타의 문제를 제기하여 매맞는 아내들에 대한 피난처 제공으로 원조가 시작되었으며 이는 1970년대 말부터 폭력남편에 대한 개입프로그램으로 확대되었다. 1980년대 후반에는 가정폭력을 범죄로 간주하는 경향이 늘어나면서 가해남편에 대한 법정명령 프로그램이 크게 증가하여 전국적으로 약 200여 개의 프로그램이 존재하였다. 이처럼 폭력을 당한 피해여성만을 원조의 대상으로 하지 않고 가해남편의 변화를 목표로 하는 개입의 필요성이 대두된 이유는 첫째, 구타당하는 아내들의 대부분이 그 이유가 무엇이든 다시 가정으로 돌아가기를 원하는데 가정으로 돌아가면 다시 남편에게 구타당하는 일이 반복되었기 때문이고 둘째, 아내가 현재의 부부관계를 끝낸다 하더라도 폭력남편은 다른 여성을 다시 구타하는 것이 관찰되었기 때문이다(이은주, 2000).

또한 가정폭력가해자의 경우 개별상담은 집단상담에 비해 비효과적인 것으로 알려져 있다. 치료자와 내담자의 일대일 관계에서는 가해자의 최소화, 수치심, 고립 등을 다루기 어렵고 자칫 심리내적인 현상에만 치중할 우려가 있기 때문이다. 이에 반해 집단상담은 보편성, 다양한 모델, 집단피드백, 상호강화, 상호지지, 대인관계 기술 습득 및 연습을 제공한다. 집단 내 동료들의 직면, 강화, 지지는 폭력행위 교정에 강력한 촉매작용을 할 수 있다. 많은 임상가들이 부부상담의 필요성을 주장하고 있지만 가해자에 대한 개입은 우선적으로 폭력을 멈추게 하는 데 주력해야 하며 폭력이 멈춘 뒤에 부부관계 개선을 위한 부부상담이 도움이 될 것이다. 부부상담 시작 전에는 이들이 부부상담에 적합한지에 대한 명확한 사정이 중요하다(장희숙, 2001).

이 같은 상황에서 태화기독교사회복지관은 가정폭력 가해자에 대한 개입의 필요성을 인식하고 지난 2000년부터 2002년까지 보호관찰소와의 연계를 통해 가정폭력가해자들에 대한 집단프로그램을 10기까지 진행해오고 있다. 가정폭력과 가정폭력가해자에 개입하는 사회복지 임상 영역의 확대가 요청되고 있는 이 시점에서 우리나라의 사회·문화적 배경에 보다 적절한 개입모델을 모색해볼 수 있도록 그 간의 집단프로그램 실시 및 운영과정에서의 경험적 기반들을 토대로 본 집단프로그램을 기술하게 되었다.

Ⅱ. 이론적 배경

1. 아내구타자의 일반적 특성

1) 행동상의 문제들

아내구타자들은 주장적이지 못하며 그들의 영역과 권리를 효과적으로 방어할 수 있는 반면 그들의 욕구와 바람을 사회적으로 적절하게 표현하는 것에 어려움을 갖는다. 이러한 남성들은 통제력의 상실을 느끼고 욕구를 표현하고자 할 때 거절에 대해 더욱 상처받기 쉽기 때문에 임상적인 주의를 필요로 한다. 즉 학대적이고 결혼생활에 갈등적인 남성들은 힘의 욕구가 강한데 그 욕구가 충족되지 못할 때 극단적인 불안과 분노를 느끼게 되고 폭력에 의존하는 결과를 초래하게 된다.

2) 우울

아내구타자들은 비폭력적인 남성들에 비해 현저하게 우울하다. 어떤 연구결과들은 아내구타자늘에게서 우울과 자살의 위험이 높다고 보고하고 있으며 임상석인 경험들은 아내구타자들의 무기력과 우울이 증가됨에 따라, 특히 아내로부터 물리적인 분리를 경험하거나 위협받을 때 아내구타자들이 배우자를 통제하고자 하는 행동은 가속된다고 보고한다. 어떤 아내구타자의 경우 우울은 아내구타의 부정적인 결과나 분리, 법적 명령 등과 같은 결과에 대한 상황적인 반응일 수도 있으며 어떤 경우 정서적인 장애로서 오랫동안 지속될 수 있다. 아내구타자들이 그들의 폭력행위를 건설적인 대안으로 대체하도록 돕는 지지적인 개입환경은 아내구타자들이 경험하는 불쾌기분(dysphoria)을 극복할 수 있는 열쇠가 된다.

3) 분노와 적의

아내구타자들은 다른 어떤 남성집단에 비해서도 더욱 적대적인 것으로 보고되고 있다. 아내구타자들은 비폭력적인 통제를 하는 사람들보다 더욱 적대적이고 화가 나 있는 사람들이다. 아내구타자들은 분노 외에 다른 감정들을 규명하는 것에 어려움을 가지며 부정적인 감정의 어떤 유형이든 분노로 명명한다. 임상가들은 아내구타자들이 스스로를 자극하는 신호와 자신의 감정을 잘 인식하도록 하고 분노로서 경험되는 상태를 재명명 또는 재구조화하도록 개입해야 한다. 아내구타자들이 분노를 느낀다면 자신의 학대행동이 수용될 수 있다는 신념은 개입과정에서 뿐만 아니라 사정과정에서 도전되어야만 한다.

4) 알코올과 약물

모든 아내구타자들의 절반 정도가 알코올 문제를 갖고 있다고 보고되고 있으며 아내구타자에 개입하는 프로그램들은 약물의존 문제를 다루거나 의뢰하기 위한 준비를 갖추어야 한다. 아내구타자의 약물의존에 대한 치료는 폭력행동을 변화시키는 데 효과적이라는 증거는 없으나 알코올과 약물의존 문제는 그 변화의 과정에 충돌하게 된다.

5) 성역할 태도

아내구타자들은 여성에 대한 적의와 부정적인 태도들을 갖고 있으며 이는 사회문화적으로 조장된다. 아내구타자들의 전통적인 성 역할 태도는 집단개입 과정에서 미묘한 방식으로 드러나게 되는데 여성에 대한 부정적인 태도들은 사정과정에서 다루어져야만 한다. 집단개입 과정에서 폭력남편들의 성역할에 대한 재사회화에 초점을 맞추어야 한다.

6) 아내구타에 대한 태도

아내구타자들은 아내구타와 관련하여 아내를 비난하거나 알코올, 다른 약물사용, 업무 스트레스 등 다른 외부환경 요인들을 비난하며 그를 통해 자신들의 폭력행동을 정당화시키려고 한다. 또한 아내구타자들은 폭력행동의 본질을 부인하는데, 그들의 폭력행동을 부인하거나 변명하며 폭력행동 자체와 그로 인한 영향들을 최소화하고자 한다. 집단초기에는 아내구타자들의 폭력에 대한 책임성을 기대하기 어렵지만 아내구타자들에 대한 개입과정은 그들의 폭력행동에 대한 부인을 도와가는 공식적인 과정이며 책임감을 갖도록 하기 위한 직면과정의 시작이 된다.

7) 원가족에서의 폭력경험

아내구타자들이 원가족으로부터 폭력을 관찰한 것은 아내구타자들이 어린시절 학대를 경험한 것보다 배우자에 대한 폭력을 일관되게 예언한다. 즉 어린시절 동안 폭력을 모델링하는 것은 성장 후 폭력행동의 가능성을 증가시킨다(Jeffrey L. Edelson, 1992; 이향주, 2002, 재인용).

2. 아내구타 요인

1) 인구사회학적 요인

김재엽의 조사에 따르면 경미한 아내구타는 연령, 학력, 직업유형 등의 인구사회학적 요인과 연관이 있는 것으로 나타났고 소득수준은 아내구타와 상관관계를 갖지 않는 것으로 나타났다.

심한 아내구타의 경우에는 연령, 학력, 직업유형, 소득수준 등의 인구사회학적 요인 중 직업유형만이 관련있는 것으로 조사되었다. 남성의 직업유형을 생산직과 사무직으로 이분하여 각 집단의 아내구타율을 비교해본 결과 생산직에 종사하는 남편의 아내구타 비율이 높게 나타났다.

2) 갈등정도별 부부폭력 발생률

부부간의 권력구조, 갈등 그리고 남편의 아내구타율 사이의 관계성을 조사한 결과 갈등과 폭력 사이의 관계가 부부권력 구조와 강한 상관관계가 있음을 알 수 있었다. 즉, 부부권력유형과 갈등에 따른 아내구타율은 다음과 같은 경향으로 성립될 수 있다. 첫째, 남편에 의한 의사결정이 낮아질수록, 즉 남성우위형 권력구조일수록 남편은 더 폭력적이다. 둘째, 갈등수준이 높은 부부일수록 남편이 더 폭력적이다. 셋째, 같은 갈등수준을 경험하더라도 남성우위형 권력구조의 남편이 다른 권력유형의 남편보다 아내에게 폭력을 행사할 확률이 더 높다.

3) 태도요인

아내구타에 대한 태도는 여성응답자보다 남성응답자의 경우 긍정적으로 허용하는 비율이 높은 것으로 조사되었다. 또한 평소에 아내의 뺨을 때릴 수 있다고 응답한 남편의 경우 그렇지 않은 남편보다 실제적으로 아내에게 폭력을 행사하는 비율에 있어서 3배 이상 높은 정도를 나타냈다. 이러한 결과는 남편의 아내구타 유형 중 경미한 폭력과 심한 폭력에 이르기까지 일관된 것으로, 특히 심한 폭력의 경우 아내구타에 대해 허용적 태도를 가진 남편이 그렇지 않은 남편보다 무려 4배 이상 높은 폭력률을 보이고 있어 아내구타에 대한 남편의 태도와 실제 폭력행동 간에 매우 높은 상관관계가 있음을 나타내고 있다.

4) 음주요인

조사결과 음주정도가 심해질수록 아내구타율도 증가하는 경향이 있다. 특히 높은 음주수준을 보이는 남편의 경우 금주자에 비해 약 3배 정도의 심한 구타율을 나타내고 있다. 그러나 이러한 결과분석에 주의하여야 할 점은 음주를 하지 않는 금주자 가운데서도 아내에 대한 구타는 존재한다는 것이다. 그러므로 음주의 소비여부로만 심각한 아내구타의 원인을 설명하는 것은 한계가 있다. 또한 평소에 아내구타에 대해 허용적 태도를 가진 남성들은 술을 이유로 아내구타를 하는 것으로 나타나 술이 아내구타의 직접적 원인이라기보다는 매개변인 또는 변명의 수단으로 이용되는 경향이 있다.

5) 스트레스 요인

조사결과 스트레스의 수준이 높아질수록 전반적으로 아내구타율이 상승하고 있음이 밝혀졌다. 이는 경미한 폭력과 심각한 폭력 모두에서 비슷한 양상을 보여 스트레스 수준이 상승하면서 아내에 대한 구타율 역시 증가하는 것으로 나타났다. 즉 스트레스가 높은 집단은 아내구타율과의 상관관계가 매우 밀접한 것으로 나타났다(김재엽, 1998).

3. 아내구타자에 대한 개입 모델

1) 정신의학적 모델

이 접근모델은 아내구타에 대한 전통적인 접근으로써 가해자의 병리적인 성격, 즉 손상된 자아 기능과 이를 겉으로 포장하고 있는 과장된 남성다움을 폭력행동의 근본적 원인으로 보며 이는 부모로부터의 거부 혹은 폭력가정에서의 성장과 같은 아동기 발달상의 상흔에 기인한다고 본다. 또한 많은 피해여성의 성격 역시 병리적으로 규정되고 이것이 히스테리로 표현될 때 남편의 폭력을 야기한다고 지적한다. 가정폭력에 대한 이러한 관점은 이들에 대한 통찰치료로 연결된다. 이 모델의 목표는 아내구타자가 어떻게 과거경험에 영향받았는지를 깨닫고 자기내면에 대한 이해를 통해 과거의 상흔을 극복하여 현재의 관계에 보다 적절히 반응하는 것을 배우도록 하는 것이다.

이 모델의 강점은 성격을 개조함으로써 가장 근본적인 변화를 가져올 수 있다는 점이다. 그러나 반면에 다음과 같은 이유로 비판받고 있다. 첫째, 아내구타문제는 특정개인의 정신병리라고 보기보다는 보편적인 사회현상으로 보아야 한다. 둘째, 아내구타 피해여성을 비난한다. 즉 아내구타 피해여성이 보이는 정서적인 문제는 폭력의 원인이 아니라 반복된 폭력의 결과로 이해해야 하는 것이다. 셋째, 개입면에서 시간이 오래 걸린다(이은주, 2000).

2) 사회심리적 모델

사회심리적 모델의 대표적인 이론인 인지행동이론에서는 폭력과 같은 문제행동을 사회적으로 학습되고 강화되었다고 보며 따라서 비폭력도 학습될 수 있다고 본다. 이 이론의 강점은 경험적으로 파생된 원칙에 의거하므로 명확하고 구조적이며 평가가 쉽다는 점, 방법이 구체적이고 기법 위주이므로 참여자의 저항이 비교적 적고 프로그램 간에 방법전이가 용이하다는 점, 폭력이 학습된 행동이라고 개념화함으로써 변화에 대한 희망을 보다 쉽게 가질 수 있다는 점, 단기간에 비교적 쉽게 배울 수 있으며 경제적이라는 점이다. 그러나 이 이론에 대한 비판은 첫째, 원인 설명면에서 자기통제가 어려운 남성이 스트레스를 받았을 때 가족 이외의 사람을 때리지 않고 아내만을 선별적으로 때리는지를 설명하지 못한다는 것 둘째, 폭력행동이 아내를 통제하려는 의도에서 사용되어졌기 때문에 성차별이나 여성에 대한 태도변화를 수반하지 않는 개입은 단지 기법차원에서 머물 우려가 있다는 것 셋째, 아내구타자의 구타행동이 어린 시절의 미해결된 분노나 공격성 때문이라면 인지행동이론은 정신분석이론에 비해 덜 효과적이라는 점 등이 지적된다(이은주, 2000; 상희숙, 2001).

3) 사회문화적 모델

대표적인 사회문화적 모델인 여성주의 모델은 가정폭력의 원인 설명 부분에서 가부장적인 사회정치 문화구조 및 남녀불평등 이외의 어떤 원인도 부차적이라고 본다. 즉 폭력은 남성이 아내를 통제하려는 목적을 가지고 의도적으로 힘을 사용하는 것이며 부부관계에서 남편의 아내에 대한 지배와 통제의 기제가 가정폭력의 핵심이라고 설명한다. 그러므로 폭력은 개인의 과거력, 분노, 기술부족 등에 대한 반응이 아니라 '선택'이라고 본다.

여성주의적인 모델에서는 교육을 통한 태도변화, 즉 남편의 신념체계에 도전하고 변화시키는 것 그리고 자기 각성과 사회적 각성을 강조한다. 이 모델의 강점은 폭력의 근본원인이라고 할 수 있는 사회문화적 태도를 개입의 초점으로 함으로써 근본적인 변화를 도모한다는 점이다. 그러나 약점은 첫째, 원인 설명면에서 왜 같은 사회문화에서 자란 남성들 중 많은 수가 폭력을 행사하지 않는지 설명하지 못하며 둘째, 인간의 태도는 행동처럼 명시적이지 않으므로 많은 폭력남편들이 자신은 성차별적 태도와 통제의도를 가지고 있다는 것 자체를 부인한다는 것이 변화의 가장 큰 걸림돌이 된다는 것 셋째, 이 모델의 중요한 방법으로 제시되는 도전과 직면이 참여자들에게 거부감을 줄 수 있으며 이것이 프로그램의 참여 자체를 감소시킬 수도 있다(장희숙, 1998; 이은주, 2000).

4) 통합적 모델

아내구타는 단순히 두 개인의 병리적 성격의 충돌 때문만이라거나, 기계적으로 사회문화를 반영한다고만 보는 것은 양쪽 다 적절하지 않으므로 심리적 분석과 문화적 분석의 통합적 접근이 필요하다.

이러한 통합적 접근의 이론적 기반은 생태학적인 관점이 된다. 즉 우선 미시적 체계요인에 대한 개입으로는 정신의학적 모델과 인지행동모델이 직접적으로 관련되며 이를 심리학적 모델이라고 할 수 있다. 외적 체계요인에 대한 개입으로는 인지행동모델의 다양한 사회기술 훈련을 통하여 직업세계와 이웃과의 관계를 조정할 수 있다. 거시적 체계요인에 대한 개입으로는 아내구타를 용인하는 사회적 태도 및 개인적 믿음에 도전하는 여성주의 모델이 관련되며 이를 사회문화적 모델이라 할 수 있다. 중요한 것은 이러한 여러 개입모델들이 따로따로 실행되지 않고 한 프로그램 안에서 통합되어야만 여러 수준의 요인들이 상호작용해 반영될 수 있다는 것이다(Jeffrey L. Edlson, 1992; 이향주, 2002, 재인용).

여성주의 모델과 인지행동모델의 통합에서 여성주의는 아내구타를 이해하는 데 넓은 윤곽을 제공하는 한편, 사회학습이론에 의한 분석은 구체적인 개입에 필요한 틀을 제공해주므로 상호보완적이다. 인지행동은 폭력행동에 대한 개입에 유용한 통찰을 주었고 오늘날 가장 널리 행해지며, 가장 생존가능성이 많은 모델이라고 인정받고 있다. 미국의 아내구타자들에 개입하는 프로그램들을 분석한 바에 의하면 그 접근방법은 다양하지만 분노통제에 기반을 둔 인지행동적 훈련 및 교육모델이 가장 주류를 이루고 있으며 여기에 정신역동적인 요소나 여성주의적 요소가 프로그램에 따라 정도의 차이를 가지고 첨가되어 있는 경우가 상당수 있다.

여성주의 모델과 정신분석적 모델의 통합에 대해서는 양자가 양립하기 어려운 것으로 개념화되기도 하지만 사실상 정신건강의 개념을 활용하는 것이 사회문제인 아내구타를 개인의 정신장애로 오도하는 것은 아니며 실제로 유용한 접근이 될 수 있다. 여성주의적 관점에서도 정신분석적 방법을 사용하는 것에 반대할 뿐, 정신분석적 접근이 부분적으로 맞다는 것을 인정하고 있다. 즉 그 동안 비판받았던 피해자의 정신병리에 초점을 맞추는 전통적 정신분석적 접근이 아니라 아내구타자의 성장기 상처와 이에 대한 치유에 초점을 맞추는 방법, 그리고 비구조적인 집단운영과 치료적 관계의 중요성이 대두되고 있다. 그러므로 정신분석모델은 다른 모델들을 보완하는 방식으로 사용될 때 더욱 효과적인 개입이 될 수 있을 것이다(이은주, 2000).

태화기독교사회복지관의 경우 가해자 집단프로그램 운영에 있어 생태학적인 관점에 기반을 둔 통합적 접근모델을 적용하였다. 즉 아내구타자에 개입하는 기존모델들인 정신분석적 접근, 인지행동적 접근, 여성주의적 접근방법들을 프로그램에 상호보완적으로 반영하고자 하였다. 그 결과 각 구성원들에 대한 사전 개별면접과 집단과정 중 구성원들에 대한 개별화를 통해서는 구성원들 스스로가 자신에 대한 통찰력을 갖도록 개입하였고 아내와의 문제해결 및 갈등해결을 위한 구체적인 대처기술들은 인지행동적인 접근을 활용하여 교육적이면서도 실질적인 관계에서 적용해볼 수 있도록 개입하였다. 아내구타 문제를 개인적인 병리문제로 간주하거나 역기능적인 부부관계로만 이해하지 않도록 여성주의적인 접근을 통해 아내구타 문제에 대한 가부장적 태도, 성역할 등의 사회문화적인 영향을 다루었다.

이러한 접근방식들의 통합은 각각의 이론들이 갖는 장점들을 상호보완적으로 활용하고 절충적으로 반영할 수 있다는 점에서 효과적이라고 판단되며 아내구타자에 대한 다각적인 측면의 고려들을 가능하게 한다는 장점이 있다고 생각된다.

Ⅲ. 프로그램 소개

1. 프로그램 명

가정폭력사범 수강명령 집단프로그램 : 아내구타자에 대한 통합적 개입 모델

2. 목적

수강명령을 부과받은 가정폭력사범이 폭력행동으로 손상된 가정에 대한 통찰력 함양을 위한 학습과 훈련을 통해 가족관계의 개선과 건강한 가정육성을 도모하고 폭력행위 재발을 억제하여 재범을 근원적으로 예방하고자 한다.

3. 목표

목표	세부목표	평가방법
1) 아내구타행동에 대한 책임성을 인식시키고 아내구타행동을 지지하는 태도를 변화시킨다.	① 프로그램 실시이전과 이후 참여 대상자들의 80% 이상에게서 가정폭력에 대한 인식을 향상시킨다. ② 참여자들이 폭력의 책임에 대해 아내를 비난하거나 부정적인 표현을 사용하는 횟수를 감소시킨다. ③ 프로그램 실시이전과 이후 참여 대상자들의 80% 이상에게서 성역할 태도를 향상시킨다.	· 가정폭력에 대한 인식 · 성역할 태도 · 개별구성원 관찰평가지
2) 아내구타행동을 중단한다.	① 가정폭력이 자신과 가족들에게 미치는 악영향에 대한 참여자들의 이해를 증진시킨다. ② 프로그램 실시 이전과 이후 참여 대상자들의 80% 이상에게서 그들이 보고하는 아내구타행동을 감소시킨다. ③ 참여 대상자들의 아내들 중 응답이 가능한 아내들의 80% 이상에게서 프로그램 실시 이전과 이후 남편들의 아내구타행동을 감소시킨다.	· 아내구타행동 척도 (Conflict Tactics Scales)에 대한 가해자들의 자기보고와 아내보고 · 개별구성원 관찰평가지
3) 갈등해결을 위한 대처기술을 습득한다.	① 자신의 비합리적인 사고를 긍정적인 자기진술을 통해 합리적인 사고로 전환시키는 연습을 1회 이상 실시하도록 한다. ② 분노를 일으키는 자신의 상승신호를 인식시키고 그에 대한 대처방법을 1가지 이상씩 계획하도록 한다. ③ 스트레스 관리방법을 2가지 이상 계획하도록 한다. ④ 자신의 의사소통 방식에 대한 이해를 증진시키고 자기주장훈련을 1회 이상 실시하도록 한다. ⑤ 폭력의 재발을 방지하기 위해 자신을 보호할 수 있는 계획을 2가지 이상씩 수립하도록 한다.	· 자기통제기술 · 자존감 · 우울 · 분노 · 스트레스 · 프로그램 평가서 · 개별구성원 관찰평가지

4. 대상

대상구분	산출근거	인원수
일반집단	서울지역에 거주하는 유배우 남자* ×아내구타발생률** 189,956명 × 29.4%	55,847명
위기집단	서울지역 보호관찰 수강명령 가정폭력사범***	1,295명
표적집단	서울보호관찰소에서 관리하는 보호관찰 수강명령 집행대상 가정폭력사범	598명
클라이언트의 수	태화기독교사회복지관에서 진행하는 가정폭력사범 수강명령 집단프로그램에 참여하는 대상자	60명 (15명/4기)

* 2000년 통계청 자료 : 현 거주지별 혼인상태   ** 아내구타 발생률은 2000년 김재엽이 실시한 전국 가정폭력 실태조사 결과
*** 서울보호관찰소 2000년 통계자료

5. 실시구조

기 간	2개월	간 격	주 1회
소요시간	매회 5시간	횟 수	총 9회
지 도 자	주지도자 2명(남, 여 혼성) 보조지도자 1명 이상	장 소	집단활동실

인력구성	지도자의 자격	지도자의 역할 및 과업
주지도자 1 · 2 (남, 여 혼성)	사회복지를 전공한 대학원 졸업 이상의 학력과 가정폭력 관련 지식과 기술을 갖추고 관련 임상 실무경험이 5년 이상 된 남성 및 여성(가급적 기혼자가 적절함) 지식 · 가정폭력에 대한 이해 · 성역할 및 가부장적 사고에 대한 사회 · 문화적 이해 · 가해자의 특성에 대한 이해 · 가해자 개입모델에 대한 이해 등 · 가정폭력상담원 교육 수료 기술 · 집단상담 및 지도 기술 · 위기개입기술 · 비합리적 사고에 대해 저항을 최소화시키는 도전과 직면기술을 효과적으로 사용할 수 있는 능력 · 남성 또는 여성으로서의 역할 모델링	· 프로그램 계획서 및 세부계획서 작성 및 준비 · 개별구성원에 대한 인테이크 및 신상파악 · 프로그램 진행 · 프로그램 평가 · 집단 내 문제를 일으키는 구성원에 대한 위기개입 · 아내와의 개별연락 및 상담 · 평가서 작성 · 보호관찰소와의 의사소통, 일정조정 및 관련 행정 업무
보조 지도자	가정폭력에 대한 전반적인 이해를 갖춘 사회복지전공 대학원생 지식 · 가정폭력에 대한 이해 · 집단레코딩에 대한 이해 기술 · 집단역동에 대한 파악 · 레코딩 기술	· 프로그램 준비물 점검 · 집단레코딩 · 개별구성원에 대한 관찰평가 · 프로그램 보조
프로그램 매개체	영상자료, 토론, 질문지 및 집단 과제 수행, 교육 및 강의	

가해자 집단프로그램의 경우에는 남성과 여성지도자가 혼성으로 구성되는 것이 집단경험상 바람직하다고 판단된다. 이는 여성과 남성 지도자간의 의사소통 방식과 서로 존중하는 태도 등이 대상자들에게 간접적인 교육의 기회가 되고 성역할에 대한 모델링이 가능하기 때문이다. 그러므로 여성과 남성지도자는 집단과정 중 집단에 대한 책임과 역할, 권한을 동등하게 나누어 갖는 것이 필요하다.

6. 프로그램 단계

본 프로그램 단계는 주 1회 총 9회 일정으로 진행된 프로그램의 경우를 단계별로 정리해놓은 것이다.

회기	목표	프로그램단계		회 기 명	내 용
	구성원들에 대한 사전정보수집과 프로그램 참여에의 적격여부를 심의한다.	사전준비단계		개별 인테이크	· 보호관찰소측과의 사전 의사소통을 진행한다. · 프로그램에 참여하게 된 개별구성원들을 대상으로 사전 인터뷰를 실시한다. · 구조화된 질문지를 통해 현재 클라이언트의 전반적인 상황을 파악한다. · 집단참여에의 적격여부를 심의한다.
1	1) - ①, ② 2) - ①, ②, ③	실행단계	초기단계	오리엔테이션 · 가정폭력의 득과 실	· 집단프로그램의 전과정과 집단규칙등에 대해 이해하도록 하고 참여동의서 등을 작성한다. · 집단의 목표를 공유하고 개별목표를 수립한다. · 폭력에 대한 프로그램의 철학과 원칙을 나눈다. · 가정폭력으로 인한 득과 실을 비교, 발표해보도록 한다. · 프로그램 평가와 함께 느낌을 나눈다.
2	1) - ①, ② 2) - ①, ②, ③			가정폭력에 대한 이해 1 -폭력의 집 vs 행복한 집	· 가정폭력의 개념정의와 유형, 주기에 대해 배운다. · 가정폭력이 나와 가족, 자녀에게 미치는 영향에 대해 배운다. · 교육내용을 함께 토론한다. · 관련된 영상자료를 시청하고 느낌을 나눈다.
3	1) - ①, ② 2) - ①, ②, ③			가정폭력에 대한 이해 2 -가정폭력과 약물	· 약물과 관련한 비디오를 시청한다. · 술, 니코틴 중독에 대한 자가검진과 약물남용에 대해 배운다. · 술이 가정폭력을 더욱 촉진시킬 수 있음을 과제수행을 통해 배우고 토론한다.
4	1) - ①, ②, ③ 2) - ①, ②, ③		중기단계	가정폭력에 대한 이해 3 -가정폭력과 성	· 남성과 여성에 대한 남성의 규칙목록을 작성해보고 그 결과를 토론한다. · 남성성과 여성성에 대한 문화적인 이해를 도모한다. · 사회문화적인 영향이 폭력을 어떻게 촉진시킬 수 있는지 이해하고 느낌을 나눈다.

회기	목표	프로그램단계		회 기 명	내 용
5	1) - ①, ② 2) - ①, ②, ③ 3) - ②	중기단계	실행단계	가정폭력과 분노	· 지난 한 주간을 점검하고 교육내용을 복습한다. · 가장 폭력적이었던 사건을 그리고 발표한다. · 나를 화나게 하는 것이 무엇인지 과제를 작성하고 발표한다. · 감정을 표현하는 다양한 어휘들에 대해 연습한다. · 나의 상승신호를 인식하고 감정을 표현하는 대안에 대해 훈련한다.
6	1) - ①, ② 2) - ①, ②, ③ 3) - ③			스트레스 관리	· 지난 한 주간을 점검하고 교육내용을 복습한다. · 스트레스의 개념과 영향에 대해 배운다. · 적절한 스트레스 대처방법에 대해 토론한다. · 스트레스 대처방법에 대한 역할연습을 실시한다.
7	1) - ①, ② 2) - ①, ②, ③ 3) - ①			합리적 사고와 비합리적 사고	· 지난 한 주간을 점검하고 교육내용을 복습한다. · 자신의 선택과 결정에 대해 이해한다. · 비합리적인 사고와 합리적인 사고에 대해 이해한다. · 비합리적인 사고를 긍정적인 자기진술로 바꾸는 역할연습을 실시한다.
8	1) - ①, ② 2) - ①, ②, ③ 3) - ④	종결단계		자기주장적 의사소통	· 지난 한 주간을 점검하고 교육내용을 복습한다. · 의사소통의 개념과 유형에 대해 배운다. · 자기주장적 의사소통방법을 연습하고 토론한다.
9	1) - ①, ② 2) - ①, ②, ③ 3) - ⑤			관계에 대한 이해 · 자기보호계획	· 지난 한 주간을 점검하고 교육내용을 복습한다. · 현재의 관계와 내가 바라는 관계를 그리고 발표한다. · 자기보호계획 과제를 수행하고 발표하며 다른 구성원들로부터 격려받도록 한다. · 집단에 대한 느낌을 나누고 종결한다.
	폭력행동 중단의 지속여부 점검을 통해 프로그램의 효과성을 확인한다.	사후단계		사후개별조사 및 면담	· 보호관찰 프로그램의 특성상 사후관리를 진행하기에 무리가 있었으나 잔여시간을 보충해야 하는 개별사례를 대상으로 사후 개별상담을 진행하기도 한다. · 경우에 따라 참여자들의 폭력행동 중단의 지속성을 프로그램 종결 후 일정기간 경과 후 확인한다.

가해자 집단프로그램의 경우 부과된 집행시간이 정해져 있고 참여하는 대상자들의 생업유지 등을 고려하여 보호관찰 집행기간 동안 현실적으로 다양한 형태의 집단구성이 불가피하다. 즉 경우에 따라 주 2회 종일 프로그램, 주 6회 종일 단기프로그램, 주 2회 야간 프로그램, 주말 프로그램 등 다양한 집단 운영이 이루어질 수 있다. 어떤 집단의 형태가 보다 효과적일 수 있는가에 대한 답변은 명확하지 않지만 대체로 집단 프로그램 기간이 어느 정도 확보되는 것이 교육적인 효과에는 보다 바람직할 것으로 생각된다.

여기에는 그러한 다양한 형태의 집단 구성의 예를 참고로 실어놓는다.

예 1) 주 6회 종일 프로그램의 경우(8시간씩 6일 총 48시간)

시간	첫째날	둘째날	셋째날	넷째날	다섯째날	여섯째날
10:00-11:00	입교식 / 집단오리엔테이션	출석확인	출석확인	출석확인	출석확인	출석확인
11:00-12:00		가정폭력의 득과 실		비디오시청 (도하의 꿈)	욕구에 대한 이해	관계에 대한 이해
12:00-13:00	중식	중식		중식	중식	중식
13:00-14:00	가정폭력에 대한 이해 : 폭력의 집 vs 행복한 집	폭력이 가족에게 미치는 영향	야외활동 : 등산	가정폭력과 분노	스트레스 관리	나의 현재와 미래 : 사진말나누기
14:00-15:00						자기보호계획 (재발방지계획)
15:00-16:00	비디오시청 (가정폭력 시사비디오)	비디오시청 (술과 담배에 관한 첨단보고서)		비디오시청 (부부클리닉)	비디오시청 (웃음과 울음)	
16:00-17:00	가정폭력과 약물	인생곡선 그리기		부모교육	바람직한 의사소통	사후검사지 작성 / 수료식
17:00-18:00						
18:00-19:00	느낌나누기 소감문작성	느낌나누기 소감문작성	느낌나누기 소감문작성	느낌나누기 소감문작성	느낌나누기 소감문작성	

예 2) 주 2회 종일 프로그램의 경우(6시간씩 8일 4주 총 48시간)

시간	1주		2주		3주		4주	
	첫째날	둘째날	셋째날	넷째날	다섯째날	여섯째날	일곱째날	여덟째날
10:00~11:00	입교식	출석확인	출석확인	출석확인	출석확인	출석확인	출석확인	출석확인
11:00~12:00	집단 오리엔테이션	비디오시청 (가정폭력 시사다큐)	비디오시청 (도하의 꿈)		욕구에 대한 이해	사진말 나누기 : 나의 현재와 미래	관계에 대한 이해	비디오 시청 (여성관련 비디오)
12:00~13:00	중식	중식	중식	야외활동 : 등산	중식	중식	중식	중식
13:00~14:00	가정폭력의 득과 실	가정폭력과 약물	폭력이 가족에게 미치는 영향		가정폭력과 분노	부모교육	스트레스 관리	바람직한 의사소통
14:00~16:00	가정폭력에 대한 이해	약물 자가검진	가정폭력과 성		인생곡선 그리기	비디오시청 (부부클리닉)	비디오시청 (웃음과 울음)	자기 보호계획
16:00~17:00	느낌나누기 소감문작성	느낌나누기 소감문작성	느낌나누기 소감문작성	느낌나누기 소감문작성	느낌나누기 소감문작성	느낌나누기 소감문작성	느낌나누기 소감문작성	수료식

예 3) 주 2회 야간 프로그램의 경우(4시간씩 12일 6주 총 48시간)

회기	시간	프로그램명	회기	시간	프로그램명
1	17:30-21:30	입교식 집단 오리엔테이션 비디오시청 가정폭력의 득과 실	7	17:30-21:30	인생곡선 그리기 느낌나누기, 소감문작성
2	17:30-21:30	가정폭력에 대한 이해 : 폭력의 집 vs 행복한 집 느낌나누기, 소감문작성	8	17:30-21:30	사진말나누기 : 나의 현재와 미래 느낌나누기, 소감문작성
3	17:30-21:30	가정폭력과 약물 느낌나누기, 소감문작성	9	17:30-21:30	부모교육 느낌나누기, 소감문작성
4	17:30-21:30	폭력이 가족에게 미치는 영향 느낌나누기, 소감문작성	10	17:30-21:30	스트레스 관리 느낌나누기, 소감문작성
5	17:30-21:30	가정폭력과 성 느낌나누기, 소감문작성	11	17:30-21:30	바람직한 의사소통 느낌나누기, 소감문작성
6	17:30-21:30	가정폭력과 분노 느낌나누기, 소감문작성	12	17:30-21:30	자기보호계획(재발방지계획) 사후검사지, 수료식

7. 단계별 운영지침

1) 사전준비단계

① 이 단계에서 지도자의 주요한 역할은 유관기관과의 의사소통 및 프로그램과 관련된 준비사
  항들을 점검하는 것이다.
② 특히 이 단계에서 지도자는 프로그램 구성원들에 대한 개인적인 정보들을 수집하고 개별사
  전면담을 통해 집단프로그램에의 참여여부를 사전 스크리닝하는 것이 필요하다.
③ 만일 사전개별면담을 통해 집단프로그램에의 참여가 적절치 않다고 판단되는 사례, 예를 들
  면 집단참여와 지도자 혹은 아내에 대해 강한 저항과 분노를 투사하는 경우에는 집단에 참여
  하지 않는 다른 방법을 보호관찰소 측과 의논하는 것이 보다 바람직하다.
④ 사전개별면담에서는 구성원들에 대한 개별화가 가능하기 때문에 그들의 가족관계 및 가족
  력 등을 들어주고 그들이 보고하는 아내에 대한 불만과 집단참여로 인한 좌절감 등의 감정들
  을 읽어줄 필요가 있다. 또한 집단참여에 대한 기대와 동기부여를 할 수 있는 기회가 된다.
⑤ 이러한 개별면접과정은 지도자와 구성원들 사이의 관계 형성에 도움이 되어 지도자에 대한
  구성원들의 초기저항을 줄이는 데 도움이 된다.

⑥ 주의사항은 구성원들의 이야기를 들어주되 그들이 행사한 폭력행동에 대한 합리화를 받아들여주어서는 안 된다는 것이다. 집단에서의 한계에 대한 분명한 태도를 취해야 하며, 지도자가 비심판적인 태도를 취하지만 그들의 변명까지도 수용해주는 것은 아니라는 점을 분명히 해야 한다.

2) 실행단계 : 초기

① 이 단계에서 지도자는 집단과 관련한 오리엔테이션 및 집단에 대한 정보를 제공해야 하며 집단규칙 및 참여에 대한 계약을 맺도록 해야 한다. 또한 구성원들과의 관계형성과 참여동기를 부여하는 데 노력을 기울여야 한다.

② 집단초기, 가정폭력과 관련한 직접적인 내용들이 많이 다루어지기 때문에 구성원들은 시큰둥하거나 무관심한 듯한 태도 혹은 강한 불만 등을 표현하게 된다.

③ 이 때 지도자는 구성원들의 그러한 반응에 당황해서는 안 되며 오히려 개별구성원들의 반응을 집단 진행의 매개로 활용할 수 있어야 한다. 즉, 어떤 구성원이 불만을 토로했다면 그에 대한 다른 구성원들의 느낌이나 의견을 물어볼 수도 있으며 그러한 불만은 어떤 생각에서 기인한 것인지 되물을 수 있다. 일단 참여하는 구성원들이 자신들의 이야기를 개방할 수 있는 집단분위기라는 것을 인식할 수 있도록 하는 것이 중요하다.

④ 그러나 이 단계에서 주의할 것은 구성원들의 불만과 좌절감을 지나치게 수용하다보면 집단의 역동이 집단과 아내, 사회제도 일반에 대한 저항으로 투사되어 부정적인 역동이 강화될 수 있으므로 지도자의 적절한 개입이 중요하다.

⑤ 가정폭력과 관련한 내용들을 다루기 위해 비디오 자료, 그림, 행복한 집 vs 폭력의 집 등 다양한 도구를 활용할 수 있으며 지도자가 교육적인 역할을 하는 것도 필요하다.

3) 실행단계 : 중기

① 이 단계에서 지도자의 주요한 역할은 구성원들을 위한 문제해결의 촉매자로서 실질적인 대처방안과 기술들을 습득할 수 있도록 돕는 데 있다.

② 가정폭력과 관련성을 맺는 가부장적 사고, 스트레스, 분노조절 등 직접적인 내용들을 다루게 되며 구성원들이 시도해볼 수 있는 현실적인 방법들을 찾고 연습함으로써 구성원들이 자신들을 위한 행동계획을 수립할 수 있도록 도와야한다.

③ 지도자가 반드시 교육자적인 역할을 담당할 필요는 없으며 구성원들이 개념을 이해한 후에

는 토론과 역할연습을 통해 스스로 보다 바람직한 대안들을 찾아나갈 수 있다.

④ 지도자는 그 대안들을 구체적인 행동으로 옮기는 데 예측되는 어려움이나 장애물들에 대한 문제제기를 해줄 수 있으며, 그마저도 집단 스스로가 찾아나갈 수 있다면 더욱 효과적인 시간이 될 수 있다.

⑤ 지도자는 이 단계에서 구성원들에 의해 나온 어떠한 계획도 격려해주는 것이 필요하며 만일 개념에 대한 이해가 불충분하다면 모든 구성원들이 이해할 수 있도록 설명해주는 것이 필요하다.

⑥ 이를 위해 건강한 구성원들을 집단의 긍정적인 역동을 위해 활용하는 것이 좋으며 집단의 목표와 철학을 다시 한번 상기시키는 것도 필요하다.

⑦ 집단참여에의 긴장감이 떨어진 구성원들에 대해 집단 중도 탈락에 대해 예고하면서 집단의 긴장감을 회복하도록 하는 것도 필요하다.

4) 실행단계 : 종결

① 이 단계에서 지도자는 프로그램의 목적을 환기시키고 목적달성을 위한 구체적인 행동계획 수립과 자기평가가 이루어지도록 개입해야 한다.

② 어떠한 경우라도 폭력이 정당화되거나 합리화될 수 없음을 상기시키고, 스스로 문제상황에서 자신을 돌볼 수 있는 계획을 수립하도록 도와야 하며 그 계획들이 지속적으로 이루어질 수 있도록 자기평가와 도움을 받을 수 있는 자원 및 대안들을 갖도록 접근해야 한다.

③ 이 단계에서 구성원들은 실생활에서의 적용이 어렵다는 것에 불만을 나타낼 수 있으나 그러한 감정들조차 구성원들이 무언가를 해보기 위해 시도하는 노력임을 격려해줄 수 있어야한다.

④ 구성원들의 자기점검과 성장을 위해 집단의 마지막 회기에 구성원들이 얻은 것이 무엇인지 발표하는 시간을 갖는다.

5) 사후단계

① 이 단계에서 지도자는 부과된 수강명령 시간이 제대로 집행되었는지 보호관찰소에 보고해야 하며 결석 등의 문제로 잔여시간이 있는 구성원에 대한 사후 처리문제를 보호관찰소 측과 의논해야 한다.

② 집단종결 후 혹은 일정시간 경과 후 참여자들과 그 아내들의 자기보고를 통해 폭력행동 중단이 지속되고 있는지를 확인한다.

8. 평가방법

1) 구조화된 질문지를 활용

구조화된 질문지를 활용하여 사전과 사후, 추후(집단종결 2개월 경과)조사를 실시하여 그 결과를 토대로 집단의 효과성을 분석할 수 있다. 특히 아내구타행동 척도의 경우 구성원들의 자기보고와 아내들의 자기보고를 함께 효과성 평가에 반영하여 결과의 신뢰를 높이고자 하였다.

① 아내구타행동 척도(Conflict Tactics Scales)
아내구타의 정도를 측정하기 위해 Straus(1977)가 사용한 아내구타행동 척도(Conflict Tactics Scales)를 사용하였다. CTS는 아내구타 행동을 측정하는 표준화된 척도로는 유일한 것으로 가족의 폭력 또는 구타를 측정하는 많은 연구에서 사용되고 있다. 총 10문항으로 구성되어있으며 응답범주는 6점 리커트 척도로 전혀없다, 1-2번, 3-5번, 6-9번, 10번 이상, 20번 이상으로 나누었다. 이 척도의 신뢰도는 Cronbach $\alpha= .97$이다.

② 폭력에 대한 인식
아내구타자들의 폭력에 대한 인식의 변화를 측정하기 위한 척도로 보건복지부 주관 세계은행 프로젝트의 일환으로 실시된 '가정폭력예방전략 개발 보고서' 에서 사용된 자료를 일부 수정하여 총 18문항을 사용하였다(박인선, 백연옥, 2000). 연구의 신뢰도는 Cronbach $\alpha= .82$이다.

③ 성역할 태도(Sex Role Attitude Scale)
Osmond와 Martin의 연구에서 사용된 Sex Role Attitude Scale을 번역하여 정승혜(1988), 홍선경(1996), 최선령(2000)의 연구에서 사용한 척도를 일부 수정한 17문항을 사용하였다. 응답범주는 5점 리커트 척도로 점수가 높을수록 성역할에 융통성이 있는 것을 의미한다. 연구의 신뢰도는 Cronbach $\alpha= .79$이다.

가해자집단프로그램의 효과성을 다루는 데 사용되는 다양한 척도를 살펴본 가운데 본 프로그램에서는 ①, ②, ③ 척도만이 유의미하게 나타나 그 결과를 효과성 평가에 활용하였다.

2) 개별구성원에 대한 관찰평가
구조화된 개별관찰평가지를 만들어 집단지도자와 보조지도자 2명의 평가결과를 집단 매회기마다 수합, 평균점수를 내어 다음의 평가결과들을 집단의 효과성 평가에 반영하였다.
① 집단참여도
② 폭력에 대한 책임감있는 태도
③ 비난, 부정적인 표현

아내들의 보고를 반영할 수 있는 구조화된 개별관찰평가지를 만들어 집단 초기, 중기, 종결단계에 그 결과를 참고하였다.

3) 소감문 작성

매 회기 구성원들로부터 집단에 대한 소감문을 받고 그 내용을 집단에 반영하였다.

4) 과정기록

매 회기 집단집행 과정을 기술한 과정기록의 내용을 분석하고 평가하였다.

9. 결산

항목	금액	비고
집단활동 준비비	1만원×9회 =9만원	기관경비
중식비	2천5백원×15명×9회 = 3십3만7천5백원	기관경비
합계	42만7천5백원	기관경비

10. 결과 및 제언

1) 효과성 평가

집단의 효과성을 아내구타 행동, 성역할 태도, 폭력에 대한 인식, 자기통제 기술, 자존감 등의 구조화된 척도를 활용하여 분석한 결과 아내구타 행동, 성역할 태도, 폭력에 대한 인식 등에서는 사전과 사후에서 통계적으로 유의미한 결과를 나타내었다. 즉 아내구타자들의 폭력에 대한 인식과 성역할 태도가 사전에 비해 긍정적으로 변화되었으며 아내구타 행동의 경우 중단 또는 감소하였다. 특히 아내구타 행동의 경우 집단효과성의 신뢰도 향상을 위해 참여자들의 자기보고뿐민 아니라 아내들의 자기보고 결과를 분석한 결과, 아내들의 자기보고가 가능한 사례들의 경우 폭력행동의 중단 및 감소가 보고되었다. 또한 집단이 종결되고 2개월 경과 후 실시한 조사에서 아내들은 남편의 폭력행동 중단상태가 지속되고 있음을 보고하였다. 그러나 자기통제기술, 자존감 등의 척도는 통계적으로 의미가 없었다.

집단에 참여한 개별구성원들에 대한 개별관찰평가지의 분석 결과 참여자들은 집단참여도, 폭력에 대한 책임감 있는 태도, 비난·부정적인 표현이라는 세 가지 관찰영역에서 긍정적인 태도변화가 관찰되었다. 집단초기에는 저항이 강하고 비난·부정적인 표현이 많았던 반면 집단중기에서 종결로 진행되면서 폭력에 대한 책임감있는 태도와 언어적 표현이 증가하였고 관계회복을 위한 긍정적인 기대도 향상되었다.

2) 목표달성 평가

목표 1)

'아내구타행동에 대한 책임성을 인식시키고 아내구타행동을 지지하는 태도를 변화시킨다' 의 경우 집단구성원들의 목표달성정도를 분석한 결과 87.6%의 목표달성률을 나타내었다.

목표 2)

'아내구타행동을 중단한다' 의 경우 참여한 구성원 15명 가운데 11명이 집단실시 이전에 비해 집단 종결 후 폭력행동이 줄어들었다고 보고하였으며 3명은 집단실시 이전과 이후 차이가 없었으며 1명은 오히려 집단종결 후 폭력행동이 늘어났음을 보고하여 결과적으로 목표달성률은 73.3%로 나타났다.

목표 3)

'갈등해결을 위한 대처기술을 습득한다' 의 경우 집단구성원들의 목표달성정도를 분석한 결과 82.8%의 목표달성률을 나타내었다.

3) 향후 프로그램을 위한 제언

가정폭력문제에 대한 사회적 관심이 고조되면서 관련법과 제도의 정비를 통해 가정폭력범죄 신고율은 점차 증가하고 있는 추세이다. 이는 가정폭력사범에 대한 개입의 필요성과 함께 프로그램의 확대를 필요로 하게 되었다. 현실적으로 가정폭력 문제에 개입하는 임상경험들이 사회적으로 충분히 축적되지 못했고 관련 교육이 부재되어 있는 데다가 대부분의 개입기술들이 외국의 자료들을 그대로 활용하고 있다는 제한점이 있으나 이는 오히려 임상적 개입의 여지가 많다는 점에서 긍정적으로 볼 수도 있을 것이다. 앞으로 사회적 · 제도적 장치가 더욱 보강되고 프로그램 개입과 실천기법들이 보다 다양화될 수 있도록 민간기관들의 참여가 확대되기를 기대하면서 가정폭력사범 수강명령 집단프로그램의 차후 방향성을 위한 몇가지 제언을 하고자 한다.

첫째, 민관의 협력체계 구축이 보다 긴밀해질 필요가 있다. 가정폭력사범 수강명령 집단프로그램의 경우 법원으로부터 보호관찰 수강명령 집행을 부과받은 대상자들에게 강제적으로 집행되는 프로그램이기 때문에 그들에 대한 관리, 책임을 맡는 보호관찰소측과 실제 프로그램을 운영하는 민간기관 간의 긴밀한 연계가 필수적이다. 그러나 아직까지 그 관리와 운영면에서 체계적이지 못하거나 역할상의 경계나 정체성이 모호한 경우들이 종종있다고 보여진다. 프로그램 개입과 함께 이러한 체계에 대한 명확한 자리매김이 필요하다.

둘째, 임상적 측면에서 가정폭력사범에 대한 프로그램을 통한 개입 내용들이 우리나라의 사회문화적 여건에 맞게 수정, 보완되어야할 것이다. 우리만의 독특한 문화적 전통 내지는 사회적 구조안에서 가해자에 접근하는 방법들이 보다 다양화될 때 집단프로그램에 참여하는 가해자들은 프로그램 참여에 대한 거부감을 줄이고 보다 수용적인 태도를 취할 수 있을 것이다.

셋째, 가정폭력사범들에 개입하는 집단프로그램은 문제를 이해하는 폭넓은 인식과 풍부한 임상경험을 필요로 하기 때문에 전문적인 지식과 훈련을 필요로 한다. 그러므로 지도자는 프로그램을 위한 전문 교육과 기술을 습득하기 위해 노력을 기울여야할 것이다.

넷째, 보호관찰 수강명령을 부과받은 가정폭력사범들은 실질적으로 그 집행기간과 수강시간에 대한 한계가 명확하기 때문에 법적으로 부과된 제재조치의 종료와 함께 그에 대한 개입도 종료된다. 그러나 폭력행동의 완전한 중단과 피해여성들에 대한 안전확보를 위해서는 폭력행동에 대한 법적인 제재 이후 지속적이고 장기적인 사후관리의 필요성이 요구된다.

Ⅳ. 참고문헌

김인숙(1998), "구타남편에 대한 사례연구", 『한국가족복지학』 제2호.

______(1998), "한국 가정폭력실태와 사회계층 변인과의 관계연구", 『한국사회복지학』 통권 제35호

김재엽(1998), "한국인의 음주와 가정폭력 : 부부폭력을 중심으로", 『한국가족치료학회지』 제6권 2호.

______(1998), "한국인의 스트레스와 가정폭력에 관한 연구", 『한국가족치료학회지』 제10집 2호.

박인선·백연옥(2000), 『가정폭력예방전략보고서』,

이은주(2000), "폭력남편에 대한 한국에서의 개입모델을 위한 시론적 연구", 『한국사회복지학』 통권40호.

이향주(2002), "아내구타자의 구타행동감소를 위한 통합적 집단프로그램의 효과성 연구", 숭실대 대학원 석사학위논문.

장희숙(2001), "가해자에 대한 접근방법", 『제2기 가정폭력전문상담원 교육』, 서울 : 태화기독교사회복지관.

______(2000), "가정폭력가해자 집단상담 지도자 워크숍 자료집".

정승혜(1998), "부부의 성역할태도에 따른 결혼만족도 연구", 이화여대 대학원 석사학위논문.

최선령(2000), "한국 아내학대자의 학대행동 감소를 위한 인지행동모델 적용에 관한 연구", 숭실대 대학원 박사학위논문.

홍선경(1996), "중년기 여성의 성역할 태도와 우울간의 관계연구", 가톨릭대 대학원 석사학위논문.

David J. Mathews 저, 허남순 외 역(2000), 『가정폭력 가해자집단프로그램』, 서울 : 나눔의집.

Ellen Pence & Michael Paymar 저, 윤경자·공미혜 역(2001), 『가정폭력가해자 교육프로그램 - 남성 가해자를 위한 Duluth모델』, 서울 : 하우.

Jeffrey L. Edleson & Richard M. Tolman, *Intervention for Men Who Batter*, SAGE Publications, 1992.

M. A. Straus, "Measuring Intra Family Conflict and Violence: The Conflict Tactics Scales", *Journal of Marriage and the Family* Feb. 1979.

M. W. Osmond & P. Y. Martin, "Sex and Sexism : A Comparison of Male and Female Sex Role Attitudes," *Journal of Marriage and the Family* Nov. 1975.

Ⅴ. 세부지도안

본 세부지도안은 주 1회 총 9회 일정으로 진행된 프로그램에 기초한 내용을 정리하였다.

가정폭력 가해자 집단프로그램 1 세부지도안

회기명	프로그램 안내, 가정폭력의 득과 실	소요시간 및 인원	300분 / 15명
장　소	교육실	준비물	프로그램의 일정표, 참여동의서, 폭력에 대한 기관의 철학과 원칙 차트, 가정폭력의 득과 실 자료지, 관련 비디오
목　표	1) 아내구타행동에 대한 책임성을 인식시키고 아내구타행동을 지지하는 태도를 변화시킨다. 　① 집단프로그램 실시 이전과 이후 참여 대상자들의 80% 이상에게서 가정폭력에 대한 인식을 향상시킨다. 　② 참여자들이 폭력의 책임에 대해 아내를 비난하거나 부정적인 표현을 사용하는 횟수를 감소시킨다. 2) 아내구타행동을 중단한다. 　① 가정폭력이 자신과 가족들에게 미치는 악영향에 대한 참여자들의 이해를 증진시킨다. 　② 집단프로그램 실시이전과 이후 참여 대상자들의 80% 이상에게서 그들이 보고하는 아내구타행동을 감소시킨다. 　③ 참여 대상자들이 아내들 중 응답이 가능한 아내들이 80% 이상에게서 집단프로그램 실시 이전과 이후 남편들의 아내구타행동을 감소시킨다.		
활동내용	인사나누기, 집단프로그램의 일정 안내, 참여동의서 작성, 집단의 목표공유, 개별목표 작성, 폭력에 대한 기관의 철학과 원칙, 가정폭력의 득과 실, 관련 비디오 시청, 느낌나누기		

1. 출석확인 및 오리엔테이션(30분)

① 지도자와 참여대상자들간에 인사를 나눈다.

② 참여대상자들의 출석을 확인하고 명찰을 배부한다.

③ 프로그램 일정표를 배부하고 각 세부 일정과 주의사항 등에 대해 설명한다.

④ 준비된 참여동의서 용지를 배부하고 함께 내용을 읽은 뒤 각자 서명하도록 한다.

2. 집단과 개인의 목표나누기(30분)

① 준비된 집단목표 용지를 배부하고 각 항목들을 읽으며 집단의 목표를 공유한다.

② 집단 공동의 목표에 대해 공유한 뒤 구성원 개인별로 집단 참여를 통한 개인적인 목표를 설정하고 작성하는 시간을 갖는다.

3. 폭력에 대한 8가지 원칙나누기(30분)

① 2절 도화지에 기록되어 있는 '폭력에 대한 8가지 원칙'을 소개한다.

② 각 원칙들을 간단히 설명한 뒤 앞으로 내 회기 프로그램을 통해 각 원칙들에 대해 점검해보

게 될 것이라고 한다.

③ 이를 통해 폭력을 바라보는 개인적인 관점을 정리해 볼 수 있도록 한다.

4. 휴식(15분)

5. 가정폭력의 득과 실(1시간 30분)

① 준비된 가정폭력의 득과 실이라는 용지를 배부하고 각 구성원들이 폭력으로 인해 얻은 것과
잃은 것을 기록하도록 한다.

② 각자 작성한 과제를 돌아가면서 발표하는 시간을 갖고 다른 참여자들과 발표내용을 나눈다.
이때 가급적 자발적으로 발표할 수 있도록 하고 참여가 저조할 경우 의도적으로 순번을 정해
발표하도록 할 수 있다. 지도자는 다른 구성원들의 발표내용에 대한 느낌과 생각을 말하도
록 의도적인 개입을 시도한다.

③ 모든 구성원들의 발표가 끝난 뒤 지도자는 발표된 내용들을 정리해준다.

6. 휴식(15분)

7. 비디오시청(60분)

① 약물 관련 비디오 시청 : 술의 두 얼굴(KBS방영 프로그램)

② 비디오 시청 후 간단하게 소감을 나눈다.

8. 프로그램 마무리 및 소감문 작성(30분)

① 1회기 집단프로그램의 진행내용을 정리해보고 각자의 느낌을 나누는 시간을 갖는다. 지도
자는 가급적 모든 구성원들이 간단하게라도 자신의 느낌을 발표할 수 있도록 독려한다.

② 다음 일정을 안내한다.

③ 보호관찰소측에서 준비한 소감문을 작성한 뒤 프로그램을 종결한다.

주의사항

1. 가해자 대상의 첫 회기에서 구성원들은 매우 긴장되어있고 집단의 전반적인 분위기는 경직
되어 있게 된다. 이는 이들이 자발적인 구성원들이 아니기 때문이고 집단에서 이루어질 것이
무엇인지 알지 못하기 때문이기도 하다. 그러므로 지도자는 그러한 집단분위기를 편안하고
긍정적인 분위기로 이끌어가는 것이 중요하다.

2. 참여하는 구성원들도 집단에의 적응을 위한 시간과 준비가 필요하므로 지도자가 첫 회기에
달성해야 하는 과업목표에 지나치게 얽매여 참여구성원들의 적응을 방해하지 않도록 한다.

3. 그러나 한편으로 집단목표, 참여동의서 등의 작업은 매우 공식적인 과정이므로 참여구성원
들이 내용 중에 수록되어 있는 비밀보장, 시간엄수, 약물사용금지, 비폭력 동의 등의 사항에
대해 신중하게 엄수할 수 있도록 해야 한다.

프로그램의 8가지 원칙

1. 폭력은 학습된 행동으로 보상과 결과를 가진다.

2. 폭력은 다음 세대로 전수될 수 있다.

3. 폭력은 사회에 의해서 강화되어진다.

4. 폭력은 학습되지 않을 수 있다.
   감정을 표현하는 다른 방법이 있다.

5. 나는 나의 행동에 책임이 있다.

6. 분노의 원인이 폭력을 정당화하지 않는다.

7. 100% 법칙 : 나의 관계에서 일어나는 나의 행동에 100% 책임이 있다.

8. 나를 통제할 수 있는 사람은 오직 나뿐이다.

* David J. Mathews 저, 허남순 외 역(2000), 『가정폭력가해자 집단프로그램』 (서울: 나눔의집)에 수록된 내용.

➡ 첨부자료 2

집단의 목표

<u>공동목표</u>

1. 나의 폭력적인 행동에 대해 전적으로 책임진다.
2. 나의 폭력적인 행동을 멈춘다.
3. 나의 학대적인 행동을 지지 또는 허용하는 태도를 변화시킨다.
4. 자기통제, 비폭력, 긍정적인 의사소통과 갈등해결을 위한 새로운 기술을 배운다.
5. 폭력적인 행동 대신에 집단에서 배운 나의 기술들을 적극적으로 실행한다.

<u>개별목표</u>

집단의 공동목표와는 별도로 당신이 집단에서 성취하고 싶은 개인의 목표를 적으십시오.

1.
2.
3.

나는 이상의 집단 목표에 동의합니다.

2002년 　　년 　　월

이름 　　　　　(서명)

* 장희숙(2000), 「가정폭력가해자집단상담 지도자 워크숍 자료집」에 수록된 내용을 수정하여 사용함.

▷ 첨부자료 3

참 여 동 의 서

우리 기관은 다음에 동의합니다.

1. 당신의 존엄성을 존중한다.

2. 비밀을 보장한다.

3. 우리 모임에 관하여 당신이 궁금해하는 내용들을 정직하게 밝힌다.

4. 당신에게 유익한 시간이 되도록 최선을 다한다.

나는 다음에 동의합니다.

<u>집단규칙에 대한 동의</u>

1. 집단의 목표를 달성하기 위해 노력한다.

2. 집단의 전체교육 일정에 반드시 참석한다.

3. 나 스스로에 대해 정직하고 자신에게 초점을 맞춘다.

4. 집단 내에서는 솔직하고 개방적인 태도를 갖는다.

5. 다른 구성원이나 지도자에게 위협적인 행동, 폭력, 대화 방해, 집단 방해, 욕설을 금한다.

6. 집단과정 중 알게 된 다른 구성원들의 이야기를 다른 사람들에게 말해서는 안 된다.

7. 집단 모임 시간을 반드시 지켜야 한다. 너무 늦거나 일찍 가는 것은 결석으로 간주된다.

8. 집단활동에 적극적으로 참여해야 하며 지도자의 지시를 반드시 따르도록 해야 한다.

9. 집단 모임 전에 음주를 절대 금한다.

10. 집단의 진행이나 발표를 방해하는 언동은 허용되지 않으며 퇴장명령을 받을 수 있다.

11. 성차별적이거나 타인에게 상처를 주는 발언이나 농담은 삼간다.

12. 이상의 집단규칙을 어길 경우 집단에서 탈락될 수 있다.

<u>비폭력에 대한 동의</u>

  나는 집단교육에 참여하는 동안 나의 배우자, 자녀들 그리고 다른 사람들에게 어떠한 경우라도 폭력을 사용하지 않을 것을 동의합니다.

2002년   월   일

이름   (서명)

* 장희숙(2000), 「가정폭력가해자집단상담 지도자 워크숍자료집」에 수록된 내용을 수정하여 사용함.

폭력행동의 득과 실

이름_____________

1. 당신이 사용한 폭력은 구체적으로 무엇입니까?

2. 폭력을 사용해서 얻은 것은 무엇입니까?

3. 폭력을 사용해서 잃은 것은 무엇입니까?

가정폭력 가해자 집단프로그램 2 세부지도안

회기명	가정폭력에 대한 이해 1 : 폭력의 집 vs 행복한 집	소요시간 및 인원	300분 / 15명
장 소	교육실	준비물	비디오, 관련자료지, 4절지 도화지 4장, 펜 등
목 표	1) 아내구타행동에 대한 책임성을 인식시키고 아내구타행동을 지지하는 태도를 변화시킨다. 　① 집단프로그램 실시이전과 이후 참여 대상자들의 80% 이상에게서 가정폭력에 대한 인식을 향상시킨다. 　② 참여자들이 폭력의 책임에 대해 아내를 비난하거나 부정적인 표현을 사용하는 횟수를 감소시킨다. 2) 아내구타행동을 중단한다. 　① 가정폭력이 자신과 가족들에게 미치는 악영향에 대한 참여자들의 이해를 증진시킨다. 　② 집단프로그램 실시이전과 이후 참여 대상자들의 80% 이상에게서 그들이 보고하는 아내구타행동을 감소시킨다. 　③ 참여 대상자들이 아내들 중 응답이 가능한 아내들이 80% 이상에게서 집단프로그램 실시 이전과 이후 남편들의 아내구타행동을 감소시킨다.		
활동내용	인사나누기, 한 주간 점검, 관련비디오 시청, 폭력의 집 vs 행복한 집, 폭력이 자녀에게 미치는 영향 나누기, 폭력의 순환주기를 그려보고 발표하기, 집단 토론, 느낌나누기		

1. 출석확인 및 인사나누기, 지난 한 주간의 점검(40분)

① 출석을 확인하고 명찰을 배부한다.

② 날씨, 교통편 등 일상적인 안부인사를 나눈다.

③ 지난 회기 참여 이후 일주일간의 생활에 대해 자발적인 구성원들을 중심으로 발표하고 서로 의견을 나누도록 한다.

2. 비디오 시청(60분)

① 관련 비디오 시청 : '가정폭력 더 이상 안 된다(한국여성개발원 제작)'

② 시청 후 간단한 느낌을 나눈다.

3. 휴식(15분)

4. 폭력의 집 vs 행복한 집(60분)

① 구성원들을 4개 조로 나누고 조별로 사전에 2절 도화지에 앞뒤로 그려진 집 그림과 싸인펜 등을 배부한다.

② 구성원늘에게 도화지 한 면에 있는 집에 '폭력의 집'이라는 제목을 붙여주고 그 집에서 무슨

일이 일어나겠는지를 적어보도록 한다.

③ 구성원들이 조별작업을 완수할 수 있는 충분한 시간을 준 뒤 작업이 완료되면 조별로 발표를 하도록 하고 서로 의견을 나누도록 한다. 이 때 지도자는 이 집에 살면 어떤 기분이 들 것 같은지, 장성한 자녀가 있다면 이 집과의 혼인을 허락할 것인지 등 다양한 질문으로 구성원들의 참여를 유도하도록 한다.

④ '폭력의 집' 에 대한 조별작업과 발표가 끝난 뒤 다시 준비된 도화지의 뒷면에 그려진 집에 '행복한 집' 이라는 제목을 붙여준 뒤 역시 마찬가지로 그 집에서 무슨 일이 일어나겠는지를 조별로 작성해 보도록 한다.

⑤ 행복한 집의 작업이 모두 끝난 뒤에는 역시 마찬가지로 조별로 발표하고 서로 의견을 나누도록 한다.

5. 비디오 시청(30분)

① 비디오시청 : kids stuff(캐나다에서 제작된 클레이애니메이션)

② 시청 후 간단하게 소감을 나눈다.

6. 휴식(15분)

7. 가정폭력에 대한 이해(40분)

① 가정폭력의 개념정의, 폭력발생률, 폭력의 유형 등 폭력과 관련한 일반적인 내용들을 집단교육 형식으로 관련 그림과 통계자료 등을 활용하여 설명한다.

② 폭력이 가족에게 미치는 영향을 함께 논의해 보는 시간을 갖는다.

③ 설명된 교육내용에 대한 구성원들의 질문을 받아 함께 토론하는 주제로 선정하고 그 주제와 관련된 폭력행동의 8가지 원칙들 중 하나를 논의해볼 수 있다.

8. 프로그램 정리 및 소감문 작성(40분)

① 당일 진행된 프로그램 내용을 점검하고 구성원들의 느낌을 발표하도록 한다.

② 소감문을 작성한다.

③ 다음 일정을 안내하고 프로그램을 종결한다.

주의사항

1. 폭력과 관련한 직접적인 주제가 다루어지면서 구성원들은 자신의 행동보다는 아내의 원인

제공을 강조하려고 한다. 이 때 지난 회기에 다루어졌던 폭력에 관한 8가지 원칙들 가운데 100%의 원칙을 언급하면서 자연스럽게 토론을 이끌도록 한다. 폭력에 대한 긍정적인 사고를 갖고 있는 구성원이 파악되었다면 문제를 제기한 구성원과의 직접적인 토론 외에 그 구성원의 의견을 통해 토론을 유도할 수 있다.

2. 조별작업이라는 것을 거부하거나 과정을 통해 지도자가 의도하는 바가 무엇인지 알 수 있다며 집단과정에 부정적인 자세를 보이는 구성원이 있을 수 있다. 이 때 지도자는 활동의 의미와 필요성에 대해 설명해주고 모든 구성원들이 활동에 참여하도록 해야한다.

3. 가정폭력에 대해 학습하는 과정이 의미가 없다고 반응하는 구성원들이 있다면 이 과정이 자신 스스로를 이해하고 돌보는 것과 아내와의 관계에서의 어려움을 이해하는 데 도움이 된다는 것을 설명해주어야 한다.

폭력의 집 vs 행복한 집

* 허남순 외 역(2000), 『가정폭력가해자 집단프로그램』에 수록된 내용.

첨부자료 6

폭력이 가족에게 미치는 영향

1. 부모님
마음의 고통이 많다.
자녀에 대해 마음 아파한다.

2. 자녀
정서적 불안, 학업이 떨어진다.
가출, 혼자 있는 시간이 많다.
공부만 한다.
결혼하고 싶어하지 않는다.
성격이 변한다(말이 없어지고
부모와 거리감이 생긴다).
친구들이 멀어진다.
때린 가해자를 미워하게 된다.

3. 본인
교육받으니 고통스럽다.
나 자신과의 싸움이 고통스럽다.
친구들에게 나쁜 소리를 듣는다.
가장으로서 체통이 무너졌다.
거짓말이 늘어난다.

4. 형제
같은 형제끼리 멀어진다.
남편은 처가가 멀어지고
부인은 시댁이 멀어진다.
부모에게 무관심해진다.

5. 배우자
마음의 상처, 우울증
남편에 대한 신뢰가 떨어진다.
부모나 친지에게 나쁜 소리를 듣는다.
밖으로 나가게 된다.
아이들에게 짜증을 낸다.
후회한다.

* 집단프로그램 과정 중 구성원들이 직접 발표한 내용을 정리해놓은 것임

▶ 첨부자료 7

폭력이 자녀에게 미치는 영향

정서적	• 죄책감 • 수치심 • 두려움 • 혼란 • 분노 • 우울증 • 절망감 • 부담감
행동적	• 지나친 행동 대 사회적 철수 • 학교거부 • 공격적 · 수동적 행동 • 방어행동 • 악몽
신체적	• 두통, 복통, 천식 등 신체적 장애 • 피곤 • 감기에 자주 걸림 • 발달장애 • 육체적 고통에 무반응
사회적	• 고립 • 대인관계 기술의 부족 • 신뢰감 형성의 어려움 • 갈등해결 기술의 부족
인지적	• 폭력에 책임을 가짐 • 자신이 원하는 것을 얻기 위해, 　분노표현을 위해, 　힘을 얻기 위해 　가까운 이들을 때려도 괜찮다는 생각 • 낮은 자존감 • 전통적인 성역할 태도

* 장희숙(2000), 「가정폭력가해자집단상담 지도자 워크숍자료집」에 수록된 내용임.

가정폭력 가해자 집단프로그램 3 세부지도안

회기명	가정폭력에 대한 이해 2 : 가정폭력과 약물	소요시간 및 인원	300분 / 15명
장 소	교육실	준비물	알코올과 니코틴 자가검진지, 가정폭력과 술에 관한 질문지, 펜 등
목 표	1) 아내구타행동에 대한 책임성을 인식시키고 아내구타행동을 지지하는 태도를 변화시킨다. 　① 집단프로그램 실시 이전과 이후 참여 대상자들의 80% 이상에게서 가정폭력에 대한 인식을 향상시킨다. 　② 참여자들이 폭력의 책임에 대해 아내를 비난하거나 부정적인 표현을 사용하는 횟수를 감소시킨다. 2) 아내구타행동을 중단한다. 　① 가정폭력이 자신과 가족들에게 미치는 악영향에 대한 참여자들의 이해를 증진시킨다. 　② 집단프로그램 실시 이전과 이후 참여 대상자들의 80% 이상에게서 그들이 보고하는 아내구타행동을 감소시킨다. 　③ 참여 대상자들이 아내들 중 응답이 가능한 아내들이 80% 이상에게서 집단프로그램 실시 이전과 이후 남편들의 아내구타행동을 감소시킨다.		
활동내용	인사나누기, 한 주간 점검, 관련비디오 시청, 알코올과 니코틴 중독 자가검진, 약물중독 및 남용에 대한 교육, 가정폭력과 술에 대한 과제 작성과 발표, 집단토론, 느낌나누기		

1. 출석확인 및 인사나누기, 지난 한 주간 점검(20분)

① 출석을 확인하고 명찰을 배부한다.

② 일상적인 안부인사를 나눈다.

③ 지난 회기 참여 이후 일주일간의 생활에 대해 자발적인 구성원들을 중심으로 발표하고 서로 의견을 나누도록 한다.

2. 비디오 시청(50분)

① 비디오 시청 : '술, 담배, 스트레스에 관한 첨단보고서(KBS 일요스페셜 제작)'

② 시청 후 간단하게 느낌을 나눈다.

3. 휴식(15분)

4. 약물에 대한 이해(2시간)

① 약물중독 전반에 대한 집단교육을 실시한다.

② 알코올과 니코틴 중독에 관한 자가검진지를 배부하고 작성한 뒤 작성결과를 발표하고 나눈다.

③ 약물중독으로 인한 폐해에 대해 함께 토론한다.

5. 휴식(15분)

6. 술과 가정폭력(50분)

① '가정폭력과 술' 이라는 제목의 질문지를 배부하고 작성하도록 한다.

② 각자 작성이 끝난 뒤 작성한 내용을 문항별로 발표하도록 한다.

7. 프로그램 정리 및 소감문 작성(30분)

① 당일 진행된 프로그램 내용을 점검하고 구성원들의 느낌을 발표하도록 한다.

② 소감문을 작성한다.

③ 다음 일정을 안내하고 프로그램을 종결한다.

주의사항

1. 음주가 가정폭력을 직접적으로 불러일으키지는 않으나 가정폭력을 촉발시키는 하나의 요인이 될 수 있음을 이해시키도록 해야 한다.

2. 음주에 대한 대안들을 구체적으로 계획하도록 함으로써 술을 마시더라도 아내와의 관계에서 폭력적이 되는 상황을 피할 수 있도록 도와야 한다.

▶ 첨부자료 8

가정폭력과 술

술이 가정 내 폭력을 유발시키지는 않으나 하나의 요인이 될 수 있습니다.

술은 뇌의 판단력을 책임지는 부분을 손상시킵니다.

폭력과 술은 별개의 문제이고 모두 주의가 필요합니다.

작성자 :

1. 당신은 얼마나 자주 술을 마십니까?

2. 술을 마시게 되는 이유는 무엇입니까?

3. 당신이 술을 마시게 될 것을 예고하는 신호는 무엇입니까?

상황	하루 중 시간	함께있는 사람	당신의 감정	당신의 생각

4. 당신은 술을 마시면 어떻게 행동합니까?

5. 당신이 술을 마신 후 초래된 결과는 무엇입니까?

6. 당신이 술을 마시고 폭력적이 되었던 때가 있었다면 어떤 상황이었습니까?

7. 당신이 술을 마시는 것에 대해 누가 관심을 갖습니까?

8. 이러한 관심은 무엇을 의미합니까?

9. 술을 마시기 전 당신의 신호는 무엇입니까?

10. 당신이 술을 마시게 될 경우 가능한 결과에 대해 자신에게 줄 수 있는 메시지는 무엇입니까?

11. 술을 마시는 것에 대한 세 가지 대안을 써보십시오.
   1)
   2)
   3)

* 허남순 외 역(2000), 『가정폭력가해자 집단프로그램』에 수록된 내용을 수정, 편집하여 사용함.

가정폭력 가해자 집단프로그램 4 세부지도안

회기명	가정폭력에 대한 이해 3 : 가정폭력과 성	소요시간 및 인원	300분 / 15명
장 소	교육실	준비물	남성성과 여성성에 관련한 자료지 등
목 표	1) 아내구타행동에 대한 책임성을 인식시키고 아내구타행동을 지지하는 태도를 변화시킨다. 　① 집단프로그램 실시 이전과 이후 참여 대상자들의 80% 이상에게서 가정폭력에 대한 인식을 향상시킨다. 　② 참여자들이 폭력의 책임에 대해 아내를 비난하거나 부정적인 표현을 사용하는 횟수를 감소시킨다. 　③ 집단프로그램 실시 이전과 이후 참여 대상자들의 805 이상에게서 성역할 태도를 향상시킨다. 2) 아내구타행동을 중단한다. 　① 가정폭력이 자신과 가족들에게 미치는 악영향에 대한 참여자들의 이해를 증진시킨다. 　② 집단프로그램 실시 이전과 이후 참여 대상자들의 80% 이상에게서 그들이 보고하는 아내구타행동을 감소시킨다. 　③ 참여 대상자들의 아내들 중 응답이 가능한 아내들의 80% 이상에게서 집단프로그램 실시 이전과 이후 남편들의 아내구타행동을 감소시킨다.		
활동내용	인사나누기, 남성에 대한 규칙과 여성에 대한 남성의 규칙 작성 후 조별 토론, 남성성과 여성성에 대한 문화적 이해, 남성의 12가지 특권, 집단 토론, 느낌나누기		

1. 출석확인 및 인사나누기, 지난 한 주간 점검(20분)

① 출석을 확인하고 명찰을 배부한다.

② 일상적인 안부인사를 나눈다.

③ 지난 회기 참여 이후 일주일간의 생활에 대해 자발적인 구성원들을 중심으로 발표하고 서로 의견을 나누도록 한다.

2. 비디오 시청(30분)

① 비디오 시청 : 도하의 꿈(서울여성의전화 제작)

② 비디오 시청 후 간단하게 느낌을 나눈다.

3. 남성에 대한 남성의 규칙(1시간 10분)

① 남성에 대해 사회 · 문화적으로 규정된 것은 무엇이 있는지 자유롭게 의견을 발표하도록 한다.

② 2인 1조로 짝을 이루어 성장하면서 가족들로부터 받은 남성성에 대한 메세지가 무엇이었는지, 관련된 경험은 무엇인지 의견을 나누도록 한다.

③ 조별로 나눈 내용들을 발표하도록 하고 비슷한 경험들을 정리해보는 시간을 갖는다.

④ 만일 구성원들이 가족들로부터 받은 남성성에 대한 메세지를 발표하는 것을 어려워한다면 어린시절 자신이 되고 싶었던 영웅의 모습은 무엇인지, 무엇 때문에 그러한 영웅이 되고 싶었는지 발표해보도록 한다.

⑤ 가족들로부터 받은 남성성에 대한 메세지 혹은 자신이 동경한 영웅으로 그려진 모습들로부터 공통적인 특성들을 정리해보고 이러한 특성이 사회·문화적인 영향으로부터 기인된 것임을 깨닫도록 한다.

⑥ 이와 함께 그렇게 규정된 남성성으로 인해 겪은 개인적인 어려움은 없는지, 자녀들을 교육하면서 어떤 모습의 남성, 여성이 되라고 가르칠 것인지에 대해 토론하도록 한다.

4. 휴식(15분)

5. 남성의 사회화, 특권에 대한 문화적 이해(50분)

① 남성에 대한 사회·문화적 영향에 대한 주제로 준비된 자료를 바탕으로 교육, 정리하는 시간을 갖는다.

② 활용되는 자료는 '12가지 특권운영규칙', '권력과 통제 수레바퀴', '평등 수레바퀴' 등이다.

6. 휴식(15분)

7. 폭력주기에 대한 이해(60분)

① 폭력의 일반적인 3단계, 상승·분출·실행 단계에 대해 설명한 뒤 각자 폭력의 주기를 그려보도록 한다.

② 각자가 그린 폭력의 주기를 발표하도록 한다.

③ 지도자는 어떤 때에 폭력의 상승을 감지하는지, 자신의 상승신호는 무엇인지, 폭력의 상승단계에서 나타나는 자신의 행동은 무엇이 있는지 발표하도록 개입한다.

8. 프로그램 정리 및 소감문 작성(40분)

① 당일 진행된 프로그램 내용을 점검하고 구성원들의 느낌을 발표하도록 한다.

② 소감문을 작성한다.

③ 다음 일정을 안내하고 프로그램을 종결한다.

주의사항

1. 구성원들은 남성성에 대해 이야기하면서 대체로 어려움을 느끼고 남성 대 여성의 대립관계처럼 인식해서 여성을 비난하기 쉬운데 이는 여성, 남성에 대한 사회·문화적인 영향을 이해하기 위한 것임을 설명하도록 한다.

2. 폭력의 주기에 대해 활동을 거부하거나 불편해하는 구성원이 있는데 그 구성원이 염려하는 것이 무엇인지 확인하고 작업에 참여하는 것을 방해하는 요인이 무엇인지 검토해보는 것이 필요하다.

▶ 첨부자료 9

남성에 대한 남성의 규칙

◉ 남성은 어떻게 행동하고 생각하며 어떤 사람이어야 한다고 규정하는 사회규범, 전통, 가치 등에 대한 목록을 만들어봅시다(광고, 영화, 만화와 같은 대중매체에서 그려지는 남성의 모습은 어떠합니까? 당신의 어린시절 영웅은 누구입니까? 등).

◉ 남성이 된다는 것에 관하여 가족이 당신에게 준 메시지는 무엇입니까?
　가족은 남성이 어떻게 행동해야 한다고 하던가요?

* 허남순 외 역(200), 『가정폭력가해자 집단프로그램』에 수록된 내용을 수정, 편집하여 사용함.

➡ 첨부자료 10

여성에 대한 남성의 규칙

⊙ 여성이 어떻게 행동하고 생각해야 하는 것인지에 대한 남성의 기대와 규칙은 무엇입니까?

⊙ 여성에 대한 당신의 생각은 무엇입니까? 여성들이 어떻게 생각하고 행동하며 어떤 존재인지, 당신의 생각은 어떠한가요?

* 허남순 외 역(2000), 『가정폭력가해자 집단프로그램』에 수록된 내용을 수정, 편집하여 사용함.

가정폭력 가해자 집단프로그램 5 세부지도안

회기명	가정폭력과 분노	소요시간 및 인원	300분 / 15명
장 소	교육실	준비물	도화지, 펜, 나의 상승신호 자료지 등
목 표			

목 표	1) 아내구타행동에 대한 책임성을 인식시키고 아내구타행동을 지지하는 태도를 변화시킨다. 　① 집단프로그램 실시 이전과 이후 참여 대상자들의 80% 이상에게서 가정폭력에 대한 인식을 　　향상시킨다. 　② 참여자들이 폭력의 책임에 대해 아내를 비난하거나 부정적인 표현을 사용하는 횟수를 감 　　소시킨다. 2) 아내구타행동을 중단한다. 　① 가정폭력이 자신과 가족들에게 미치는 악영향에 대한 참여자들의 이해를 증진시킨다. 　② 집단프로그램 실시 이전과 이후 참여 대상자들의 80% 이상에게서 그들이 보고하는 아내 　　구타행동을 감소시킨다. 　③ 참여 대상자들의 아내들 중 응답이 가능한 아내들의 80% 이상에게서 집단프로그램 실시 　　이전과 이후 남편들의 아내구타행동을 감소시킨다. 3) 갈등해결을 위한 대처기술을 습득한다. 　② 분노를 일으키는 자신의 상승신호를 인식시키고 그에 대한 대처방법을 1가지 이상씩 계획 　　하도록 한다.
활동내용	인사나누기, 가장 학대적인 사건 그리기, 한 주간 점검, 감정을 표현하는 다양한 어휘들, 나를 화 나게 하는 것, 나의 상승신호, 감정을 표현하는 대안, 타임-아웃 역할 연습, 집단 토론, 느낌나누기

1. 출석확인 및 인사나누기, 지난 한 주간 점검(20분)

① 출석을 확인하고 명찰을 배부한다.

② 일상적인 안부인사를 나눈다.

③ 지난 회기 참여 이후 일주일간의 생활에 대해 자발적인 구성원들을 중심으로 발표하고 서로 의견을 나누도록 한다.

2. 분노조절 훈련(1시간 20분)

① 분노상황에서의 장 · 단점을 정리해보고 서로 비교해본다.

② 자신이 생각하는 성격상의 부정적인 측면을 긍정적인 사고로 전환시키는 연습을 하도록 한다.

③ 분노상황에서 취할 수 있는 적절한 방법을 찾고 연습해 본다.

3. 휴식(15분)

4. 가정폭력과 분노(1시간 20분)

① 지난 회기에 그린 폭력 주기를 다시 점검해보면서 분노조절의 필요성에 대해 설명한다.

② 나의 상승신호 자료지를 배부하고 작성하도록 한다. 화가 나기 시작할 때의 신호 또는 단서

가 무엇인지를 인식하도록 작성을 돕는다.

③ 작성내용을 돌아가면서 발표하도록 하고 비슷한 경험이 발표되었다면 함께 의견을 나누도록 개입한다.

5. 휴식(15분)

6. 집단토론(50분)

① 전체 집단프로그램 진행과정에 대해 중간점검을 한다.

② 앞으로 진행될 집단의 방향성과 내용에 대해 조망해보고 의견을 나누도록 한다.

7. 프로그램 정리 및 소감문 작성(40분)

① 당일 진행된 프로그램 내용을 점검하고 구성원들의 느낌을 발표하도록 한다.

② 소감문을 작성한다.

③ 다음 일정을 안내하고 프로그램을 종결한다.

주의사항

1. 분노에 관해 이야기하면서 구성원들은 자신을 분노하게 하는 상황, 화나게 하는 상황에서 원인제공을 한 아내의 태도에 대해 비난하는 태도를 취하거나 자신은 최선의 노력을 했지만 받아들이지 못하는 아내를 비난할 수 있는데 분노는 자신이 선택한 감정 표현이며 그를 통제할 수 있는 것도 자신이라는 사실을 주지시켜야 한다.

2. 때로 구성원들은 상승신호에 대해 아내가 자신의 감정을 촉발시키는 어떤 행동, 말, 감정표현으로 인식하는 경우가 있다. 그러나 상승신호는 자신이 감정을 표현하거나, 이성을 잃었다거나, 강하게 화가 났다 등의 개념으로 이해하도록 도와야 한다.

▶ 첨부자료 11

당신이 화가 나기 시작할 때의 신호 또는 단서를 작성해봅시다.

작성자 : ____________

1. 육체적 신호는 무엇입니까?

(화가 치밀어 오를 때 당신의 몸은 어떻게 반응합니까?)

2. 사고신호는 무엇입니까?

(어떤 종류의 의심, 가정, 생각, 독백이 당신의 신경을 거슬리게 합니까?)

3. 정서적 신호는 무엇입니까?

(당신의 신경이 거슬리기 전에 감정과 폭력적이기 전과 후, 당신은 어떤 감정을 느낍니까?)

4. 위험신호 단어와 문구는 무엇입니까?

(당신은 신경이 거슬릴 때 어떤 단어, 문구를 쓰게 됩니까?)

5. 위험신호 상황은 무엇입니까?

(위기상황, 이야기주제, 장소는 어떤 것이며 하루 중 어느 때입니까?)

* 허남순 외 역(2000), 『가정폭력가해자 집단프로그램』에 수록된 내용을 수정, 편집하여 사용함.

▶ 첨부자료 12

훌륭하게 분노를 표현하기

1. 당신이 화가 난 사실을 인정한다.

2. 필요하다면 분노를 가라앉힐 시간을 가져라.
   분노를 훌륭하게 처리하는 법을 배우는 데는 시간과 연습이 필요하다.

3. 당신 감정의 근원을 조사하고 확인한다.

4. 분노의 에너지(방출시키고 싶은 감정)와 당신의 분노와 관련된 이슈들을 분리시켜라.

5. 언제, 어떻게 당신의 분노를 표출할 것인지 정한다.

6. 당신을 화나게 한 상대와 정직하고 개방적이며 공손한 태도로 당신의 감정을 이야기한다.

7. '나 전달법' 의 문장을 사용한다.
   당신의 감정에 스스로 책임진다.

8. 상대방의 관점을 경청한다.
   상대방이 당신과 다른 시각을 가질 수 있음을 인정한다.

9. 분노를 표현할 때 당신이 갖는 기대와 의도를 알아차린다.
   훌륭한 분노표출은 논쟁에서 승리하기 위한 목적을 갖지 않으며 상대방을 당신에게 맞추려
   하지도 않는다. 오히려 타협이 될 만한 대안책을 마련할 기회를 제공한다.

* 장희숙(2000), 「가정폭력가해자집단상담 지도자 워크숍」에 수록된 내용임.

가정폭력 가해자 집단프로그램 6 세부지도안

회기명	스트레스 관리	소요시간 및 인원	300분 / 15명
장 소	교육실	준비물	스트레스 자가검사지, 펜 등
목 표	1) 아내구타행동에 대한 책임성을 인식시키고 아내구타행동을 지지하는 태도를 변화시킨다. 　① 집단프로그램 실시 이전과 이후 참여 대상자들의 80% 이상에게서 가정폭력에 대한 인식을 향상시킨다. 　② 참여자들이 폭력의 책임에 대해 아내를 비난하거나 부정적인 표현을 사용하는 횟수를 감소시킨다. 2) 아내구타행동을 중단한다. 　① 가정폭력이 자신과 가족들에게 미치는 악영향에 대한 참여자들의 이해를 증진시킨다. 　② 집단프로그램 실시 이전과 이후 참여 대상자들의 80% 이상에게서 그들이 보고하는 아내구타행동을 감소시킨다. 　③ 참여 대상자들의 아내들 중 응답이 가능한 아내들의 80% 이상에게서 집단프로그램 실시 이전과 이후 남편들의 아내구타행동을 감소시킨다. 3) 갈등해결을 위한 대처기술을 습득한다. 　③ 스트레스 관리방법을 2가지 이상 계획하도록 한다.		
활동내용	인사나누기, 한 주간 점검, 스트레스의 개념과 발생상황에 대한 이해, 적절한 스트레스 대처방법 습득과 역할연습, 스트레스에 대한 자가검진, 집단토론, 느낌나누기		

1. 출석확인 및 인사나누기, 한 주간 점검(20분)

① 출석을 확인하고 명찰을 배부한다.

② 일상적인 안부인사를 나눈다.

③ 지난 회기 참여 이후 일주일간의 생활에 대해 자발적인 구성원들을 중심으로 발표하고 서로 의견을 나누도록 한다.

2. 스트레스 관리와 대처방안(30분)

① 스트레스가 무엇이라고 생각하는지, 어떤 상황에서 발생하는지에 대해 참여자들과 의견을 발표하도록 하면서 스트레스에 대한 개념정의와 스트레스 발생상황에 대해 도식적으로 이해하도록 한다.

② '지난 한 주간 내가 받은 스트레스는?' 이라는 질문지를 배부하고 각자 작성하는 시간을 갖는다.

③ 각자 작성한 질문지를 갖고 3개조로 나뉘어 조별로 토론과 함께 작성된 내용들을 수합하도록 하고 그 수합된 내용을 OHP 필름에 적어보도록 한다.

3. 휴식(15분)

4. 조별발표 및 스트레스 자가진단(50분)

① 조별로 작성된 내용을 OHP를 활용해 발표하고 다른 구성원들과 의견을 교환하며 서로 피드백을 주고받도록 한다.

② 조별발표 과정을 통해 같은 스트레스원이라도 다른 대처방안이 있을 수 있음을 알도록 한다.

③ 스트레스에 대한 일반적인 대처방안에 관한 자료지를 배부하고 그 내용을 구성원들과 함께 나누면서 실제 시연해보는 시간을 갖는다.

④ 스트레스 자가진단지를 배부하고 구성원들이 직접 질문에 응답하는 시간을 갖는다.

5. 휴식(15분)

6. 가장 폭력적인 사건(50분)

① 구성원들에게 도화지와 펜을 나누어주고 아내와의 갈등상황에서 가장 심각했던 갈등상황을 그림으로 그려보도록 한다.

② 구성원들이 그림으로 표현하는 것에 어려움을 느낄 수 있으므로 당시의 상황 혹은 느낌, 감정 등을 상징적으로 표현해도 좋다고 설명해준다.

③ 모두 그림을 그린 후 돌아가면서 발표하는 시간을 갖는다.

7. 프로그램정리 및 소감문 작성(40분)

① 당일 진행된 프로그램 내용을 점검하고 구성원들의 느낌을 발표하도록 한다.

② 소감문을 작성한다.

③ 다음 일정을 안내하고 프로그램을 종결한다.

주의사항

1. 집단에 참여하는 구성원들은 대부분 실생활, 실제적인 관계에서 적용해볼 수 있는 방법들을 원하므로 스트레스에 대한 대처방법들을 직접 시연해보고 적용해보도록 접근하는 것이 보다 효과적이다.

2. 가장 폭력적인 사건을 그림으로 그리는 것에 대해 어떤 구성원들은 강하게 불편함을 드러내기도 한다. 직접적인 상황의 재연이 아니라 당시의 느낌, 감정 등을 상징적으로 표현해도 좋다고 유도하도록 한다.

<h1 align="center">가정폭력 가해자 집단프로그램 7 세부지도안</h1>

회기명	합리적 사고와 비합리적 사고	소요시간 및 인원	300분 / 15명
장 소	교육실	준비물	나의 욕구 점검표, 타임아웃질문지, 펜 등
목 표	1) 아내구타행동에 대한 책임성을 인식시키고 아내구타행동을 지지하는 태도를 변화시킨다. 　① 집단프로그램 실시 이전과 이후 참여 대상자들의 80% 이상에게서 가정폭력에 대한 인식을 향상시킨다. 　② 참여자들이 폭력의 책임에 대해 아내를 비난하거나 부정적인 표현을 사용하는 횟수를 감소시킨다. 2) 아내구타행동을 중단한다. 　① 가정폭력이 자신과 가족들에게 미치는 악영향에 대한 참여자들의 이해를 증진시킨다. 　② 집단프로그램 실시 이전과 이후 참여 대상자들의 80% 이상에게서 그들이 보고하는 아내구타행동을 감소시킨다. 　③ 참여 대상자들의 아내들 중 응답이 가능한 아내들의 80% 이상에게서 집단프로그램 실시 이전과 이후 남편들의 아내구타행동을 감소시킨다. 3) 갈등해결을 위한 대처기술을 습득한다. 　① 자신의 비합리적 사고를 긍정적인 자기진술을 통해 합리적인 사고로 전환시키는 연습을 1회 이상 실시하도록 한다.		
활동내용	인사나누기, 한 주간 점검 및 지난 회기 복습, 선택과 행동에 대한 이해, 비합리적인 사고를 긍정적인 자기진술로 바꾸는 연습, 집단토론, 느낌나누기		

1. 출석확인 및 인사나누기, 한 주간 점검(20분)

① 출석을 확인하고 명찰을 배부한다.

② 일상적인 안부인사를 나눈다.

③ 지난 회기 참여 이후 일주일간의 생활에 대해 자발적인 구성원들을 중심으로 발표하고 서로 의견을 나누도록 한다.

2. 욕구에 대한 이해(45분)

① 인간의 5가지 기본욕구에 대해 이해하는 시간을 갖는다.

② 배부된 욕구점검표에 1-5점까지의 척도로 자신과 아내의 욕구를 작성해본다.

③ 작성결과를 발표하고 아내와의 관계에서 어떤 욕구가 상충될 때 갈등이 있을 수 있는지 서로의 경험들을 논의해보는 시간을 갖는다.

④ 이상의 작업을 통해 인간이 갖는 욕구가, 무엇이 무엇보다 중요하다기 보다는 서로 다를 수 있다는 것에 대해 인식하도록 개입한다.

3. 휴식(15분)

4. 타임아웃 1(50분)

① 분노를 일으키는 상승신호에 대해 지난 회기의 교육내용을 떠올리면서 타임아웃을 교육하

기 위한 준비를 한다.

② 타임아웃의 개념과 어느 시기에 타임아웃이 실시되어야 하는지를 설명한다.

③ 다음으로 구체적인 타임아웃의 방법과 원칙, 타임아웃을 하는 데 장애물은 무엇이 있는지 교육을 진행한다.

5. 휴식(15분)

6. 타임아웃 2(50분)

① 휴식 후 타임아웃에 관한 질문지를 배부하고 구성원들이 작성해 보도록 안내한다.

② 작성 후에는 그 내용을 발표하고 다른 구성원들로부터 피드백을 받도록 한다. 실제 사례에 대해 함께 대처방안을 토론해보도록 한다.

7. 합리적 사고 vs 비합리적 사고(50분)

① 개인의 신념과 태도에 따라 행동이 나타나게 된다는 인지이론을 설명하고 구체적인 사례를 예로 들어 개념의 이해를 돕도록 한다.

② 이에 따라 자신이 갖고 있는 부정적이고 비합리적인 사고를 긍정적이고 합리적인 진술로 바꾸어 보는 연습을 실시하도록 한다. 처음에는 구성원들과 상관없는 내용에서부터 시작하여 후에는 생활 중에 특히 아내와의 관계에서 경험할 수 있는 사건들로 연습과제를 옮겨가도록 한다.

8. 프로그램 정리 및 소감문 작성(30분)

① 당일 진행된 프로그램 내용을 점검하고 구성원들의 느낌을 발표하도록 한다.

② 소감문을 작성한다.

③ 다음 일정을 안내하고 프로그램을 종결한다.

주의사항

1. 타임아웃에 대해 아내가 그럴 수 있는 기회를 주지 않는다고 비난하는 구성원들이 있을 수 있다. 타임아웃이 효과적으로 적용되기 위해서는 부부간에 합의된 사전논의가 필요함을 설명하도록 한다.

2. 비합리적인 사고와 합리적인 사고에 대한 개념을 이해하는 과정에서 구성원들은 어려움을 갖기도 한다. 다양한 실제 사례를 예로 들어 이해를 돕도록 하며 비합리적이고 부정적인 사고를 긍정적이며 합리적인 진술로 바꾸어가는 과정의 의미를 이해하도록 개입해야 한다.

3. 무엇보다도 구성원들은 집단회기가 종반으로 진행되면서 교육은 단지 교육일 뿐 실생활 가운데 적용해보기에는 거리감이 있다고 생각할 수 있다. 다양하고 구체적인 실례들을 끌어내어 구체적인 말과 행동을 통해 실연해보도록 개입해야 한다.

나의 타임아웃 계획

작성자 : ___________

1. 언제 타임아웃을 할 것인가?

2. 어떻게 타임아웃 할 것인가?

3. 타임아웃 기간동안 무엇을 할 것인가?

4. 타임아웃 기간동안 긍정적인 혼잣말은 무엇인가?

5. 타임아웃이 끝나고 재결합할 시기는 어떻게 알 수 있는가?

6. 어떻게 재결합할 것인가?

* David J. Mathews 저, 허남순 외 역(2000), 『가정폭력가해자 집단프로그램』, 서울 : 나눔의집에 수록된 내용을
  수정, 편집하여 사용함.

가정폭력 가해자 집단프로그램 8 세부지도안

회기명	자기주장적 의사소통	소요시간 및 인원	300분 / 15명
장 소	등산지	준비물	관련자료지, 펜 등
목 표	1) 아내구타행동에 대한 책임성을 인식시키고 아내구타행동을 지지하는 태도를 변화시킨다. 　① 집단프로그램 실시 이전과 이후 참여 대상자들의 80% 이상에게서 가정폭력에 대한 인식을 향상시킨다. 　② 참여자들이 폭력의 책임에 대해 아내를 비난하거나 부정적인 표현을 사용하는 횟수를 감소시킨다. 2) 아내구타행동을 중단한다. 　① 가정폭력이 자신과 가족들에게 미치는 악영향에 대한 참여자들의 이해를 증진시킨다. 　② 집단프로그램 실시 이전과 이후 참여 대상자들의 80% 이상에게서 그들이 보고하는 아내구타행동을 감소시킨다. 　③ 참여 대상자들의 아내들 중 응답이 가능한 아내들의 80% 이상에게서 집단프로그램 실시 이전과 이후 남편들의 아내구타행동을 감소시킨다. 3) 갈등해결을 위한 대처기술을 습득한다. 　④ 자신의 의사소통 방식에 대한 이해를 증진시키고 자기주장훈련을 1회 이상 실시하도록 한다.		
활동내용	인사나누기, 한 주간 점검 및 지난 회기 복습, 의사소통의 개념과 유형에 대한 교육, 자기주장적 의사소통 역할연습, 나 전달법 역할연습, 집단토론, 느낌 나누기		

1. 출석확인 및 인사나누기, 한 주간 점검(20분)

① 출석확인을 하고 명찰을 배부한다.

② 일상적인 안부인사를 나눈다.

③ 지난 회기 참여 이후 일주일간의 생활에 대해 자발적인 구성원들을 중심으로 발표하고 서로 의견을 나누도록 한다.

2. 지난 회기 교육내용에 대한 점검(60분)

① 지난 회기에 진행되었던 욕구에 대한 이해, 타임아웃, 합리적 사고 등의 개념을 점검해본다.

② 교육이 끝난 후 가족관계에서 적용된 실례를 발표해보고 서로 나누는 시간을 갖는다.

③ 교육내용에 대한 이해가 다소 불충분하다면 시간을 내어 지난 교육내용을 다시 한번 점검, 연습하는 시간을 가질 수 있다.

3. 휴식(20분)

4. 의사소통에 대한 이해(60분)

① 의사소통의 개념, 방법, 유형 등 의사소통에 관한 일반적인 내용들을 교육한다.

② 어느 때 타인과 의사소통이 안 된다고 느끼는지를 서로 발표해보는 시간을 갖는다.

5. 휴식(20분)

6. 자기주장적 의사소통(1시간 20분)

① 같은 상황에서 수동적, 공격적, 자기주장적 의사소통의 서로 다른 양상을 예를 통해 설명해
준다.

② 아내와의 갈등상황을 설정하고 공격적인 의사소통과 자기주장적인 의사소통이 문제를 어떻
게 서로 다르게 해결해 가는지 역할극을 실시하여 연습해보도록 한다.

③ 구성원들을 2인 1조로 나누어 서로 의견이 다른 상황을 설정한 후 각각 공격적인 의사소통
방법과 자기주장적인 의사소통 방법을 연습해보고 그 느낌을 나누도록 한다.

7. 프로그램 정리 및 소감문 작성(40분)

① 당일 진행된 프로그램 내용을 점검하고 구성원들의 느낌을 발표하도록 한다.

② 소감문을 작성한다.

③ 다음 일정을 안내하고 프로그램을 종결한다.

주의사항

1. 교육이 후반부에 접어들면서 구성원들이 교육내용을 실제 관계에서 적용해볼 수 있도록 격
려해야 하며 기본적인 개념의 이해와 구체적인 실천을 위해 반복적인 연습과 훈련과정이 필
요하다.

2. 교육이 마무리되어가면서 집단에 참여하는 구성원들이 자발적으로 참여하는 모습과 수동적
으로 참여하는 모습들이 보다 극명하게 나타나게 될 수 있다.

▶ 첨부자료 14

자기주장적으로 행동하는 사람은

▶ 의사소통이 분명하다.

▶ 직접적으로 감정과 욕구를 표현한다.

▶ 반드시 자신이 원하는 것을 얻지 않을 수도 있다.

▶ 자신이 원하는 바를 직설적으로 요청한다.

▶ 결과가 아니라 그 결과가 나오기까지의 노력에 책임을 진다.

▶ 나 전달법을 써서 말한다.

▶ 자신이 느끼는 것, 비록 얻어내지 못하더라도 자신이 원하는 것 등을 말하는 목표가 있다.

* David J. Mathews 저, 허남순 외 역(2000) ,『가정폭력가해자 집단프로그램』(서울 : 나눔의집)에 수록된 내용을 수정, 편집하여 사용함.

▶ 첨부자료 15

의사소통의 유형

공격적인 의사소통

공격적인 의사소통은 자신의 권리를 내세우기 위해 타인의 권리를 침해하는 대화법이다. 공격적인 대화는 직접적이지만 솔직하지 않다. 그것은 당신이 당신의 분노 내면에 있는 진실된 감정을 표현하지 않기 때문이다.

공격적인 의사소통은 다른 사람의 권리를 침해하고 그 결과로서 당신의 권리를 잃을 수도 있다. 공격적인 대화의 목적은 당신의 정직한 감정과 생각을 표현하기보다는 다른 사람을 지배하고 통제하며 자존심을 상하게 하기 위한 것이다. 공격적인 의사소통법은 자기존중과 자존감을 잃도록 만든다.

공격적인 의사소통의 비언어적 행동으로는 상대방의 말을 끊는 것, 아래위로 훑어보는 것, 고함치거나 목소리를 높이는 것, 그리고 위협하거나 협박하는 듯한 자세 등이 포함된다.

수동적인 의사소통

수동적인 의사소통은 자신의 권리를 적절한 방법으로 주장하지 못하는 대화의 형태이다. 수동적인 대화는 나약하거나 변명하는 등의 방법을 사용한다.

수동적인 대화는 다음의 두가지 형태에 의해 당신의 권리를 주장하지 못한다.

· 당신에게 중요한 것을 스스로 무시하면서 자신을 존중하지 않을 때

· 다른 사람이 당신을 이용하도록 허용할 때

수동적인 대화는 타인과의 갈등을 피할 수 있게 해준다. 그러나 당신의 감정을 상하게 하고 자존감을 낮추는 결과를 초래한다.

수동적인 의사소통의 비언어적인 행동으로는 눈을 마주치지 않는 것, 낮은 목소리, 그리고 두려워하는 듯한 자세가 있다.

수동적 · 공격적인 의사소통

수동적 · 공격적인 의사소통은 간접적으로 분노를 표현하는 방법이다. 수동적 · 공격적 대화는 직접적으로 분노를 드러내지 않으면서 미묘하고 솔직하지 않은 방법으로 다른 사람의 권리를 침해한다.

수동적 · 공격적인 의사소통의 목적은 자신의 솔직한 감정이나 생각을 표현하기보다는 수동적으로 저항하거나 자신이 원하지 않는 것을 회피하면서 또는 상대방으로 하여금 죄책감을 갖게 하여 다른 이들을 조종하기 위한 것이다.

수동적 · 공격적인 의사소통의 비언어적 행동은 수동적 혹은 주장적 행동과 유사한 측면이 있다.

주장적인 의사소통

주장적인 의사소통은 타인의 권리를 위배하지 않으면서 자신의 권리를 주장하는 대화법이다. 주장적인 대화는 자신의 감정, 의견, 생각 등을 직접적이고 솔직하며 적절하게 표현한다.

주장적인 대화는 존경심, 시기적절함, 그리고 좋은 기법을 동반한다. 높은 수준의 주장적인 대화는 다른 사람에 대한 배려와 감정이입적인 요소를 포함한다. 즉, 상대방의 이야기를 주의 깊게 듣고 그와 함께 대화를 주고받는다.

주장적인 의사소통의 비언어적 행동은 적절한 눈맞춤, 적당한 높이의 목소리, 개방적인 신체적 언어와 자신감, 자기존중적인 태도 등이다.

---

* 장희숙(2000), 「가정폭력가해자집단상담 지도자 워크숍자료집」에 수록된 내용임.

가정폭력 가해자 집단프로그램 9 세부지도안

회기명	관계에 대한 이해, 자기보호계획, 종결	소요시간 및 인원	300분 / 15명
장 소	교육실	준비물	도화지, 펜, 자기보호계획지 등
목 표	1) 아내구타행동에 대한 책임성을 인식시키고 아내구타행동을 지지하는 태도를 변화시킨다. 　① 집단프로그램 실시 이전과 이후 참여 대상자들의 80% 이상에게서 가정폭력에 대한 인식을 향상시킨다. 　② 참여자들이 폭력의 책임에 대해 아내를 비난하거나 부정적인 표현을 사용하는 횟수를 감소시킨다. 2) 아내구타행동을 중단한다. 　① 가정폭력이 자신과 가족들에게 미치는 악영향에 대한 참여자들의 이해를 증진시킨다. 　② 집단프로그램 실시 이전과 이후 참여 대상자들의 80% 이상에게서 그들이 보고하는 아내구타행동을 감소시킨다. 　③ 참여 대상자들의 아내들 중 응답이 가능한 아내들의 80% 이상에게서 집단프로그램 실시 이전과 이후 남편들의 아내구타행동을 감소시킨다. 3) 갈등해결을 위한 대처기술을 습득한다. 　⑤ 폭력의 재발을 방지하기 위해 자신을 보호할 수 있는 계획을 2가지 이상씩 수립하도록 한다.		
활동내용	인사나누기, 한 주간 점검 및 지난 회기 복습, 현재의 관계와 내가 바라는 관계를 그림으로 그리고 발표, 자기통제계획과 자기 돌보기 계획 작성, 아내에게 편지쓰기, 느낌나누기		

1. 출석확인 및 인사나누기, 한 주간 점검(20분)

① 출석을 확인하고 명찰을 배부한다.

② 일상적인 안부인사를 나눈다.

③ 지난 회기 참여 이후 일주일간의 생활에 대해 자발적인 구성원들을 중심으로 발표하고 서로 의견을 나누도록 한다.

2. 관계에 대한 이해(1시간 20분)

① 각 구성원 모두에게 도화지와 펜을 나누어주고 아내와 자신의 관계를 원그림으로 표현해보도록 한다. 각 원의 겹치는 부분에서 공유되고 있는 것은 무엇이고 어느 정도인지를 그림으로 나타내도록 한다.

② 아내와의 관계를 그림으로 표현한 후 각자 자신의 그림 내용을 발표하도록 한다. 발표 시에는 현재의 관계에 대한 묘사와 함께 구성원이 바라는 아내와의 관계도 발표하도록 개입한다.

③ 지도자는 구성원들의 발표내용을 정리해주면서 구성원들의 관계에 대한 긍정적인 바람들을 지지해주도록 한다.

3. 휴식(15분)

4. 자기보호계획(60분)

① 자신을 돌보기 위해 구성원들이 하고 있는 활동들은 무엇이 있는지 자유롭게 의견을 나누어
보도록 한다.

② 자기보호계획에 대한 자료지를 배부하고 각자 작성하는 시간을 갖는다.

③ 작성 후에는 내용을 발표하면서 서로 의견을 나누도록 한다.

5. 아내에게 편지쓰기(40분)

① 교육을 마무리해가면서 그 동안 아내와의 관계에서 하지 못했던 이야기들을 글로 써 보는 시
간을 갖는다.

② 구성원들에게 편지지와 펜을 나누어주고 부드럽고 편안한 음악을 들려주면서 아내에게 편
지를 쓰도록 한다.

③ 편지봉투에 각자 편지가 수신될 주소를 적도록 하고 교육이 종료된 후 편지가 주소지로 발송
될 것임을 안내한다.

6. 종결 및 평가(40분)

① 당일 진행된 프로그램의 내용과 지금까지의 일정들을 점검하고 전체 교육에 대한 구성원들
의 느낌을 발표하도록 한다.

② 소감문을 작성한다.

③ 사후검사지를 작성한다.

7. 수료식(40분)

① 약식으로 만들어진 수료증을 배부하고 수료자 각각에게 전체 교육일정을 성실히 참여해준
것에 대한 인사로 모두 함께 박수를 치도록 한다.

② 앞으로의 계획이나, 소감, 지도자에게 하고 싶은 말 등을 발표하도록 하고 프로그램을 종결
한다.

▶ 첨부자료 16

자기돌보기계획

앞으로 당신이 중점적으로 하게 될 자기돌보기 항목을 적어도 두 개 이상 써보십시오.

1.

2.

당신을 돌보기 위해서 할 일을 적어보십시오.

자기돌보기 활동	할 일
육체적 운동	
긴장풀기와 스트레스 줄이기	
영양	
자기보상과 자기에게 말하기	
영적	
사교	
감정	
오락	
자기주장성	

당신의 자기돌보기 계획을 지속시키기 위해서는 어디서, 누구에게 지원을 받을 수 있습니까?

* David J. Mathews 저, 허남순 외 역(2000), 『가정폭력가해자 집단프로그램』, 서울 : 나눔의집에 수록된 내용을 수정, 편집하여 사용함.

첨부자료 17

자기보호계획

▶ 아내에게 화가 날 때 초기경고신호는 무엇인가?

▶ 그때 어떤 신체적인 행동이 나타나는가?

▶ 그때 정서적인 느낌은 어떠한가?

▶ 아내에게 폭력을 사용하게 되리란 것을 알게 하는 말은 무엇인가?

▶ 상상 : 자기자신에게 무엇이라고 말할 것인가?

▶ 긴장된 스트레스를 어떻게 풀 것인가?

▶ 아내와의 관계에서 참을 수 없는 화, 분노를 느낄 때 어떻게 반응할 것인가?

VI. 부록

사전면접용(M)

초기면접지

번 호			
면접일	20 년 월 일		
면접자			

1. 일반적 사항

이름		생년월일	년 월 일(세)
주소			
전화			
최종학력		직업	종교

결혼상태	본인	아내
	동거☐ 초혼☐ 이혼☐ 별거☐ 혼인 외 관계☐ 재혼☐ 기타__________	동거☐ 초혼☐ 이혼☐ 별거☐ 혼인 외 관계☐ 재혼☐ 기타__________

결혼종류	연애☐ 중매☐ 혼전 성관계(혼전임신)☐ 성폭행☐ 기타__________

결혼기간	년 개월	현재결혼 유지여부	유지☐ 별거☐ 이혼☐ 기타__________

가족형태	단독가구☐ 부부☐ 부부+자녀☐ 자신+자녀☐ 부부+자녀+시집식구☐ 부부+자녀+친정식구☐

주거형태	월세☐ 전세☐ 자가☐ 임대☐ 기타__________

경제상황	상☐ 중☐ 하☐	월평균수입	월 만원

가족사항	관계	이름	나이	학력	직업	종교	건강상태	비고
			세					
			세					
			세					
			세					
			세					

2. 건강상태(앓고 있는 병, 과거 병력, 최근 건강상태 등)

3. 약물사용정도(약물사용유형, 사용량, 사용빈도, 행동에 미치는 영향 등)
 · 술 : 주 (   )회, 소주 (   )병/잔, 맥주 (   )병/잔
 · 담배 : (   ) /일일
 · 기타약물 :
 · 행동에 미치는 영향

4. 결혼 후 최초로 신체적 폭력이 일어난 시기는 언제부터입니까(예 : 결혼 6개월경)?

5. 최근 1년 동안 신체적 폭력을 얼마나 자주 사용하였습니까?
1) 일년에 1~2회 정도(   )   2) 2-3개월에 1회 정도(   )   3) 한 달에 1회 정도(   )
4) 일주일에 1회 정도(   )   5) 일주일에 2회 이상(   )

6. 당신이 아내에게 신체적인 폭력을 사용하는 이유는 무엇이라고 생각하십니까?

7. 보호관찰 수강명령을 받게 된 사건에 대해서 말씀해주십시오.

8. 이번 교육 참여를 통해 변화되기를 기대하는 것은 무엇입니까?

9. 다음은 성장과정 중의 가족경험을 알아보기 위한 질문입니다. 해당 칸에 하나만 ∨표 해 주
   시기 바랍니다.

문항	없음	1-2번	3-5번	6-9번	10번 이상	20번 이상
1. 당신은 아버지에게 매를 맞거나 체벌을 당한 적이 있습니까?						
2. 당신은 어머니에게 매를 맞거나 체벌을 당한 적이 있습니까?						
3. 아버지께서 어머니께 신체적 폭력을 사용하는 것을 본 적이 있습니까?						
4. 어머니께서 아버지께 신체적 폭력을 사용하는 것을 본 적이 있습니까?						
5. 아버지께서 당신에게 '꼴도 보기 싫다' 나 '죽어버려라' 와 같은 욕설을 하신 적이 있습니까?						
6. 어머니께서 당신에게 '꼴도 보기 싫다' 나 '죽어버려라' 와 같은 욕설을 하신 적이 있습니까?						

10. 다음은 부부사이의 갈등상황일 때 당신이 취했을 수 있는 행동들입니다. 지난 1년간 이런
    행동들을 얼마나 자주했는지 ∨표해 주시기 바랍니다. (갈등관리척도)

문항	없음	1-2번	3-5번	6-9번	10번 이상	20번 이상
1. 차분하게 그 문제를 의논하려고 애를 썼다.						
2. 조용히 의논하였다.						
3. 모욕적인 이야기를 해서 기분을 상하게 했다.						
4. 물건을 부수거나 발로 걸어찼다.						
5. 상대방에게 물건을 집어던졌다.						
6. 세게 밀쳤다.						
7. 손바닥으로 뺨을 때렸다.						
8. 발로 차거나 주먹으로 때렸다.						
9. 물건(혁대, 몽둥이, 골프채 등)으로 때렸다.						
10. 사정없이 마구 때렸다.						
11. 목을 졸랐다.						
12. 칼(가위)이나 총으로 위협하거나 다치게 하였다.						
13. 강제로 성관계를 가졌다.						

11. 다음은 남성과 여성의 역할에 대한 당신의 생각을 알아보기 위한 것입니다. 당신의 생각과 일치하는 곳에 ∨표해 주시기 바랍니다. (성역할 태도)

문항	전혀 그렇지 않다	그렇지 않다	중간 이다	그렇다	정말 그렇다
1. 집안의 중요한 결정은 남편이 해야 한다.					
2. 어린 자녀가 있는 주부는 직업 또는 사회활동을 그만두어야 한다.					
3. 의견충돌이 있을 경우 남편의 의견을 따라야 한다.					
4. 남편은 자녀와 가정을 돌보는 것에 대해 부인과 똑같은 책임을 져야 한다.					
5. 비록 직장생활을 하더라도 아내는 집안 살림에 책임을 져야 한다.					
6. 부인은 남편을 통해서 자신의 성취에 대한 욕구를 충족시킬 수 있다.					
7. 주부는 경제적으로 필요한 경우에만 직업을 가져야 한다.					
8. 부인이 남편보다 돈을 더 많이 벌면 그 남편은 자존심이 상하게 된다.					
9. 여성은 남성에 비해 직장에서의 작업수행능력이 뒤떨어진다.					
10. 직장에서 여자를 상사로 모시는 것이 남자 상사를 모시는 것보다 어렵다.					
11. 여성은 남성보다 중요한 결정을 내리는 능력이 뒤떨어진다.					
12. 여성은 이성적인 토론보다는 가벼운 대화를 더 좋아한다.					
13. 여성이 아무리 똑똑하다 해도 남성을 앞지를 수 없다.					
14. 의식적이건 무의식적이건 대부분의 여성은 남성이 되고 싶어한다.					
15. 남성은 여성보다 지도자가 될 수 있는 능력을 더 많이 갖고 있다.					
16. 여성은 여러 사람 앞에서 자기를 내세워서는 안된다.					
17. 아내가 직업이 있더라도 가족 부양은 남편의 책임이다.					

12. 다음은 당신의 가정폭력에 대한 평소의 생각들을 묻는 질문입니다. 해당하는 칸에 ∨표해 주시기 바랍니다. (폭력에 대한 인식)

문항	전적으로 동의한다	동의하는 편이다	동의하기 어렵다	절대로 동의 할 수 없다
1. 맞는 사람을 보면 맞을 만한 행동을 한다.				
2. 가정폭력이 심하다 해도 자녀를 두고 가출하는 것은 바람직하지 않다.				
3. 가정폭력이 심하다 해도 자녀를 생각해서 참고 살아야 한다.				
4. 가해자가 뉘우치면 용서하고 화해해야 한다.				
5. 피해자가 열심히 기도하면 가해자도 변한다.				
6. 스트레스가 쌓이면 배우자를 때릴 수도 있다.				
7. 가난 또는 실직 때문에 가정폭력을 행한다.				
8. 가정폭력 가해자는 대부분 알코올 중독자이다.				
9. 가정폭력 가해자 중에는 정신이상자들이 많다.				
10. 많이 배운 사람은 폭력을 행사하지 않는다.				
11. 가정폭력은 가해자가 피해자를 동등한 인격체로 보지 않기 때문에 발생한다.				
12. 가정폭력 가해자는 치료를 받아야 하는 사람이다.				
13. 가정폭력 가해자는 상담 및 치료를 받으면 회복될 수 있다.				
14. 가정폭력 직후에 갖는 성관계는 화해의 표시이다.				
15. 폭력가정에서 성장한 사람은 일반인보다 결혼 후 배우자에게 폭력을 행사할 가능성이 많다.				
16. 가정폭력 경험아동은 일반아동에 비해 불안, 우울 정도가 높다.				
17. 가정폭력 경험아동은 일반아동에 비해 공격적이다.				
18. 가정폭력 경험아동은 일반아동에 비해 학교부적응의 가능성이 높다.				

태화는 우리나라 최초의 사회복지관으로 지역사회의 여러 이웃을 위한 사회복지사업, 정신장애인
사회복귀시설, 가출청소년과 학대받는 여성을 위한 쉼터, 여성긴급전화 1366을 운영하고 있습니다.

홈페이지 : www.taiwha.or.kr
전　화 : 02-2040-1600

태화프로그램매뉴얼 집필진

자문 : 정무성(숭실대 사회사업학과 교수)

곽정미(태화기독교사회복지관 후원·홍보팀 사회복지사)
김용길(태화기독교사회복지관 지역청소년팀 팀장)
김미정(전 태화기독교사회복지관 지역상담센터 팀장)
이근영(태화기독교사회복지관 지역상담센터 선임사회복지사)
차유림(태화기독교사회복지관 가정지원팀 선임사회복지사)
이향주(태화기독교사회복지관 여성센터 팀장)

태화 프로그램 매뉴얼

– 가족기능강화사업중심

초판 1쇄 발행 2003년 12월 24일
초판 2쇄 발행 2009년 5월 6일

지은이 | 태화기독교사회복지관
펴낸이 | 박정희

기획편집 | 권혁기, 이주연, 최미현, 양송희
마케팅 | 김범수, 이광택
관리 | 유승호, 양소연, 김성은
디자인 | 하주연, 강미영
웹서비스 | 이지은, 양지현

펴낸곳 | 사회복지전문출판 나눔의집
등록번호 | 제25100-1998-000031호
등록일자 | 1998년 7월 30일

서울시 구로구 구로3동 222-7 코오롱디지털타워빌란트 703호
대표전화 | 02-2103-2488   팩스 | 02-2103-2488
홈페이지 | www.ncbook.co.kr / www.issuensight.com

ISBN : 89-88662-36-9